بسم الله الرحمن الرحيم

أَفَلَا يَتَدَبَّرُونَ الْقُرْآنَ
وَلَوْ كَانَ مِنْ عِنْدِ
غَيْرِ اللَّهِ لَوَجَدُوا فِيهِ
اخْتِلَافًا كَثِيرًا ۝

تدبّر در قرآن کریم

سوره‌های مزّمّل تا مطفّفین

گروه تحقیقاتی تدبر
در کلام وحی

تدبر در قرآن کریم

شماره تماس: ۰۹۰۱۴۲۰۱۹۱۷
سایت: www.alisaboohi.com

فهرست مطالب

بسم الله الرحمن الرحیم

مقدمه

حمد و سپاس بیکران تنها سزاوار معبود یگانه است که قرآن، این کامل‌ترین کتاب آسمانی را بر بنده خود و آخرین پیامبرش حضرت محمد مصطفی صلی الله علیه و آله نازل کرد و او را برای رهایی بخشیدن انسان‌ها از ظلمات وآتش، رسالت داد؛ «**الحمد لله ربّ العالمین**». صلوات بی‌پایان پروردگار و فرشتگان برآن مکرم نبی رسول و بزرگ امام معصوم مصون مهدی منصور که برای دریافت و تبلیغ رسالات خدای بزرگ و پیشوائی قافله سعادت، عاشقانه هر رنج و محنتی را به جان خرید. برترین رحمت و برکات آسمان و زمین بر بزرگ‌مرد و بزرگ بانوی هستی، حضرت سیدالأوصیاء امیرالمؤمنین امام علی‌بن‌ابی‌طالب علیه السلام و حضرت ام‌أبیها صدیقه طاهره فاطمه زهرا علیها السلام و درود خدای ودود و مؤمنان ناب براولیای الله و اوصیای رسول أعظم، همان امامان راستین امت از حضرت امام حسن مجتبی علیه السلام و حضرت سید الشهدا امام حسین علیه السلام و همه فرزندان معصومش علیهم السلام، آن انوار سلسله جلیله هدایت تا حضرت بقیة الله الأعظم امام زمان علیه السلام آن بزرگ معلمان و والا مفسران قرآن کریم که بی‌صبرانه در انتظار فرجشان هستیم...؛ «**إِنَّ اللّه وَ مَلائِکَتَه یُصَلّونَ عَلی النّبی یا أَیُّها الّذِین آمَنوا صَلّوا عَلَیهِ و سَلِّموا تَسلِیماً**»؛ «**اللّهُمّ صَلّ عَلی مُحمّد و آل مُحمّد و عَجِّل فَرَجَهُم**».

قرآن کریم، مائده گسترده آسمانی برای بهره‌مندی همه انسان‌هاست و تدبر، راه فراگیر استفاده همه آدمیان از پذیرایی هدایتی این سفره الهی است. کتاب پیش رو، تفسیرو ترجمه منسجم هدایتی سوره‌های مبارکه مزّمّل تا مطفّفین است و زمینه تدبر در هر یک از این سوره‌های نورانی را فراهم می‌آورد.

لازم است قبل از معرفی ساختار این کتاب، اندکی درباره تدبر، ترجمه و تفسیر منسجم هدایتی سخن گفته شود. شرح مفصل این عناوین در کتابی مستقل ارائه می‌گردد.

کلام حق (آیات تدبر)

«أَفَلا یَتَدَبَّرُونَ الْقُرْآنَ وَلَوْ کَانَ مِنْ عِنْدِ غَیْرِ اللَّهِ لَوَجَدُوا فِیهِ اخْتِلافاً کَثِیراً»[1]

پس آیا در قرآن تدبر نمی‌کنند تا به هماهنگی آیات آن پی ببرند و دریابند که از جانب خدا نازل شده است؟ **اگر قرآن از جانب غیر خدا بود، قطعاً در آن ناسازگاری و ناهماهنگی بسیار می‌یافتند.**

«أَفَلَمْ یَدَّبَّرُوا الْقَوْلَ أَمْ جاءَهُمْ ما لَمْ یَأْتِ آباءَهُمُ الأَوَّلِینَ»[2]

آیا در این قرآن تدبر نکرده‌اند تا بدانند آن از جانب خداست؟ **مگر برای آنان پیامی آمده که برای پدران نخستینشان نیامده است** تا بگویند اگر این پیام حق است و از سوی خداست، چرا برای پیشینیان فرستاده نشد؟

«کِتَابٌ أَنْزَلْنَاهُ إِلَیْكَ مُبَارَكٌ لِیَدَّبَّرُوا آیَاتِهِ وَلِیَتَذَكَّرَ أُولُو الأَلْبَابِ»[3]

این قرآن کتابی گرانقدر و پرخیر و برکت است که آن را به سوی تو فرستادیم تا همگان در آیات آن تدبر کنند، پس هدایت‌پذیران راهیاب شوند و عنادپیشگان عذری بر گمراهی خویش نیابند **و تا صاحبان خرد به دلایل حق توجه کنند و به سوی آن هدایت گردند.**

«أَفَلا یَتَدَبَّرُونَ الْقُرْآنَ أَمْ عَلَى قُلُوبٍ أَقْفَالُهَا»[4]

آیا در قرآن تدبر نمی‌کنند و آن را نمی‌فهمند**؟** یا تدبر می‌کنند و می‌فهمند **ولی بر دل‌های آنان** و هم‌مسلکانشان، **قفل‌های مخصوص دل‌ها قرار گرفته است** و از آن‌رو ایمان نمی‌آورند؟

---

۱. نساء، آیه ۸۲.

۲. مؤمنون، آیه ۶۸.

۳. ص، آیه ۲۹.

۴. محمد ﷺ، آیه ۲۴.

شرح نور (روایات تدبر)

رسول خدا، حضرت محمد مصطفی صلی‌الله‌علیه‌وآله در روز غدیر فرمودند: «**مَعَاشِرَ النَّاسِ تدبروا الْقُرْآنَ وَ افْهَمُوا آيَاتِهِ وَ انْظُرُوا إِلَى مُحْكَمَاتِهِ وَ لَا تَتَّبِعُوا مُتَشَابِهَهُ فَوَ اللَّهِ لَنْ يُبَيِّنَ لَكُمْ زَوَاجِرَهُ وَ لَا يُوضِّحُ لَكُمْ تَفْسِيرَهُ إِلَّا الَّذِي أَنَا آخِذٌ بِيَدِهِ وَ مُصْعِدُهُ إِلَيَّ وَ شَائِلٌ بِعَضُدِهِ وَ مُعْلِمُكُمْ أَنَّ مَنْ كُنْتُ مَوْلَاهُ فَهَذَا عَلِيٌّ مَوْلَاهُ وَ هُوَ عَلِيُّ بْنُ أَبِي طَالِبٍ أَخِي وَ وَصِيِّي**»؛[1] ای گروه‌های انسان‌ها، در قرآن تدبر کنید و آیات آن را بفهمید و به محکماتش نظر کنید و از متشابهش تبعیت نکنید. پس به خدا قسم، بازدارنده‌های قرآن را برای شما بیان نمی‌کند و تفسیر آن را برای شما توضیح نمی‌دهد، جز کسی که من گیرنده و بالابرنده دست و بازوی او به سوی خویش هستم و اعلام‌کننده این حقیقت درباره او هستم که «همانا هر کس که من مولای اویم، پس این علی مولای اوست» و او علی بن ابی طالب برادر و وصی من است.

علی علیه‌السلام می‌فرمایند: «**ألا لا خَيرَ فی قَراءَةٍ لا تدبُّرَ فيها**»؛[2]

آگاه باشید که خیری در قرائت قرآن بدون تدبر نیست.

فاطمه زهرا علیهاالسلام در احتجاج فدکیه خود می‌فرمایند: «**مَعاشِرَ المُسلِمين المُسرِعَةِ إلى قيلِ الباطِلِ المُغضية على الفِعلِ القَبيحِ الخاسِرِ أفَلاتَتَدَبَّرونَ القُرآنَ أم على قُلوبٍ أقفالُها**»[3]

ای گروه‌های مسلمانان، سرعت‌گیرندگان به قول ضعیف باطل، چشم‌پوشان از رفتار زشت خسارت‌بار، آیا در قرآن تدبر نمی‌کنید یا بر قلب‌ها، قفل‌های مخصوص آن زده شده است؟!

از امام صادق علیه‌السلام نقل شده است که وقتی مصحف قرآن را به دست می‌گرفتند، پیش از خواندن قرآن و قبل از باز کردن آن، در حالی که آن را در دست راست می‌گرفتند، چنین دعا می‌کردند: «**بِسمِ اللّه... اللّهُمَّ... لا تَجعَل قرائَتی قراءةً لا تَدَبُّرَ فيها بَل اجعَلنی أتَدَبَّرُ آياتِه و أحكامِه**»؛[4]

به نام خدا... خدایا... قرائت مرا قرائت بی تدبر قرار مده، بلکه مرا آن‌گونه قرار بده که در آیات و احکام آن تدبر کنم.

---

۱. بحارالأنوار، ج۳۷، ص۲۰۸، باب ۵۲، أخبار الغدير.

۲. مشكاة الأنوار، ص۱۳۷، الفصل الثامن فی العلم و العالم.

۳. الاحتجاج، ج۱، ص۱۰۴، احتجاج فاطمة الزهراء علیهاالسلام على القوم.

۴. مستدرك الوسائل، ج۴، ص۳۷۲.

امام خمینی ﷺ فرموده‌اند: «یکی از موانع بهره‌مندی از این صحیفه نورانی، اعتقاد به این است که جزآن‌که مفسران نوشته یا فهمیده‌اند، کسی را حق استفاده از قرآن شریف نیست و تفکر و تدبر در آیات شریفه را تفسیر به رأی تلقی کرده‌اند و به واسطه این رأی فاسد و عقیده باطل، فهم قرآن شریف را به واسطه جمیع فنون، ناممکن دانسته و آن را به کلی مهجور ساخته‌اند؛ در صورتی که برداشت‌های اخلاقی، ایمانی و عرفانی به هیچ وجه مربوط به تفسیر نیست تا تفسیر به رأی تلقی گردد.»[1]

مقام معظم رهبری فرموده‌اند: «تلاوت قرآنی مطلوب است که انسان با تدبر بخواند و کلمات الهی را بفهمد که به نظر ما می‌شود فهمید. اگر انسان لغت عربی را بلد باشد و آنچه را هم که بلد نیست، به ترجمه مراجعه کند و در همان تدبر کند، دو بار، سه بار، پنج بار که بخواند، انسان فهم و انشراح ذهنی نسبت به مضمون آیه پیدا می‌کند که با بیان دیگری حاصل نمی‌شود. بیشتر با تدبر حاصل می‌شود. این را تجربه کنید. لذا انسان بار اول وقتی مثلاً ده آیه مرتبط به هم را می‌خواند، یک احساس و یک انتباه دارد، بار دوم، پنجم، دهم که همین را با توجه می‌خواند، انتباه دیگری دارد؛ یعنی انسان انشراح ذهن پیدا می‌کند. هرچه انسان بیشتر انس و غور پیدا کند، بیشتر می‌فهمد و ما به این احتیاج داریم... بنابراین در زندگی حتماً قرآنِ با تدبر را در نظر داشته باشید و نگذارید حذف شود.»[2]

---

۱. ر.ک: امام خمینی ﷺ، آداب الصلوة (ترجمه سرّ الصلوة)، ص۱۹۹.

۲. قسمتی از بیانات حضرت آیت الله خامنه‌ای، رهبر معظم انقلاب اسلامی، ۱۷ / ۷ / ۸۴.

مفهوم‌شناسی تدبر در قرآن کریم

معنای لغوی: کلمه «تدبر» از ماده «دبر» و هیئت «تفعُّل» ترکیب شده است.

۱. معنای «دبر»: همه لغت‌نامه‌های زبان عربی، معنای این ریشه را «پشت و پشت سر اشیاء» دانسته‌اند.[۱] گفتنی است که این ماده، چهل و چهار بار و در یازده هیئت در قرآن کریم استعمال شده است و مفهوم پیش‌گفته، با همه آن‌ها سازگار است.

۲. معنای «تفعُّل»: کتاب‌های معتبر واژه‌شناسی و علم صرف، معنای این هیئت را «مطاوعه یا همان اثرپذیری هیئت تفعیل» و مفهوم هیئت تفعیل را نیز «تعدیه یا اثرگذاری» دانسته‌اند.[۲] نتیجه این‌که برای فهم معنای «تدبر»، ابتدا باید معنای «تدبیر» را بدانیم.

تدبیر به معنای «پشت سر هم قرار دادن اشیاء، امور یا الفاظ» و در نتیجه، «تدبر» به معنای «پشت سر هم دریافت کردن اشیاء، امور یا الفاظ» است.

معنای اصطلاحی: «تدبر در قرآن کریم» دریافت یا همان پذیرش آگاهانه «تدبیر موجود در قرآن کریم» است.

تدبیر خدای حکیم در قرآن کریم، سطوحی دارد و در قبال هر سطح از آن، سطحی از تدبر برای ما فرض است که شرح آن با توجه به نمودار بالا معلوم است.

تدبیر، شأن هر حکیمی به هنگام سخن گفتن؛ و تدبر، شأن هر عاقلی به هنگام شنیدن

---

۱. ر.ک: التحقیق فی کلمات‌القرآن الکریم، جلد ۳، ص ۱۹۳؛ مصباح المنیر، ج۲، ص۱۸۸؛ قاموس قرآن، ج ۲، ص ۳۲۶ و مفردات الفاظ القرآن، ص۳۰۶.

۲. برای نمونه ر.ک: التحقیق فی کلمات‌القرآن الکریم، جلد ۳، ص ۱۹۴

سخن حکیمانه است. اینجانب به عنوان نویسنده این متن، در حال تدبیر و پشت سر هم قرار دادن کلمات، جملات و پاراگراف‌ها هستم و به این ترتیب، یک متن علمی را سامان می‌دهم و شما به عنوان مطالعه‌کنندگان این متن، در حال تدبر و پشت سر هم دریافت کردن کلمات، جملات و پاراگراف‌ها هستید و به این ترتیب این متن علمی را می‌فهمید. خدای حکیم نیز کلمات، آیات و حتی سوره‌ها را تدبیر فرموده و این‌گونه با ما سخن گفته است و ما عاقلان هم برای استفاده از سخن او، باید تدبر کنیم و کلمات، آیات و حتی سوره‌ها را پشت سر هم و منسجم دریابیم، نه پراکنده و بی‌ربط.

با توجه به آنچه گذشت، می‌توان تدبر را این‌گونه تعریف کرد:

«دریافت پی‌درپی کلمات هر آیه که به فهم منسجم آن آیه منتهی می‌شود؛

و دریافت پی‌درپی آیات هر سوره که به فهم منسجم آن سوره منتهی می‌شود؛

و دریافت پی‌درپی سوره‌های قرآن کریم که به فهم منسجم همه قرآن کریم منتهی می‌شود.»

ردیف نخست این تعریف، مربوط به فهم منسجم هر یک از آیات قرآن کریم است. امری مهم که خوشبختانه در طول سالیان متمادی مورد توجه بوده و آثار و برکات فراوان آن در ترجمه‌ها و تفاسیر مختلف مشاهده می‌شود و طرح‌ها و کتاب‌های آموزش ترجمه و مفاهیم در همین جهت سامان گرفته است. ردیف سوم این تعریف هم، تا پیش از تحقق ردیف دوم، محقق نمی‌شود و در حال حاضر محل بحث این کتاب نیست، بنابراین تعریف تدبر در قرآن کریم، به تناسب اهداف و ابعاد این کتاب، از این قرار است:

«دریافت پی‌درپی آیات هر سوره که به فهم منسجم آن سوره منتهی می‌گردد.»

دست‌یابی به فهم منسجم سوره‌های قرآن کریم، نقشی مهم در استفاده ما از هدایت الهی این کتاب آسمانی دارد، زیرا سوره‌های قرآن کریم، اصلی‌ترین واحدهای هدایتی این کتاب عزیز است. آنچه این ادعا را ثابت می‌کند، تحدی قرآن کریم نسبت به سوره‌هاست؛ یعنی خدای حکیم وقتی اراده فرموده که معجزه بودن قرآن را اثبات فرماید، همگان را به آوردن سوره‌هایی مانند سوره‌های قرآن فرمان داده است تا ناتوانی خویش را با تمام وجود دریابند و در برابر حقانیت کلام خدا سر تعظیم فرود آورند:

«وَإِنْ كُنْتُمْ فِی رَیْبٍ مِمَّا نَزَّلْنَا عَلَی عَبْدِنَا فَأْتُوا بِسُـورَةٍ مِنْ مِثْلِهِ وَادْعُوا شُـهَدَاءَكُمْ مِنْ دُونِ اللَّهِ إِنْ كُنْتُمْ صَادِقِینَ»[1]

و اگر در آنچه بر بنده خود نازل کرده‌ایم شـك داريد، پس اگر راسـت مى‌گوييد سوره‌اى مانند آن بياوريد و گواهان خود را غير خدا فراخوانيد.

اين بيان و مانند آن، نشان‌دهنده جايگاه ويژه سوره‌هاى قرآن در مهم‌ترين جلوه اعجاز، يعنى هدايت است.

---

۱. بقره، آيه ۲۳.

بنابراین تدبر در هر سوره‌ای، با فهم معنای کلمات، عبارات، جملات و آیات آن سوره و همچنین درک ارتباط آیات و هماهنگی مجموعه آیات آن با یکدیگر محقق می‌شود.

حال سؤال این است که آیا در مواجهه ابتدایی با قرآن کریم، فهم و درک پیش‌گفته به طور کامل برای ما حاصل است یا نه؟ به طور حتم هر میزان که فهم و درک ما از موارد ذکر شده ناقص باشد، همان اندازه از جامعیت و دقت و حتی صحت تدبر ما کاسته خواهد شد؛ پس چه باید کرد؟ راه جبران نقص فهم و درک ما چیست؟ راه جبران، ترجمه منسجم هدایتی است. چنین ترجمه‌ای افزون بر فراهم‌سازی امکان فهم معنای کلمات، عبارات، جملات و آیات هر سوره، توضیحاتی ارائه می‌دهد که درک ارتباط آیات و تشخیص دسته‌های مفهومی آیات هر سوره و درک هماهنگی دسته‌های مفهومی و نزدیک شدن به غرض هدایتی سوره را افزایش می‌دهد.

ترجمه، برگردان یک سخن از زبانی به زبان دیگر است به گونه‌ای که اهل زبان دوم، افزون بر مفاهیم واژگان و جملات، مقاصد مورد نظر صاحب سخن را دریابند. کامل‌ترین و وفادارترین ترجمه آن است که بیشترین توفیق را در انتقال مفاهیم و مقاصد مورد نظر صاحب سخن، از زبان مبدأ به زبان مقصد داشته باشد.

حال اگر سخن منسجم باشد، مفاهیم و مقاصد مورد نظر صاحب سخن بدون درک این انسجام فهمیده نخواهد شد. بنابراین ترجمه‌ای که زمینه درک این انسجام را فراهم نسازد و تنها معنای کلمات و جملات را بیان کند، ترجمه‌ای کاملا وفادار شمرده نخواهد شد.

ممکن است گفته شود که مطلب بالا درباره ترجمه سخن منسجم، صحیح است اما سخن خدای حکیم در هر یک از سوره‌های قرآن کریم منسجم نیست!!! بی‌تردید این سخنی ناصواب است، چون اگر سخن خدای حکیم در یک سوره منسجم نباشد، اتصال آیات آن سوره به هم و انفصال آیات آن سوره از سوره قبل و بعد، حکیمانه نخواهد بود. این در حالی است که در حکیمانه بودن فعل و قول خدای سبحان جای هیچ شک و تردیدی نیست.

مرحوم علامه طباطبایی رحمة‌الله‌علیه در این باره می فرماید: **«إنه سبحانه کرر ذکر السورة فی کلامه کثیرا کقوله تعالی: «فَأْتُوا بِسُورَةٍ مِثْلِهِ»: یونس - ۳۸. وقوله: «فَأْتُوا بِعَشْرِ سُوَرٍ مِثْلِهِ مُفْتَرَیاتٍ»: هود - ۱۳. وقوله تعالی: «إِذا أُنْزِلَتْ سُورَةٌ»: التوبة - ۸۶. وقوله: «سُورَةٌ أَنْزَلْناها وَ فَرَضْناها»: النور - ۱. فبان لنا من ذلك: أن لكل طائفة من هذه الطوائف من كلامه (التی فصلها قطعا قطعا، و سمی كل قطعة سورة) نوعا من وحدة التأليف و التمام، لا يوجد بين أبعاض من سورة و لا بين سورة و سورة، و من هنا نعلم: أن الأغراض و المقاصد المحصلة من السور مختلفة، و أن كل واحدة منها مسوقة لبيان معنى خاص و لغرض محصل لا تتم السورة إلّا بتمامه»**[1]

اگر بگویید: بسیاری از سوره‌ها را می‌شناسیم که همه آیات آن **انسجام مفهومی یا موضوعی** ندارد، یعنی دسته‌های مفهومی متعدد و حتی موضوعات متنوعی در آن سوره‌ها وجود دارد، می‌گوییم: این سخن درستی است، اما همه سوره‌های قرآن دارای **انسجام هدایتی** است و بدون شک هیچ سوره‌ای نیست که اجزای آن از نظر سیر هدایتی پراکنده بوده و مخاطب را دچار سردرگمی کند؛ **حتی دسته‌های مفهومی متعدد و یا موضوعات متنوع در یک سوره نیز، سیر هدایتی روشنی به سوی غرض واحد سوره دارد.**

دست‌یابی به ترجمه منسجم هدایتی سوره‌های قرآن کریم، مبتنی بر فرایندی عالمانه است.

درک مفاهیم کلمات، عبارات و جملات و شناخت مقاصد آیات و تشخیص ارتباط آیات و کشف دسته‌های مفهومی (سیاق‌ها) و درک هماهنگی سیاق‌های مختلف با یکدیگر و پی بردن به مقصد هدایتی واحد هر سوره، افزون بر فهم متکی به ادبیات عربی مبین قرآنی، مستلزم شناخت فضای سخن آن سوره است؛ بدین معنی که باید با کمک

۱. المیزان فی تفسیر القرآن، ج۱، ص۱۶. ترجمه: خدای سبحان کلمه «سوره» را در کلام مجیدش چند جا آورده است، از آن جمله فرموده: «فَأْتُوا بِسُورَةٍ مِثْلِهِ» و فرموده: «فَأْتُوا بِعَشْرِ سُوَرٍ مِثْلِهِ مُفْتَرَیاتٍ» و فرموده: «إِذا أُنْزِلَتْ سُورَةٌ» و فرموده: «سُورَةٌ أَنْزَلْناها وَ فَرَضْناها». از این آیات می فهمیم که هریك از این سوره‌ها دسته‌ای از کلام خداست که برای خود وحدتی دارد، نوعی از وحدت که نه در میان بخش‌های یك سوره هست و نه میان سوره‌ای و سوره‌ای دیگر و نیز از اینجا می‌فهمیم که اغراض و مقاصدی که از هر سوره به دست می‌آید مختلف است و هر سوره‌ای، غرضی خاص و معنایی مخصوص را بیان می‌کند، غرضی را که تا سوره تمام نشود آن غرض نیز تمام نمی‌شود. (ترجمه المیزان، ج۱، ص۲۷).

سوره فهمید که برای درمان کدام درد و یا پاسخ به کدام سؤال و یا ارائه راه حل کدام بحران و یا دفع و رفع کدامین شبهه و یا ایجاد یقین نسبت به کدام اعتقاد نازل شده است... و همچنین مستلزم شناخت جهت هدایتی است؛ بدین معنی که باید در لابلای مفاهیم و موضوعات متنوع، سمت و سوی حرکت سوره را تشخیص داد و در میان آیات جای اصل و فرع را جابجا ندید و جایگاه اصالی و تبعی را خلط نکرد و با رویکردی محورشناسانه و جامع‌نگرانه هدف سوره را کاوید.... و همچنین مستلزم شناخت سیر هدایتی است؛ بدین معنی که باید مسیر حرکت از فضای سخن به سوی جهت هدایتی را درک کرد و باید با گامهای سوره از مبدأ وضعیت موجود (فضای سخن) به سوی مقصد وضعیت مطلوب (جهت هدایتی) همراه شد و با سیر سوره حرکت کرد.

فهم و درک و شناخت پیش‌گفته، بر علوم و اصول فهم و فکر استوار است. ادبیات عرب، اصول فهم متن و منطق تفکر بیشترین نقش را در شکل‌گیری، کمال، صحت و دقت این فرایند عالمانه دارد.

پاسخی مهم به پرسشی مهم

پرسش: آنان که زبانشان زبان قرآن است و یا خود مترجم قرآن هستند، در عمل به وظیفه تدبر در قرآن مشکلی ندارند. کافی است اراده تدبر داشته و انسجام هدایتی سوره را مورد توجه قرار دهند؛ اما آنان که باید برای تحقق تدبر از ترجمه دیگران استفاده کنند، از متن قرآن فاصله دارند و تدبر در قرآن برای آنان به طور کامل حاصل نمی‌شود. چه باید کرد؟

پاسخ: گاهی کسی در مقام تدبر، ترجمه را اصل قرار می‌دهد و بدون حساسیت نسبت به ارتباط با متن قرآن، به مطالعه ترجمه می‌پردازد. آری چنین فردی، بهره‌ای کامل از تدبر در قرآن نخواهد داشت. اگر در مقام تدبر، متن قرآن را اصل قرار دهیم و از ترجمه به عنوان عصای دست بهره بگیریم و همواره در پی تطبیق ترجمه برمتن قرآن باشیم، ارتباط ما با قرآن کریم برقرار شده و امکان تدبر کامل برای ما فراهم خواهد شد.

توضیح: دیده‌ایم که برخی برای فهم آیات قرآن، به خواندن ترجمه آن بسنده می‌کنند و بعضی با استفاده از کتب آموزش ترجمه و مفاهیم و یا شرکت در دوره‌های آموزشی، در پی تحصیل قوه تطبیق ترجمه برمتن آیات هستند. تا کنون به تفاوت این دو گروه اندیشیده‌اید؟ گروه نخست، از پس پرده ترجمه، آیات وحی الهی را می‌خوانند و می‌فهمند، ولی از مواجهه مستقیم با متن نورانی آیات کم‌بهره‌اند؛ اما گروه دوم، از پل ترجمه عبور می‌کنند و به منطقه ارتباط مستقیم با آیات مبین قرآن راه می‌یابند. هر دو برخِیرند، اما این کجا و آن کجا؟! گروه سومی نیز هستند که پس از طی راهی طولانی و در پی کسب مقدمات لازم، مترجم آیات قرآن می‌شوند و برای دیگران، پل فهم آیات می‌سازند.

پویندگان راه تدبر در قرآن کریم نیز در همین سه گروه قابل ارزیابی هستند، با این تفاوت که این بار سخن از فهم سوره‌های قرآن کریم یعنی مرحله‌ای پس از فهم آیات است. با این سه گروه آشنا شویم:

۱. گروه نخست که از پس پرده شفاف ترجمه منسجم هدایتی، سوره‌های قرآن را می‌خوانند و می‌فهمند و از مواجهه مستقیم با متن نورانی سوره‌ها کم‌بهره‌اند.

اینـان در کلاس و دوره‌ای شـرکت نمی‌کننـد و بـا مطالعـه کتـب ترجمـه منسـجم هدایتی قرآن کریم، توشه خود را برمی‌گیرند.

۲. گـروه دوم کـه از پـل ترجمه عبور می‌کنند و به منطقه ارتباط مسـتقیم با سـوره‌های نورانـی قـرآن راه می‌یابنـد. اینـان همـان مخاطبان دوره‌های آموزشـی تدبـر در قرآن کریم هستند.

۳. گروه سوم که از پی طی راهی طولانی، خود مترجم سوره‌های قرآن می‌شوند و برای دیگران، پل فهم سـوره‌ها می‌سـازند. اینان محققان ترجمه منسـجم هدایتی قرآن کریم هستند.

توجّه

برخـی گمـان می‌کنند که مخاطب مسـتقیم بسـیاری از سـوره‌های قرآن کریـم و به ویژه سـوره‌های مکی نیسـتند، زیرا آن‌ها را خطاب به کافران و خود را جزء مسلمانان می‌دانند. این نوشتار، توجه این دسته از مخاطبانِ سخن دوست را به محورهای ذیل جلب می‌کند:

۱. بیاییـم بـا کمک این سـوره‌ها، مسـلمان و مؤمن رسـمی شـویم و به اسـلام و ایمان اسمی اکتفا نکنیم: «**وَ ما لَکُم لا تُؤمِنون بِاللّه... إن کُنتُم مؤمِنین**»؛[۱] «شما را چه شده است که به خدا ایمان نمی‌آورید... اگر مؤمنید.»

۲. بیاییـم بـا کمـک ایـن سـوره‌ها، ایمانمان را حفـظ کنیم و از دام همیشـه گسـترده شـیطان برحـذر بمانیـم و از پرتـگاه «**آمَنوا ثُمَّ کَفَروا**»؛[۲] «ایمان آوردند، سـپس کافر شدند.»، دوری کنیم.

۳. بیاییـم بـا کمک این سـوره‌ها، ایمانمان را ارتقـاء دهیم و به جایـگاه فعلی خویش بسـنده نکنیـم و بـه آسـمان «**یا أیّها الّذیـن آمَنوا آمِنوا**»؛[۳] «ای کسـانی کـه ایمان آورده‌اید، ایمان بیاورید.» پرگشاییم.

---

۱. حدید، آیه ۸.

۲. منافقون، آیه ۳.

۳. نساء، آیه ۱۳۶.

جواب یک شبهه

متن شبهه: «مقدمه نخست: تدبر مبتنی بر تفسیر است.» .«مقدمه دوم: تفسیر حقیقی قرآن کریم، سخنان پیامبر خدا صلی‌الله‌علیه‌وآله و اهل بیت عصمت و طهارت علیهم‌السلام است.» .«نتیجه: تدبر مبتنی بر سخنان پیامبر خدا صلی‌الله‌علیه‌وآله و اهل بیت عصمت و طهارت علیهم‌السلام است.» بنابراین استدلال، تنها راه تدبر در قرآن کریم مراجعه به روایات معصومان علیهم‌السلام است.

جواب شبهه: هم مقدمه نخست این استدلال درست است و هم مقدمه دوم آن؛ اما اشکال استدلال این است که کلمه «تفسیر» در مقدمه اول و دوم آن به یک معنی نیست. تفسیر در مقدمه اول این استدلال، فرایندی علمی برای رسیدن به ترجمه قرآن است اما در مقدمه دوم، تبیین فروعات و کشف از جزئیات و استنباط از ظواهر و پرده‌برداری از بطون و تأویل متشابهات و مانند اینهاست.

بعد از روشن شدن جواب شبهه، باید دانست که روایات معتبر نقل شده از معصومان علیهم‌السلام، در مواردی راهنمای متدبران هم است و این در جایی است که روایات صحیح مربوط به مفهوم و مقصود کلمات، عبارات، جملات، آیات و سور در دست باشد. در موارد فراوان دیگر، روایات صحیح مربوط به تبیین جزئیات و بیان بطون و تطبیقات و مانند اینها در دست است که در راستای تفسیر قرآن به معنای تبیین معصومانه آن کاربرد دارد.

ساختار این کتاب

پیامبر اکرم صلی‌الله علیه و آله فرمودند: «أُعْطِيتُ السُّوَرَ الطِّوَالَ مَكَانَ التَّوْرَاةِ وَ أُعْطِيتُ الْمِئِينَ مَكَانَ الْإِنْجِيلِ وَ أُعْطِيتُ الْمَثَانِيَ مَكَانَ الزَّبُورِ وَ فُضِّلْتُ بِالْمُفَصَّلِ ثَمَانٌ وَ سِتُّونَ سُورَةً»[1] سوره‌های طوال به‌جای تورات به من اعطا شد و مئین به‌جای انجیل به من اعطا شد و مثانی به‌جای زبور به من اعطا شد و برتری داده شدم با «**مفصّل**»، شصت و هشت سوره [آخر قرآن کریم از سوره محمد صلی‌الله علیه و آله تا سوره ناس].

سور مفصّل به حزب مفصل نیز شهرت یافته است و کتاب حاضر جلد پنجم از «**مجموعه شش جلدی تدبّر در حزب مفصّل قرآن کریم**» است که به ارائه تدبّر در سوره‌های مزّمّل تا مطفّفین پرداخته است.

مباحث مربوط به هر سوره در این کتاب، به ترتیب ذیل ارائه می‌شود:

۱. متن آیات و ترجمه تطبیقی؛ هدف از این بخش، قرائت و فهم هر آیه است.

۲. کشف سیاق‌ها؛ در این قسمت با بیان اجمالی اتصال یا انفصال مفهومی آیات سوره، سیاق‌های سوره مشخص می‌شود.

۳. فضای سخن، سیر هدایتی (به همراه نمودار) و جهت هدایتی هریک از سیاق‌های سوره؛ در این بخش، هر سیاق از سوره به مثابه یک واحد از سخن حکیمانه سوره توضیح داده می‌شود.

۴. فضای سخن، سیر هدایتی و جهت هدایتی سوره؛ در این قسمت، کل سوره به عنوان یک سخن حکیمانه مستقل شرح داده می‌شود.

۵. ترجمه منسجم هدایتی؛ همان نتیجه مورد نظر از فرایند عالمانه فهم منسجم هدایتی سوره است که امکان تدبر جامع و دقیق در سوره را برای مخاطب فراهم می‌آورد.

۶. در محضر عترت علیهم‌السلام؛ در این بخش، حدیث یا احادیث نورانی در ارتباط با جهت هدایتی سوره مطرح و به طور مختصر توضیح داده می‌شود.

۷. توضیحات کاربردی؛ در این قسمت، سرنخ‌هایی از چگونگی تمسک به سوره در زندگی بیان می‌شود.

---

۱. کافی، جلد۲، کتاب فضل القرآن، حدیث ۱۰.

تقدیر

بدین‌وسیله، مقام شامخ استاد گران‌قدر حضرت آیت‌الله الهی‌زاده حفظه الله تعالی را گرامی می‌داریم. عالم وارسته‌ای که سال‌های زیبای تعلم قرآن ما با عنایت پروردگار حکیم و در پرتو علم و فضل ایشان رقم خورد. از خدای مهربان می‌خواهیم که آن بزرگوار را به عالی‌ترین مقامات علمی و معنوی نائل فرماید.

علو درجات و مقامات پدر عزیز و ارجمندمان، خادم خالص پیامبر اسلام صلی‌الله‌علیه‌وآله، قرآن کریم و اهل بیت علیهم‌السلام و بنیان‌گذار مؤسسه فرهنگی قرآن و عترت علیهم‌السلام تدبر در کلام وحی، مرحوم حاج مهدی صبوحی رحمة‌الله‌علیه را از خدای منان خواستاریم. به ثمرنشستن فعالیت‌های قرآنی ما، تجلی اخلاص و تلاش ایشان است. همچنین صمیمانه از مادر مهربانمان بانو سیده جزایری که پشتیبانی بی‌دریغ و دعاهای خالصانه‌اش سرمایه معنوی ما بود، تشکر می‌کنیم.

از معبود یگانه می‌خواهیم که دوست عزیزمان، مرحوم حجت الاسلام امین عظیمی رحمه‌الله را در جوار رحمت خویش جای دهد که نقشی مؤثر در مسیر تحقیقات تدبری داشت.

فاضل ارجمند، جناب حجت الاسلام محمد میرزایی، حضوری ارزشمند در مسیر تدوین این اثر داشته‌اند که از درگاه خدای منان، مزید توفیقات ایشان را درخواست می‌کنیم.

از همراهان و همکاران محترم به‌ویژه برادر گرامی جناب حجت‌الاسلام مهدی صفرزاده مدیرعامل محترم مؤسسه تدبر به خاطر حمایت ارزشمندشان از گروه تحقیقاتی تدبر در کلام وحی سپاسگزاریم.

همچنین از گروه تحقیقاتی تدبر در تهران، خانم‌ها فروشنده، علیشاهی، کلانتری، معمارزاده، شبانی، قضات، بدر قاسمی، مرادی، طبری، صالحی، بهمنی، سرلک، بتولی، مرداهی، سلطانی، حاجی آقا، به جهت همکاری مشتاقانه و مدقّانه در تهیّه پیشنهادات اصلاح و تکمیل این اثر، تشکر می‌کنیم.

امید که صاحب بزرگوار قرآن مجید این بضاعت مزجات را از ما بپذیرد و پیمانه ما را لبریز فرماید. شما مخاطب گرامی نیز کاستی این نوشتار را از نویسندگان بدان و بزرگوارانه

راهنمای ما باش.

ای خدای مهربان! قلم و قدم ما را در راه خدمت‌گزاری به اسلام عزیز، از خطا و لغزش مصون بدار!

جوار ملکوتی بانوی نور، حضرت فاطمه معصومه علیهاالسلام

مؤسسه تدبر در کلام وحی

علی صبوحی

سوره مزّمّل

ترجمه تطبیقی

بِسۡمِ اللَّهِ الرَّحۡمَٰنِ الرَّحِ☒مِ

به اسم الله رحمت‌گستر رحم‌آور

☒ا أَ☒هَا الۡمُزَّمِّلُ ﴿١﴾

ای جامه‌به‌خودپیچیده. «۱»

قُمِ اللَّ☒لَ إِلَّا قَلِ☒لاً ﴿٢﴾

بپاخیز شب را مگر اندکی «۲»

نِصۡفَهُ أَوِ انقُصۡ مِنۡهُ قَلِ☒لاً ﴿٣﴾

نصف شب را یا از نصف اندکی کم کن. «۳»

أَوۡ زِدۡ عَلَ☒هِ وَرَتِّلِ الۡقُرۡآنَ تَرۡتِ☒لاً ﴿٤﴾

یا بر آن زیاد کن و قرآن را ترتیل کن، ترتیل کردنی. «۴»

إِنَّا سَنُلۡقِ☒ عَلَ☒كَ قَوۡلاً ثَقِ☒لاً ﴿٥﴾

چراکه قطعاً ما قولی گران‌بار بر تو إلقا خواهیم کرد. «۵»

إِنَّ نَاشِئَةَ اللَّ☒لِ هِ☒ أَشَدُّ وَطۡئاً وَأَقۡوَمُ قِ☒لاً ﴿٦﴾

حتماً آنچه در شب پدید می‌آید، آن محکم‌تر است برای قدم‌گذاشتن و پایدارتر است از جهت سخن «۶»

إِنَّ لَكَ فِ☒ النَّهَارِ سَبۡحاً طَوِ☒لاً ﴿٧﴾

قطعاً برای تو در روز، حرکتی طولانی است. «۷»

وَاذْكُرِ اسْمَ رَبِّكَ وَتَبَتَّلْ إِلَ☒هِ تَبْتِ☒لاً ﴿۸﴾

و ذکر کن اسم پروردگارت را، و از دیگران جدا شو به سوی او، جداشدنی«۸»

رَبُّ الْمَشْرِقِ وَالْمَغْرِبِ لَا إِلَهَ إِلَّا هُوَ فَاتَّخِذْهُ وَكِ☒لاً ﴿۹﴾

پروردگار مشرق و مغرب که معبودی جز او نیست؛ پس او را وکیل بگیر.«۹»

وَاصْبِرْ عَلَىٰ مَا ☒قُولُونَ وَاهْجُرْهُمْ هَجْراً جَمِ☒لاً ﴿۱۰﴾

و صبر کن بر آنچه می‌گویند و دوری کن دوری کردنی نیکو.«۱۰»

وَذَرْنِ☒ وَالْمُكَذِّبِ☒نَ أُولِ☒ النَّعْمَةِ وَمَهِّلْهُمْ قَلِ☒لاً ﴿۱۱﴾

و واگذار مرا با مکذبان صاحب نعمت؛ و اندکی به ایشان مهلت بده«۱۱»

إِنَّ لَدَ☒نَا أَنْكَالاً وَجَحِ☒ماً ﴿۱۲﴾

قطعاً نزد ما بندها و آتشی برافروخته است.«۱۲»

وَطَعَاماً ذَا غُصَّةٍ وَعَذَاباً أَلِ☒ماً ﴿۱۳﴾

و غذایی گلوگیر و عذابی دردناک!«۱۳»

☒وْمَ تَرْجُفُ الْأَرْضُ وَالْجِبَالُ وَكَانَتِ الْجِبَالُ كَثِ☒باً مَهِ☒لاً ﴿۱۴﴾

در روزی که زمین و کوه‌ها می‌لرزد؛ و کوه‌ها شن‌های روان می‌شود«۱۴»

إِنَّا أَرْسَلْنَا إِلَ☒كُمْ رَسُولاً شَاهِداً عَلَ☒كُمْ كَمَا أَرْسَلْنَا إِلَىٰ فِرْعَوْنَ رَسُولاً ﴿۱۵﴾

همانا که ما به سوی شما رسولی ارسال کردیم که شاهد بر شما است؛ همان گونه که به سوی فرعون رسولی ارسال کردیم«۱۵»

فَعَصَىٰ فِرْعَوْنُ الرَّسُولَ فَأَخَذْنَاهُ أَخْذاً وَبِ☒لاً ﴿۱۶﴾

پس فرعون آن رسول را عصیان کرد؛ پس او را به گرفتنی شدید و سنگین گرفتیم.«۱۶»

فَكَ☒فَ تَتَّقُونَ إِنْ كَفَرْتُمْ ☒وْماً ☒جْعَلُ الْوِلْدَانَ شِ☒باً ﴿۱۷﴾

پس چگونه پرهیز می‌کنید، اگر کافر شدید؛ از روزی که کودکان را پیر می‌کند؟«۱۷»

السَّمَاءُ مُنْفَطِرٌ بِهِ كَانَ وَعْدُهُ مَفْعُولاً ﴿۱۸﴾

آسمان آن روز شکاف‌خورنده است، وعده او انجام شده است.«۱۸»

إِنَّ هَذِهِ تَذْكِرَةٌ فَمَنْ شَاءَ اتَّخَذَ إِلَىٰ رَبِّهِ سَبِ☒لاً ﴿۱۹﴾

قطعاً این عامل تذکّر است، پس هر که خواست، راهی به سوی پروردگارش گرفت«۱۹»

إِنَّ رَبَّكَ ☒عْلَمُ أَنَّكَ تَقُومُ أَدْنَى مِنْ ثُلُثَ☒ِ اللَّ☒ْلِ وَنِصْفَهُ وَثُلُثَهُ وَطَائِفَةٌ
مِنَ الَّذِ☒نَ مَعَكَ وَاللَّهُ ☒ُقَدِّرُ اللَّ☒ْلَ وَالنَّهَارَ عَلِمَ أَنْ لَنْ تُحْصُوهُ فَتَابَ
عَلَ☒ْكُمْ فَاقْرَءُوا مَا تَ☒َسَّرَ مِنَ الْقُرْآنِ عَلِمَ أَنْ سَ☒َكُونُ مِنْكُمْ مَرْضَى
وَآخَرُونَ ☒َضْرِبُونَ فِ☒ الْأَرْضِ ☒َبْتَغُونَ مِنْ فَضْلِ اللَّهِ وَآخَرُونَ ☒ُقَاتِلُونَ
فِ☒ سَبِ☒لِ اللَّهِ فَاقْرَءُوا مَا تَ☒َسَّرَ مِنْهُ وَأَقِ☒مُوا الصَّلَاةَ وَآتُوا الزَّكَاةَ
وَأَقْرِضُوا اللَّهَ قَرْضاً حَسَناً وَمَا تُقَدِّمُوا لِأَنْفُسِكُمْ مِنْ خَ☒ْرٍ تَجِدُوهُ عِنْدَ اللَّهِ
هُوَ خَ☒ْراً وَأَعْظَمَ أَجْراً وَاسْتَغْفِرُوا اللَّهَ إِنَّ اللَّهَ غَفُورٌ رَحِ☒مٌ ﴿۲۰﴾

قطعاً پروردگار تو می‌داند همانا تو نزدیک به دو سوم شب و نصف آن و یک سوم آن را به‌پا می‌خیزی و گروهی از کسانی که همراه تو هستند؛ و الله شب و روز را تقدیر می‌کند؛ دانست که هرگز آن را مضبوط نمی‌کنید؛ پس برگشت بر شما؛ پس، از قرآن هرقدر که میسّر است، قرائت کنید؛ دانست اینکه گروهی از شما مریض خواهند بود و دیگرانی در زمین حرکت می‌کنند؛ درحالی‌که فضل الله را طلب می‌کنند و دیگرانی که در راه الله جنگ می‌کنند؛ پس، از قرآن هرقدر که میسّر است، قرائت کنید و نماز را اقامه کنید و زکات بدهید و قرض دهید به الله؛ قرضی نیکو و آنچه از خیر برای خودتان پیش می‌فرستید، می‌یابید آن را نزد خدا؛ همان را بهتر و از جهت اجر، عظیم‌تر و طلب مغفرت کنید از الله؛ چراکه الله مغفرت‌کننده رحم‌آور است.«۲۰»

کشف سیاق‌ها

سوره مزمل ۳ سیاق دارد: آیه ۱ تا ۱۴، آیه ۱۵ تا ۱۹ و آیه ۲۰.

آیه ۱ تا ۱۴، خطاب به رسول گرامی اسلام صلی‌الله‌علیه‌وآله است. این آیات، طیّ فرمان‌هایی، ایشان را برای دریافت وحی و صبر در برابر فشارهای مخالفان آماده می‌کند. آیات این سیاق، ارتباط روشنی با یکدیگر دارد؛ علاوه بر سیر خطاب آیات به رسول خدا صلی‌الله‌علیه‌وآله، سیر فرامین الهی به ایشان، در آنها تداوم یافته است.

آیه ۱۵، از نظر ادبی ارتباطی با آیات قبل ندارد؛ علاوه بر این، سیر مفهومی جدیدی را آغاز کرده و تا آیه ۱۹ ادامه یافته است؛ این آیات، «مُرْسِلٌ إِلَيْهِمْ» یعنی جامعه هدف رسول خدا را مخاطب قرار داده و با ایشان در مورد عاقبت کفر و تکذیب‌شان سخن گفته است؛ در این

آیات، مخاطب، واحد است و آیات با سیر محتوایی روشن و مرتبطی پیش رفته است[1].

آیه ۲۰، علاوه بر انفصال ادبی از آیات قبل، از لحاظ محتوایی نیز از آیات قبل از خود فاصله گرفته است؛ این آیه، وظایف خاصی را خطاب به مؤمنان مطرح و آن را جایگزین مسأله شب‌زنده‌داری در مورد ایشان می‌کند.

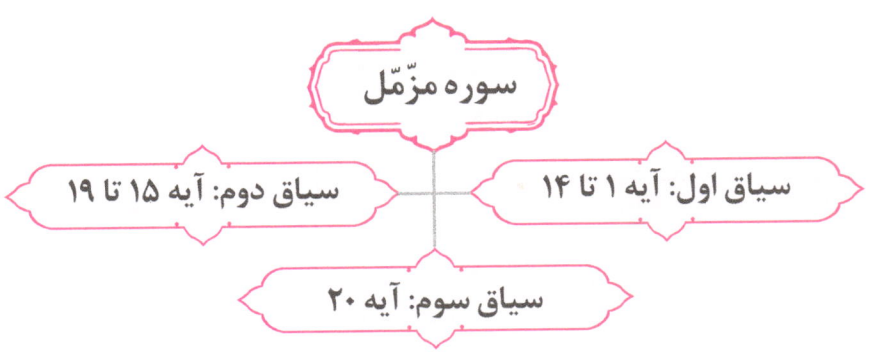

سوره مزّمّل
سیاق اول: آیه ۱ تا ۱۴
سیاق دوم: آیه ۱۵ تا ۱۹
سیاق سوم: آیه ۲۰

سیاق اول: آیه ۱ تا ۱۴

فضای سخن

سنگینی دریافت وحی الهی، از یک سو و سخنان ناروای ثروتمندان و قدرتمندان مکذّب قرآن از سوی دیگر، پیامبر صلی الله علیه و آله را در اندوه فراوانی فروبرده است.

فشار سنگین در مقام دریافت و ابلاغ وحی، سبب شده که آن حضرت، جامه خواب به دور خود پیچیده تا قدری از این فشارها رهایی یابد؛ رسول خدا صلی الله علیه و آله نیازمند راه‌کارهایی برای آمادگی هرچه بیشتر در مسیر دریافت و ابلاغ وحی است.

قرائن زیر در آیات این سیاق، فضای سخن آن را مشخص می‌کند:

---

۱. اشکال: اسم اشاره «هذه» در ابتدای آیه ۱۹، به کجا اشاره دارد؟ جواب: دو گزینه در این باره قابل تصور است: ۱. اینکه به مجموعه آیات سوره تا این نقطه (۱ تا ۱۸) بازگردد؛ ۲. تنها به آیات همین سیاق اشاره داشته باشد. در صورت اول، نمی‌توان آیه ۱۹ را ادامه سیاق دوم دانست؛ بلکه سیاقی مستقل خواهد بود که دو سیاق قبلی را جمع‌بندی می‌کند. این اسم اشاره، به آیات سیاق دوم باز می‌گردد؛ بررسی محتوای آیه ۱۹، حکایت از آن دارد که مورد اشاره، تذکّری عمومی برای انتخاب راه درست به سوی پروردگار است و حال آنکه مخاطب آیات سیاق اول، رسول گرامی صلی الله علیه و آله بوده و محتوای آیات، مرتبط با امر رسالت ایشان است و نمی‌توان این محتوا را در همین لایه اول، تذکّری عمومی برای مخاطبان سوره دانست.

۱. آیه اول این سوره «یَا أَيُّهَا الْمُزَّمِّلُ ﴿۱﴾»، پیامبر صلی‌الله‌علیه‌وآله را با عبارت «الْمُزَّمِّلُ» مخاطب قرار داده است؛ این صفت در لغت به معنای کسی است که جامه سنگین خواب به خود پیچیده است[1]؛ اما آنچه ما را در بدست‌آوردن فضای سخن از این آیه یاری می‌کند، وجه استفاده از این صفت، در ابتدای آیات این سیاق است؛ علّامه طباطبایی رحمه‌الله دراین‌باره می‌نویسد: «این خطاب به قصد تحسین و یا توبیخ پیامبر صلی‌الله‌علیه‌وآله نبوده است؛ بلکه به‌دنبال غم ایشان در مورد سخنان مکذبان نسبت به دعوت ایشان، گویا برای خواب و دوری از این ناراحتی جامه به خود پیچیده و مشغول استراحت بودند که خدای متعالی با این خطاب، ایشان را متوجه می‌سازد که برای رفع این ناراحتی، به عبادت خدا روی بیاورد...»[2]. از میان اقوال مختلفی که دراین‌باره موجود است، به نظر می‌رسد آنچه ایشان نوشته است، با سیاق آیات هماهنگی بیشتری دارد؛ شاهد این ادّعا در آیات، این است که از میان فرامین بعد از این خطاب، تنها نقطه‌ای که به وضعیت موجود پیامبر صلی‌الله‌علیه‌وآله اشاره دارد، آیاتی است که ایشان را به صبر در برابر سخنان مکذبان دعوت می‌کند و با بیانی مدافعانه از رسول، از عذاب مکذّبان در قیامت خبر می‌دهد. این آیات، حاکی از فشار این جریان بر رسول خدا صلی‌الله‌علیه‌وآله است.

اما توجه به قرینه دیگری در آیات، روی دیگر همین فضا را نشان می‌دهد؛ علت دستور شب زنده‌داری در ابتدای سوره، در ادامه این گونه بیان می‌شود: «إِنَّا سَنُلْقِي عَلَيْكَ قَوْلًا ثَقِيلًا ﴿۵﴾»؛ این تعلیل، بعد از خطاب «يا أيّها المُزَّمِّل»، حاکی از رویکرد آیات، در آماده‌سازی پیامبرخدا برای دریافت قول ثقیل است، بجایی این سخن نشان می‌دهد که این رفتار پیامبر، تنها از جانب بار تهمت‌ها و فشار سنگین وارد شده از سوی مکذبان نبوده است؛ بلکه این شرایط سنگین، در حالی به پیامبر روا

---

۱. این واژه، اسم فاعل، از مصدر «تَزَمُّل» است؛ از نوشتار التحقیق فی کلمات القرآن الکریم (ج۴، ص۳۶۸)، در بیان این واژه چنین برمی‌آید که «در معنای این واژه، دو مفهوم حمل و پیچیدن همراه شده است؛ حمل و پیچیدنی که در نتیجه آن، احاطه از همه طرف حاصل می‌شود. ایشان می‌نویسد: «هو التحمّل علی صورة التّلفّف؛ أی ما بین حملٍ و لفّ»، بنابراین، پیچیدن هر جامه‌ای به خود، «تزمّل» نیست؛ بلکه پیچیدن جامه ضخیم که سنگینی دارد و بر بدن احاطه می‌یابد «تزمّل» است. کاری که اغلب اوقات برای رهایی از فشارها و آرامش به‌دور از فضای پرهیاهوی بیرون انجام می‌شود.

۲. ترجمه شده از متن تفسیر المیزان، ج ۲۰، ص ۶۰.

داشته شده که ایشان، شرایط سختی را در دریافت قول ثقیل الهی پیش رو دارد؛ و باید خود را بیش‌ازپیش برای دریافت قول ثقیل آماده کند. توجه به این نکته، تبیین‌کننده اوج فشار موجود بر پیامبر است؛ ازاین‌رو دو عامل، یکی در مقام دریافت وحی و دیگری در مقام ابلاغ وحی، عامل اندوه و پیچیدن جامه به دور خود توسط فرستاده خداست: دریافت قول ثقیل الهی، در شرایط فشار بار تهمت‌ها نسبت به ساحت پیامبر و قرآن.

2. بجا بودن آیات «وَاصْبِرْ عَلَى مَا يَقُولُونَ وَاهْجُرْهُمْ هَجْراً جَمِيلاً ۝ وَذَرْنِي وَالْمُكَذِّبِينَ أُولِي النَّعْمَةِ وَمَهِّلْهُمْ قَلِيلاً ۝»، نشان می‌دهد که مکذّبان با سخنان ناروای خود، پیامبر ﷺ را تحت فشار قرار داده‌اند، همچنین استفاده از صفت «أُولِي النَّعْمَةِ»، هرچند اشاره با این نام برای شرمنده‌کردن آنها است؛ امّا حاکی از متنعّم‌بودن ایشان به نعمت‌های دنیوی است؛ در رأس این نعمت‌ها، می‌توان به ثروت و قدرت اشاره کرد.

سیر هدایتی

شـروع سـخن در ایـن فضـای پراندوه، با لحنی آکنـده از مهر و عطوفت، از سوی خدای عالم به آشکار و نهان، این‌گونه است: «يَا أَيُّهَا الْمُزَّمِّلُ ۝»؛

ایـن تعبیـر، حکایـات فراوانـی دارد؛ از همـه مهم‌تـر، خدایـی که بـا تو سخن می‌گوید، از وضعیـت تـو در اندوه حاصل از فشارها آگاه است و حال تو را برای خروج از این وضعیت مشاهده می‌کند.

امّـا ادامـه سـخن، فرمـان را بـه گونه‌ای صـادر می‌کند کـه راه درسـت رهایـی از فشـارها را مشخّص سازد؛

آیـات، نخسـت به مقـام دریافـت قـول ثقیـل الهـی نظـر دارد و درصدد آماده‌سازی پیامبر اعظم ﷺ در مقام دریافت وحی است.

راهکار تحمّـل بـار سـنگین وحی الهـی، شـب‌زنده‌داری و ترتیـل قرآن در شـب اسـت: «قُمِ اللَّيْلَ إِلَّا قَلِيلاً ۝ نِصْفَهُ أَوِ انْقُصْ مِنْهُ قَلِيلاً ۝ أَوْ زِدْ عَلَيْهِ وَرَتِّلِ الْقُرْآنَ تَرْتِيلاً ۝»؛ تو بایـد بخـش زیـادی از شـب را، نیمـی از آن را یـا کمـی کمتـر یـا حتـی بیشـتر از نیـم آن را به

شب‌زنده‌داری مشغول باشی، تا در این فرصت، قرآن ترتیل کنی[1]؛ باید با ترتیل قرآن در شب، خود را همواره آماده نگاه داری؛ چراکه سخن ثقیل الهی در راه است و به‌زودی باز به تو إلقا خواهد شد: «إِنَّا سَنُلْقِي عَلَيْكَ قَوْلاً ثَقِيلاً (۵)»؛

هرچه بر آیات وحی خدای بزرگ بر پیامبر افزوده می‌شود، بار دریافت و حمل آن نیز سنگین‌تر است[2]؛ ازاین‌رو، این پیام از سوی خدای پیامبر، او را برای مسئولیّتی سنگین‌تر به تناسب سخن سنگینی که دریافت می‌کند، آماده می‌سازد؛ مسئولیتی که ظرفیّت بالای آن، جز با ترتیل قرآن در شب، حاصل نمی‌شود.

اما سؤال اینجاست که چرا برای آمادگی دریافت قول ثقیل الهی، ترتیل قرآن در شب فرمان داده شده است؟ چرا قرآن؟ چرا ترتیل قرآن؟ و چرا شب؟

سؤال اول، پاسخ روشنی دارد؛ هیچ چیز به اندازه خود آن قول، برای آمادگی دریافت قول ثقیل الهی کارساز نیست؛ به تعبیر دیگر، هر اندازه همراهی و انس با این قول بیشتر شود، ظرفیّت تحمّل آنچه از سنخ آن است نیز بالاتر خواهد رفت؛ این مهم، تنها از عهده خود این قول برمی‌آید و راهکار دیگری در عرض آن و قابل مقایسه با آن نیست که بتوان آن را جایگزین این آمادگی کرد.

پاسخ سؤال دوم، از ویژگی ترتیل قابل فهم است؛ ترتیل قرآن، خواندن پی‌درپی، امّا شمرده‌شمرده و با مکث و تأمّل این کتاب بزرگ است[3]؛ خواندنی که بستر نفوذ حقایق و معارف آن در دل مخاطب را بازتر کرده و مانند آبی که آرام‌آرام به دل زمین نفوذ می‌کند، در

---

۱. اینکه در غالب تفاسیر و ترجمه‌ها، از فرمان به قیام، به نماز شب تعبیر شده است، تفسیر و ترجمه مصداقی قیام در شب است. آیه مستقیماً فرمان به نماز در شب ندارد؛ اما از آن جهت که براساس برخی از آیات و روایات اصلی‌ترین ظرف ترتیل و قرائت قرآن، نماز است، می‌توان این تفسیر و ترجمه را در مورد آیات فوق پذیرفت.

۲. مراد از قول ثقیل الهی در این آیات، مطلق وحی قرآنی است، نه بخشی از قرآن؛ زیرا همان‌طور که از این آیات و آیه ۲۰ همین سوره فهمیده می‌شود، امر به قیام در شب، به‌عنوان وظیفه‌ای مستمر به پیامبر صلی‌الله‌علیه‌وآله ابلاغ شده و اگر وحی خاصی مدنظر بود، نیازی به استمرار در این امر نبود؛ بلکه بعد از آن وحی خاص، امر به قیام نیز منتفی بود؛ البته این منافاتی با نزول بخشی از قرآن قبل از این آیات ندارد و به این معنا نیست که وحی الهی پیش از این ثقیل نبوده؛ زیرا ثقل مفهومی نسبی است و ادامه وحی قرآن و اضافه‌شدن بر آنچه از قبل نازل شده، سنگینی آن را افزون‌تر می‌کند.

۳. فعل امر «رَتِّل»، از مصدر «ترتیل» ساخته شده است. المیزان (ج۲۰، ص۶۱) در معنای این مصدر می‌نویسد: «ترتیل القرآن تلاوته بتبیین حروفه علی توالیها»، ترتیل قرآن. قرائت همراه با تبیین یعنی جداجدا و یا به تعبیر بهتر، شمرده‌شمرده خواندن حروف آن، در عین حفظ توالی و تداوم آن است.

جان مخاطب می‌نشیند.

اما سؤال سوم را خود سوره، این‌گونه پاسخ می‌دهد: «**إِنَّ نَاشِئَةَ اللَّيْلِ هِيَ أَشَدُّ وَطْئاً وَ أَقْوَمُ قِيلاً ﴿٦﴾ إِنَّ لَكَ فِي النَّهَارِ سَبْحاً طَوِيلاً ﴿٧﴾**»؛ وجود ویژگی خاص در شب، این ظرف زمانی را بهترین زمان آمادگی قرار می‌دهد و بروز مشکلاتی در روز، مانع از انتخاب آن به عنوان ظرف این آمادگی است.

«**نَاشِئَةَ**»، به معنای پدیدآینده و رشدکننده است[1]، «**نَاشِئَةَ اللَّيْلِ**» یعنی آن حالتی که در شب ایجاد شده و پرورش یافته است.

«**وَطئ**»، به معنای قدم‌نهادن در امری بزرگ است[2]. ازاین‌رو، «**أَشَدُّ وَطْئاً**»، توصیف به استحکام برای قدم‌نهادن است؛ اینکه پایگاه مناسبی برای قدم‌گذاشتن امری عظیم باشد.

«**قیل**»، اسم ساخته‌شده از فعل مجهول است و نظر به مقام دریافت سخن دارد[3]؛ و «**أَقْوَمُ قِيلاً**»، حاکی از پایداری و قوام از حیث دریافت سخن است.

«**أَشَدُّ وَطْئاً**» و «**أَقْوَمُ قِيلاً**» هردو وصف «**نَاشِئَةَ اللَّيْلِ**» است. آنچه در دل شب از قِبَل

---

۱. «ناشئة»، اسم فاعل از ریشه «نشو» به معنای پدیداری و رشد است. مفردات الفاظ القرآن (ص ۸۰۷)، در معنای این ریشه می‌نویسد: «إِحداثُ الشیءِ و تربیتُه»، «ناشئة» یعنی آنچه پدید می‌آید و پرورش می‌یابد.

۲. «وطئ»، به معنای استعلا بر چیزی و جعل آن تحت سیطره و نفوذ است. التحقیق فی کلمات القرآن الکریم (ج ۱۳، ص ۱٤۹)، در معنای این واژه می‌نویسد: «هو استعلاء علی شیء و جعله تحت النفوذ و التصرّف»، به همین جهت، این واژه، در مورد گام‌گذاشتن و به‌ویژه در مورد گام‌گذاشتن امری عظیم که برتری می‌یابد و سیطره پیدا می‌کند، استعمال شده است.

۳. «قیل»، اسم ساخته‌شده از فعل ماضی مجهول، از ریشه «قول» است؛ مانند «قال»، که اسم ساخته‌شده از فعل ماضی معلوم، از ریشه «قول» است. مصباح المنیر (ج ۲، ص ۱۱۵)، در مورد دو اسم «القیل و القال» می‌نویسد: «اسْمَانِ مِنْهُ لَا مَصْدَرَانِ قَالَهُ ابْنُ السِّكِّيتِ ويُعْرَبَانِ بِحَسَبِ الْعَوَامِلِ وَ قَالَ فِي الْإِنْصَافِ هُمَا فِي الْأَصْلِ فِعْلَانِ مَاضِيَانِ جُعِلَا اسْمَيْنِ و اسْتُعْمِلَا اسْتِعْمَالَ الْأَسْمَاءِ و أُبْقِيَ فَتْحُهُمَا لِيَدُلَّ عَلَى ما كَانَا عَلَيْهِ ...»؛ بنابراین در معنای این واژه، باید جنبه مجهولی آن لحاظ شود؛ «قیل» یعنی سخن گفته‌شده؛ از سوی دیگر، توجه به سیاق آیات، از دو جهت نشان می‌دهد که در مورد این واژه، دریافتِ سخنِ گفته‌شده مدنظر است، نه سخن گفتن: ۱. اینکه در این سیاق همزمان در آیه ۵، مصدر «قول» به خدای متعالی نسبت داده شده که بدون شک در مورد آن جنبه فاعلی یعنی سخن گفتن مدّنظر است و اگر در این آیه نیز جنبه فاعلی مدّنظر باشد، باید از همین واژه استفاده شود؛ تفاوت تعبیر در یک سیاق واحد، حاکی از تفاوت معنای مورد نظر آیات است. ۲. اینکه با توجه به سیاق آیات، هدف از دستور شب‌زنده‌داری برای رسول گرامی اسلام ﷺ، آمادگی برای دریافت قول ثقیل الهی است؛ بنابراین ویژگی مورد نظر آیات از شب‌زنده‌داری، باید با دریافت سخن‌گفته شده ارتباط داشته باشد.

شب زنده داری و ترتیل قرآن پدید می آید، پایگاهی محکم برای قدم گذاشتن و ظرفیّتی پایدار برای شنیدن و دریافت سخن است.

پس کسی که «**نَاشِئَةَ اللَّيْلِ**» در وجودش پدید آمد، همواره برای دریافت قول ثقیل الهی آماده خواهد بود؛ زیرا بهترین و پایدارترین پایگاه را برای فرود قول ثقیل الهی و دریافت محتوای خطیرآن در اختیار دارد.

وقتی رنگ ها اعتبار خود را از دست می دهد و تاریکی همه چیزرا از دیدگان محو می سازد و وقتی غافلان همه در خواب اند و شهر در سکوت محض از دروغ و فریب و ریا و هزار لکه ننگ دیگر نفس می کشد، فرصت مناسب ایجاد آمادگی برای دریافت قول ثقیل الهی است.

اما روز برای کسی مانند رسول خدا که وقتش به تبلیغ و ترویج قرآن می گذرد، زمان فعالیت فراوان در رابطه با خلق خداست؛ «**سَبْحاً طَوِيلاً**»، کنایه از مشغولیت به وظایف فراوان در امر تبلیغ و ترویج دین در روز است[1].

با آمادگی حاصل شده در شب، تحمّل قول ثقیل الهی آسان می شود؛ اما آنچه فشارها را تشدید می کرد و جنبه دیگری از سختی ها را در مقام ابلاغ وحی الهی ایجاد کرده بود، هجمه تهمت ها و ناسزاهای مکذبان بود.

اکنون راهکار آمادگی برای دریافت وحی مشخص شده؛ اما چگونگی برخورد با فشارها و هجمه ها در مسیر ابلاغ وحی، سؤال بزرگی است؛ ازاین رو، ادامه سخن، برای کامل کردن این آمادگی، راهکار تحمّل سخنان ناروای مکذبان را نیز برای رسول خود تبیین می کند.

فرمان خدای بزرگ در این فضا، صبر در برابر سخنان بی جا و نارواست؛ اما آیات، مقدماتی مهم را زمینه ساز صبر می کند: «**وَاذْكُرِ اسْمَ رَبِّكَ وَتَبَتَّلْ إِلَيْهِ تَبْتِيلاً ﴿٨﴾**»؛ دو دستوری که یکی، پیش شرط دیگری است:

اول: یاد اسم ربّ؛ اسم رب، هرآن چیزی است که نشانه ای از ربّ دارد؛ قدرت رب، حکمت رب، علم رب و ...؛ وقتی کسی اسم ربّ را یادآور می شود، در حقیقت بالاترین حدّ صفات او را که همگی مطلق اند و قید و حدّی ندارند، یادآور شده است؛ صفاتی که توجه به آنها، کوچکی هرآنچه غیر او است را در مقابل دیدگان یادآورنده نمایان می کند؛

---

۱. «سبح»، در اصل به معنای شناوربودن و رفت وآمد سریع است؛ مفردات الفاظ القرآن(ص۳۹۲)، در معنای این واژه می نویسد: «المرّالسّریع فی الماء»؛ شناوربودن طولانی مدّت در این آیه، کنایه از مشغولیت زیاد به فعالیت های روزانه است.

وقتی چنین شد، خواهد توانست دستور دوم را عملی سازد.

دوم: «تبتیل» یعنی انقطاع از اغیار و وصل به یار[1]؛ وقتی همه چیز غیر از او را ناچیز و کوچک دید، می‌تواند از همگان کنده شود و به سوی او نظر کند.

آیات در جمله بعدی خود، از سیطره حکومت ربوبی ربّ خبر می‌دهد؛ تا دو دستور قبل را به دستوری دیگر در همین راستا متصل کند: «**رَبُّ الْمَشْرِقِ وَالْمَغْرِبِ لَا إِلَهَ إِلَّا هُوَ فَاتَّخِذْهُ وَكِيلاً** ﴿۹﴾» مشرق و مغرب عالم در دست اوست و خدایی جز او نیست. اکنون پس از این یادآوری و انقطاع از همه اسباب غیر از او، تنها او را که یگانه ربّ و معبود عالم است، وکیل خود قرار بده؛

بعد از معرفی این تکیه‌گاه با عظمت، پشت سر رسول حق، دستور صبر و هجر جمیل صادر می‌شود: «**وَاصْبِرْ عَلَى مَا يَقُولُونَ وَاهْجُرْهُمْ هَجْراً جَمِيلاً** ﴿۱۰﴾» با وصف وکیلی که رسول امر خود را به آن واگذار کرده است، دیگر آنچه برای اذیت و تکذیبش می‌گویند، کوچک و ناچیز دیده می‌شود و صبر بر آن، آسان می‌گردد و این، معنای هجر جمیل را مشخص می‌کند؛ دوری او از یاوه‌گویان و مکذبان، نه دوری از سر غیظ و غضب و قهر، که دوری از سر بزرگواری و نادیده گرفتن سخنان آنها و صبر بر آن با تکیه بر قدرت عظیم ربّ است و از این‌رو، جمیل یعنی زیباست.

تتمه سخن، در مقام حمایت از رسول گرامی اسلام صلی‌الله‌علیه‌وآله، ایشان را به واگذاری امر مکذبان به خدایش فرمان می‌دهد و عذاب مهیّاشده برای مکذبان را گوشزد می‌کند: «**وَذَرْنِي وَالْمُكَذِّبِينَ أُولِي النَّعْمَةِ وَمَهِّلْهُمْ قَلِيلاً** ﴿۱۱﴾ **إِنَّ لَدَيْنَا أَنْكَالاً وَجَحِيماً** ﴿۱۲﴾ **وَطَعَاماً ذَا غُصَّةٍ وَعَذَاباً أَلِيماً** ﴿۱۳﴾ **يَوْمَ تَرْجُفُ الْأَرْضُ وَالْجِبَالُ وَكَانَتِ الْجِبَالُ كَثِيباً مَهِيلاً** ﴿۱۴﴾»؛

آری، این واگذاری، نه به معنای بی‌نتیجه بودن رفتارهایشان، بلکه برای چشیدن عذابی سخت، بعد از مهلت اندک دنیاست؛ عذابی که پیرو اعمالشان، برایشان فراهم شده است؛ عذابی سخت و دامن‌گیر و غذایی پرغصه و گلوگیر، در روز زلزله عظیم زمین - که کوهها یارای استقامت در برابر آن ندارند-؛ تأکید بر صاحب نعمت بودن ایشان در فضای گوشزد به عذاب، از سویی تعریض به ناکارآمدی قدرت و ثروت ایشان در برابر عذاب و از سوی دیگر اعتراض به اوج نمکدان شکنی کسانی است که نعمت ربّ را در مسیر تکذیب رسول ربّ هزینه می‌کنند؛

---

۱. «تبتیل»، به معنای انقطاع از غیر است. این مصدر، زمانی که با «إلی» همراه می‌شود، به معنای انقطاع از غیر و توجه به کسی یا چیز دیگری است که در این آیات، با توجه به اینکه «إلیه» یعنی به سوی خدا، همراه فعل آمده است، مراد، انقطاع از هر آنچه غیر خدا و توجه مخصوص به خداست. التحقیق فی کلمات القرآن الکریم (ج۱، ص۲۲۹)، می‌نویسد: «الانقطاع عن غیر الله تعالی و التوجّه خالصا الیه و هذا معنی إبانة النفس عن الغیر الی الله تعالی».

بدین ترتیب، خدای حکیم، رسول خود را از هر جهت برای ادامه مسیر دریافت و ابلاغ وحی آماده می‌سازد؛ و بار دیگر، روح تازه‌ای در جسم خسته و جان غمدیده رسولش به جریان درمی‌آورد؛ تا این آخرین منادی امیدبخش ایمان، از حرکت نایستد.

يَا أَيُّهَا الْمُزَّمِّلُ ۝١
قُمِ اللَّيْلَ إِلا قَلِيلاً ۝٢
نِصْفَهُ أَوِ انْقُصْ مِنْهُ قَلِيلاً ۝٣ أَوْ زِدْ عَلَيْه
وَرَتِّلِ الْقُرْآنَ تَرْتِيلاً ۝٤
إِنَّا سَنُلْقِي عَلَيْكَ قَوْلا ثَقِيلاً ۝٥
إِنَّ نَاشِئَةَ اللَّيْلِ هِيَ أَشَدُّ وَطْئاً وَأَقْوَمُ قِيلاً ۝٦ إِنَّ لَكَ فِي النَّهَارِ سَبْحاً طَوِيلاً ۝٧
وَاذْكُرِ اسْمَ رَبِّكَ وَتَبَتَّلْ إِلَيْهِ تَبْتِيلاً ۝٨
رَبُّ الْمَشْرِقِ وَالْمَغْرِبِ لا إِلَهَ إِلا هُوَ
فَاتَّخِذْهُ وَكِيلاً ۝٩
وَاصْبِرْ عَلَى مَا يَقُولُونَ وَاهْجُرْهُمْ هَجْراً جَمِيلاً ۝١٠
وَذَرْنِي وَالْمُكَذِّبِينَ أُولِي النَّعْمَةِ وَمَهِّلْهُمْ قَلِيلاً ۝١١
إِنَّ لَدَيْنَا أَنْكَالاً وَجَحِيماً ۝١٢ وَطَعَاماً ذَا غُصَّةٍ وَعَذَاباً أَلِيماً ۝١٣
يَوْمَ تَرْجُفُ الأَرْضُ وَالْجِبَالُ وَكَانَتِ الْجِبَالُ كَثِيباً مَهِيلاً ۝١٤

جهت هدایتی

بعد از خطاب «يَا أَيُّهَا الْمُزَّمِّلُ» در ابتدای سیاق، آیات این سیاق را می‌توان در دو فراز محتوایی بررسی کرد:

نخست، آیه ۲ تا ۷ که راه‌کار آمادگی برای ادامه مسیر دریافت وحی الهی را مطرح می‌کند؛

دوم آیه ۸ تا ۱۴ که با ذکر دستوراتی، پیامبر صلی‌الله‌علیه‌وآله را به صبر در برابر سخنان مکذبان دعوت

کرده و در پایان به فرجام مکذبان، اشاره دارد.

جهت هدایتی سیاق، نتیجه هر دو فراز آن است:

آماده‌سازی رسول اعظم ﷺ برای ادامه مسیر دریافت و ابلاغ وحی

از راه شب‌زنده‌داری و تلاوت قرآن در شب، خود را برای دریافت قول ثقیل الهی مهیا کن و با توکل به خدا، در مقابل آنچه مکذبان می‌گویند، صبر کن، و آن‌ها را به خدا واگذار کن؛ چرا که عذابی سخت برای آن‌ها فراهم ساخته است.

سیاق دوم: آیه ۱۵ تا ۱۹

فضای سخن

به رسول خدا ﷺ کفر می‌ورزند.

۱. بجایی آیه «فَکَیْفَ تَتَّقُونَ إِنْ کَفَرْتُمْ یَوْماً ... ۱۷»، حکایت از فضای کفر دارد.

۲. هرچند کفر در قرینه بالا، به صورت مطلق آمده و متعلّق آن مشخص نشده است، اما وجود دو قرینه در آیات این سیاق، متعلّق آن را مشخص می‌کند: تأکید بر سنت بعث انبیاء با عنوان رسالت، تا جایی که حتّی در مورد جریان فرعون نیز نامی از پیامبر فرستاده‌شده نیست، بلکه فقط از ارسال رسول به جانب او خبر داده شده «إِنَّا أَرْسَلْنَا إِلَیْکُمْ رَسُولاً شَاهِداً عَلَیْکُمْ کَمَا أَرْسَلْنَا إِلَی فِرْعَوْنَ رَسُولاً ۱۵» و بیان عصیان در برابر رسول به عنوان گناه فرعون: «فَعَصَی فِرْعَوْنُ الرَّسُولَ فَأَخَذْنَاهُ أَخْذاً وَبِیلاً ۱۶»؛ نشان می‌دهد.

این دو قرینه، نشان می‌دهد کفر و تکذیب رسول خدا مدّنظر است.

سیر هدایتی

آیات، ارسال رسول اسلام را به ارسال رسولی به سوی فرعون تشبیه می‌کند: «إِنَّا أَرْسَلْنَا إِلَیْکُمْ رَسُولاً شَاهِداً عَلَیْکُمْ کَمَا أَرْسَلْنَا إِلَی فِرْعَوْنَ رَسُولاً ۱۵»؛ این، بار اول نیست که خدا برای هدایت، رسولی از جانب خود فرستاده است؛ پس می‌توان با مطالعه عاقبت نافرمانی رسولان پیشین، حقیقت عاقبت عصیان از رسول را به وضوح دریافت کرد.

ادامه آیات، آینه‌ای برای نگریستن به عاقبت عصیان از رسول است؛ نکته‌ای که در این

آیه، ذهن مخاطب را به خود مشغول می‌کند؛ صفت شاهد، برای رسولی است که خدا به سوی مردم فرستاده است، او شاهد چیست و به چه چیز شهادت خواهد داد؟ پاسخ این سؤال در ادامه خواهد آمد.

آیات، در جملاتی کوتاه و روشن، چگونگی برخورد فرعون با رسول و عاقبت آن را بیان می‌دارد: «**فَعَصَى فِرْعَوْنُ الرَّسُولَ فَأَخَذْنَاهُ أَخْذاً وَبِيلاً** ﴿۱۶﴾»، جرم فرعون عصیان رسول، و جزای او گرفته‌شدن به عذاب سخت و دامن‌گیر الهی، بود. در این آیه دو نکته جالب‌توجه است: ۱. تعبیر از رفتار فرعون به عصیان؛ ۲. عدم اشاره به نام پیامبر فرستاده‌شده و تعبیر از آن با وصف رسول.

آنچه زمینه‌ساز عذاب برای فرعون است، نافرمانی او از رسولی الهی است، تعبیر به عصیان، نه در عرض کفر که در راستای آن و نتیجه طولی آن است؛ اگر سوره با کفر به رسول مقابله می‌کند، مشخص است که علت آن، زمینه‌سازی کفر و تکذیب برای نافرمانی و عصیان است و این، نقض غرض هدایت بشر با واسطه رسولان خواهد بود.

به همین جهت، نام رسول و زمان و مکان آن فرقی در این هشدار ندارد. همین که خدا فرستاده‌ای برای هدایت فرستاده است، فرمان او، فرمان خدا و نهی او، نهی خدا است. آنچه به این رسول هویت بخشیده، نمایندگی از خدا در هدایت بشریت است. شاید فرعون عاصی به گمان خود، از موسی علیه‌السلام سرپیچی کرده و توانی در او برای مقابله نمی‌بیند؛ اما در حقیقت، نه از موسی علیه‌السلام که از رسول خدا سرپیچی کرده و خدا ضامن عذاب نافرمانان از فرستادگان خویش است.

اکنون، زمان نتیجه‌گیری است: «**فَكَيْفَ تَتَّقُونَ إِنْ كَفَرْتُمْ يَوْماً يَجْعَلُ الْوِلْدَانَ شِيباً** ﴿۱۷﴾»، آیات با «فاء»، با ماقبل تفریع شده است؛ حال که عاقبت نافرمانی از رسول خدا را در عذاب فرعون مشاهده می‌کنید، آیا با خود فکر کرده‌اید که شما چه راهی برای در امان ماندن از عذاب خدا دارید؟ اگر به رسول خدا کافر شوید و راه هدایت و سعادت خود را با نافرمانی از او ببندید، چه عاقبتی در انتظار شماست؟

اینکه آیه در مقام نتیجه‌گیری از آیات قبل، به شیوه سؤالی مطرح شده است، برای بازکردن فرصت تفکّر پیش روی مخاطب است؛ عذابی پیش روست که تنها راه نجات از آن، ایمان و اطاعت از رسول خدا است؛ عذابی که نمونه آن، برای نافرمانی از رسول خدا در مورد فرعون، محقق شده و او را گرفتار ساخته است. مخاطب باید از خود چنین بپرسد،

آیا در صورت کفر به تنها راه نجات، راهی برای رهایی از این عذاب وجود دارد؟ آیا فرعون با وجود قدرت و ثروت و هیمنه خود، توانست راهی برای رهایی از عذاب بیابد؟

آیات برای تأمل بیشتر مخاطبان خود و افزایش خشیت از عذاب الهی در دل ایشان، روز عذاب را این چنین توصیف می‌کند: «**يَجْعَلُ الْوِلْدَانَ شِيباً** (۱۷) **السَّمَاءُ مُنْفَطِرٌ بِهِ كَانَ وَعْدُهُ مَفْعُولاً** (۱۸)» پیرشدن کودکان در آن روز، کنایه از شدّت سختی و عذاب آن روز است؛ روزی که به سبب شدتش، آسمان شکافته می‌شود؛ روزی که روز تحقق بی‌چون‌وچرای وعده خداست. استفاده از فعل ماضی «کان» در این آیات، برای حکایت از حتمیت تحقق وعده الهی در آن روز است و تأکید بر این حتمیّت، به منظور دفع هر توهمی در رهایی از عذاب خدا و عدم تحقق این عذاب در روز قیامت است.

بعد از نتیجه‌گیری آیات قبل، می‌توان وجه اشاره به شهادت رسول ﷺ را بهتر دریافت کرد؛ او در عین اینکه فرستاده خدا برای هدایت بشر است و فرمانش فرمان خدا است، شاهد رفتار امت خود در برخورد با رسول خدا نیز هست، وقتی قرار است، رفتار مردم با او و چگونگی عمل به فرامین او به عنوان نماینده خدا، معیار سعادت و شقاوت‌شان باشد، چه شاهدی بهتر از خود او که برای شهادت علیه کافران در روزی سخت آماده شود[1].

در پایان، آیه ۱۹، به مجموعه سیاق که آمیخته‌ای از عبرت و تأمل در عاقبت کفر به رسول بود، اشاره کرده است؛ این آیات سبب یادآوری برای کسانی است که بخواهند راهی درست به سمت پروردگارشان در پیش بگیرند: «**إِنَّ هَذِهِ تَذْكِرَةٌ فَمَنْ شَاءَ اتَّخَذَ إِلَى رَبِّهِ سَبِيلاً** (۱۹)».

---

۱. چنانکه در آیه ۱۱ سوره مرسلات، به شهادت رسل در وقت تعیین‌شده چنین اشاره می‌کند: «وَإِذَا الرُّسُلُ أُقِّتَتْ (۱۱)».

إِنَّا أَرْسَلْنَا إِلَيْكُمْ رَسُولاً شَاهِداً عَلَيْكُمْ
كَمَا أَرْسَلْنَا إِلَى فِرْعَوْنَ رَسُولاً ﴿١٥﴾
فَعَصَى فِرْعَوْنُ الرَّسُولَ فَأَخَذْنَاهُ أَخْذاً وَبِيلاً ﴿١٦﴾
فَكَيْفَ تَتَّقُونَ إِنْ كَفَرْتُمْ يَوْماً ....
يَجْعَلُ الْوِلْدَانَ شِيباً ﴿١٧﴾
السَّمَاءُ مُنْفَطِرٌ بِهِ
كَانَ وَعْدُهُ مَفْعُولاً ﴿١٨﴾
إِنَّ هَذِهِ تَذْكِرَةٌ فَمَنْ شَاءَ اتَّخَذَ إِلَى رَبِّهِ سَبِيلاً ﴿١٩﴾

جهت هدایتی

جهت هدایتی سیاق، برآیند همه آیات آن است. آیات این سیاق با یادآوری عاقبت نافرمانی از رسول در مورد فرعون، مخاطبان رسول گرامی اسلام صلی‌الله‌علیه‌وآله را به انتخاب راه صحیح رهنمون می‌شود و عاقبت سخت سرپیچی را گوشزد می‌کند:

هشدار به کافران، نسبت به عدم پذیرش رسالت رسول خدا صلی‌الله‌علیه‌وآله

عاقبت کفر و عصیان در برابر رسول حق، عذاب الهی است؛ چنانکه فرعون به این عذاب گرفتار آمد. این تذکّر خداست برای هرکس که بخواهد راهی به سوی او برگزیند.

سیاق سوم: آیه ۲۰

فضای سخن

گروهی از مؤمنان، به منظور همراهی با پیامبر صلی‌الله‌علیه‌وآله، به دستور شب زنده‌داری در ابتدای سوره، عمل می‌کنند.

۱. مهم‌ترین قرینه فضای سخن بالا، تصریح آیه به این فضا در مقدمه آن است: «إِنَّ

رَبَّكَ يَعْلَمُ أَنَّكَ تَقُومُ أَدْنَى مِنْ ثُلُثَيِ اللَّيْلِ وَنِصْفَهُ وَثُلُثَهُ وَطَائِفَةٌ مِنَ الَّذِينَ مَعَكَ ... (۲۰)».

۲. هرچند قرینه بالا، شامل پیامبر گرامی اسلام صلی‌الله‌علیه‌وآله نیز هست، اما فضای سخن که نزول آیات را طلبیده است، همراهی مؤمنان در این اقدام است؛ زیرا ادامه آیات، از تخفیف دستور شب‌زنده‌داری سخن گفته است و چنانکه خواهد آمد، براساس قرائن آیه، این تخفیف، تنها شامل حال مؤمنان است.

۳. عمل به این فرمان از سوی مؤمنان، قطعاً به‌عنوان وظیفه واجب نبوده؛ چرا که آیات، این دستور را خطاب به شخص پیامبر صلی‌الله‌علیه‌وآله و برای ایجاد آمادگی در ایشان بیان کرده بود؛ بنابراین می‌توان گفت، هدف مؤمنان از این کار، همراهی با پیامبر صلی‌الله‌علیه‌وآله است و ازاین‌رو که قیام شبانه و ترتیل قرآن برای پیامبر گرامی اسلام صلی‌الله‌علیه‌وآله ؟ زمینه‌ساز آمادگی بیشتر ایشان بوده است، این همراهی نیز یاری ایشان و آمادگی مؤمنان در کنار رسول خدا صلی‌الله‌علیه‌وآله را پیگیری می‌کند.

سیر هدایتی

آیه با تجلیل از رفتار مؤمنان در همراهی با رسول خدا آغاز می‌شود: «**إِنَّ رَبَّكَ يَعْلَمُ أَنَّكَ تَقُومُ أَدْنَى مِنْ ثُلُثَيِ اللَّيْلِ وَنِصْفَهُ وَثُلُثَهُ وَطَائِفَةٌ مِنَ الَّذِينَ مَعَكَ... (۲۰)**»، همراه‌کردن مؤمنان و پیامبر، تجلیل از همراهی ایشان است؛ با آنکه خدا، رسول خود را به شب‌زنده‌داری و تلاوت قرآن در شب فرمان داده بود، آنها نیز از سر اختیار با او همراه شدند؛

گویا این همراهی در طولانی‌مدت، کار را سخت خواهدکرد و حتی شاید کم‌کم به دلایل موجّه، ناگزیر کم‌رنگ شود؛ ازاین‌رو خدای حکیم، کمِ مدام را برای مؤمنان تعریف کرده و زیادِ بیش‌از توان را از عهده ایشان برمی‌دارد؛ خدایی که شب‌وروز را مقدّر کرده، عالم به عدم‌توانایی مؤمنان در احصاء همیشگی این وظیفه در حدّ تکلیف پیامبر است؛ پس جایگزین در همراهی را، برای ایشان این‌گونه تعریف می‌کند: «**وَاللَّهُ يُقَدِّرُ اللَّيْلَ وَالنَّهَارَ عَلِمَ أَنْ لَنْ تُحْصُوهُ فَتَابَ عَلَيْكُمْ فَاقْرَءُوا مَا تَيَسَّرَ مِنَ الْقُرْآنِ ... (۲۰)**»، «**احصاء**»، به معنای ضبط و تحت‌اختیارگرفتن یک امر، از حیث علم به آن و احاطه آن است. در این آیات، مراد از عدم احصاء، عدم امکان تداوم این همراهی، در حدّ

تکلیف پیامبر است[1]؛ هم همیشگی بودن این همراهی بیش از طاقت است و هم رعایت محدوده زمانی آن.

ازاین‌رو تقدّم یادآوری این‌که تقدیر شب و روز به دست خدا است، اشاره به حکمت بزرگ تخفیف الهی برای مؤمنان است؛ خدایی که شب و روز را تقدیر کرده و برای هرکدام ویژگی‌هایی قرار داده است، بهتر از هر کسی می‌داند که وظیفه شب‌زنده‌داری مدام برای همراهی، وظیفه‌ای سنگین و غیرقابل‌احصاء است؛ ازاین‌رو قرائت قرآن به اندازه ممکن، جایگزین شب‌زنده‌داری مدام، برای مؤمنان شده است و جالب اینکه در این تخفیف حتی تعبیر به «**قرائت**»، جایگزین تعبیر به «**ترتیل**» گشته تا در نوع خواندن قرآن نیز به نوع اعم آن تخفیف داده شده باشد؛ «**قرائت**» قرآن اعم از «**ترتیل**» قرآن است؛ و شرایط ویژه‌ای که یک قرائت را ترتیل می‌کند، الزاماً در آن لحاظ نمی‌شود.

ادامه آیات در دو بخش، جمله قبل را تفصیل می‌دهد:

۱. توجیه نسبت به علّت عدم امکان احصاء شب‌زنده‌داری مؤمنان، در حدّ تکلیف پیامبر. خدای متعالی در این بخش، مریضی، سفر برای کسب فضل الهی و قتال در راه خدا را به عنوان موانع این عمل مطرح می‌فرماید. خدا عالم به بروز این موانع، پیش پای شب زنده‌داری است: «**عَلِمَ أَنْ سَيَكُونُ مِنْكُمْ مَرْضَى وَآخَرُونَ يَضْرِبُونَ فِي الْأَرْضِ يَبْتَغُونَ مِنْ فَضْلِ اللهِ وَآخَرُونَ يُقَاتِلُونَ فِي سَبِيلِ اللهِ...** (۲۰)».

۲. تفصیل وظایف جایگزین مؤمنان در همراهی با پیامبر صلی‌الله‌علیه‌وآله، قرائت به اندازه میسور از قرآن، به همراه اقامه نماز و پرداخت زکات و قرض حسن یعنی انفاق در راه خدا، راهکار صحیح همراهی است که هرچه بیشتر، مسیر رسالت را تقویت و رسول خدا صلی‌الله‌علیه‌وآله را یاری می‌کند: «**فَاقْرَءُوا مَا تَيَسَّرَ مِنْهُ وَأَقِيمُوا الصَّلَاةَ وَآتُوا الزَّكَاةَ**

---

۱. «لن تُحصوه»؛ از مصدر «إحصاء» ساخته شده است، التحقیق فی کلمات القرآن الکریم (ج۲، ص۲۷۸)، در معنای ریشه این واژه می‌نویسد: «هو الضبط علماً و إحاطة»؛ ریشه این واژه به معنای ضبط و تحت اختیار گرفتن یک امر از حیث علم به آن و احاطه آن است، براین‌اساس مراد از عدم توانایی بر احصاء شب زنده‌داری عدم امکان احاطه و تحت اختیار گرفتن این مسأله در همه زمانها و مکان‌ها است، که با توانایی در برخی از موارد منافاتی ندارد، یعنی مخاطب آیات هرچند امکان حاصل کردن شب زنده‌داری در برخی از ایام و اوقات را دارد، اما توان احاطه همیشگی نسبت به آن را ندارد.

وَأَقْرِضُوا اللَّهَ قَرْضاً حَسَناً وَمَا تُقَدِّمُوا لِأَنْفُسِكُمْ مِنْ خَيْرٍ تَجِدُوهُ عِنْدَ اللَّهِ هُوَ خَيْراً وَأَعْظَمَ أَجْراً وَاسْتَغْفِرُوا اللَّهَ إِنَّ اللَّهَ غَفُورٌ رَحِيمٌ ﴿٢٠﴾؛ تکرار دوباره جمله «فَاقْرَءُوا مَا تَیَسَّرَ مِنْهُ»، تنها برای تأکید فرمان قبل نیست، همان‌طور که خدای متعالی در بخش قبل، علم به عدم احصاء را با علم به مریضی و سفرو ... تفصیل داده است، این آیات نیز قرائت قرآن را با رویکردی رفتاری، همراه ساخته؛ تا قرائت مطلوب را تفصیل دهد. هدف مؤمنان از شب‌زنده‌داری، همراهی با پیامبر اسلام ﷺ بوده است؛ تا در مسیر سخت رسالت در کنار ایشان باشند؛ که اگر او با ترتیل قرآن در شب، خود را برای دریافت وحی آماده می‌کند، ایشان نیز با ترتیل قرآن در شب خود را برای فهم بهتر و زمینه‌سازی بیشتر آماده کنند؛ بنا بر این تعریف، راه جایگزین باید متناسب با ویژگی‌های همراهی باشد؛ تا هدف سوره در مهیاسازی رسول و جامعه، در مسیر رسالت حاصل شود. هدف خدای متعالی جلوگیری از حس همراهی مؤمنان نیست؛ بلکه هدف، تخفیف حکیمانه آن برای تداوم بیشتر و ایفای نقشی است که از عهده ایشان برمی‌آید.

رکن این همراهی جایگزین، قرائت قرآن به حد میسور است؛ اما قرائتی که در عمل، سیره رفتار ایمانی مؤمنان را به همراه داشته باشد و همراهی با رسول، در پیشبرد امر رسالت، از این طریق فراگیر شود:

الف) وقتی قرار بر اجرای قرآن در جامعه اسلامی باشد، فشارها زمانی برداشته خواهد شد که همراهی و انس ایشان با قرآن زیاد شود و تا می‌توانند از این گنجینه بهره‌مند شوند.

ب) دو رکن اساسی دین یعنی نماز که بزرگ‌ترین مصداق یاد خدا و زکات که بزرگ‌ترین مصداق دوری از دنیا است را همواره در رویه خود مورد توجه قرار دهند و سعی در به‌پاداری این‌دو، در اجتماع مسلمین داشته باشند؛ تا مبادا زمانی به‌خاطر فشار مشکلات دنیا، اهداف بلند خود در تعالی و کمال به سوی خدا را فدای دنیا کنند.

ج) برای یاری دیگران در این مسیر، انفاق را زنده نگاه دارند تا دارا و ندار هر دو ظرفیّت تحمّل مشکلات و سختی‌های مسیر ایمان را داشته باشند؛ که اگر چنین

شد، همه آنچه را که برای خود از پیش فرستاده‌اند، در قالبی بهتر و اجری بزرگ‌تر، نزد خدا در زندگی جاوید آخرت خواهند یافت؛

د) باز برای بهره‌مندی از فضل خدا که ایشان به امید آن در امر شب‌زنده‌داری با پیامبر صلی الله علیه و آله همراهی کرده‌اند، همواره از خدا طلب مغفرت کنند؛ چراکه هرچه بکوشند، هنوز فقیر و محتاج و پر از نقص‌اند و این خدای غفور است که نقص‌های ایشان را می‌پوشاند.

سوال: آیا با وجود اینکه خدای متعالی در این آیه پیامبر صلی الله علیه و آله و مؤمنان را با هم مخاطب قرار داده، نمی‌توان گفت که تخفیف صادره از جانب خدای متعالی شامل حال ایشان نیز شده است؟

پاسخ: چنین نیست، زیرا:

۱. روش قرآن کریم، همراه‌کردن پیامبر و مؤمنان در خطاب واحد نیست، یعنی آیه «**عَلِمَ أن لَن تُحصوه**»، خطاب مشترک به رسول صلی الله علیه و آله و مؤمنان به شمار نمی‌آید؛ پس آسان‌سازی استفاده شده از آیه، ناظر به مؤمنان است، نه رسول خدا صلی الله علیه و آله؛ شاهد این دأب قرآنی، در خود این آیه موجود است. ابتدای آیه، پیامبر صلی الله علیه و آله و مؤمنان را در کنار هم مخاطب قرار نداده و در ادامه عبارت «**طَائِفَةٌ مِنَ الَّذِینَ مَعَکَ ...**» را به ماقبل عطف کرده است.

۲. تعلیل فرمان شب‌زنده‌داری به رسول در آیه ۵، قرینه دیگر این ادّعاست. این آیه، إلقای قول ثقیل الهی به پیامبر صلی الله علیه و آله را دلیل فرمان شب‌زنده‌داری می‌داند و با توجه به اینکه این علت، به رسول صلی الله علیه و آله اختصاص دارد و تا زمان القای قول ثقیل الهی، به حال خود باقی است، تخفیف صادر در این آیه، به کسانی مربوط می‌شود که از سر احساس وظیفه با پیامبر صلی الله علیه و آله همراه شده و ایشان را یاری می‌کردند.

۳. حکم ابتدایی سوره اختصاص به رسول خدا صلی الله علیه و آله داشته و این تخفیف عمومی است؛ بنابراین کسانی را شامل می‌شود که از همان ابتدا نیز مأمور انجام این وظیفه نبوده‌اند؛ چراکه اگر بنابر تخفیف برای رسول خدا صلی الله علیه و آله نیز بود، می‌بایست حکم شب‌زنده‌داری چنان‌که به صورت خاص مطرح شده بود، به صورت خاص نیز برداشته می‌شد.

بنابراین، سیاق که یک آیه بیشتر نیست؛ خطاب به رسول خدا صلی الله علیه و آله آغاز می‌شود، اما با خطاب به مؤمنان ادامه می‌یابد و به طور مستقیم، درصدد تاثیرگذاری بر مؤمنان است.

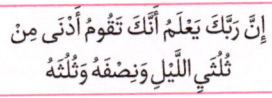

إِنَّ رَبَّكَ يَعْلَمُ أَنَّكَ تَقُومُ أَدْنَى مِن
ثُلُثَيِ اللَّيْلِ وَنِصْفَهُ وَثُلُثَهُ
وَطَائِفَةٌ مِنَ الَّذِينَ مَعَكَ
وَاللَّهُ يُقَدِّرُ اللَّيْلَ وَالنَّهَارَ عَلِمَ أَن لَّن تُحْصُوهُ فَتَابَ عَلَيْكُمْ
فَاقْرَءُوا مَا تَيَسَّرَ مِنَ الْقُرْآنِ
عَلِمَ أَن سَيَكُونُ مِنكُم مَّرْضَى وَآخَرُونَ
يَضْرِبُونَ فِي الْأَرْضِ يَبْتَغُونَ مِن فَضْلِ اللَّهِ
وَآخَرُونَ يُقَاتِلُونَ فِي سَبِيلِ اللَّهِ
فَاقْرَءُوا مَا تَيَسَّرَ مِنْهُ وَأَقِيمُوا الصَّلَاةَ وَآتُوا الزَّكَاةَ
وَأَقْرِضُوا اللَّهَ قَرْضًا حَسَنًا وَمَا تُقَدِّمُوا لِأَنفُسِكُم
مِّنْ خَيْرٍ تَجِدُوهُ عِندَ اللَّهِ هُوَ خَيْرًا وَأَعْظَمَ أَجْرًا
وَاسْتَغْفِرُوا اللَّهَ إِنَّ اللَّهَ غَفُورٌ رَّحِيمٌ ۝٢٠

جهت هدایتی

تنها آیه این سیاق، بعد از خبر همراهی مؤمنان با پیامبر صلی‌الله‌علیه‌وآله، در اقدام به شب‌زنده‌داری، این حکم را در مورد ایشان به قرائت میسور قرآن تخفیف داده است و در ادامه، به‌تفصیل از وجه تخفیف و راهکار جایگزین سخن گفته است. جهت هدایتی این آیه، از اجمال آن قابل فهم است و بخش تفصیل‌دهنده، آن را کامل می‌کند:

تخفیف به مؤمنانِ همراه با پیامبر صلی‌الله‌علیه‌وآله، نسبت به انجام شب‌زنده‌داری در حد تکلیف پیامبر صلی‌الله‌علیه‌وآله

راهکار آمادگی مؤمنان در پیش‌برد امر رسالت، قرائت قرآن به اندازه میسور، در کنار عمل به رئوس وظایف دینی است.

فضای سخن، سیر هدایتی و جهت هدایتی سوره

پیامبر صلی‌الله‌علیه‌وآله به آمادگی بیشتر برای ادامه مسیر دریافت قول ثقیل الهی و ابلاغ آن نیاز دارد، بخشی از جامعه مخاطب ایشان به روند کفر و تکذیب ادامه می‌دهند و گروهی از مؤمنان قصد یاری و همراهی پیامبر صلی‌الله‌علیه‌وآله دارند. به این منظور پا به پای ایشان فرمان شب زنده داری عمل می‌کنند.

هر کدام از سیاق‌های سوره، مبیّن یکی از ابعاد فضای سخن این سیاق‌اند. قرائن مربوط به فضای سخن هر سیاق، در قسمت مربوط به خود گذشت؛ هرچند شاید بتوان مدّعی شد که ضلع سوم فضا یعنی همراهی مؤمنان، در وزان دو ضلع دیگر نیست؛ چراکه تابعی از سیاق نخست سوره و فرمان ویژه این سیاق به پیامبر گرامی اسلام است.

سیاق اول سوره، رسول گرامی اسلام صلی‌الله‌علیه‌وآله را به عنوان مهم‌ترین رکن فضای پیش گفته مخاطب قرار داده و در دو بخش، راهکار آمادگی ایشان در برابر فشارها را تبیین کرده است: شب زنده‌داری و ترتیل قرآن در شب، راهکار تحمّل بار سنگین دریافت قول ثقیل الهی؛ و یاد خدا و انقطاع از غیر به سوی او و توکّل و در نهایت صبر و هجر جمیل نسبت به سخنان ناروای مکذبان، راهکار رهایی از فشار بیرونی است. رسول‌گرامی اسلام صلی‌الله‌علیه‌وآله باید با بکارگیری این دو راهکار، خود را برای دریافت و ابلاغ هرچه بهتر وحی یعنی دو وظیفه امر رسالت، آماده سازد.

سیاق دوم، کافران به رسول صلی‌الله‌علیه‌وآله را مخاطب قرار داده و عاقبت فرعون را یادآوری می‌کند. او نمونه‌ای از ثروتمندان و قدرتمندانی است، که در برابر رسول خدا ایستادگی کرده است. این یادآوری، به زمینه تهدید به عذاب در روز قیامت، هشداری برای انتخاب راه صحیح در حرکت به سوی خدا با ایمان به فرستاده اوست، فرستاده‌ای که هم مبلّغ وحی الهی و هم شاهد بر رفتار امت خویش است.

سیاق اول و دوم، با نظر به رسول صلی‌الله‌علیه‌وآله و جامعه مخاطبان ایشان، زمینه را برای پیشبرد امر رسالت آماده می‌کند.

در سیاق سوم، بعد دیگر جامعه مخاطبان، یعنی مؤمنان به رسول صلی‌الله‌علیه‌وآله، به راهکار صحیح همراهی با پیامبر آگاه می‌شوند؛ تا آنها نیز به سهم خود برای پیشبرد امر رسالت و مقاومت و صبر در برابر سختی‌های این راه پرفراز و نشیب آماده گردند.

همه سیاق‌های سوره، در راستای یک هدف یعنی فراهم‌سازی زمینه پیشبرد امر رسالت و جهت هدایتی برآیند سخن همه سیاق‌ها و هدف نهایی آنهاست:

آیه ۱ تا ۱۴

آماده‌سازی رسول اعظم ﷺ برای ادامه مسیر دریافت و ابلاغ وحی

از راه شب‌زنده‌داری و تلاوت قرآن در شب، خود را برای دریافت قول ثقیل الهی مهیا کن و با توکل به خدا، در مقابل آنچه مکذبان می‌گویند، صبر کن، و آن‌ها را به خدا واگذار کن؛ چراکه عذابی سخت برای آن‌ها فراهم ساخته است.

آیه ۱۵ تا ۱۹

هشدار به کافران، نسبت به عدم پذیرش رسالت رسول خدا ﷺ

عاقبت کفر و عصیان در برابر رسول حق، عذاب الهی است؛ چنانکه فرعون به این عذاب گرفتار آمد. این تذکّر خداست برای هرکس که بخواهد راهی به سوی او برگزیند.

آیه ۲۰

تخفیف به مؤمنانِ همراه با پیامبر ﷺ، نسبت به انجام شب‌زنده‌داری در حد تکلیف پیامبر ﷺ

راهکار آمادگی مؤمنان در پیش‌برد امر رسالت، قرائت قرآن به اندازه میسور، در کنار عمل به رئوس وظایف دینی است.

فراهم‌سازی زمینه پیش‌برد امر خطیر رسالت ﷺ

با آماده‌سازی رسول ﷺ و مؤمنان همراه او و هشدار به مکذّبان رسالت.

ترجمه منسجم هدایتی

بخوان این سوره را **به نام الله رحمت گستر رحم‌آور**

ای جامه‌به‌خودپیچیده«۱» راهکار تحمّل فشارها جامه خواب به دور خود پیچیدن نیست؛ برای اینکه در مقام دریافت قول ثقیل الهی آماده شوی، **بپاخیز شب را مگر اندکی«۲» نصف شب را یا از نصف اندکی کم کن.«۳» یا بر آن زیاد کن و** در دل شب **قرآن را ترتیل کن، ترتیل کردنی.«۴» چراکه قطعاً ما قولی گران‌بار بر تو إلقا خواهیم کرد. «۵» حتماً آنچه در شب** در وجود تو **پدید می‌آید، آن محکم‌تر است برای قدم گذاشتن** محتوای ثقیل وحی **و پایدارتر است از جهت** دریافت **سخن«۶» قطعاً برای تو در روز، حرکتی طولانی است** که مانع از این آمادگی در روز است.«۷» و برای اینکه در مقابل فشارهای مکذبان مقاوم شوی، **ذکر کن اسم پروردگارت را؛ و از دیگران جدا شو به سوی او، جداشدنی«۸» پروردگار مشرق و مغرب که معبودی جز او نیست؛ پس او را وکیل بگیر.«۹»** و از آن پس **صبر کن بر آنچه می‌گویند و دوری کن دوری کردنی نیکو.«۱۰» و واگذار مرا با مکذّبان صاحب نعمت، و اندکی به ایشان مهلت بده«۱۱» قطعاً نزد ما بندها و آتشی برافروخته است،«۱۲» و غذایی گلوگیر و عذابی دردناک!«۱۳» در روزی که زمین و کوه‌ها می‌لرزد و کوه‌ها شن‌های روان می‌شود«۱۴»** اما شما که راه خود را در مقابل رسول درست برنگزیده‌اید و به خطا می‌روید، **همانا که ما به سوی شما رسولی ارسال کردیم که** هم فرستاده خدا برای ابلاغ وحی الهی و هم **شاهد بر شما است** و هرآنچه در رفتار با او می‌کنید را علیه شما شهادت می‌دهد؛ **همان گونه که به سوی فرعون رسولی ارسال کردیم«۱۵» پس فرعون آن رسول را عصیان کرد؛ پس او را با وجود همه** هیمنه و ثروت و قدرتش **به گرفتنی شدید و سنگین گرفتیم.«۱۶» پس چگونه پرهیز می‌کنید-** اگر به رسول خدا، این تنها راه هدایت و سعادت خویش **کافر شدید- از روزی** که شدّت آن، **کودکان را پیر می‌کند؟«۱۷» آسمان به سبب آن روز شکاف‌خورنده است، وعده او** در آن روز **انجام شده است** و تخلّف نمی‌پذیرد.«۱۸» **قطعاً این عامل تذکّر است؛ پس هر که خواست،** با نظر در آینه عبرت فرعون و عاقبت زیان‌بار خود در روز قیامت، **راهی به سوی پروردگارش گرفت«۱۹» قطعاً پروردگار تو می‌داند همانا تو نزدیک به دو سوم شب و نصف آن و یک سوم آن را به‌پا می‌خیزی و گروهی از کسانی که همراه تو هستند** نیز در این کار با تو همراهی می‌کنند **و الله شب و روز را تقدیر می‌کند؛** و او بهتر از هرکسی **دانست که هرگز آن را** به حدّ تکلیف پیامبر **مضبوط نمی‌کنید؛ پس برگشت بر شما؛ پس،** در عوض **از قرآن هرقدر که میسّر است قرائت کنید؛ دانست اینکه گروهی از شما مریض خواهند بود و دیگرانی در زمین حرکت می‌کنند درحالی که فضل الله طلب می‌کنند و دیگرانی که در راه الله جنگ می‌کنند؛ پس، از قرآن هرقدر که میسّر است، قرائت کنید و نماز را اقامه کنید و زکات بدهید و قرض دهید به الله قرضی نیکو**

و آنچه از خیر برای خودتان پیش می‌فرستید، می‌یابید آن را نزد الله همان را بهتر و از جهت اجر، عظیم‌تر و برای کسب فضل الهی، **طلب مغفرت کنید از الله؛ چراکه الله مغفرت کننده رحم‌آور است.«۲۰»**

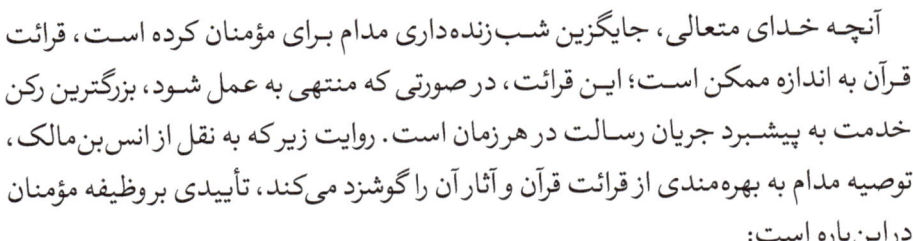

در محضر عترت علیهم‌السلام

آنچه خدای متعالی، جایگزین شب‌زنده‌داری مدام برای مؤمنان کرده است، قرائت قرآن به اندازه ممکن است؛ این قرائت، در صورتی که منتهی به عمل شود، بزرگترین رکن خدمت به پیشبرد جریان رسالت در هرزمان است. روایت زیر که به نقل از انس‌بن‌مالک، توصیه مدام به بهره‌مندی از قرائت قرآن و آثار آن را گوشزد می‌کند، تأییدی بر وظیفه مؤمنان دراین‌باره است:

«و عن أنس، قال لی رسول الله صلی‌الله‌علیه‌وآله: «یا بُنَیَّ، لا تَغفَل عَن قِراءةِ القُرآن- إذا أصبَحتَ و إذا أمسَیت- فإنّ القُرآن یُحیِي القَلبَ المیّت، و یَنهی عَن الفَحشاءِ و المُنکَر».[1]

«فرزندم، صبح و شب از قرائت قرآن غافل مشو؛ چراکه همانا قرآن قلب مرده را زنده می‌کند و از فحشا و منکر باز می‌دارد».

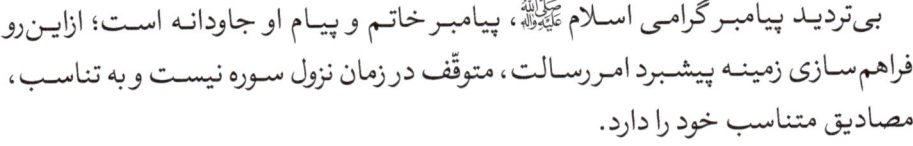

توضیحات کاربردی

بی‌تردید پیامبر گرامی اسلام صلی‌الله‌علیه‌وآله، پیامبر خاتم و پیام او جاودانه است؛ ازاین‌رو فراهم‌سازی زمینه پیشبرد امر رسالت، متوقّف در زمان نزول سوره نیست و به تناسب، مصادیق متناسب خود را دارد.

وظیفه تحمّل قول ثقیل الهی و ابلاغ آن، وظیفه رسول گرامی اسلام صلی‌الله‌علیه‌وآله و در طول ایشان، اهل بیت عصمت و طهارت علیهم‌السلام و در زمان غیبت، وظیفه پیشوایان برحق است. انس مداوم شبانه مهم‌ترین ابزار تحمّل قول ثقیل الهی و یاد اوصاف نشانه‌های معبود عالم و توکل به او، بزرگ‌ترین تکیه‌گاه ایشان در مقابله با فشارهای مکذبان است، که در هرزمانی، در لباس جدید خود به مقابله با حق می‌پردازند.

ایشان باید بدانند، هراندازه که قدرت، ثروت، تکنولوژی، صنعت و ... پیشرفت کرده

---

۱. البرهان فی تفسیر القرآن، ج ۱، ص ۱۹.

باشد، گمان توان آن برای پناه‌دهی در مقابل عذاب الله، گمانی پوچ و خیالی است. هر آنچه از نعمت‌های الهی در اختیار بشر باشد، نعمت الهی است و به اذن الله، ناکارآمد و ناتوان است، «**وَذَرْنِي وَالْمُكَذِّبِينَ أُولِي النَّعْمَةِ وَمَهِّلْهُمْ قَلِيلاً** (۱۱)».

از سوی دیگر، همه کسانی که فرصت آشنایی با حق یا قبول آن را سوزانده‌اند، باید بدانند که خدای بزرگ رسول خود را برای ابلاغ رسالتش به سوی ایشان فرستاده است، رسالتی که در مورد رسول خاتم، با قرآن و عترت پاک جریان یافته و زایل‌شدنی نیست. عاقبت نافرمانی از رسول خاتم خدا در هرزمانی، عذاب سخت قیامت است؛ عذابی که حتمی است و هیچ‌کس را یارای مقابله با آن نخواهد بود.

برای مؤمنان نیز وظیفه، همراهی با جریان حقی است که رسول خدا صلی‌الله‌علیه‌وآله مدیریت کرده و اکنون نیز به واسطه قرآن و عترت پاکش مدیریت می‌شود. اینکه قرائت قرآن، به قدر میسور، برنامه مؤمن باشد؛ یاد خدا سرلوحه رفتار او گردد؛ دوری از دنیاگرایی را با زکات مال خود همواره تجربه و عادت کند؛ برادران ایمانی خود را در فشار روزگار با قرض‌الحسنه و انفاق یاری کند؛ بالاخره همواره چشم به لطف خدا در پوشش ضعف‌هایش بدوزد، تا گوشه‌ای از جریان را به دست خود تا مقصد هدایت کند. این آرمان بلند جامعه ایمانی در تعالی ارزش‌های ایمانی است که باز سوره مزّمّل آن را تعلیم داده است.

دعا

پروردگارا، ما را به وظیفه خود در ایمان و همراهی با رسول خود آشنا بفرما.

سوره مدّثّر

ترجمه تطبیقی

بِسْمِ اللَّهِ الرَّحْمَنِ الرَّحِيمِ

به اسم اللّه رحمت‌گستر رحم‌آور

يَا أَيُّهَا الْمُدَّثِّرُ ﴿١﴾

ای جامه‌به‌خود پیچیده«۱»

قُمْ فَأَنْذِرْ ﴿٢﴾

قیام کن؛ پس انذار کن.«۲»

وَرَبَّكَ فَكَبِّرْ ﴿٣﴾

و پروردگارت را، پس تکبیر کن.«۳»

وَثِيَابَكَ فَطَهِّرْ ﴿۴﴾

و لباست را، پس تطهیر کن؛«۴»

وَالرُّجْزَ فَاهْجُرْ ﴿٥﴾

و از این دل‌گیری، پس دوری کن؛«۵»

وَلَا تَمْنُنْ تَسْتَكْثِرُ ﴿٦﴾

و منّت مگذار درحالی‌که زیاد می‌دانی؛«۶»

وَلِرَبِّكَ فَاصْبِرْ ﴿٧﴾

و به‌خاطر پروردگارت، پس صبر کن. «۷»

فَإِذَا نُقِرَ فِ⊠ النَّاقُورِ ﴿٨﴾

پس وقتی که در شیپور دمیده می‌شود،«۸»

فَذَلِكَ ⊠وْمَئِذٍ ⊠وْمٌ عَسِ⊠رٌ ﴿٩﴾

پس آن، در آن‌روز، روزی سخت است.«۹»

عَلَى الْكَافِرِ⊠نَ غَ⊠رُ ⊠سِ⊠رٍ ﴿١٠﴾

بر کافران آسان نیست.«۱۰»

ذَرْنِ⊠ وَمَنْ خَلَقْتُ وَحِ⊠داً ﴿١١﴾

مرا واگذار با کسی که خودم به تنهایی خلق کردم؛«۱۱»

وَجَعَلْتُ لَهُ مَالاً مَمْدُوداً ﴿١٢﴾

و برایش مالی دامنه‌دار و وسیع قرار دادم؛«۱۲»

وَبَنِ⊠نَ شُهُوداً ﴿١٣﴾

و پسرانی حاضر در نزد او؛«۱۳»

وَمَهَّدْتُ لَهُ تَمْهِ⊠داً ﴿١٤﴾

و مهیّا کردم برای او مهیّاکردنی؛«۱۴»

ثُمَّ ⊠طْمَعُ أَنْ أَزِ⊠دَ ﴿١٥﴾

سپس طمع می‌کند به اینکه زیاد کنم.«۱۵»

كَلَّا إِنَّهُ كَانَ لِآ⊠اتِنَا عَنِ⊠داً ﴿١٦﴾

هرگز! همانا او نسبت به آیات ما عنادورز است.«۱۶»

سَأُرْهِقُهُ صَعُوداً ﴿١٧﴾

به زودی بر او می‌پوشانم، عذابی سخت و افزاینده را.«۱۷»

إِنَّهُ فَكَّرَ وَقَدَّرَ ﴿١٨﴾

همانا او فکری ساخت و تقدیر کرد؛«۱۸»

فَقُتِلَ كَيْفَ قَدَّرَ ﴿١٩﴾

پس مرگ بر او باد که چگونه تقدیرکرد؟«۱۹»

ثُمَّ قُتِلَ كَيْفَ قَدَّرَ ﴿٢٠﴾

سپس مرگ بر او باد که چگونه تقدیرکرد؟«۲۰»

ثُمَّ نَظَرَ ﴿٢١﴾

سپس نظر کرد.«۲۱»

ثُمَّ عَبَسَ وَبَسَرَ ﴿٢٢﴾

سپس عبوس شد و چهره در هم کشید؛«۲۲»

ثُمَّ أَدْبَرَ وَاسْتَكْبَرَ ﴿٢٣﴾

سپس پشت کرد و استکبار ورزید؛«۲۳»

فَقَالَ إِنْ هَذَا إِلَّا سِحْرٌ يُؤْثَرُ ﴿٢٤﴾

پس گفت: نیست این، مگر سحری به‌جامانده؛«۲۴»

إِنْ هَذَا إِلَّا قَوْلُ الْبَشَرِ ﴿٢٥﴾

نیست این، مگر قول بشر.«۲۵»

سَأُصْلِيهِ سَقَرَ ﴿٢٦﴾

به زودی او را در سقر می‌اندازم.«۲۶»

وَمَا أَدْرَاكَ مَا سَقَرُ ﴿٢٧﴾

و چه کسی تو را آگاه کرد سقر چیست؟«۲۷»

لَا تُبْقِي وَلَا تَذَرُ ﴿٢٨﴾

باقی نمی‌گذارد و رها نمی‌کند؛«۲۸»

لَوَّاحَةٌ لِلْبَشَرِ ﴿٢٩﴾

گدازنده و سیاه‌کننده پوست است؛«۲۹»

عَلَيْهَا تِسْعَةَ عَشَرَ ﴿۳۰﴾

بر آن نوزده نفر است.«۳۰»

وَمَا جَعَلْنَا أَصْحَابَ النَّارِ إِلَّا مَلَائِكَةً وَمَا جَعَلْنَا عِدَّتَهُمْ إِلَّا فِتْنَةً لِلَّذِينَ كَفَرُوا لِيَسْتَيْقِنَ الَّذِينَ أُوتُوا الْكِتَابَ وَيَزْدَادَ الَّذِينَ آمَنُوا إِيمَاناً وَلَا يَرْتَابَ الَّذِينَ أُوتُوا الْكِتَابَ وَالْمُؤْمِنُونَ وَلِيَقُولَ الَّذِينَ فِي قُلُوبِهِمْ مَرَضٌ وَالْكَافِرُونَ مَاذَا أَرَادَ اللَّهُ بِهَٰذَا مَثَلاً كَذَٰلِكَ يُضِلُّ اللَّهُ مَنْ يَشَاءُ وَيَهْدِي مَنْ يَشَاءُ وَمَا يَعْلَمُ جُنُودَ رَبِّكَ إِلَّا هُوَ وَمَا هِيَ إِلَّا ذِكْرَىٰ لِلْبَشَرِ ﴿۳۱﴾

و قرار ندادیم، اصحاب آتش را مگر ملائکه‌ای؛ و قرار ندادیم عدّه ایشان را مگر فتنه برای کسانی که کافر شدند؛ تا کسانی که کتاب به ایشان داده شده، جستجوی یقین کنند؛ و کسانی که ایمان آوردند، ایمان را زیاد کنند؛ و کسانی که به ایشان کتاب داده شده و مؤمنان، شک نمی‌کنند؛ و برای اینکه کسانی که در قلب‌های ایشان مرض است و کافران، بگویند: اللّه با این سخن به‌عنوان مثل، چه چیزی اراده کرده است؟ این‌گونه اللّه هرکس را که مشیّت می‌کند، گمراه می‌کند و هرکس را که مشیّت می‌کند، هدایت می‌کند و لشکریان پروردگار تو را نمی‌داند مگر خود او، و نیست این مگر تذکّری برای بشر.«۳۱»

كَلَّا وَالْقَمَرِ ﴿۳۲﴾

هرگز، قسم به ماه؛«۳۲»

وَاللَّيْلِ إِذْ أَدْبَرَ ﴿۳۳﴾

و شب هنگامی که پشت کرد؛«۳۳»

وَالصُّبْحِ إِذَا أَسْفَرَ ﴿۳۴﴾

و صبح هنگامی که روشن می‌شود؛«۳۴»

إِنَّهَا لَإِحْدَى الْكُبَرِ ﴿۳۵﴾

همانا آن، قطعاً یکی از بزرگترین‌ها است؛«۳۵»

نَذِيراً لِلْبَشَرِ ﴿۳۶﴾

درحالی‌که انذاردهنده‌ای برای بشر است؛«۳۶»

لِمَن شَاءَ مِنكُمْ أَن يَتَقَدَّمَ أَوْ يَتَأَخَّرَ ﴿٣٧﴾

برای کسی از شما که مشیّت کند؛ اینکه مقدّم یا مؤخّر شود.«۳۷»

كُلُّ نَفْسٍ بِمَا كَسَبَتْ رَهِينَةٌ ﴿٣٨﴾

هر نفسی مرهون چیزی است که آن را کسب کرد؛«۳۸»

إِلَّا أَصْحَابَ الْيَمِينِ ﴿٣٩﴾

مگر اصحاب یمین؛«۳۹»

فِي جَنَّاتٍ يَتَسَاءَلُونَ ﴿٤٠﴾

در بهشت‌هایی سؤال می‌کنند«۴۰»

عَنِ الْمُجْرِمِينَ ﴿٤١﴾

از مجرمان؛«۴۱»

مَا سَلَكَكُمْ فِي سَقَرَ ﴿٤٢﴾

چه چیزی شما را در سقر کشید؟«۴۲»

قَالُوا لَمْ نَكُ مِنَ الْمُصَلِّينَ ﴿٤٣﴾

گفتند: ما از نمازگزاران نبودیم؛«۴۳»

وَلَمْ نَكُ نُطْعِمُ الْمِسْكِينَ ﴿٤٤﴾

و مسکین را اطعام نمی‌کردیم؛«۴۴»

وَكُنَّا نَخُوضُ مَعَ الْخَائِضِينَ ﴿٤٥﴾

و همواره همراه غورکنندگان، غور می‌کردیم؛«۴۵»

وَكُنَّا نُكَذِّبُ بِيَوْمِ الدِّينِ ﴿٤٦﴾

و همواره روز جزا را تکذیب می‌کردیم؛«۴۶»

حَتَّىٰ أَتَانَا الْيَقِينُ ﴿٤٧﴾

تا اینکه یقین به ما رسید.«۴۷»

فَمَا تَنفَعُهُمْ شَفَاعَةُ الشَّافِعِينَ ﴿٤٨﴾

پس شفاعت شفاعت‌کنندگان به ایشان نفع نرساند.«۴۸»

فَمَا لَهُمْ عَنِ التَّذْكِرَةِ مُعْرِضِينَ ﴿٤٩﴾

پس چه شده ایشان را که از تذکّر اعراض‌کنندگانند؟«۴۹»

كَأَنَّهُمْ حُمُرٌ مُسْتَنْفِرَةٌ ﴿٥٠﴾

گویا ایشان خرانی رمیده‌اند،«۵۰»

فَرَّتْ مِنْ قَسْوَرَةٍ ﴿٥١﴾

که فرار می‌کنند از شیر؛«۵۱»

بَلْ يُرِيدُ كُلُّ امْرِئٍ مِنْهُمْ أَنْ يُؤْتَىٰ صُحُفًا مُنَشَّرَةً ﴿٥٢﴾

بلکه می‌خواهد هرکدام از ایشان، اینکه به او داده شود صحیفه‌هایی گشوده شده؛«۵۲»

كَلَّا بَلْ لَا يَخَافُونَ الْآخِرَةَ ﴿٥٣﴾

هرگز، بلکه آنها از آخرت خوف نمی‌کنند؛«۵۳»

كَلَّا إِنَّهُ تَذْكِرَةٌ ﴿٥٤﴾

هرگز! همانا آن مایه تذکّر است؛«۵۴»

فَمَنْ شَاءَ ذَكَرَهُ ﴿٥٥﴾

پس هرکسی که خواست، متذکّر آن شد؛«۵۵»

وَمَا يَذْكُرُونَ إِلَّا أَنْ يَشَاءَ اللَّهُ هُوَ أَهْلُ التَّقْوَىٰ وَأَهْلُ الْمَغْفِرَةِ ﴿٥٦﴾

و متذکّر نمی‌شوند مگر اینکه اللّه مشیت کند؛ او اهل تقوا و اهل مغفرت است.«۵۶»

کشف سیاق‌ها

سوره مدّثر، ۳ سیاق دارد: آیه ۱ تا ۱۰، آیه ۱۱ تا ۳۷ و آیه ۳۸ تا ۵۶.

آیه ۱ تا ۱۰، خطاب به پیامبر گرامی اسلامﷺ است؛ این آیات با خطاب آیه ۱ آغاز شده و سیری از فرامین خدای متعالی به پیامبرﷺ تا آیه ۷ این سیاق ادامه پیدا کرده است. در رأس این فرامین، خدای متعالی پیامبرﷺ را به انذار امر می‌کند. آیه ۸ تا ۱۰، با حرف

عطف «فاء» به ماقبل عطف شده است؛ این آیات در قالب شرط و جزا، علت فرمان انذار را تبیین می‌کند. (توضیحات تکمیلی این مطلب در بحث سیر هدایتی آیات سیاق اول خواهد آمد).

آیه ۱۱، ارتباط ادبی با آیات قبل ندارد؛ از ابتدای این آیه، سیر مفهومی جدیدی آغاز می‌شود؛ این سیر، در مورد یکی از معاندان قدرتمند و ثروتمند قرآن و طرح دشمنی او با قرآن است؛ و تا آیه ۳۷ ادامه یافته است.

گفتنی است امر «ذرنی» در آیه ۱۱، در ادامه سیر فرامین سیاق قبل نیست؛ زیرا:

۱. سیر فرامین خدا به پیامبرﷺ در سیاق قبل، در آیه ۷ قطع شده‌است؛

۲. این آیه، برخلاف آیاتی که در ادامه سیر قبل بود، با حروف عطف به ماقبل متصل نشده است.

۳. ادامه آیات، حکایت از آن دارد که موضوع و سیر آنها با اوامر خدای متعالی در ابتدای سوره متفاوت است؛ آیات قبل خطاب به شخص پیامبرﷺ و در مورد ایشان بود؛ اما این آیه چنانکه گفته شد، سیر جدیدی را در مورد یکی از معاندان قرآن آغاز می‌کند.

اتّصال آیات این سیاق، تا آیه ۳۰ روشن است؛ آیه ۱۱ تا ۱۷؛ در مورد این فرد معاند سخن گفته و او را به خاطر این دشمنی تهدید می‌کند و آیه ۱۸ تا ۳۰، صحنه‌ای از دشمنی و شبهه‌افکنی این فرد در مورد قرآن را به تصویر می‌کشد و در مقابل، او را به عذاب تهدید می‌کند.

از آنجا که آیه ۳۰، در مقام تهدید این فرد، از نگاهبانی جهنم توسط نوزده فرشته، سخن می‌گوید «**عليها تِسعَةَ عَشَر**»، آیه ۳۱، در مورد حکمت این تعداد سخن گفته و سیر تهدید آیات قبل را قطع می‌کند؛ اما بعد از این آیه، با «**كَلّا والقمر...**» در آیه ۳۲، سیر آیات در مقام پاسخ به شبهه فرد معاند، از سر گرفته می‌شود و تا آیه ۳۷ به‌روشنی ادامه می‌یابد.

آیه ۳۸؛ ارتباط ادبی با آیات قبل ندارد و سیر مفهومی جدیدی در مورد عاقبت اعمال در قیامت و گفتگوی بهشتیان و جهنّمیان در آن روز را آغاز کرده است؛ آیات این سیر تا آیه ۴۸ به‌روشنی ادامه یافته‌است؛ این آیات در قالب گفتگوی «**اصحاب اليمين**» با «**المجرمين**»، از عاقبت بد مجرمان و علت گرفتاری آنها به این عذاب سخن می‌گوید. آیه

۴۹ با «فاء» نتیجه، به ماقبل متصل شده است: «**فَما لَهُم عَنِ التَّذكِرَةِ مُعرِضين**»؛ این آیه، با مبنا قرار دادن عاقبت ذکرشده برای مجرمان، سؤالی از سر تعجب پرسیده است: «حال که علّت عاقبت بد مجرمان چنین است، پس چرا مجرمان از تذکره الهی گریزان هستند؟»

همین آیه، مقدمه ادامه‌یافتن چند جمله در توبیخ و ریشه‌یابی وضعیت ایشان در مقابل انذار قرآن است که در سیر هدایتی به آن پرداخته خواهد شد. اتصال این آیات تا پایان سوره روشن است؛ این آیات با بازگشت مکرّر ضمیرها «**کَأَنَّهُم**، **منهم**، **ضمیرهم مستتردر لايَخافون**» و تکرار «کلّا»، «**کَلّا بل لا يَخافون**، **کَلّا إنَّه تَذكِرَة**»، به ماقبل خود متّصل شده است.

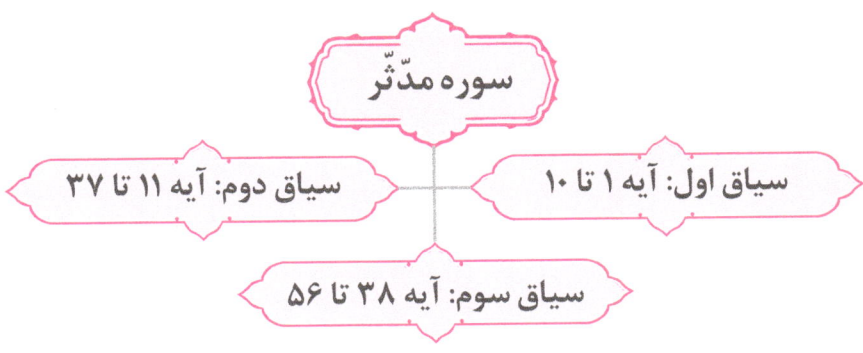

سیاق اول: آیه ۱ تا ۱۰

فضای سخن

کافران در مقابله با انذارهای رسول‌خدا ﷺ ایشان را به شدت تحت فشار قرار داده‌اند. انذارهای مکرّر، نتیجه‌ای جز اهانت‌های فراوان نداشته و رسول‌خدا ﷺ خسته و غم‌دیده از فشارهای کافران جامه‌ای بدور خود پیچیده تا قدری از این همه فشار رهایی یابد.

قرائن فضای بالا از این قرار است:

۱. آیه اول این سوره «**يا أَيُّهَا الْمُدَّثِّر** (۱)»، پیامبر ﷺ را با عبارت «**الْمُدَّثِّر**» مخاطب قرار داده است؛ این صفت مانند صفت «**مزّمّل**» که در سوره قبل بررسی شد، در

لغت به معنای کسی است که جامه‌ای را روی جامه‌ای دیگر به دور خود پیچیده است[1]؛ با این تفاوت که «**مزّمّل**»، این جامه را در شب و به منظور خواب به دور خود پیچیده است ولی «**مدّثّر**»، لزوماً قصد خواب ندارد. همه آنچه در سوره مزّمل از خطاب خاص الهی فهمیده می‌شود، در این سوره نیز قابل‌استفاده است. «**مدّثّر**» کسی است که در فضای فشارهای زیادی که او را احاطه کرده، جامه‌ای به دور خود پیچیده تا لحظه‌ای آرام بگیرد. البته گفتنی است: قرینه این استفاده، فضای برآمده از آیات بعدی سیاق است؛ قرائنی که بررسی خواهد شد، حکایت از فشار زیاد، علیه رسول‌خدا صلی‌الله‌علیه‌وآله دارد؛ در این فضا استفاده از وصف «**مدّثّر**»، بی‌وجه نیست؛ بلکه به قرینه سیاق، وجه آن حکایت از حال بد پیامبر صلی‌الله‌علیه‌وآله در اثر فشارهاست، وضعیّت سختی که در ظاهر او هم نمایان شده و در اثر آن جامه رویی را به خود پیچیده است.

قرائن مهمّی در ادامه آیات، این معنا را تأیید می‌کند، این قرائن عبارت‌اند از: امر به دوری از دلگیری در آیه «**وَالرُّجْزَ فَاهْجُرْ ﴿٥﴾**» و بجایی فرمان به صبر در آیه «**وَلِرَبِّكَ فَاصْبِرْ ﴿٧﴾**». بجایی این آیات، حاکی از فضای دل‌گیری و تحمّل فشار است.

۲. امر به قیام منذرانه در آیه «**قُمْ فَأَنْذِرْ ﴿٢﴾**»، باید بجا باشد؛ هرچند این آیه قرینه محکمی برای توقّف کامل انذار قبل از فرمان الهی نیست، امّا می‌توان گفت این فرمان، خطاب به پیامبر منذر، در فضایی بجاست که گویا فشارها کم‌کم انگیزه انذار را تحت‌الشعاع قرار داده است.

۳. آیه «**وَثِيَابَكَ فَطَهِّرْ ﴿٤﴾**»، که به پاک‌کردن لباس فرمان داده است، در این سیاق معنای خاص پیدا می‌کند. این آیه اشاره به آلودگی لباس حضرت دارد؛ وجه این فرمان در بین آیاتی که از فشار کافران علیه رسول‌خدا صلی‌الله‌علیه‌وآله سخن گفته است، می‌تواند علّت این

---

۱. این واژه، اسم فاعل، از مصدر «تدثّر» است. از نوشتار التحقیق فی کلمات القرآن الکریم (ج ۳، ص ۱۹۵ و ۱۹۶) در بیان این واژه چنین برمی‌آید که معنای این واژه، احاطه چند لایه مثلاً توسط لباس رویین بر بدن انسان است. ایشان می‌نویسد: «هو التضاعف مع الاحاطة، فالدثار هو ما تضوعف فوق اللباس محیطا به»؛ ایشان همچنین در ادامه در مورد همین آیه، وجه استفاده از آن را این‌گونه شرح داده است: «المتدثّر بما یحیط به و المتغطّی بما یحجبه عن الاجتهاد و الفعّالیّة». مراد کسی است که با جامه‌ای که او را احاطه می‌کند و از مجاهدت و فعالیت باز می‌دارد، خود را پوشانده است.

آلودگی را مشخّص کند. گویا لباس ایشان، با اقدام کافران به قصد توهین آلوده شده است. این آیه، نمونه‌ای از فشارها و اهانت‌های کافران را حکایت کرده است.

۴. در آیه «وَلا تَمْنُنْ تَسْتَكْثِرُ ﴿٦﴾»، مراد از «تَسْتَكْثِرُ»- خطاب به پیامبر ﷺ- زیاد دانستن دفعات انذار است؛ بنابراین آیه از منّت گذاشتن به‌خاطر نگاه به کثرت انذار، باز داشته است. بجایی این آیه، حاکی از تکرار زیاد اقدام‌های منذرانه آن حضرت است؛ گویا حرف دل آن حضرت این است که تا کی باید انذار کنم و ایشان بی‌اعتنا باشند یا بر من فشار بیاورند؟

سیر هدایتی

شروع آیات با خطاب «يَا أَيُّهَا الْمُدَّثِّرُ ﴿١﴾»، فضای پیش‌آمده برای واسطه وحی الهی را درهم می‌شکند. ای جامه به دور خود پیچیده!

این تعبیر، حاکی از نظر خدای متعالی به شرایط رسول خود، در این وضعیّت سخت و غم‌بار است. تو در اثر فشارها جامه به دور خود پیچیدی؛ امّا اکنون زمان نشستن و توقّف انذار نیست. آیات بلافاصله این‌گونه ادامه می‌دهد: «قُمْ فَأَنْذِرْ ﴿٢﴾»، دوباره قیام کن و انذار بده.

در فضای کم‌شدن انگیزه انذار، سخن اوّل، فرمان دوباره به ادامه جریان انذار است، امّا خدای متعالی، از شرایط سخت پیامبر ﷺ غافل نیست و در ادامه با سیری از فرامین، او را برای ادامه قیام منذرانه آماده می‌کند: «وَرَبَّكَ فَكَبِّرْ ﴿٣﴾»، پروردگارت را تکبیر کن. اضافه شدن، «ربّ» به «ک»، حکایت از اوج توجّه و عنایت دارد؛ پروردگار پیامبر ﷺ، چنانکه فرستنده او برای انذار مردم است، تکیه‌گاه او برای حمایت در مقابل فشارها نیز هست؛ هرچه این پروردگار در نظر او تکبیر شود، تکیه‌گاهش بزرگ‌تر شده و تکیه‌گاه بزرگ‌تر، تحمّل مشکلات مسیر انذار را آسان‌تر می‌کند.

«وَثِيَابَكَ فَطَهِّرْ ﴿٤﴾»، لباست را که در اثر جسارت کافران آلوده شده، دوباره تطهیر کن؛ تا با لباس آراسته، آماده ادامه قیام منذرانه شوی.

«وَالرُّجْزَ فَاهْجُرْ ﴿٥﴾»، همان‌طور که لباست را از آلودگی پاک می‌کنی، دلت را هم از همه

دلگیری‌ها دورکن تا با دلی پاک از غصه‌ها، انذار دوباره را آغاز کنی.

«وَلا تَمْنُنْ تَسْتَكْثِرُ ﴿٦﴾»، هرگز آنچه را انجام داده‌ای زیاد مپندار؛ که اگر چنین شود، احساس منّت تو بر ایشان، مانع از اقدام دوباره به انذار خواهد شد. باید توجّه داشت که این سخن در سیاق، توبیخ پیامبر ﷺ به جهت منّت گذاری نیست، بلکه یکی از مقدّمات مهمّ آمادگی برای انذار دوباره را گوشزد می‌کند. اگر آنچه انجام‌شده، زیاد پنداشته شود و دست و دل منذر از ادامه انذار برای مخاطبی که از همه انذارها فراری بوده، به‌کار نیافتد، مصداق منّت‌گذاری خواهد بود؛ امّا اگر در نظر نیاید، منّتی نیست و مانند بار اوّل، می‌تواند انذار را با همان شور و اشتیاق اوّلیه آغاز کند. آیات از چنین منّتی جلوگیری می‌کند.

و توصیه آخر، به نوعی جمع‌بندی سیر فرامینی است که از آیه ۳ آغاز شده بود:

«وَلِرَبِّكَ فَاصْبِرْ ﴿٧﴾»، نسبت به همه فشارها به‌خاطر پروردگارت صبر کن. این سخن بی‌شک، انگیزه دوچندان به واسطه انذار الهی یعنی رسول ﷺ می‌دهد. فرمان صبر به تنهایی فرمانی خشک است؛ امّا اینکه شخصی مانند رسول ﷺ، مأمور شود که به‌خاطر پروردگارش همه فشارها را بجان بخرد، صبر را برای او آسان می‌کند.

این همه اهتمام برای انذارِ دوباره چه دلیلی دارد؟ آیات در ادامه با «فاء» به ماقبل وصل شده و سیر فرامین گذشته و در رأس آنها فرمان انذار را این‌گونه خاتمه می‌دهد: «فَإِذَا نُقِرَ فِي النَّاقُورِ ﴿٨﴾ فَذَٰلِكَ يَوْمَئِذٍ يَوْمٌ عَسِيرٌ ﴿٩﴾ عَلَى الْكَافِرِينَ غَيْرُ يَسِيرٍ ﴿١٠﴾». هرچند فشارهای کافران، مسیر انذار را سخت و دشوار کرده، امّا تو آخرین روزنه نجات ایشان از کفر هستی؛ کفری که روز قیامت را برای ایشان بسیار سخت می‌کند؛ آن‌هنگام که برای برپایی قیامت، در ناقور دمیده شود، روزی سخت خواهد بود که در آن روز، هیچ راه آسان‌کننده‌ای برای کافران نخواهد بود.

همه کسانی که در مقابل تو می‌ایستند، تو را تحت فشار می‌گذارند، یا حتّی به تو اهانت می‌کنند، کافرانی هستند که تنها امید نجاتشان، انذار تو از آن روز سخت است؛ تا اینکه شاید بر جان آنها بنشیند و با ایمان، نجات ایشان از سختی عذاب روز قیامت تضمین شود. توقّف تو در مسیر انذار، روز به روز این فرصت را کمتر خواهد کرد؛ پس هرگز از این مسیر باز نایست.

آیات انتهایی، هم دلیل اهتمام فراوان خدای متعالی برای به‌حرکت‌انداختن دوباره رسول ﷺ در مسیر انذار را حکایت می‌کند و هم بهترین دلیل برای جلب انگیزه مضاعف در وجود رسول رحمت ﷺ برای انذار دوباره است؛ حتّی نسبت به کافرانی که او را آزار داده و به او جسارت کرده‌اند.

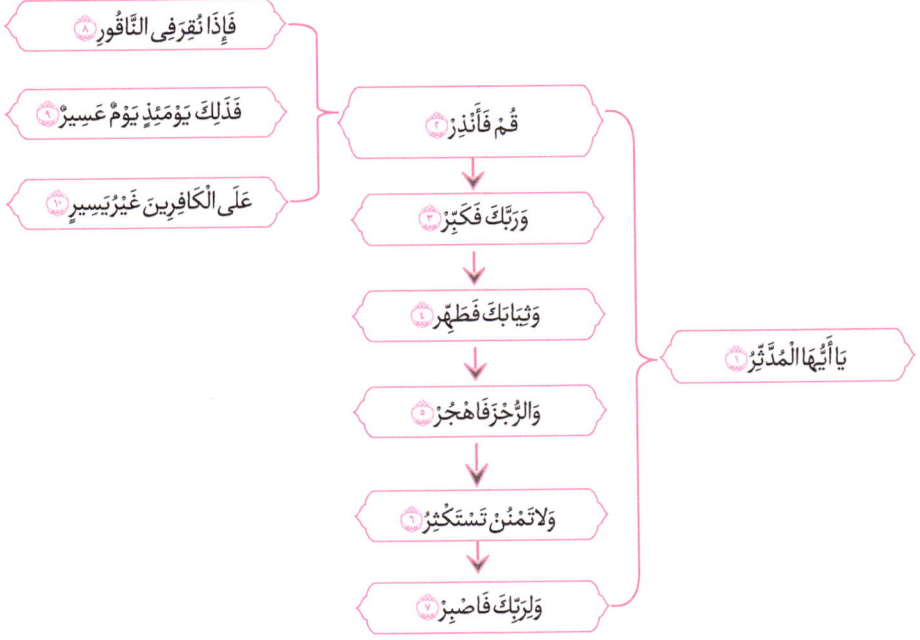

جهت هدایتی

آیات این سیاق را می‌توان به دو دسته تقسیم کرد:

نخست، آیه ۱ تا ۷، که بعد از فرمان به قیام منذرانه - خطاب به رسول گرامی اسلام ﷺ- ایشان را به صبر در برابر فشارها دعوت کرد.

دوم، آیه ۸ تا ۱۰، که به بیان حال سخت کافران در صحنه قیامت پرداخت.

به بیانی که گذشت، فراز دوّم، تابع فراز اوّل است و دلیل فرمان به قیام منذرانه را مشخّص می‌کند؛ بنابراین، جهت هدایتی سیاق، با محوریّت فراز اوّل مشخّص می‌شود. در این فراز نیز از بین فرامین صادر شده، فرمان اصلی، قیام منذرانه است؛ چراکه:

۱. بر دیگر فرامین مقدّم شده است.

۲. چنانکه شرح داده شد، فرامین بعدی، زمینه ساز صبر بر فشارها و آمادگی برای اجرای این فرمان اصلی است. بنابراین، جهت هدایتی آیات با محوریت آیه ۲، به این بیان قابل ذکر است:

آماده‌سازی پیامبر صلی الله علیه و آله برای ادامه قیام منذرانه

برخیز و انذار کن و بر همه سختی‌های راه شکیبا باش؛ چراکه روز سختی پیش روی کافران است و همین امر، وظیفه تو را در انذار پیاپی آنها سنگین می‌کند.

سیاق دوم: آیه ۱۱ تا ۳۷

فضای سخن

یکی از سردمداران کفر به شدت به عنادورزی و شبهه‌افکنی، در مقابله با قرآن اقدام می‌کند. او با استفاده از قدرت و ثروت خود، به منظور بازداری مردم از قبول پیام‌های منذرانه رسول خدا صلی الله علیه و آله از قرآن، به شبهه‌افکنی و مقابله با قرآن در فضای جامعه پرداخته است.

قرائن فضای بالا به شرح زیر است:

۱. صدق آیه ۱۶ و آیه ۱۸ تا ۲۵، حکایت از عناد و شبهه‌افکنی یکی از کافران نسبت به قرآن، در فضای جامعه دارد: «**كَلَّا إِنَّهُ كَانَ لِآيَاتِنَا عَنِيداً** ﴿١٦﴾ ... **إِنَّهُ فَكَّرَ وَقَدَّرَ** ﴿١٨﴾ ... **فَقَالَ إِنْ هَذَا إِلَّا سِحْرٌ يُؤْثَرُ** ﴿٢٤﴾ **إِنْ هَذَا إِلَّا قَوْلُ الْبَشَرِ** ﴿٢٥﴾».

۲. توصیفات آیه ۱۲ تا ۱۴- در ابتدای سیاق- حاکی از قدرت و ثروت اوست: «**وَجَعَلْتُ لَهُ مَالاً مَمْدُوداً** ﴿١٢﴾ **وَبَنِينَ شُهُوداً** ﴿١٣﴾ **وَمَهَّدْتُ لَهُ تَمْهِيداً** ﴿١٤﴾»؛ بجایی ذکر این توصیفات، حکایت از نقش آن در فضای سیاق دارد. رکن فضای سیاق، مقابله با قرآن است و او از ثروت و قدرت خود در این امر بهره می‌برد.

۳. بجایی شروع آیات با «ذَرْنِي»- خطاب به پیامبر صلی الله علیه و آله- حکایت از نقش اقدام این

فرد به مقابله با قرآن، در فشار علیه رسول خدا ﷺ دارد؛ ابزار انذار رسول خدا ﷺ، قرآن است و مقابله با قرآن در جامعه مخاطب ایشان، مردم را از پذیرش پیام‌های قرآنی منذرانه ایشان، باز می‌دارد.

۴. جمع قرائن بالا، حکایت از آن دارد که او یکی از سردمداران جریان کفر است؛ صحنه شبهه‌افکنی او در این آیات به‌گونه‌ای مطرح شده که حکایت از جایگاه مهمّ او در جامعه می‌کند. او کسی است که می‌تواند با مقدّمات خاصّی، جامعه را مخاطب خود قرار دهد؛ از طرف دیگر، قدرت و ثروت و موقعیّت دارد و براساس قرینه قبل، او به اندازه‌ای جایگاه اجتماعی دارد که رفتارش به عنوان یک شخص، فشار علیه پیامبر ﷺ محسوب شود.

سیر هدایتی

«**ذَرْنِي وَمَنْ خَلَقْتُ وَحِيداً** ﴿۱۱﴾»، آیات با فرمان «ذرنی» آغاز می‌شود؛ چنانکه گذشت، این فرمان در سیر فرامین سابق نیست؛ و وجه آن، مأموریت جدیدی برای رسول خدا ﷺ نیست؛ بلکه اقدام مستقیم خدا در صحنه برای مقابله با معضل اصلی پیش روی جریان هدایت را حکایت می‌کند. مرا با کسی که خودم به تنهایی او را آفریدم، تنها بگذار. «**وحیداً**»، حال از فاعل «**خلقتُ**» است. من در آفرینش او تنها بوده‌ام و شریکی نداشته‌ام؛ اکنون نیز برای پاسخ به گستاخی او نیازی به شریک نیست.

این نوع ورود آیات، هشداری برای معاند پیش‌گفته به شمار می‌رود. آیات در همین لحن، این‌گونه ادامه داده است: «**وَجَعَلْتُ لَهُ مَالاً مَمْدُوداً** ﴿۱۲﴾ **وَبَنِينَ شُهُوداً** ﴿۱۳﴾ **وَمَهَّدْتُ لَهُ تَمْهِيداً** ﴿۱۴﴾»، اگر مال فراوانی دارد، اگر فرزندان حاضر به خدمتی در کنار او هستند، اگر شرایط فراهمی برای پیشبرد اهداف خود دارد، همه‌وهمه از جانب من است؛ پس برای زمین‌خوردن او کافیست آنچه از سوی خدا به او رسیده است، قطع شود. چه اینکه محتوای ادامه آیات، از همین تهدید حکایت دارد:

«**ثُمَّ يَطْمَعُ أَنْ أَزِيدَ** ﴿۱۵﴾ **كَلَّا إِنَّهُ كَانَ لِآيَاتِنَا عَنِيداً** ﴿۱۶﴾»، او طمع می‌کند که بر این وضعیّت افزوده شود، امّا هرگز این اتّفاق نمی‌افتد؛ زیرا او که همه چیزش را از من دارد، با آنچه من به او داده‌ام، به مقابله با آیات من پرداخته است؛ «**سَأُرْهِقُهُ صَعُوداً** ﴿۱۷﴾»؛ به جای پاسخ به طمع

بی‌جای او بزودی او را با عذابی سخت و فزاینده می‌پوشانیم.

آیات بالا، دو بُعد هدایتی را هم‌زمان پیش برده است:

۱. اینکه به معاند هشدار می‌دهد که از خلق تا قدرت و ثروت و موقعیّت او، همه‌وهمه از جانب خداست و اگر قرار بر آن باشد که در مقابله با آیات الهی به کار گرفته شود، اوضاع این چنین نخواهد ماند و عذاب سخت در راه است.

۲. اینکه در ضمن هشدار، از نقشه او در پشت صحنه مقابله با قرآن پرده برمی‌دارد و به آن پاسخ مناسب می‌دهد. آیات از طمع او برای زیادشدن ثروت و قدرتش سخن گفته است: «ثُمَّ يَطْمَعُ أَنْ أَزِيدَ»؛ طمع او برای زیادشدن ثروت و قدرت، اگر در اقدامات او دخیل نباشد، وجهی برای ذکر ندارد. او که در سوره، معاند با آیات الهی شناخته شده و کسی است که از قدرت و ثروت خود در این مسیر بهره می‌گیرد، طمع زیادشدن ثروت و قدرتش نیز باید، به این رویه مرتبط باشد، پس باید رابطه اقدام معاندانه او با طمع زیادشدن ثروت و قدرت مشخص شود.

ثروت و قدرت و موقعیّت او، نتیجه اقبال مردم به اوست؛ در نظر او اگر این اقبال از بین برود، راهی برای افزون‌شدن قدرت و ثروت باقی نمی‌ماند. او به مقابله با رسول ﷺ و ابزار هدایت او یعنی قرآن ایستاده تا معادله تغییر نکند، در نظر او روی‌آوردن مردم به سوی پیامبر و جذب‌شدن ایشان به سخنان او، آنها را از اقبال به او و تأمین مقاصد و مطامعش باز می‌دارد.

بر این اساس، طمع در آیه ۱۵، پشت‌پرده رفتار او در مقابله با قرآن است؛ غافل از اینکه اگر قرار باشد، کسی بر قدرت و ثروت او بیافزاید، او همان خالق و رازقی است که از ابتدا او را به این نقطه رسانده و معاند، با این کار خود در حقیقت برای جلب قدرت و ثروت، به معانده با آیات همان خالق رازق پرداخته است و به این ترتیب هدفش را به‌کلی تباه ساخته و عذاب سخت را جایگزین افزون‌شدن ثروت و قدرت خود کرده است.

آیه ۱۶ و ۱۷، در دو جمله اجمالی، از عناد این شخص و عقاب او به‌خاطر این عناد سخن گفته است. ادامه آیات، این دو جمله اجمالی را تفصیل می‌دهد. آیه ۱۸ تا ۲۵، عناد او را در قالب شبهه‌ای که در مقابله با قرآن مطرح ساخته، به تصویر می‌کشد و آیه ۲۶

تا ۳۰، وعید به عذاب او را، با توصیف این عذاب شرح می‌دهد.

«**إِنَّهُ فَكَّرَ وَقَدَّرَ**(۱۸)»، «**فکّر**»، از باب تفعیل است و معنای آن، ساختن یک فکر است، نه مانند «**تفکّر**» که معنای آن فکرکردن است، تفاوت این دو آشکار است؛ در «فکرکردن»، فرد به‌دنبال کشف حقیقت است؛ ولی در «فکّر»، هدف یافتن حق نیست، هدف، ساختن یک فکر برای القاء به دیگران است.

فرد معاند، برای مقابله با قرآن، فکرساخته است یعنی ابعاد مختلف آن را در نوع سخن و شیوه بیان در نظر گرفته و آن را آماده ارائه کرده است و در گام دوم، آن را «**تقدیر**» کرده است؛ «**تقدیر**»، به معنای اجرای قدرت است؛ او بعد از آماده‌شدن طرحش، زمینه را برای اجرای قدرت خود در انتقال این طرح آماده کرده است.

اینجاست که می‌توان به نقش ثروت و قدرت و موقعیّت او، در جلب نظر مخاطبان به طرح او پی‌برد؛ اگر کافر معاند، از افراد شاخصی که قدرت و ثروت دارند، نبود، فکری که ساخته، راهی از پیش نمی‌بُرد؛ امّا او با استفاده از ابزار خود، زمینه را برای القاء فکر ساخته خویش فراهم کرده است. ازاین‌رو آیات نسبت به گام دوّم او که گام اصلی عملیّاتی‌شدن توطئه اوست، چنین می‌گوید: «**فَقُتِلَ كَيْفَ قَدَّرَ**(۱۹) **ثُمَّ قُتِلَ كَيْفَ قَدَّرَ**(۲۰)»، تأکید آیات بر نفرین او به خاطر تقدیرش، حاکی از نقش اساسی این تقدیر، در پیشبرد هدف اوست؛ مرگ بر او باد که چگونه تقدیر کرد و باز مرگ بر او باد که چگونه تقدیر کرد.

ذکر این مقدّمه، قبل از بیان اقدامات ظاهری فرد معاند، جهت‌گیری اقدامات بعدی او را مشخّص کرده است. مخاطبان تنها ظاهر را می‌بینند؛ درحالی‌که خدای متعالی که آگاه از همه نهان‌هاست، از برنامه‌ریزی قبلی او برای تک تک مراحل خبر می‌دهد؛ تا ساختگی‌بودن همه اقدامات ظاهرسازانه برملا شود.

اکنون ادامه آیات با دقّت و ظرافت از مراحل اقدامات او در صحنه و محتوای شبهه او سخن می‌گوید: «**ثُمَّ نَظَرَ**(۲۱) **ثُمَّ عَبَسَ وَبَسَرَ**(۲۲) **ثُمَّ أَدْبَرَ وَاسْتَكْبَرَ**(۲۳)»، آیات با «**ثمّ**» ادامه یافته؛ او بعد از طرح و آماده‌کردن مراحل اجرای آن، ابتدا با حالتی عالمانه نظر می‌کند، مانند کسی که در مورد این سخن فکر می‌کند؛ درحالی‌که او از قبل، فکر خود را ساخته است و اکنون،

تنها مجری آن طرح شده است؛ مرحله بعد، اخم و چهره درهم‌کشیدن است که حکایت از پی‌بردن او به حقیقتی تأسف‌آور، بعد از فکر دارد و مرحله بعد، پشت‌کردن او به این سخن و گرفتن حالتی مستکبرانه نسبت به آن است.

اکنون نوبت سخن گفتن است؛ شاهدان صحنه، به شدّت منتظر شنیدن سخن او بعد از این تعمّق ظاهرسازانه شده‌اند: «**فَقَالَ إِنْ هَذَا إِلا سِحْرٌ يُؤْثَرُ ﴿٢٤﴾ إِنْ هَذَا إِلا قَوْلُ الْبَشَرِ ﴿٢٥﴾**».

شبهه به‌گونه‌ای طرّاحی شده که راه را بر ایرادهای روشن به خود ببندد، اتهام سحربودن قرآن در عین ردّ الهی‌بودن آن، توجیهی برای چرایی جذب مردم به سوی آن است.

امّا ساحران نیز رفتاری متفاوت دارند که نشانه‌های آن در پیامبر مشهود نیست! فرد معاند، برای همین منظور، وصف «**يُؤْثَر**» را به آن اضافه کرده است؛ خود او ساحر نیست؛ بلکه این سحر مأثور است، یعنی از ساحران دیگر برای او باقی مانده است[1].

جمله دوّم شبهه نیز تکمیل‌کننده اتّهام اوست؛ خیالتان آسوده باشد، سخن غیبی در کار نیست. این سخن، سخن بشری است؛ امّا چون از نوع سحر است، اثرگذار شده و هرکس دنبال آن باشد، مسحور آن می‌شود.

ادامه آیات، تفصیل عذاب اوست: «**سَأُصْلِيهِ سَقَرَ ﴿٢٦﴾ وَمَا أَدْرَاكَ مَا سَقَرُ ﴿٢٧﴾**»، به‌زودی او را به جرم تهمت‌های ناروا و نشر اندیشه‌های غلطش در سقر می‌اندازیم. سؤال «**وَمَا أَدْرَاكَ**»، برای حکایت از عظمت است. چه کسی تورا آگاه کرد که عظمت این سقر چیست؟ آیات بعد، آن را وصف می‌کند: «**لا تُبْقِي وَلاتَذَرُ ﴿٢٨﴾ لَوَّاحَةٌ لِلْبَشَرِ ﴿٢٩﴾ عَلَيْهَا تِسْعَةَ عَشَرَ ﴿٣٠﴾**» جایگاهی است که نه کسی را بی‌نصیب باقی می‌گذارد و نه کسانی را که دربرگرفته رها می‌کند؛ آتشی است که پوست اهل خود را گداخته و سیاه می‌کند. بر این آتش، نوزده نفر برای نگهبانی مستقرّ است.

بیان تعداد نگهبانان آتش، دست‌مایه بحثی است که به مناسبت آن در آیه ۳۱ مطرح شده است. در ادامه، نخست آیه ۳۱، به صورت مستقل بررسی خواهد شد و سپس ارتباط آن با آیات قبل شرح داده می‌شود:

---

۱. معنای «اثر» به آنچه به جامانده گفته می‌شود؛ ازاین‌رو، مصباح المنیر (ج۲، ص۴) ذیل ریشه آن می‌نویسد: «المأثور: ای منقول». «مأثور» در لغت به معنای منقول است؛ منقول، سخنی است که از کسی به جا مانده است.

آیه ۳۱، از حکمت‌های پیدا و پنهانِ خبر دادن از نگهبانان آتش سخن گفته است: «**وَمَا جَعَلْنَا أَصْحَابَ النَّارِ إِلا مَلائِكَةً وَمَا جَعَلْنَا عِدَّتَهُمْ إِلَّا فِتْنَةً لِلَّذِينَ كَفَرُوا لِيَسْتَيْقِنَ الَّذِينَ أُوتُوا الْكِتَابَ وَيَزْدَادَ الَّذِينَ آمَنُوا إِيمَاناً ...**»، خبراز اینکه نگهبانان آتش، فرشتگان هستند و تعداد ایشان ۱۹ نفراست، سه هدف مهم را برای سه گروه پیگیری می‌کند:

- فتنه برای کافران.
- یقین برای کسانی که به ایشان کتاب داده شده است. (مراد اهل کتب آسمانی تورات و انجیل است).
- و زیاد کردن ایمان مؤمنان.

وصف گروه دوّم، نشان دهنده علت یقین آنهاست؛ آنها کتاب آسمانی در اختیار دارند، خبراز تعداد ملائکه نگهبان آتش، با سخنان کتابی که به ایشان داده‌شده، هماهنگی دارد؛ این هماهنگی، عامل یقین آنها به صحّت این خبرو آسمانی‌بودن آن است.

با این شرح، علّت ازدیاد ایمان مؤمنان نیزمشخّص می‌شود؛ خبریقین کسانی که کتاب به ایشان داده شده، اطمینان خاطرمؤمنان را به صدق سخن قرآن، بیش‌ازپیش می‌کند.

از این رو ادامه آیه در وصف این دو گروه می‌گوید: «**...وَلا يَرْتَابَ الَّذِينَ أُوتُوا الْكِتَابَ وَالْمُؤْمِنُونَ...**»، این دوگروه، هرگزدر صدق و صحّت این سخن شکی نمی‌کنند.

امّا حال گروه اوّل متفاوت است؛ آیات، بعد از وصف دو گروه قبل، فتنه گروه اوّل را شرح داده است؛ سخن از تعداد دقیق این نگهبانان، بهترین بهانه برای بروز مرض درونی معاندان و همه کسانی است که در دل، ایمان حقیقی ندارند؛ ازاین‌رو، بی خبراز حقّانیت سخن، درمیان مؤمنان و حتّی کسانی که کتاب به ایشان داده شده، با عجله، ابهام حاکی از ردّ خود را نمایان می‌کنند: «**... وَلِيَقُولَ الَّذِينَ فِي قُلُوبِهِمْ مَرَضٌ وَالْكَافِرُونَ مَاذَا أَرَادَ اللهُ بِهَذَا مَثَلاً ...**»، خبراز تعداد نگهبانان آمد، تا همه کسانی که در دل مرض دارند و کافرانی که مرض آنها ظاهرشده است، این مثل را بهانه شبهات خود کنند و بگویند: «اگر این سخن، سخن خداست، خدا از این مثل چه هدفی می‌تواند داشته باشد؟»

غافل از اینکه مقدّمه آیات، وجه بیان آن را مشخّص کرده است؛ این سخن، برای یقین «**الَّذِينَ أُوتُوا الْكِتَابَ**» و افزایش ایمان مؤمنان و نیزایجاد فتنه و آزمایشی برای کافران گفته شده است، تا عناد درونی آنان بیرون آید.

اکنون، دلیل حضور این آیه در سیاق، مشخّص می‌شود؛ آیه ۳۱، خود اقدام دیگری در مقابله با شبهه‌افکنی مطرح‌شده، در آیات سابق است. معاند آیات قبل که با ظاهرسازی عناد خود را پنهان کرده بود و سعی در القاء بی‌طرفانه و متفکّرانه شبهه خود داشت، یکی از همین افراد است، او با شنیدن تعداد ملائکه، سراسیمه قصد دارد از آن، به نفع شبهه خود استفاده کند و اثبات کند که این قول، قول یک بشر است؛ او می‌گوید: «خدا چه هدفی می‌تواند از این سخن داشته باشد؟» امّا ورود خدای متعالی بعد از سخن او، با تبیین حقیقت در آیه ۳۱ ، نقش مطرح شده برای آیه ۳۰ را تکمیل می‌کند و عناد او را به همه مخاطبان نشان می‌دهد.

آیه ۳۱ ، بعد از این اقدام، این‌گونه ادامه یافته است: «... **كَذَٰلِكَ يُضِلُّ اللهُ مَنْ يَشَاءُ وَيَهْدِي مَنْ يَشَاءُ وَمَا يَعْلَمُ جُنُودَ رَبِّكَ إِلا هُوَوَمَا هِيَ إِلا ذِكْرَى لِلْبَشَرِ﴿۳۱﴾**»، این‌چنین، خدا با سخن خود، هرکس را بخواهد گمراه می‌کند؛ توطئه‌اش را برملا می‌سازد؛ و هرکس را که بخواهد، با همان سخن هدایت می‌کند. هدف از آیه ۳۰ ، محدودکردن تعداد فرشتگان نگهبان جهنّم نبود که برخی فریب خوردند و آن را بهانه قرار دادند؛ بلکه هدف، همان گمراهی برای عدّه‌ای و هدایت عدّه دیگر بود؛ کسی جز خود خدا، از لشکریان پروردگار خبر ندارد و این سخن، در افشاء عناد معاندان، جز تذکّری برای بشر نیست.

گام نهایی آیات سیاق، پاسخ قاطع به شبهه فرد معاند است: «**كَلّا وَالْقَمَرِ﴿۳۲﴾ وَاللَّيْلِ إِذْ أَدْبَرَ﴿۳۳﴾ وَالصُّبْحِ إِذَا أَسْفَرَ﴿۳۴﴾**»، «کلّا»، ردّ شبهه او در سحربودن و بشری‌بودن قرآن است؛ هرگز این‌گونه نیست؛ قسم به ماه و شب، آن‌هنگام که پشت کرد و صبح، آن‌هنگام که روشن می‌شود؛ که «**إِنَّهَا لَإِحْدَى الْكُبَرِ﴿۳۵﴾ نَذِيراً لِلْبَشَرِ﴿۳۶﴾**»، همانا قرآن، یکی از بزرگ‌ترین آیات الهی است و نه سخن بشر؛ که نذیری برای همه بشر است.

تناسب قسم‌ها با جواب، نشان دهنده نکته‌ای ظریف است؛ نقش ماه، روشن‌کردن آسمان در تاریکی شب است؛ شب کم‌کم سپری شده و صبح روشن متجلّی می‌شود؛ وقتی صبح شد، همه چیز روشن است و مجالی برای تاریکی نیست. در مقام تناسب با جواب، قرآن همان ماهی است که در دل تاریکی جهالت نورافشانی می‌کند؛ اما اوضاع این‌گونه نمی‌ماند و کم‌کم این شب رفتنی است و در صبح پیش رو، نور قرآن بر همه تاریکی غلبه خواهد کرد.

به‌دنبال همین تناسب، آیه بعد، این‌گونه سخن می‌گوید: «**لِمَنْ شَاءَ مِنْكُمْ أَنْ يَتَقَدَّمَ أَوْ يَتَأَخَّرَ** (۳۷)»، این سخن، هشداری به همه معاندان قرآن و پاسخ سنگ‌اندازی ایشان است؛ قرآن نذیر از حرکت نمی‌ایستد؛ این شما هستید که یا در قبول انذار آن مقدّم می‌شوید یا هر لحظه که می‌گذرد، از قافله آن عقب می‌مانید.

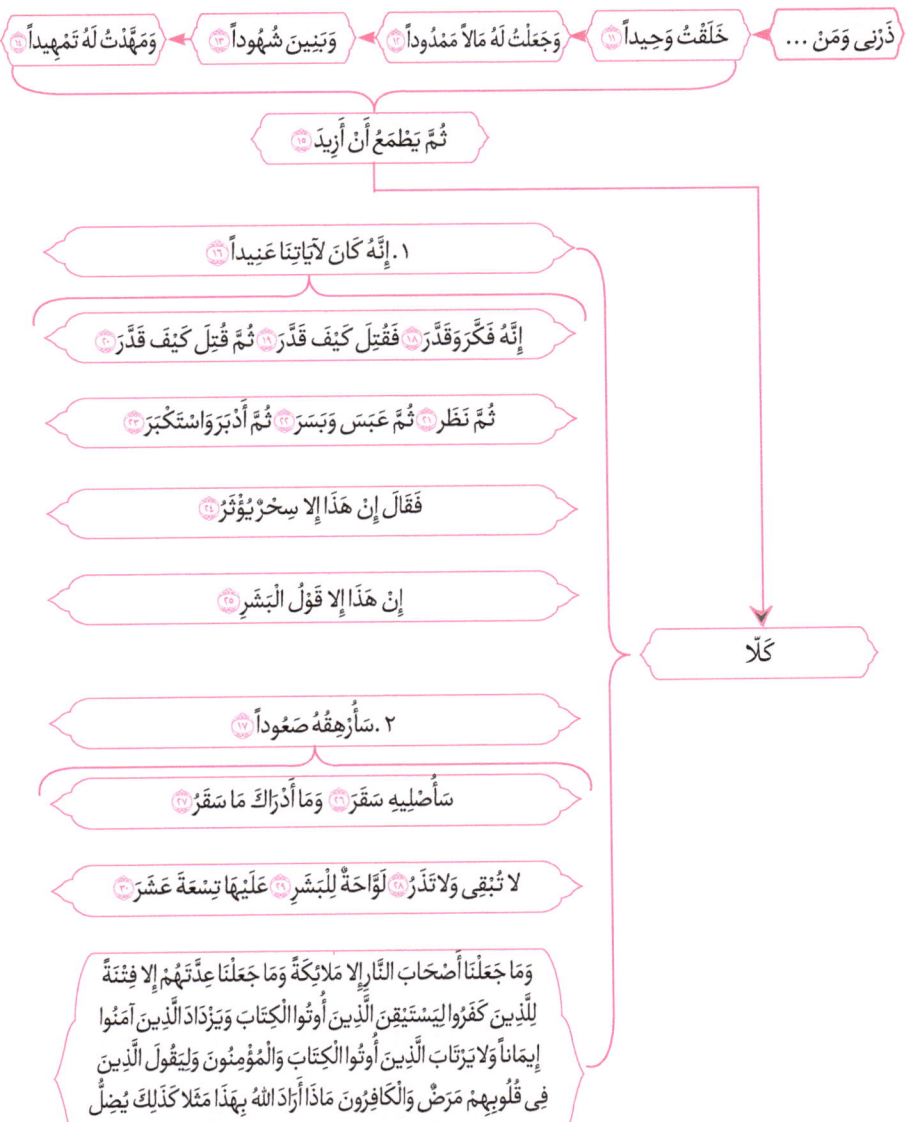

ذَرْنِی وَمَنْ ... ◄ خَلَقْتُ وَحِیداً (۱۱) ◄ وَجَعَلْتُ لَهُ مَالاً مَمْدُوداً (۱۲) ◄ وَبَنِینَ شُهُوداً (۱۳) ◄ وَمَهَّدْتُ لَهُ تَمْهِیداً (۱۴)

ثُمَّ یَطْمَعُ أَنْ أَزِیدَ (۱۵)

کَلَّا

۱. إِنَّهُ كَانَ لِآيَاتِنَا عَنِيداً (۱۶)

إِنَّهُ فَكَّرَ وَقَدَّرَ (۱۸) فَقُتِلَ كَيْفَ قَدَّرَ (۱۹) ثُمَّ قُتِلَ كَيْفَ قَدَّرَ (۲۰)

ثُمَّ نَظَرَ (۲۱) ثُمَّ عَبَسَ وَبَسَرَ (۲۲) ثُمَّ أَدْبَرَ وَاسْتَكْبَرَ (۲۳)

فَقَالَ إِنْ هَٰذَا إِلَّا سِحْرٌ يُؤْثَرُ (۲۴)

إِنْ هَٰذَا إِلَّا قَوْلُ الْبَشَرِ (۲۵)

۲. سَأُرْهِقُهُ صَعُوداً (۱۷)

سَأُصْلِيهِ سَقَرَ (۲۶) وَمَا أَدْرَاكَ مَا سَقَرُ (۲۷)

لَا تُبْقِي وَلَا تَذَرُ (۲۸) لَوَّاحَةٌ لِلْبَشَرِ (۲۹) عَلَيْهَا تِسْعَةَ عَشَرَ (۳۰)

وَمَا جَعَلْنَا أَصْحَابَ النَّارِ إِلَّا مَلَائِكَةً وَمَا جَعَلْنَا عِدَّتَهُمْ إِلَّا فِتْنَةً لِلَّذِينَ كَفَرُوا لِيَسْتَيْقِنَ الَّذِينَ أُوتُوا الْكِتَابَ وَيَزْدَادَ الَّذِينَ آمَنُوا إِيمَاناً وَلَا يَرْتَابَ الَّذِينَ أُوتُوا الْكِتَابَ وَالْمُؤْمِنُونَ وَلِيَقُولَ الَّذِينَ فِي قُلُوبِهِمْ مَرَضٌ وَالْكَافِرُونَ مَاذَا أَرَادَ اللَّهُ بِهَٰذَا مَثَلاً كَذَٰلِكَ يُضِلُّ اللَّهُ مَنْ يَشَاءُ وَيَهْدِي مَنْ يَشَاءُ وَمَا يَعْلَمُ جُنُودَ رَبِّكَ إِلَّا هُوَ وَمَا هِيَ إِلَّا ذِكْرَىٰ لِلْبَشَرِ (۳۱)

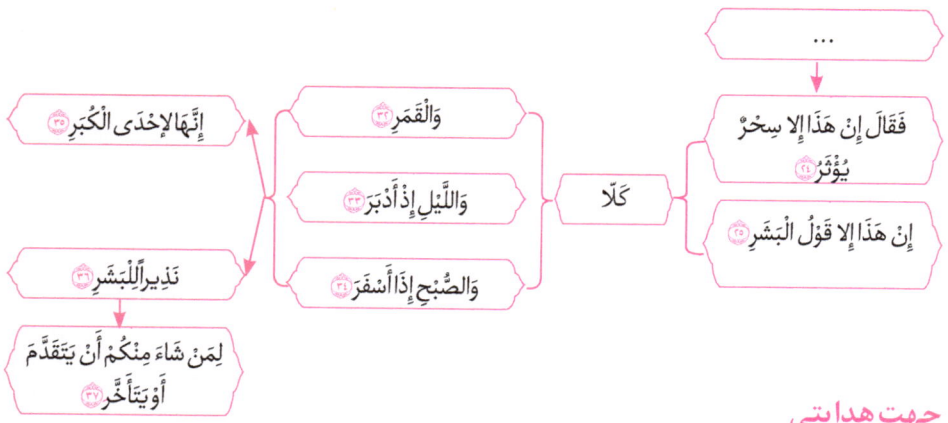

جهت هدایتی

آیات این سیاق را می‌توان به ۴ دسته تقسیم کرد:

نخست، آیه ۱۱ تا ۱۷، که بعد از معرّفی فرد معاند، در بیانی اجمالی، از عناد او و عاقبت این عناد پرده برداشت.

دوّم، آیه ۱۸ تا ۳۱، که تفصیل چگونگی عنادورزی و عاقبت او بود.

سوّم، آیه ۳۲ تا ۳۷، که به شبهه او در مقابله با قرآن، پاسخ قاطع داد.

از میان دسته اول و دوّم، بیان اجمالی، مبیّن اصل سخن است و بیان تفصیلی، تنها شرح آن را بیشتر می‌کند؛ بنابراین جهت هدایتی سیاق با محوریّت دسته‌های اول و سوّم، قابل‌فهم است؛ این دو دسته، هرکدام به‌نحوی با اقدامات معاندانه مقابله کرده است؛ دسته اوّل با تهدید و دسته دوّم با پاسخ قاطع:

> **مقابله انذارآمیز با یکی از سردمداران کفر، بخاطر دشمنی با قرآن**
>
> از طریق تهدید شدید او به عذاب بسیارسوزاننده و پاسخ قاطع به شبهه او:
>
> با تکیه برنعمت‌هایی که خدا برای او فراهم کرده به مقابله و دشمنی با قرآن می‌پردازد! سیر انعام او در این دنیا پایان یافته و در آخرت به عذابی بسیار دردناک گرفتار خواهد شد. قرآن نه قول بشر، که نذیر همه بشریت است.

سیاق سوم: آیه ۳۸ تا ۵۶

فضای سخن

از تذکّر قرآن و تعالیم الهی آن اعراض می‌کنند.

۱. آیات ابتدایی سیاق، از وضعیت بد عدّه‌ای با عنوان مجرمین سخن گفته است؛

عدّه‌ای که در آیات ۴۳ تا ۴۶، دوری از نماز و اطعام مساکین و غور در باطل و تکذیب قیامت را عامل سقوط خود عنوان می‌کنند: «قَالُوا لَمْ نَكُ مِنَ الْمُصَلِّينَ ﴿۴۳﴾ ... وَكُنَّا نُكَذِّبُ بِيَوْمِ الدِّينِ ﴿۴۶﴾».

۲. آیه ۴۹ سیاق، با «فاء» نتیجه و بازگشت ضمیر، در مورد همین گروه سؤالی مطرح کرده است: «فَمَا لَهُمْ عَنِ التَّذْكِرَةِ مُعْرِضِينَ ﴿۴۹﴾»، بجایی این سؤال- در ارتباط با آیات قبل از خود- حکایت از آن دارد که ایشان، از تذکره قرآن اعراض می‌کنند و عوامل پیش‌گفته در عذاب ایشان نیز، نتیجه همین اعراض است.

سیر هدایتی

آیات در فضای پیش‌گفته، با این جمله کلیدی سخن را آغاز می‌کند: «كُلُّ نَفْسٍ بِمَا كَسَبَتْ رَهِينَةٌ ﴿۳۸﴾ إِلَّا أَصْحَابَ الْيَمِينِ ﴿۳۹﴾»، «رهینة» به معنای در گروبودن است؛ هر کسی در گرو همان چیزی است که کسب کرده، مگر اصحاب یمین. منظور از «اصحاب الیمین»، یا اهل یُمن و خوشبختی و یا اهل دست راست است که در هر دو صورت، فرقی در نتیجه ندارد؛ مراد کسانی هستند که با عاقبت نیکویی در آخرت مواجه خواهند شد.

هرچند اصحاب یمین نیز در نتیجه آنچه کسب کرده‌اند، به سعادت می‌رسند، امّا به جهت شرایط نیکو و پسندیده‌شان، آیات آنها را از وصف در گروبودن که وصفی حاکی از حصر و بند است، استثنا می‌کند.

مقدمه بالا زمینه ورود به تصویر صحنه‌ای از آخرت شده است؛ صحنه‌ای که بر اساس همین قاعده کلیدی، تقسیمی صورت گرفته و اصحاب یمین در بهشت، رو به مجرمان کرده‌اند و از علّت عذاب آنها سؤال می‌کنند: «فِي جَنَّاتٍ يَتَسَاءَلُونَ ﴿۴۰﴾ عَنِ الْمُجْرِمِينَ ﴿۴۱﴾ مَا سَلَكَكُمْ فِي سَقَرَ ﴿۴۲﴾»، آنها می‌پرسند، چه چیزی شما را به سوی عذاب سقر کشید؟

پاسخ مجرمین،رفتارهای غلط در دنیا، پیرو باورهای باطل است: «قَالُوا لَمْ نَكُ مِنَ الْمُصَلِّينَ ﴿۴۳﴾ وَلَمْ نَكُ نُطْعِمُ الْمِسْكِينَ ﴿۴۴﴾»، ما از نمازگزاران نبودیم و به مساکین اطعام نمی‌کردیم. هرچند تنها به دو رفتار غلط اشاره شده، امّا این دو رفتار، نه به عنوان دو نمونه، که حاکی از یک مجموعه رفتار ناصواب است. نماز و انفاق، دو بُعد اساسی دین برای نجات انسان است که بقیه شاخه‌ها و زیرمجموعه‌ها به نحوی با این دو در ارتباط است؛ نماز مصداق یاد خدا و انفاق مصداق دوری از دنیا است؛ که نسخه بندگی را تکمیل می‌کند.

«وَكُنَّا نَخُوضُ مَعَ الْخَائِضِينَ (۴۵) وَكُنَّا نُكَذِّبُ بِيَوْمِ الدِّينِ (۴۶)» و همواره با غورکنندگان در باطل غور می‌کردیم و همواره روز جزا را تکذیب می‌کردیم. این دو جمله، حاکی از پشتوانه اعتقادی رفتارهای غلط مجرمان است؛ هرچند برای «خوض» در آیه ۴۶، به متعلّقی که مشخّص کند غور در چه چیزی مراد است اشاره نشده، امّا ادامه این سخن که از تکذیب قیامت سخن می‌گوید، حاکی از غور در و سخن‌های باطلی است که مانع از باور به روز جزا شده است. آنها گناه خود را همراهی با کسانی عنوان می‌کنند که در باطل‌ها غوطه‌ورند و نتیجه آن، تکذیب مستمر روز جزا است.

«حَتَّى أَتَانَا الْيَقِينُ (۴۷)»، زمان، این‌گونه در مورد ما سپری شد؛ تا وقتی که یقین به ما رسید؛ یقین، همان اتفاقی است که آنها را از توهّمات سابقشان بیرون می‌آورد؛ اولین مصداق قطعی این یقین، مرگ انسان است که حقیقت را برای او روشن می‌سازد.

این آیه، گفتگوی اصحاب یمین و مجرمان را پایان داده و آیه بعد، سخن خدای متعالی در مورد ایشان است: «فَمَا تَنْفَعُهُمْ شَفَاعَةُ الشَّافِعِينَ (۴۸)»، پس شفاعت شفاعت‌کنندگان نیز نفعی به حال آنها نداشت. گویا خدای متعالی رو به مخاطبان خود چنین می‌گوید که اگر در این صحنه دقّت کنید، می‌بینید که آنها حقیقتاً در گرو رفتار خویش بودند و هیچ کس نتوانست آنها را از این بند رهایی بخشد؛ این تنها دستاورد خود انسان است که تکلیف او را مشخّص می‌کند.

صحنه بالا از گفتگوی اصحاب یمین و مجرمان، صحنه‌ای از آینده آنها و سؤال جواب اخروی ایشان است؛ در همین حال که این صحنه بازگو می‌شود، عدّه‌ای با همان وضعی که برای مجرمان توصیف شد، سخنان را می‌شنوند؛ کسانی که با باطل‌گرایان همراهند و روز جزا را تکذیب می‌کنند و در نتیجه اهل نماز و انفاق نیستند.

از این رو خدای متعالی با وصل این صحنه و توصیفات آن به دنیای همین افراد، با تعجّب چنین سؤال می‌کند: «فَمَا لَهُمْ عَنِ التَّذْكِرَةِ مُعْرِضِينَ (۴۹)»، «فاء» نتیجه بر سر آیه، آیات سابق را به مقدّمه‌ای برای این سخن تبدیل می‌کند: اکنون که هر کسی در گرو دستاورد خویش است و عاقبت تکذیب و نافرمانی، کشیده شدن پای مجرمان به سقر است و از دست هیچ شفیعی کاری ساخته نیست؛ پس ایشان را چه شده که امروز از یادآوری قبل از وقوع حادثه اعراض می‌کنند؟

قرآن، امروز - قبل از اینکه هر عذابی آغاز شده باشد - آنها را متوجّه عاقبت رفتارشان می‌کند؛

انتظار طبیعی از مخاطبان این سخن، استقبال از این یادآوری و خوشحالی از متذکّرشدن به آن، قبل از خطر است؛ امّا عجیب این است که از این تذکّر فرار می‌کنند: «**كَأَنَّهُمْ حُمُرٌ مُسْتَنْفِرَةٌ** (۵۰) **فَرَّتْ مِنْ قَسْوَرَةٍ** (۵۱)»، درست مانند الاغ‌هایی که با آمدن شیر، رمیده‌اند و از او فرار می‌کنند! تشبیه مطرح شده، خود گویای همه چیز نسبت به خطای ایشان در فرار از تذکّر قرآن است.

خدای متعالی بعد از تعجّب از فرار ایشان، بهانه آنها در این اعراض را این‌گونه مطرح می‌کند: «**بَلْ يُرِيدُ كُلُّ امْرِئٍ مِنْهُمْ أَنْ يُؤْتَى صُحُفاً مُنَشَّرَةً** (۵۲)»، «**بل**» برای بیان علت اعراض ایشان است. پرهیز ایشان از پذیرش تذکّر قرآن به‌گونه‌ای است که گویا هرکدام منتظر دریافت صحیفه‌های گشوده‌شده مخصوص به خویش است. این بیان، کنایه از استکبار آنها در پذیرش قرآنی است که به کس دیگری نازل شده است.

پاسخ خدای متعالی به این بهانه قاطع است؛ «کلّا»، هرگز چنین اتفاقی نخواهد افتاد. ادامه آیه با «**بل**»، ریشه دیگری را مطرح ساخته است؛ این «**بل**» نشان می‌دهد آنچه بهانه آنها شده، عامل اصلی اعراض نیست؛ «**بَلْ لَا يَخَافُونَ الْآخِرَةَ** (۵۳)»، بلکه ریشه اصلی، عدم‌ترس ایشان از آخرت است یعنی آنچه - با وجود خبر الهی از عذاب مجرمان معارض از قرآن در آخرت - مانع از پذیرش تذکّر است، بی‌پروایی آنها از این خبر است وگرنه قرآنی که نازل شده، برای تذکّرپذیری کافی است.

ادامه آیات، برای بار دوّم بهانه ایشان را ردّ می‌کند و این‌بار از کفایت قرآن برای تذکّر سخن می‌گوید: «**كَلَّا إِنَّهُ تَذْكِرَةٌ** (۵۴) **فَمَنْ شَاءَ ذَكَرَهُ** (۵۵)»، همانا قرآن مایه تذکّر است و هرکس بناء بر تذکرپذیری داشته باشد، به آن متذکّر می‌شود.

آیات با ذکر یک نکته به پایان می‌رسد: «**وَمَا يَذْكُرُونَ إِلَّا أَنْ يَشَاءَ اللَّهُ...**»، و متذکّر نمی‌شوند مگر اینکه خدا مشیّت می‌کند. وقتی سخن از اختیار انسان در قبول و ردّ تذکّر به میان می‌آید، خوی استکباری معرضان از آیات الهی، ممکن است توهّم غلطی به‌دنبال داشته باشد؛ اینکه پیشنهادی مطرح شده و آنها مختارند؛ یا باز هم قبول نمی‌کنند و از آن اعراض می‌کنند؛ و یا به اختیار خود آن را می‌پذیرند؛ و پذیرش و رد آن‌ها مانند پذیرش یا رد هر پیشنهاد دیگری از هرکس دیگری است. اما در هردو صورت، حقیقت مهمّی مغفول مانده است؛ و آن اینکه، راه نجات با تذکّر را، پیش از آنها خدا اراده می‌کند؛ خدایی که اراده او تعیین‌کننده تکلیف عالم است؛ پس هرکس آن را پذیرفته، در حقیقت برنامه الهی اراده‌شده برای نجات را پیدا کرده و هرکس آن را ردّ کند، از اراده خدای عالم برای نجات بازمانده است.

ادامه آیه، شرح سبب مشیّت الهی است: «... **هُوَ أَهْلُ التَّقْوَى وَأَهْلُ الْمَغْفِرَةِ** (۵۶)»، او اهل

تقوی و مغفرت است. «**تقوی**» به معنای نگه‌داشتن و «**مغفرت**» به معنای پوشاندن و آمرزش است؛ او اهل نگه‌داری و آمرزش است؛ او اراده کرده که همیشه راهی برای حفظ انسان از سقوط باقی باشد؛ و دستاویزی برای جبران وجود داشته باشد؛ این راه، همان قرآنی است که برای تذکّر فروفرستاده است.

این هشدار آمد تا مخاطبان در ورای انتخاب خود، حقیقت آن را فراموش نکنند.

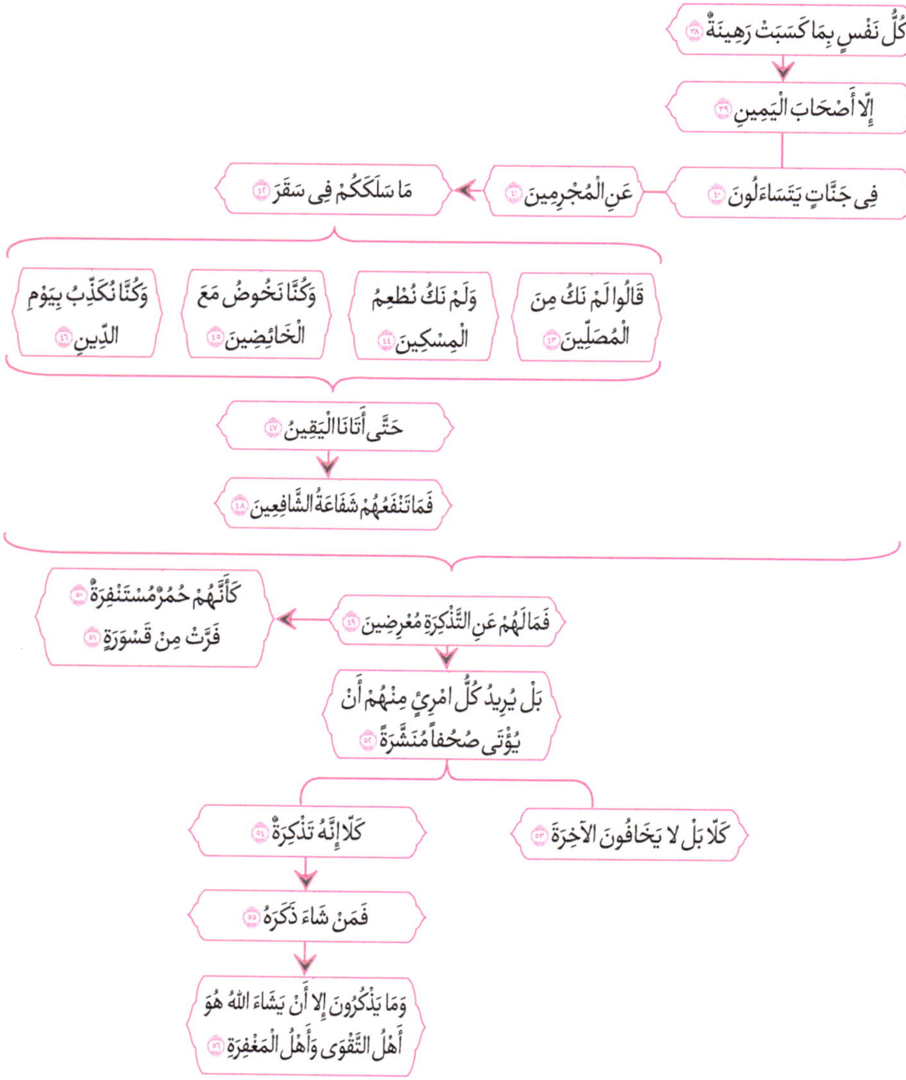

كُلُّ نَفْسٍ بِمَا كَسَبَتْ رَهِينَةٌ ﴿۳۸﴾

إِلَّا أَصْحَابَ الْيَمِينِ ﴿۳۹﴾

فِي جَنَّاتٍ يَتَسَاءَلُونَ ﴿۴۰﴾

عَنِ الْمُجْرِمِينَ ﴿۴۱﴾

مَا سَلَكَكُمْ فِي سَقَرَ ﴿۴۲﴾

قَالُوا لَمْ نَكُ مِنَ الْمُصَلِّينَ ﴿۴۳﴾

وَلَمْ نَكُ نُطْعِمُ الْمِسْكِينَ ﴿۴۴﴾

وَكُنَّا نَخُوضُ مَعَ الْخَائِضِينَ ﴿۴۵﴾

وَكُنَّا نُكَذِّبُ بِيَوْمِ الدِّينِ ﴿۴۶﴾

حَتَّى أَتَانَا الْيَقِينُ ﴿۴۷﴾

فَمَا تَنْفَعُهُمْ شَفَاعَةُ الشَّافِعِينَ ﴿۴۸﴾

فَمَا لَهُمْ عَنِ التَّذْكِرَةِ مُعْرِضِينَ ﴿۴۹﴾

كَأَنَّهُمْ حُمُرٌ مُسْتَنْفِرَةٌ ﴿۵۰﴾ فَرَّتْ مِنْ قَسْوَرَةٍ ﴿۵۱﴾

بَلْ يُرِيدُ كُلُّ امْرِئٍ مِنْهُمْ أَنْ يُؤْتَى صُحُفًا مُنَشَّرَةً ﴿۵۲﴾

كَلَّا بَلْ لَا يَخَافُونَ الْآخِرَةَ ﴿۵۳﴾

كَلَّا إِنَّهُ تَذْكِرَةٌ ﴿۵۴﴾

فَمَنْ شَاءَ ذَكَرَهُ ﴿۵۵﴾

وَمَا يَذْكُرُونَ إِلَّا أَنْ يَشَاءَ اللَّهُ هُوَ أَهْلُ التَّقْوَى وَأَهْلُ الْمَغْفِرَةِ ﴿۵۶﴾

جهت هدایتی

آیات این سیاق را می‌توان به دو دسته تقسیم کرد:

نخست، آیه ۳۸ تا ۴۸ که در قالب تصویر صحنه‌ای از گفتگوی اصحاب یمین و مجرمان، علل عذاب مجرمان در آخرت را بازگو کرده است: عدم‌نمازگزاری و انفاق و غور در باطل و تکذیب روز جزا؛

دوم، آیه ۴۹ تا ۵۶ که از اعراض مجرمان کافر از قرآن سخن گفته و با آن مقابله کرده است.

چنانکه گذشت، دسته دوم این سیاق، به وسیله «فاء» نتیجه، به دسته اول متّصل شده است؛ بنابراین سخنان دسته اوّل، مقدّمه و اصل سخن در نتیجه‌گیری از آن در دسته دوم است، بنابراین جهت هدایتی سیاق با محوریت دسته دوّم آن به این بیان قابل ذکر است:

مقابله با اعراض مجرمان کافر از تذکّر قرآن

وقتی هرنفسی در گرو اعمال خویش است پس اینان را چه شـده کـه از قرآن اعراض می‌کنند؟ آیا انتظار دارند کتابی جداگانه برای هرکدام از ایشان نازل شود؟ نه! این بهانه‌ای بیش نیست؛ علّت اصلی، عدم خوف از قیامت است، همانا قرآنِ نازل‌شده برای تذکّر کافی است.

فضای سخن، سیر و جهت هدایتی سوره

توطئه یکی از سردمداران کفر در مقابله با قرآن، جامعه مخاطب رسول خدا ﷺ را تحت تأثیر قرار داده و این فضا زمینه را برای پیش‌برد انذار از طریق قرآن محدود کرده است.

فضای سخن سوره مدّثر، سه بعد اصلی دارد، فشار کافران بر علیه رسول منذر و کم‌شدن انگیزه‌های انذار، در سیاق اوّل؛ شبهه‌افکنی و عناد یکی از سردمداران قدرتمند و ثروتمند کفر علیه قرآن، در سیاق دوّم؛ و اعراض مجرمان کافر از پذیرش تذکّر قرآن در سیاق سوّم؛ که قرائن مربوط به هرکدام در فضای سخن سیاق‌ها گذشت.

اما توجه به برخی قرائن در سوره، حکایت از آن دارد که از این میان، فضای سخن سیاق دوّم، محوریت دارد و دو سیاق دیگر به نوعی تابع فضای سخن سیاق دوّم سوره است.

بعد از آنکه سیاق نخست از فشار بر رسول خدا ﷺ و توقّف جریان انذار حکایت داشت، بجایی شروع سیاق دوّم با «ذَرْنِی وَ مَن خَلَقْتُ وَحِیداً ﴿۱۱﴾»، حکایت از آن دارد که مشکل عمده پیش‌روی رسول خدا ﷺ، ناشی از اقدامات این فرد است.

دلیل این مسئله روشن است؛ شخص معاند یک نفر است؛ امّا تأثیر اجتماعی عناد و شبهه‌افکنی او سبب شده که در رأس اثرگذاری بر جریان فشار قرار گیرد.

در خود سیاق دوّم، قرینه‌هایی که تأثیر اجتماعی عناد و شبهه‌افکنی این فرد را مشخّص می‌کند، وجود دارد؛ حکایت از ثروت و قدرت و موقعیّت او و جایگاه مقبول اجتماعی او که نشان می‌داد او یکی از سردمداران کفر است.

امّا سیاق سوّم نیز با قرائنی این اثرپذیری اجتماعی را نشان داده است:

۱. شروع سیاق با جمله «کُلُّ نَفْسٍ بِمَا کَسَبَتْ رَهِینَةٌ ﴿۳۸﴾»، با فضایی مناسبت دارد که مخاطبان به تبعیّت خود از کسی به خاطر جایگاه او دلگرم‌اند، غافل از اینکه در گرو اعمال خودشان هستند؛ آیه «فَمَا تَنفَعُهُمْ شَفَاعَةُ الشَّافِعِینَ ﴿۴۸﴾»، به نوعی مؤید این ادّعاست.

۲. سؤال اصحاب یمین از عذاب مجرمان این‌گونه است: «مَا سَلَکَکُمْ فِی سَقَرَ ﴿۴۲﴾»؛ «سَقَر» دقیقاً عنوان عذابی است که سیاق قبل از افتادن فرد معاند در آن خبر داده است؛ او در آن عذاب افتاده و اصحاب یمین از کشیده‌شدن پای مجرمان به آن عذاب می‌پرسند؛ این نوع سؤال، قرینه بزرگی بر تبعیّت فضای اعراض مجرمان از سردمدار معاند مطرح شده در سیاق قبل است.

۳. جمله «وَکُنَّا نَخُوضُ مَعَ الْخَائِضِینَ ﴿۴۵﴾» در اعترافات مجرمان، اشاره به همراهی ایشان با غور در سخنان باطل دارد. در سوره کسی که منشأ سخن باطل در مورد قرآن شده، فرد معاند سیاق قبل است و مجرمان از همراهی خود در دامن‌زدن به این سخنان باطل سخن می‌گویند.

۴. درمجموع، سخن سیاق سوّم، مقابله با اعراض از قرآن است و اقدام به شبهه‌افکنی علیه قرآن در سیاق دوّم، مهم‌ترین زمینه برای ایجاد اعراض عمومی به شمار می‌رود.

گام نخست خدای متعالی در فضای پیش‌گفته، آماده‌کردن دوباره رسول منذر ﷺ برای قیام مندرانه قرآنی است؛ آیات سیاق اوّل، با دعوت ایشان به صبر و ایجاد انگیزه مضاعف، جلوی کم‌شدن انگیزه انذار قرآنی را می‌گیرد.

سیاق دوّم، به مقابله با معضل اصلی پیش‌رو پرداخته است؛ خدای متعالی در این سیاق، در حمایت از رسول منذر ﷺ، وارد صحنه شده است؛ پرده‌برداری از اهداف فرد معاند و افشای پشت‌پرده‌های شبهه‌افکنی او، تهدید او به عذاب و پاسخ قاطع به شبهه او علیه قرآن، اقدامات این سیاق، برای مقابله با توطئه فرد معاند علیه قرآن است.

با آمدن سیاق دوّم، با نفوذ توطئه فرد معاند علیه قرآن، مقابله شده است؛ امّا سیاق سوّم، جامعه مخاطب رسول‌خدا ﷺ را مدّنظر قرار داده و ایشان را از اعراض نسبت به قرآن باز می‌دارد؛ آیات گوشزد می‌کند که هرکسی در گرو اعمال خویش است و بر اساس همین اعمال، جزا خواهد دید؛ اعراض از قرآن، نتیجه‌ای جز تکذیب روز جزا و نافرمانی از خدا ندارد؛ با دل‌خوش‌کردن به سخنان باطل که معاندان ساخته‌اند، پای تابعان آن‌ها نیز همانند معاندان سردمدار کفر و تکذیب، به عذاب سقر کشیده می‌شود؛ قرآن برای تذکّر آمده و راه را برای نجات باز کرده است؛ تا چنین عاقبتی انسان‌ها را گرفتار نکند؛ پس جایی برای اعراض نیست.

جهت هدایتی سوره مدّثّر، نتیجه اقدامات هدایتی این سوره است:

۱. آماده‌سازی دوباره رسول منذر ﷺ.
۲. مقابله با معضل اصلی پیش‌روی ایشان یعنی شبهه افکنی یکی از سردمداران کفر.
۳. مقابله با تأثیرپذیری جامعه مخاطب قرآن از این توطئه.

هدف از این اقدامات، فراهم‌سازی دوباره زمینه برای پیشبرد انذار با قرآن، توسط رسول گرامی اسلام ﷺ است:

فراهم‌سازی زمینه پیشبرد انذار با قرآن کریم توسط رسول ﷺ

از طریق آماده‌سازی پیامبر ﷺ برای قیام منذرانه با قرآن و مقابله با سردمداران کافر که علیه قرآن شبهه‌پراکنی می‌کنند و هشدار به عموم مجرمان کافر که با تبعیت از سردمدارانشان از تذکره قرآن اعراض می‌کنند.

آیه ۱ تا ۱۰

آماده‌سازی پیامبر ﷺ برای ادامه قیام منذرانه

برخیز و انذار کن و بر همه سختی‌های راه شکیبا باش؛ چراکه روز سختی پیش روی کافران است و همین امر، وظیفه تو را در انذار پیاپی آنها سنگین می‌کند.

آیه ۱۱ تا ۳۷

مقابله انذارآمیز با یکی از سردمداران کفر، به‌خاطر دشمنی با قرآن

از طریق تهدید شدید او به عذاب بسیار سوزاننده و پاسخ قاطع به شبهه او:

با تکیه بر نعمت‌هایی که خدا برای او فراهم کرده به مقابله و دشمنی با قرآن می‌پردازد! سیر انعام او در این دنیا پایان یافته و در آخرت به عذابی بسیار دردناک گرفتار خواهد شد. قرآن نه قول بشر، که نذیر همه بشریت است.

آیه ۳۸ تا ۵۶

مقابله با اعراض مجرمان کافر از تذکّر قرآن

وقتی هر نفسی در گرو اعمال خویش است پس اینان را چه شده که از قرآن اعراض می‌کنند؟ آیا انتظار دارند کتابی جداگانه برای هر کدام از ایشان نازل شود؟

نه! این بهانه‌ای بیش نیست؛ علّت اصلی، عدم خوف از قیامت است،

همانا قرآن نازل‌شده برای تذکّر کافی است.

ترجمه منسجم هدایتی

بخوان این سوره را **به اسم الله رحمت گستر رحم‌آور**

ای جامه‌به‌خود پیچده که از سختی‌های مسیر انذار رنجیده‌ای، «۱» **قیام کن؛ پس** دوباره **انذار کن؛** «۲» **و پروردگارت را** که تکیه‌گاه بزرگ تو در سختی‌هاست، **پس تکبیر کن؛** «۳» و **لباست را** که با جسارت آلوده‌ساختند، **پس تطهیر کن؛** «۴» **و از این دل‌گیری، پس دوری کن؛** «۵» **و منّت مگذار درحالی‌که زیاد می‌دانی؛** «۶» **و به‌خاطر پروردگارت، پس صبر کن.** «۷» تو باید همه مشکلات را کنار بزنی و انذار را از سر بگیری، آنها سخت محتاج بیداری‌اند و فرصت کم؛ **پس وقتی که در شیپور دمیده می‌شود،** «۸» **پس آن، در آن‌روز، روزی سخت است.** «۹» **بر کافران آسان نیست.** «۱۰» برای مقابله با فشارها، **مرا واگذار با کسی که خودم به تنهایی خلق کردم؛** «۱۱» **و برایش مالی دامنه‌دار و وسیع قرار دادم؛** «۱۲» **و پسرانی حاضر در نزد او؛** «۱۳» **و مهیّا کردم برای او مهیّاکردنی؛** «۱۴» **سپس طمع می‌کند به اینکه زیاد کنم.** «۱۵» **هرگز! همانا او** با آنچه ما در اختیارش گذاشتیم، **نسبت به آیات ما عنادورز است.** «۱۶» **به‌زودی بر او می‌پوشانم، عذابی سخت و فزاینده را.** «۱۷» **همانا او فکری ساخت و** برای إلقا آن **تقدیر کرد؛** «۱۸» **پس مرگ بر او باد که چگونه تقدیر کرد؟** «۱۹» **سپس مرگ بر او باد که چگونه تقدیر کرد؟** «۲۰» **سپس** با گرفتن ظاهر فردی اندیشمند به خود، **نظر کرد؛** «۲۱» **سپس عبوس شد و چهره در هم کشید؛** «۲۲» **سپس پشت کرد و استکبار ورزید؛** «۲۳» **پس گفت: نیست این، مگر سحری به‌جامانده** از دیگر ساحران؛ «۲۴» **نیست این، مگر قول بشر.** «۲۵» **به زودی او را در سقر می‌اندازم.** «۲۶» **و چه کسی تو را آگاه کرد سقر چیست؟** «۲۷» **باقی نمی‌گذارد و رها نمی‌کند؛** «۲۸» **گدازنده و سیاه‌کننده پوست است؛** «۲۹» **بر آن نوزده نفر است.** «۳۰» **و قرار ندادیم، اصحاب** نگهبان **آتش را مگر ملائکه‌ای؛ و قرار ندادیم عدّه ایشان را مگر فتنه برای کسانی که کافر شدند؛ تا کسانی که کتاب به ایشان داده شده، جستجوی یقین کنند؛ و کسانی که ایمان آوردند، ایمان را زیاد کنند؛ و کسانی که به ایشان کتاب داده شده و مؤمنان شک نمی‌کنند؛ و برای اینکه کسانی که در قلب‌های ایشان مرض است و کافران، بگویند: الله با این سخن به‌عنوان مثل، چه چیزی اراده کرده است؟** و این‌گونه عناد خود را نمایان کنند؛ **این‌گونه الله هرکس را که مشیّت می‌کند، گمراه می‌کند و هرکس را که مشیّت می‌کند، هدایت می‌کند و** عدّه **لشکریان پروردگار تو را نمی‌داند مگر خود او، و نیست این مگر تذکّری برای بشر.** «۳۱» **هرگز** این قرآن سحر، مأثور و سخن بشر نیست؛ **قسم به ماه؛** «۳۲» **و شب، هنگامی که**

پشت کرد؛«۳۳» و صبح، هنگامی که روشن می‌شود؛«۳۴» همانا آن، قطعاً یکی از بزرگترین‌ها است،«۳۵» درحالی که انذاردهنده‌ای برای بشر است؛«۳۶» برای کسی از شما که مشیت کند؛ اینکه در پذیرش **آن مقدّم باشد یا مؤخّر شود.«۳۷»** همه اعراض‌کنندگان از قرآن، که به اباطیل معاندان دل خوش کرده‌اند، بدانند، **هر نفسی مرهون چیزی است که آن را کسب کرد؛«۳۸» مگر اصحاب یمین؛«۳۹» در بهشت‌هایی سؤال می‌کنند«۴۰» از مجرمان؛«۴۱» چه چیزی شما را در سقر کشید؟«۴۲» گفتند: ما از مصلین نبودیم؛«۴۳» و مسکین را اطعام نمی‌کردیم؛«۴۴» و همواره همراه غورکنندگان، غور می‌کردیم؛«۴۵» و همواره روز جزا را تکذیب می‌کردیم؛«۴۶» تا اینکه یقین به ما رسید.«۴۷» پس شفاعت شفاعت‌کنندگان** در این شرایط سخت، **به ایشان نفع نرساند.«۴۸» پس چه شده ایشان را که از تذکّر اعراض‌کنندگانند** و خود را از پذیرش این راه نجات دور می‌کنند؟**«۴۹» گویا ایشان خرانی رمیده‌اند؛«۵۰» که فرار می‌کنند از شیر؛«۵۱» بلکه می‌خواهد هرکدام از ایشان، اینکه به او داده شود صحیفه‌هایی گشوده شده؛«۵۲» هرگز، بلکه آنها از آخرت خوف نمی‌کنند؛** و از این رو وصف آن، ایشان را به خودشان نمی‌آورد.**«۵۳» هرگز، همانا** قرآن **مایه تذکّر است؛«۵۴» پس هرکسی که خواست، متذکّر آن شد؛«۵۵» و متذکّر نمی‌شوند مگر اینکه الله مشیت کند؛ او اهل تقوا و اهل مغفرت است** و این راه را برای نگه‌داری انسان از سقوط و آمرزش او فراهم کرده‌است.**«۵۶»**

در محضر عترت علیهم‌السلام

یکی از مهم‌ترین درس‌های سوره مدّثر برای عموم مخاطبان قرآن، پرهیز از دنباله‌روی سردمدارانی است که با راه خطا و انحرافی خود، دیگران را به دام اهداف استکباری خود می‌کشند. سوره مدّثر هشدار داد که مبادا به‌خاطر پیروی از آنها، خود را به دام هلاکت بکشید.

امیر مؤمنان، حضرت علی علیه‌السلام در نهی از تبعیّت بزرگان مستکبر - در مخالفت با حقّ - سخن مهمّی ایراد فرموده است؛ گرچه در این متن، روی سخن با نسل بزرگان جاهلی عرب در آن زمان است. امّا معیارهای آن در هوشیاری نسبت به فریب، همه مصادیق بزرگ‌پنداری و استکبار را شامل می‌شود. ایشان می‌فرماید:

«... أَلَا فَالْحَذَرَ الْحَذَرَ مِنْ طَاعَةِ سَادَاتِكُمْ وَ كُبَرَائِكُمْ الَّذِينَ تَكَبَّرُوا عَنْ حَسَبِهِمْ وَ تَرَفَّعُوا فَوْقَ نَسَبِهِمْ وَ أَلْقَوُا الْهَجِينَةَ عَلَى رَبِّهِمْ وَ جَاحَدُوا اللهَ عَلَى مَا صَنَعَ بِهِمْ مُكَابَرَةً لِقَضَائِهِ وَ مُغَالَبَةً لِآلَائِهِ فَإِنَّهُمْ قَوَاعِدُ أَسَاسِ الْعَصَبِيَّةِ وَ دَعَائِمُ أَرْكَانِ الْفِتْنَةِ وَ سُيُوفُ اعْتِزَاءِ الْجَاهِلِيَّةِ. فَاتَّقُوا اللهَ وَ لَا تَكُونُوا لِنِعَمِهِ عَلَيْكُمْ أَضْدَاداً وَ لَا لِفَضْلِهِ عِنْدَكُمْ حُسَّاداً وَ لَا تُطِيعُوا الْأَدْعِيَاءَ الَّذِينَ شَرِبْتُمْ بِصَفْوِكُمْ كَدَرَهُمْ وَ خَلَطْتُمْ بِصِحَّتِكُمْ مَرَضَهُمْ وَ أَدْخَلْتُمْ فِي حَقِّكُمْ بَاطِلَهُمْ وَ هُمْ أَسَاسُ الْفُسُوقِ وَ أَحْلَاسُ الْعُقُوقِ اتَّخَذَهُمْ إِبْلِيسُ مَطَايَا ضَلَالٍ وَ جُنْداً بِهِمْ يَصُولُ عَلَى النَّاسِ وَ تَرَاجِمَةً يَنْطِقُ عَلَى أَلْسِنَتِهِمْ اسْتِرَاقاً لِعُقُولِكُمْ وَ دُخُولاً فِي عُيُونِكُمْ وَ نَفْثاً فِي أَسْمَاعِكُمْ فَجَعَلَكُمْ مَرْمَى نَبْلِهِ وَ مَوْطِئَ قَدَمِهِ وَ مَأْخَذَ يَدِهِ ...»[1]

«هان، از پیروی رؤسا و بزرگانتان حذر، حذر! آنان که از حسب خود فراتر رفتند و خود را برتر از نسب خود شمردند؛ امور زشت و ناپسند را بر اساس اعتقاد باطلشان به خدا نسبت دادند و احسان خدا را برخود منکر شدند، تا با قضای حق بستیزند و برنعمت‌های او چیره آیند؛ زیرا این نابکاران پایه‌های ساختمان عصبیت و ستون‌های ارکان فتنه و شمشیرهای تفاخر جاهلیّت‌اند.

پس از خدا پروا کنید و با نعمت‌هایش به ستیزه برنخیزید و به احسان او برخودتان حسادت نورزید و از بی‌پدرانی که آب تیره طبعشان را با آب صافی قلبتان نوشیدید و بیماری روانشان را با سلامت روح خود آمیختید و باطلشان را در حقّ خود داخل کردید پیروی نکنید؛ آنان پایه گناهانند و ملازم نافرمانی‌ها؛ شیطان اینان را حیوان بارکش گمراهی نموده و سپاه خود قرار داده؛ که به‌سبب آنان، برمردم حمله می‌برد؛ با زبان آنان سخن می‌گوید؛ تا عقلتان را بدزدد و در دیدگانتان درآید؛ و در گوشتان بدمد؛ او شما را هدف تیرش و مایه پایمال‌شدن گام‌هایش، و ابزار دست خویش قرار داده ...».[2]

توضیحات کاربردی

سخن سوره مدّثّر، در هر سه گام خود، برای همه مخاطبان، در همه زمان‌ها، هدایتی بی‌بدیل است. همه مبلّغان دین و کسانی که حقیقت منذرانه قرآن را به گوش جامعه می‌رسانند، باید بدانند، که این مسیر سخت و دشوار، جز با صبر و استقامت، به نتیجه

۱. نهج‌البلاغه (صبحی صالح) خطبه ۱۹۲، ص ۲۸۹.

۲. نهج‌البلاغه، ترجه انصاریان، ص۱۹۱.

نمی‌رسد؛ باید به پروردگار قرآن تکیه کنند و دلتنگی- مانع از حرکت دوباره- را از خود دور کنند؛ وظیفه آنها که حقّ را فهمیده‌اند، در قبال کسانی که از آن غافل‌اند، سخت و دشوار است؛ آنها باید غافلان را از خواب غفلت بیدار کنند؛ باید بدانند که توقّف آنها از تبلیغ و انذار با محتوای قرآن، هزینه سنگینی به‌دنبال دارد؛ هزینه آن، عذاب سخت برای کسانی است که شاید با شنیدن دوباره بیدار می‌شدند.

دیگر اینکه، خدای سبحان در این سوره برای همیشه، ماهیّت جریان استکبار و هدف او از شبهه‌افکنی و مقابله با قرآن را فاش کرده‌است؛ آنها به‌دنبال توسعه سلطه خویش‌اند، کسانی که پیرو قرآن شوند، زیر بار هر فریب مستکبرانه نمی‌روند، پس برای مستکبران، راهی جز خاموش‌کردن نور قرآن نیست؛ راهی بی‌نتیجه که خود ایشان را به عذاب نزدیک و نزدیک‌تر می‌کند.

امروز نیز مانند روز نزول این آیات، مزدوران استکبار که با قرآن مقابله می‌کنند، چیزی جز ادعا و بیان سخنان باطل علیه قرآن ندارند، بااین‌حال در مقام مقابله با قرآن، به انکارِ صِرف اکتفا نمی‌کنند؛ بلکه برای عوام‌فریبی و إلقای بیشتر شبهه در جامعه، خود را به عنوان متفکر و اندیشمند معرفی می‌نمایند و اشکالات باطل خود را به عنوان اشکال یک پژوهش‌گر آگاه مطرح می‌کنند؛ مانند آنچه برخی از مستشرقین درباره قرآن نگاشته‌اند و قرآن را متنی مانند دیگر متن‌ها و خود را به عنوان پژوهش‌گری در مقام کشف حقیقت معرفی می‌کنند.

باید در مقابل این عوام‌فریبی‌ها هوشیار بود؛ هرکسی با عمل خود سنجیده می‌شود؛ قرآن برای خبر از حقیقت روز جزا آمده تا انسان‌ها هدفمند زندگی کنند و با غور در باطل، مانند کبکی سر در برف، خود را فریب ندهند؛ باید به استقبال سخنی بروند که آنها را آگاه می‌کند، باید بهانه‌های مستکبرانه در مقابل آن را کنار بگذارند؛ تا اراده خدا برای نجات انسان را شامل حال خود کنند.

و در این میانه، سخت‌تر حال کسانی است که ممکن است از درون اعراض از قرآن داشته باشند؛ کسانی در ظاهر، تقدّس این کتاب و آسمانی‌بودن آن را منکر نیستند؛ امّا در عمل، ارزشی بر تعالیم آن قائل نیستند؛ باید متوجّه بود که سوره مدّثر، با تصویر صحنه گفت‌وشنود اصحاب یمین و مجرمان، نشان داد که شرط نجات، عمل به تعالیم قرآن

است و باور زبانی به آن، تنها مقدّمه‌ای خشک و بی‌روح است؛ مقدّمه‌ای که تا به عمل نرسد، سودی نمی‌بخشد.

شاید امروزه مصداقی از توطئه برای دورکردن اذهان از قرآن، رسانه‌ها، صنعت و تکنولوژی و بازار پرزرق وبرقی باشد که مدّعیان جهانی امروز، آن را با آب‌وتاب به مردم جهان نشان می‌دهند. باید هوشیار بود که هیاهوی پرسروصدای دنیای جدید که بعضاً مؤمنان ظاهری به قرآن را نیز به خود جلب می‌کند، سبب فریب نشود.

سوره مدّثر برای همیشه راه نجات است؛ برای زنده‌ماندن انذار قرآنی در خبر از قیامتی که نتیجه زندگی دنیاست.

 دعا

خدایا، قلب ما را از تردید نسبت به حقایق ناب قرآن بازدار. دشمنان قرآن را در رسیدن به اهداف شومشان، ناکام بفرما.

سوره قیامت

ترجمه تطبیقی

بِسْمِ اللَّهِ الرَّحْمَنِ الرَّحِیمِ

به اسم الله رحمت‌گستر رحم‌آور

لَا أُقْسِمُ بِيَوْمِ الْقِيَامَةِ (١)

قسم نمی‌خورم به روز قیامت؛«۱»

وَلَا أُقْسِمُ بِالنَّفْسِ اللَّوَّامَةِ (٢)

و قسم نمی‌خورم به نفس لوّامه.«۲»

أَيَحْسَبُ الْإِنْسَانُ أَلَّنْ نَجْمَعَ عِظَامَهُ (٣)

آیا انسان گمان می‌کند که هرگز استخوان‌هایش را جمع نخواهیم کرد؟«۳»

بَلَىٰ قَادِرِينَ عَلَىٰ أَنْ نُسَوِّيَ بَنَانَهُ (٤)

آری؛ درحالی‌که قادریم بر اینکه سرانگشتان او را سامان دهیم.«۴»

بَلْ يُرِيدُ الْإِنْسَانُ لِيَفْجُرَ أَمَامَهُ (٥)

بلکه انسان اراده می‌کند که بگشاید پیش رویش را.«۵»

يَسْأَلُ أَيَّانَ يَوْمُ الْقِيَامَةِ (٦)

سؤال می‌کند که روز قیامت چه زمانی است؟«۶»

فَإِذَا بَرِقَ الْبَصَرُ (٧)

پس آن هنگام که چشم برق زند؛«۷»

وَخَسَفَ الْقَمَرُ ﴿۸﴾

و ماه خسوف کند؛«۸»

وَجُمِعَ الشَّمْسُ وَالْقَمَرُ ﴿۹﴾

و خورشید و ماه جمع شود؛«۹»

⊠قُولُ الإِنْسَانُ ⊠وْمَئِذٍ أَ⊠نَ الْمَفَرُّ ﴿۱۰﴾

آن روز انسان می‌گوید: محل فرار کجاست؟«۱۰»

كَلَّا لَا وَزَرَ ﴿۱۱﴾

هرگز! هیچ پناهگاهی نیست.«۱۱»

إِلَىٰ رَبِّكَ ⊠وْمَئِذٍ الْمُسْتَقَرُّ ﴿۱۲﴾

محل استقرار در آن روز، به سوی پروردگارت خواهد بود.«۱۲»

⊠نَبَّأُ الإِنْسَانُ ⊠وْمَئِذٍ بِمَا قَدَّمَ وَأَخَّرَ ﴿۱۳﴾

در آن روز انسان خبر داده می‌شود به آنچه پیش فرستاده و پس نهاده؛«۱۳»

بَلِ الإِنْسَانُ عَلَىٰ نَفْسِهِ بَصِ⊠رَةٌ ﴿۱۴﴾

بلکه انسان بر نفس خویش بصیر است«۱۴»

وَلَوْ أَلْقَى مَعَاذِ⊠رَهُ ﴿۱۵﴾

هر چند عذرهایش را پیش افکند.«۱۵»

لَا تُحَرِّكْ بِهِ لِسَانَكَ لِتَعْجَلَ بِهِ ﴿۱۶﴾

زبانت را به آن حرکت مده تا در آن عجله کنی؛«۱۶»

إِنَّ عَلَ⊠نَا جَمْعَه وقُرْآنَهُ ﴿۱۷﴾

چرا که برعهده ماست جمع آن و قرائتش.«۱۷»

فَإِذَا قَرَأْنَاهُ فَاتَّبِعْ قُرْآنَهُ ﴿۱۸﴾

پس هنگامی که آن را قرائت کردیم، تو از قرائتش تبعیّت کن.«۱۸»

ثُمَّ إِنَّ عَلَ⊠نَا بَ⊠انَهُ ﴿۱۹﴾

سپس همانا بیان آن برعهده ماست.«۱۹»

كَلَّا بَلْ تُحِبُّونَ الْعَاجِلَةَ ﴿۲۰﴾

هرگز! بلکه شما به زودگذر محبّت دارید.«۲۰»

وَتَذَرُونَ الآخِرَةَ ﴿۲۱﴾

و آخرت را رها می‌کنید.«۲۱»

وُجُوهٌ ☒وْمَئِذٍ نَاضِرَةٌ ﴿۲۲﴾

آن روز چهره‌هایی شاداب‌اند؛«۲۲»

إِلَىٰ رَبِّهَا نَاظِرَةٌ ﴿۲۳﴾

به‌سوی پروردگارشان نظاره کننده‌اند؛«۲۳»

وَوُجُوهٌ ☒وْمَئِذٍ بَاسِرَةٌ ﴿۲۴﴾

و آن روز چهره‌هایی درهم‌کشیده‌اند؛«۲۴»

تَظُنُّ أَنْ ☒فْعَلَ بِهَا فَاقِرَةٌ ﴿۲۵﴾

یقین دارند که عذاب کمرشکن در موردشان اعمال می‌شود.«۲۵»

كَلَّا إِذَا بَلَغَتِ التَّرَاقِ☒ ﴿۲۶﴾

هرگز! هنگامی که به ترقوه برسد؛«۲۶»

وَقِ☒لَ مَنْ رَاقٍ ﴿۲۷﴾

و گفته شود: کیست نجات‌دهنده؟«۲۷»

وَظَنَّ أَنَّهُ الْفِرَاقُ ﴿۲۸﴾

و یقین کند که قطعاً این زمانِ فراق است؛«۲۸»

وَالْتَفَّتِ السَّاقُ بِالسَّاقِ ﴿۲۹﴾

و بپیچد ساق به ساق،«۲۹»

إِلَىٰ رَبِّكَ ☒وْمَئِذٍ الْمَسَاقُ ﴿۳۰﴾

در آن روز به سوی پروردگار توست روانه‌شدن؛«۳۰»

فَلَا صَدَّقَ وَلَا صَلَّىٰ ﴿۳۱﴾

پس تصدیق نکرد و نماز نگذارد؛«۳۱»

وَلَٰكِنْ كَذَّبَ وَتَوَلَّىٰ ﴿۳۲﴾

و لکن تکذیب کرد و رویگردان شد؛«۳۲»

ثُمَّ ذَهَبَ إِلَىٰ أَهْلِهِ يَتَمَطَّىٰ ﴿۳۳﴾

سپس به سوی اهلش رفت در حالی که متکبّرانه قدم برمی‌داشت.«۳۳»

أَوْلَىٰ لَكَ فَأَوْلَىٰ ﴿۳۴﴾

برای تو سزاوارتر است؛ پس سزاوارتر است.«۳۴»

ثُمَّ أَوْلَىٰ لَكَ فَأَوْلَىٰ ﴿۳۵﴾

بازهم برای تو سزاوارتر است؛ پس سزاوارتر است.«۳۵»

أَيَحْسَبُ الْإِنْسَانُ أَنْ يُتْرَكَ سُدًى ﴿۳۶﴾

آیا انسان گمان می‌کند که بیهوده ترک می‌شود؟«۳۶»

أَلَمْ يَكُ نُطْفَةً مِنْ مَنِيٍّ يُمْنَىٰ ﴿۳۷﴾

آیا او نطفه‌ای نبود از منی‌ای که ریخته می‌شود؟«۳۷»

ثُمَّ كَانَ عَلَقَةً فَخَلَقَ فَسَوَّىٰ ﴿۳۸﴾

سپس علقه شد؛ پس خدا او را خلق کرد؛ پس سامان داد؛«۳۸»

فَجَعَلَ مِنْهُ الزَّوْجَيْنِ الذَّكَرَ وَالْأُنْثَىٰ ﴿۳۹﴾

پس از او دو زوج مذکّر و مؤنّث را قرار داد.«۳۹»

أَلَيْسَ ذَٰلِكَ بِقَادِرٍ عَلَىٰ أَنْ يُحْيِيَ الْمَوْتَىٰ ﴿۴۰﴾

آیا آن قادر نیست بر اینکه مردگان را احیا کند؟«۴۰»

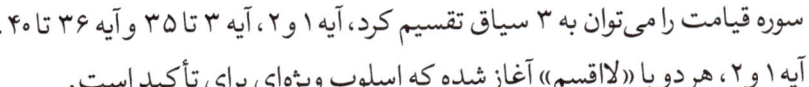

کشف سیاق‌ها

سوره قیامت را می‌توان به ۳ سیاق تقسیم کرد، آیه ۱ و ۲، آیه ۳ تا ۳۵ و آیه ۳۶ تا ۴۰.

آیه ۱ و ۲، هردو با «لااقسم» آغاز شده که اسلوب ویژه‌ای برای تأکید است.

از ابتدای آیه ۳ اسلوب «لا أقسم» ادامه نیافته و محتوایی که با آن در ارتباط باشد نیز بیان نشده‌است؛ بلکه این آیه با سؤالی در مورد گمان انسان نسبت به زنده‌شدن دوباره مردگان، آغاز شده و این سؤال را مقدمه سیاق جدیدی در بررسی و ریشه‌یابی این گمان کرده است؛ این سیاق تا آیه ۳۵ سوره ادامه یافته است.

اتّصال آیات این سیاق، در سه دسته اصلی قابل بررسی است:

دسته نخست، آیه ۳ تا ۱۵ است که از گمان باطل انسان و سؤال او از زمان قیامت و پاسخ به آن، سخن گفته است. علاوه بر سیر روشن محتوایی، قرائن ادبی زیادی از قبیل، «بل»، «کلّا»، تکرار واژه «انسان» و بازگشت مکرّر ضمایر به او، دلیل اتصال این دسته از آیات است.

دسته دوم، آیه ۱۶ تا ۱۹ است که خطاب به پیامبر، در موضوع قرآن سخن گفته است. اتّصال محتوایی و ادبی این دسته از آیات نیز با توجّه به موضوع واحد و تکراز ضمیر «ه» که مرجع واحدی دارد، روشن است.

دسته سوم، آیه ۲۰ تا ۳۵ است. موضوع اوّلیه این دسته از آیات، محبّت دنیا و ترک آخرت است که آیه ۲۰ و۲۱، آن را مطرح ساخته و ادامه آیات به همین مناسبت، در آیه ۲۲ تا ۲۵ به توصیف آخرت و در آیه ۲۶ تا ۳۵، به توصیف چگونگی رفتن انسان از دنیا و وقایع آن پرداخته است؛ اتّصال محتوایی این دسته روشن است و اتّصال ادبی آن نیز با تکرار واژه‌های «وجوه» و «یومئذ» در آیه ۲۲ و ۲۴ و «کلّا» در آیه ۲۰ و ۲۶، قابل پیگیری است.

دسته سوّم، مستقیماً به دسته اوّل متّصل است. آیه ۲۰ تا ۳۵، هم از نظر محتوایی و هم از نظر ادبی ادامه آیه ۳ تا ۱۵ است. آیه ۲۰ با «کلّا» و «بل»، آغاز شده است؛ «کلّا»، برای ردّ سخن یا توّهمی است که سخن از آن گذشته و «بل»، در مقام ارتقاء سخن است؛ بنابراین، نه «کلّا» و نه «بل» شروع‌کننده نیست و باید محلّی برای اتصال به آیات گذشته داشته باشند.

از میان دو دسته گذشته، دسته‌ای که مخاطب آن، رسول گرامی اسلام و موضوع آن قرآن بود، نه به لحاظ موضوعی و نه به لحاظ محتوایی و نه به لحاظ روی سخن آیات، جایگاه مناسبی برای اتّصال «کلّا» و «بل» در آیه ۲۰ نیست؛ چراکه ادامه «کلّا» و «بل» در آیه ۲۰، هیچ‌گونه ارتباطی با این دسته ندارد: الف) موضوع آیات دسته دوّم قرآن است و موضوع آیه ۲۰ به بعد، آخرت و احتضار است؛ ب) روی سخن آیات دسته دوّم، پیامبر و روی سخن آیات دسته سوّم، با منکران قیامت‌است.

بنابراین باید در دسته نخست این ارتباط را پیگیری کرد:

آیه ۳ در دسته نخست، از گمان غلط انسان نسبت به زنده کردن مردگان سخن گفته و آیه ۵ و ۶ با «بل» آغاز شده و این گمان غلط را در آزادی‌خواهی انسان برای فجور ریشه‌یابی

کرده است و آیه ۷ تا ۱۵ به این ریشه پاسخ گفته است. دقت در آیه ۲۰ نشان می‌دهد که «بل» در این آیه، در ادامه «بل» آیه ۵ است و بعد از یک «کلّا» در ردّ شبهه‌افکنی انسان، ریشه دوم رفتار او را مطرح و آن را پاسخ داده است؛ ریشه دوم، محبّت دنیا و ترک آخرت است که آیات دسته سوّم درباره آن سخن می‌گوید. (شرح آن در سیر هدایتی خواهد آمد).

بنابراین، مقاطع اول و سوم سیاق، ارتباط روشنی با یکدیگر دارد؛ به‌گونه‌ای که اگر دسته دوم از میان برداشته شود، سیر آیات به روشنی تداوم دارد.

امّا سؤال اینجاست که دسته دوّم، در این میان چه می‌کند و چگونه با آیات این سیاق ارتباط برقرار کرده است؟

دسته دوّم آیات که خطاب به پیامبر در موضوع قرآن سخن گفته است، به منظوری هدایتی، سخن منسجم سیاق دوم را شکافته و در میان آیات آن جا گرفته است؛ هدف هدایتی این دسته که به اصطلاح معترضه نام دارد، در سیر هدایتی سیاق دوم بررسی خواهد شد، هرچند به لحاظ ادبی می‌توان ارتباط این دسته معترضه با دسته اوّل، را بازگشت ضمایر از آیات آن به دسته اوّل دانست، ضمایر غایب «ه» در آیات این دسته، در اولین مصداق خود، به آیات دسته قبل باز می‌گردد.

آیه ۳۶، نه به لحاظ ادبی و نه از جهت محتوایی، سیر مفهومی آیات قبل را ادامه نداده است؛ بلکه در قالب سؤالی جدید، توهم دیگری از انسان را مطرح کرده و سیر جدیدی در پاسخ به این توّهم را آغاز می‌کند؛ این سیر به لحاظ محتوایی به روشنی تا پایان سوره ادامه یافته است.

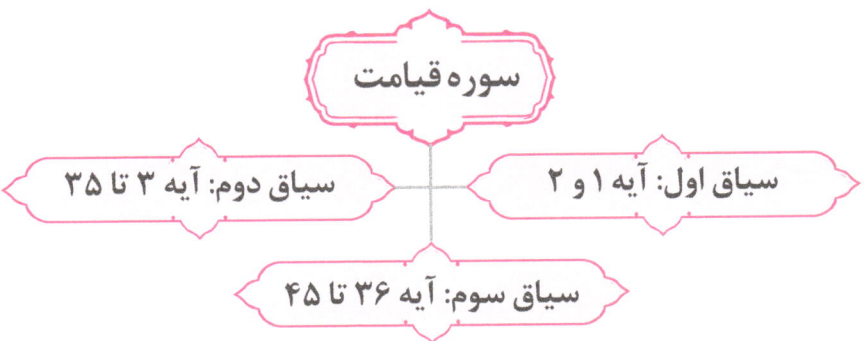

سیاق اول: آیه ۱ و ۲

فضای سخن

نسبت به قیامت ناباورند.

قرائن فضای بالا از این قرار است:

۱. بیان تأکیدی آیه ۱در موضوع قیامت: «**لا أُقْسِمُ بِيَوْمِ الْقِيَامَةِ** ﴿۱﴾»، حکایت از فضای ناباوری نسبت به این مسئله دارد.

۲. آیه دوم، اسلوب مشابه آیه ۱ را در موضوع «**نفس لوّامه**» تکرار کرده است؛ امّا دقّت به محتوای سوره در ادامه، نشان می‌دهد که موضوع اصلی مورد بحث در آیات، قیامت است، بر این اساس، ایجاد تقارن بین قیامت و نفس لوّامه در سیاق اوّل، جنبه هدایتی دارد و حکایت از فضای خاصّی در ارتباط با نفس لوّامه نمی‌کند.

گفتنی است- چنانکه خواهد آمد- آیات سیاق اوّل، طلیعه سوره و ناظر به محتوای مجموعه آن است؛ بنابراین فضای سخن این سیاق، رکن فضای حاکم بر مجموعه سوره نیز به شمار می‌رود.

سیر هدایتی

«**لا أُقْسِمُ بِيَوْمِ الْقِيَامَةِ** ﴿۱﴾ **وَلا أُقْسِمُ بِالنَّفْسِ اللَّوَّامَةِ** ﴿۲﴾»، قسم نمی‌خورم به روز قیامت و قسم نمی‌خورم به نفس لّوامه؛ «لاأقسم» یعنی قسم نمی‌خورم، با این کار، متکلّم ساختار سخن را تغییر داده و به جای روال عادی قسم خوردن، تصریح بر آن دارد که قسم نمی‌خورم؛ این اسلوب، حتمیّت و قطعیّت سخن متکلّم را بیشتر مورد تأکید قرار می‌دهد؛ زیرا ضمناً اشاره به آن دارد که سخن من به قدری روشن است که حتّی نیازی به قسم برای اثبات ندارد؛ این، اسلوبی بلاغی است که در هدف، یعنی تأکید سخن، تفاوتی با قسم ندارد؛ بلکه تنها، تأکید آن را بیشتر می‌کند؛ بنابراین نیازی به زائده‌دانستن «لا» برای اثبات تأکیدی بودن کلام - چنان‌که برخی چنین ادعا کرده‌اند- نیست.

وقتی تأکیدی بودن آیات روشن شد- مانند جایی که قسم در کار است- باید محتوایی نیز به عنوان جواب وجود داشته باشد؛ محتوایی که جملات ابتدای سخن، برای تأکید آن آمده است؛ این محتوا در اکثر مواردی که تأکیدی وجود دارد، در قالب جمله یا جملاتی

مورد تصریح قرار می‌گیرد؛ امّا در بعضی از موارد چنین نیست یعنی جمله خاصّی در مقام جواب مطرح نشده است؛ این کار زمانی اتّفاق می‌افتد که سخن مورد تأکید، یک جمله نیست؛ بلکه مجموعه‌ای از کلام، مورد تأکید قرار گرفته است.

سوره قیامت نیز از این قبیل است. تأکید ابتدایی آیات، جمله خاصی در جواب را به‌دنبال نداشته و مجموعه سوره مورد تأکید است؛ بنابراین سیاق ابتدایی سوره قیامت، طلیعه کلّ سوره و ناظر به همه محتوای آن است. تأکید محتوای سوره قیامت در فضای ناباوری نسبت به قیامت، نقش اصلی این طلیعه در سوره است.

امّا جملات تأکیدی قرآنی همواره بیشترین ارتباط را با سخن موردتأکید برقرار می‌کند؛ به این معنا که بین این جملات و محتوای موردتأکید، باید تناسب وجود داشته باشد.

در تناسب آیه اوّل این سیاق با سوره، جایی برای شرح و توضیح اضافه نیست؛ چراکه دقیقاً موضوع مشترک آنها قیامت است؛ امّا در مورد آیه دوّم که در اسلوبی مشابه با آیه اوّل از نفس لوّامه سخن به میان آورده، مسئله متفاوت است؛ قطعاً شناخت تناسب این آیه با محتوای قیامت، علّت همراهی آن با آیه یک را نشان می‌دهد. «لوّامة»، مبالغه در «لوم» و به معنای بسیار ملامت‌کننده است. نفسی که از آن تعبیر به وجدان نیز می‌شود. کار این نفس که به‌طور خدادادی عمل می‌کند، سرزنش انسان به‌خاطر رفتارهای ناپسند یا عدم اقدام به رفتارهای نیکوست؛ بنابراین وجه همراهی مشخّص است: روز قیامت، روز حسابرسی و پاسخ‌دادن است و نفس لوّامه، تجسّم روز قیامت در وجود انسان است؛ اینکه هر انسانی در مملکت کوچک وجود خود، نظامی برای محاسبه و بازخواست دارد، قرینه‌ای بزرگ بر نظام حساب‌وکتاب نسبت به عالم است.

طلیعه سوره با دو بیان تأکیدی، ضمن ایفای نقش اصلی خود در تأکید، با ایجاد مقارنت بین دو مفهوم قیامت و نفس لوّامه، مخاطبان را به مقایسه این دو حقیقت دعوت کرده است؛ مقایسه‌ای که با تشبیه قیامت به نفس لوّامه، نتیجه‌اش به نفع باور قیامت است.

لا أُقْسِمُ بِيَوْمِ الْقِيامَةِ ﴿١﴾

↓

وَلا أُقْسِمُ بِالنَّفْسِ اللَّوَّامَةِ ﴿٢﴾

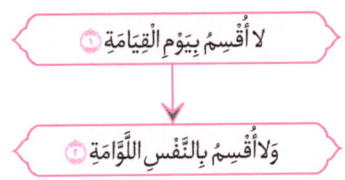

جهت هدایتی

روشن شد که جملات تأکیدکننده سیاق اوّل، طلیعه کلّ سوره و جواب آن، مجموعه آیات سوره است؛ بنابراین جهت هدایتی سیاق به این بیان قابل ذکر است:

تأکید در راستای جهت هدایتی سوره

به قیامت و نفس لوّامه، این دو حقیقت شبیه به هم، قسم نمی‌خورم؛ وجود نظام پرسش و محاکمه در انسان یعنی نفس لوّامه، نشانه‌ای آشکار بر وجود نظام محاکمه در نظام هستی یعنی برپایی قیامت است.

سیاق دوم: آیه ۳ تا ۳۵

فضای سخن

با تردید در زنده‌شدن دوباره انسان و سؤال از سر انکار در مورد زمان قیامت، نسبت به برپایی آن شبهه می‌کنند.

قرائن فضای بالا از این قرار است:

۱. بجایی سؤال آیه «**أَيَحْسَبُ الْإِنْسَانُ أَلَّنْ نَجْمَعَ عِظَامَهُ** ﴿٣﴾»، حاکی از این گمان در فضای سخن آیات است؛ گمان جمع‌نشدن دوباره استخوان‌ها، تردید در یکی از مهمترین مقدّمات برپایی قیامت، یعنی زنده‌شدن پس از مرگ است.

۲. تصریح آیه «**يَسْأَلُ أَيَّانَ يَوْمُ الْقِيَامَةِ** ﴿٦﴾»، قرینه بخش دیگری از فضای بالا است. «أیّان»، ادات استفهام از زمان بعید است و استفاده از آن در مقام سؤال از زمان قیامت، حاکی از سؤال بعیدپندارانه و از سر انکار در مورد زمان آن است.

سیر هدایتی

خدای متعالی، نخست با سؤالی تعجّب‌آمیز، شبهه انسان را مطرح و آن را زمینه ورود به سخن قرار داده است: «**أَيَحْسَبُ الْإِنْسَانُ أَلَّنْ نَجْمَعَ عِظَامَهُ** ﴿٣﴾»؛ آیا انسان گمان می‌کند که ما استخوان‌های او را جمع نمی‌کنیم؛ تا دوباره او را زنده کنیم و برای حساب‌وکتاب نهایی

مهیّا سازیم؟

این گمان در انسان، زیرسؤال برنده قدرت خدا در زنده کردن مردگان پس از مرگ و تبدیل شدن آنها به استخوان هاست. طبیعتاً انسان متوّهم در این فضا و همه کسانی که از شبهه او در قدرت خدا باخبر شده اند، منتظر بیان شواهد و نشانه هایی از قدرت خدا هستند؛

امّا خدای متعالی در بیانی کوتاه ادعای برآمده از گمان انسان را با ادّعای قدرت خدا برزنده کردن مردگان پاسخ می دهد: «بَلَى قَادِرِينَ عَلَى أَنْ نُسَوِّيَ بَنَانَهُ﴿٤﴾»، بله ما استخوان های انسان را جمع و دوباره او را زنده می کنیم؛ درحالی که قادریم حتّی سرانگشتان او را سامان دهیم؛ «بنان»، یعنی سرانگشت.[1] سرانگشت هر انسان با خطوط ویژه‌ای که دارد، خاصّ به خود اوست. حکایت خدا از قدرت بر سامان دادن سرانگشتان، اشاره به اوج این قدرت، در آفرینش دوباره انسان و بازگرداندن او به حیات است؛ اینکه همان انسان با همه ویژگی های خاصّ به او را، دوباره زنده خواهد کرد.

در این آیه و آیه قبل، در عباراتی نظیر «نَجْمَعَ»، «قادرین» و «نُسوّی»، از صیغه جمع متکلّم، استفاده شده است؛ یکی از کاربردهای این نوع بیان، حکایت از قدرت و عظمت فاعل است، یعنی آیات با بیانی مقتدرانه گمان انسان را مطرح کرده و پاسخ داده است.

این بیان مقتدرانه، جانشین استدلال و احتجاج شده است؛ امّا وجه این جانشینی چیست؟

آیات این گونه ادامه داده است:

«بَلْ يُرِيدُ الْإِنْسَانُ لِيَفْجُرَ أَمَامَهُ﴿٥﴾»، نقش «بل»، مانند نقش بلکه در زبان فارسی است. بلکه این انسان، اراده کرده که پیش روی خود را بگشاید. انسان می خواهد آزاد باشد. قیدی، بندی، چارچوبی، حدّی، مرزی و هیچ مانع دیگری راه او را بر انتخاب و اقدام نبندد.

این «بل»، یک لایه در عمق، سخن را ارتقا داده است، یعنی ظاهر آیه ۳ در مورد انسان را کنار زده و به لایه زیرین آن رسیده است؛ شبهه او در اینکه آیا خدا توان جمع استخوان ها را دارد یا نه، شبهه‌ای حقیقی نیست؛ پشت پرده این شبهه، منظور دیگری نهفته است؛ او شبهه خود را سپر هدف خود قرار داده است.

---

۱. قاموس قرآن (ج۱، ص۲۳۱) در معنای این واژه می نویسد: «بنان به معنای طرف یا سرانگشت است». البته برخی آن را به خود انگشت ترجمه کرده اند؛ امّا در این آیه از آن جهت که بیان مبالغه در قدرت خدا برای آفرینش دوباره انسان مدّنظر است، ترجمه به سرانگشت صحیح تر به نظر می رسد.

گاهی ممکن است کسی در مقابل حقیقت قیامت سؤالی علمی داشته باشد و به منظور یافتن جواب آن، مثلاً از زنده‌شدن دوباره سؤال کند؛ امّا اغلب اوقات، شبهه در حقیقت قیامت، پوشش اهدافی دیگر است؛ دراین‌صورت، پاسخ به شبهه، مشکل را حلّ نمی‌کند؛ حلّ مشکل، در کندن ریشه آن است. وقتی ریشه، چیزدیگری است، زدن شاخ و برگ‌های آن، موقتاً آن را متوقف می‌کند؛ امّا باز ممکن است، با شاخ و برگ جدیدی برگردد.

چه اینکه آیات نیز در ادامه به بروز دیگری از این ریشه اشاره می‌کند: «**يَسْأَلُ أَيَّانَ يَوْمُ الْقِيَامَةِ**﴿٦﴾»، سؤال بعید پندارانه از زمان قیامت، بروز دیگری از همان ریشه است که آیات، در چینش حکیمانه خود، آن را بعد از اشاره به ریشه شبهه‌افکنی انسان مطرح کرده است.

او باور به قیامت را بزرگ‌ترین مانع برسر راه خود می‌داند؛ باوری که تنها یک باور خنثی نیست؛ باوری که برای افکار، رفتار، گفتار و کردار انسان، حدومرز و قاعده‌وچارچوب تعیین می‌کند؛ باوری که انسان را در میدان اراده و فرمان الهی پیش می‌برد و اجازه تعدّی نمی‌دهد؛ چراکه براساس این باور، اگر تعدّی کند، جزای آن را خواهد دید. انسانی که پیش‌روی خود را برای هرگونه آزادی و ولنگاری باز می‌خواهد، باید بهانه‌ای در مقابل این باور دست و پا کند؛ زمانی با شبهه در قدرت خدا برزنده‌کردن مردگان، زمانی با سؤال از زمان قیامت و... .

اکنون وجه عدم پرداختن آیات به استدلال و احتجاج نسبت به شبهه اول معلوم می‌شود. گوش این انسان، بدهکار دلیل و مدرک نیست؛ او برای هدف خود شبهه می‌سازد و این توقّفی ندارد.

ازاین‌رو خدای متعالی در ادامه، به جای پاسخ به سؤالات ظاهری او، ریشه شبهه‌افکنی او را هدف قرار داده است. آیات به بهانه شبهه دوّم او، با توصیف انذارآمیز از زمان برپایی قیامت، از وضع این انسان در آن روز سخن گفته تا تلنگری به افکار خودساخته او در مقابله با حقیقت قیامت باشد:

«**فَإِذَا بَرِقَ الْبَصَرُ﴿٧﴾ وَخَسَفَ الْقَمَرُ﴿٨﴾ وَجُمِعَ الشَّمْسُ وَالْقَمَرُ﴿٩﴾**»، آن‌هنگام که چشم‌ها از شدت حیرت مواجهه با صحنه قیامت، برق می‌زند و ماه نورانی زمین، برای همیشه در خسوف فرومی‌رود و خورشید و ماه که در مدار ثابت خود در حرکت بودند، با درهم‌ریختن این مدار، کنار هم جمع می‌شود.

شرط‌ها صحنه هولناک آن روز را توصیف کرده و آیات، در مقام جواب شرط، در دو مرحله، وضعیت انسان در آن روز را به تصویر می‌کشد:

- «**يَقُولُ الْإِنْسَانُ يَوْمَئِذٍ أَيْنَ الْمَفَرُّ**﴿۱۰﴾»، در آن روز انسان می‌گوید، محل فرار کجاست؟ لفظ «**انسان**»، تداعی‌کننده این لفظ در آیه۳ و ۵ است یعنی همان انسانی که امروز برای آزادی پیش‌رویش در گناه و نافرمانی خدا، قیامت و مقدّمات آن را زیر سؤال می‌برد، در آن روز با حالی مضطرب، دنبال محلّی برای فرار خواهد گشت. تعبیر لطیف گشتن به‌دنبال «**مفرّ**»، نقطه مقابل احساس امروز انسان است؛ احساس انسانی که با خیال راحت، همه عواقب رفتارهای خود را ندیده‌گرفته و خود را آزاد می‌داند و در آن روز، با مواجهه صحنه عاقبت خود و باور به حصر و دربندشدن، برای پاسخ‌گویی دنبال راهی برای فرار است.

آیات این‌گونه پاسخ او را می‌دهد: «**كَلَّا لَا وَزَرَ**﴿۱۱﴾ **إِلَىٰ رَبِّكَ يَوْمَئِذٍ الْمُسْتَقَرُّ**﴿۱۲﴾»؛ هرگز، در این روز پناهگاهی برای این انسان نیست. امروز، روز ایستادن در برابر پروردگار عالم است؛ همان پروردگاری که مدبّر امر انسان و صاحب اختیار او بود؛ ولی انسان با آسوده‌کردن خیال خود از بازگشت به سوی او، برای آزادی خود، فرامین او را زیرپا گذاشت.

- «**يُنَبَّأُ الْإِنْسَانُ يَوْمَئِذٍ بِمَا قَدَّمَ وَأَخَّرَ**﴿۱۳﴾»؛ در آن روز به انسان خبر داده می‌شود؛ از آنچه پیش فرستاده و آنچه از خود در دنیا به‌جا گذاشته و هر لحظه، نتیجه آن برای او ثبت شده است؛ این تفصیل در آیه، حاکی از دقّت نظام محاسبه الهی است که نه تنها رفتار انسان که آثار رفتار او نیز ثبت می‌شود و برای روز قیامت که روز محاسبه است، نگهداری می‌شود. انسانی که امروز به‌خیال خود با حقیقت بزرگ قیامت مقابله کرد تا پیش رویش برای گناه باز باشد، همه رفتارش ثبت شده است. او از اینکه انکار او حقیقت را تغییر نمی‌دهد و قیامت با همه دقّت و ظرافت برپا می‌شود، غافل بود.

آیات بعد، توصیف انسان را در روزی که اعمالش بازگوشده، این‌طور ادامه می‌دهد: «**بَلِ الْإِنْسَانُ عَلَىٰ نَفْسِهِ بَصِيرَةٌ**﴿۱۴﴾ **وَلَوْ أَلْقَىٰ مَعَاذِيرَهُ**﴿۱۵﴾»، حتّی اگر خبر آن روز نباشد، خود انسان نسبت به نفس خویش و دستاوردها و اهداف او از رفتارش در دنیا،

بیناست؛ هرچند که همواره سعی دارد با عذرهای فراوان آن را بپوشاند.

این بیان، به مناسبت رفتار پنهان‌کارانه انسان در شبهه‌افکنی نسبت به حقیقت معاد، طرح شده است؛ چراکه شبهه‌افکنی امروز انسان در مورد قیامت- با وجود ریشه‌ای پنهانی نیز- از قبیل همین خصلت انسان در عذرآوردن برای پیش‌بردن اهداف خود و پوشاندن خطاهاست.

سیاق دوّم، تا این نقطه در فضای شبهه‌افکنی نسبت به حقیقت قیامت، از لایه زیرین شبهه‌افکنی انسان پرده برداشته و با انذار از برپایی آن روز و وضعیّت انسان در آن شرایط، در مقابل آن ایستاده است.

اینجاست که اتّفاق جدیدی سیر آیات را متوقّف کرده و دسته معترضه سیاق، بین این آیات و آیات دسته بعد، فاصله می‌شود.

ورود متفاوت آیات و پردازش حکیمانه آن به انگیزه مقابله با حقیقت قیامت، آن را به نسخه‌ای بی‌مانند در دستان پیامبر؟ص؟، برای مقابله با منکران قیامت بدل می‌کند. طبیعی

است که ایشان مشتاقانه درصدد ابلاغ این نسخه برتربرآمده وآغاز به سخن کند؛ که در همین میانه، پیام وحیانی وارد میدان می‌شود: «**لا تُحَرِّكْ بِهِ لِسانَكَ لِتَعْجَلَ بِه**﴿۱۶﴾»، برای اینکه در ابلاغ آن چه گفتیم عجله کنی، زبانت را به آن حرکت نده[۱]؛ این آیه رسول خدا؟ص؟ را از قرائت زودهنگام آیات برای مردم، باز می‌دارد.

وجه این بازداری را ادامه آیات با «إنّ» این‌گونه تعلیل می‌کند: «**إِنَّ عَلَيْنا جَمْعَهُ وقُرْآنَهُ**﴿۱۷﴾»، ای رسول ما! جمع آیات و ضمیمه آنها به هم و قرائت آن بعد از این مرحله، برعهده ماست. وقتی جمع آیات برعهده خدای متعالی باشد، زمان رسیدن آن به حدّ ابلاغ نیزبه تشخیص اوست؛ آیات با نهی رسول خدا؟ص؟ در حقیقت، از ابلاغ زودتراز موعد آیات جلوگیری کرده است؛ قرائت‌کننده اول آیات فوق، خدای متعالی است؛ از این رو، رسول؟ص؟،باید در قرائت آن تابع قرائت او باشد: «**فَـإِذا قَرَأْناهُ فَاتَّبِعْ قُرْآنَهُ**﴿۱۸﴾»، آیات در تکمیل توصیه به تبعیّت از قرائت وحیانی، چنین می‌فرماید که بیان آیات قبل نیزبرعهده ماست: «**ثُمَّ إِنَّ عَلَيْنا بَيانَهُ**﴿۱۹﴾»، «ثمّ» در این آیه، حکایت از فاصله زمانی ندارد بلکه فاصله در رتبه است.

---

۱. جمعی نهی موجود در این آیه را به‌گونه دیگری معنا کرده‌اند. در نظراین جمع، نهی از عجله رسول گرامی اسلام ﷺ به هنگام دریافت آیات وحی است. توضیح: براساس این نظر، رسول گرامی اسلام، که قبل از نزول تدریجی آیات، به سبب نزول دفعی از آن باخبربود، به هنگام نزول تدریجی، آیات زودتراز قرائت آن توسط فرشته وحی، آیات را زمزمه می‌کرد؛ ازاین‌رو خدای متعالی با آیات فوق، ایشان را به ادب دریافت کلام الهی متوجّه کرده و از عجله در خواندن آن بازداشته است.

این نظرنسبت به آیات فوق، ۴ اشکال عمده دارد:

الف: نزول دفعی قرآن‌کریم، به نظرراجح، شامل الفاظ و جملات و آیات نیست؛ بلکه نزول دفعی، نزول نورو معنای واحد قرآن‌کریم برقلب پیامبرگرامی اسلام است؛ چراکه الفاظ و جملات و...، از قبیل امور مادّی است و امور مادّی ولوکوتاه مدّت، نیازمند تدریج است.

ب: برفرض که آیات قرآن قبل از نزول، در قالب الفاظ و عبارات برای پیامبرمعلوم بوده باشد، آیات فوق نیزاز این قاعده مستثنی نیست؛ بنابراین باید این آیات نیزمعلوم ایشان بوده باشد؛ دراین صورت، عمل برخلاف آن، که مقتضی تأدیب خدای متعالی شده است، دوراز شأن ایشان خواهد بود.

ج: درفرض بالا، هیچ ارتباطی بین این آیات و محتوای سوره قیامت وجود ندارد؛ به‌ویژه با توجه به اینکه بحثی منسجم در این سوره قطع شده و این آیات فاصله می‌شود، تأدیبی می‌توانست در وحی غیرقرآن صورت پذیرد، یا در سوره‌ای مرتبط قرار گیرد، یا اگردر این سوره است، بعد و یا قبل از بحث منسجم مربوط به قیامت باشد، بدون هیچ وجهی برای ارتباط سیاق متّصلی را قطع کرده و درمیان آن قرار گرفته است که این مسأله، خلاف دأب قرآن در هماهنگی و حکمت‌آمیز بودن این کلام خواهد بود.

د: مضمون آیات بالا به معنایی که درمتن گذشت، در جای دیگرقرآن نیزمورد اشاره است، «وَ لا تَعْجَلْ بِالْقُرْآنِ مِنْ قَبْلِ أَنْ يُقْضى إِلَيْكَ وَحْيُهُ»، در قرائت قرآن قبل ازتمام شدن وحی آن عجله نکن. (طه/۱۱۴) و حال آنکه معنای دوّم مضمون مشابهی ندارد.

معنای آیه چنین است: نه تنها جمع و قرائت آیات بر عهده ماست و تو از این جهت باید تابع قرائت ما باشی که «بیان»، یعنی روشن‌گری نسبت به آن نیز بر عهده ماست؛ این دلیل دیگرِ لازم‌کننده تبعیّت است؛ زیرا مشخّص می‌کند آنچه از آیات آمده، قبل از ابلاغ، نیاز به روشن‌گری مضاعف دارد که آن بر عهده خدای متعالی است؛ با این بیان، آیه ۱۹ زمینه را برای «بیان» آیات قبل در ادامه سوره مهیّا کرده است که در ادامه شرح بیشتر آن خواهد آمد.

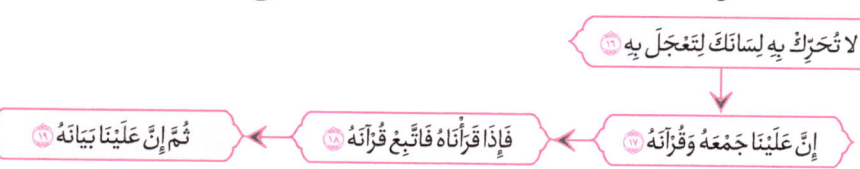

لَا تُحَرِّكْ بِهِ لِسَانَكَ لِتَعْجَلَ بِهِ ﴿١٦﴾

إِنَّ عَلَيْنَا جَمْعَهُ وَقُرْآنَهُ ﴿١٧﴾ ← فَإِذَا قَرَأْنَاهُ فَاتَّبِعْ قُرْآنَهُ ﴿١٨﴾ ← ثُمَّ إِنَّ عَلَيْنَا بَيَانَهُ ﴿١٩﴾

این آیات، فارغ از ارتباطی که با آیات قبل و بعد از خود دارد، متذکّر نکته مهم و قابل توجهی در مورد آیات قرآن است؛ این‌که در قرآن، دخالت رسول گرامی اسلام ؟ص ؟، حتّی به اندازه ابلاغ زودهنگام آیاتی که نازل شده است، منتفی است و خدای متعالی با تغییر موضوع و شکافتن نخ بحث، از آن مانع می‌شود؛ این حکایت از اوج تبعیّت واسطه وحی در دریافت و ابلاغ قرآن دارد که در مجال مناسب خود قابل بحث و بررسی است.

امّا در زمینه وجه حضور آیه ۱۶ تا ۱۹ در میان آیات سیاق دوم، باید گفت که دو نتیجه مهم به‌دنبال دارد:

- اگر این آیات نبود، اشتیاق فراوان رسول گرامی اسلام ﷺ برای ابلاغ آیات دسته قبل مشخص نمی‌شد؛ اشتیاقی که حاکی از خصوصیّت مهم و قابل‌توجّه آیات دسته قبل، در مقابله با انکار معاد است. مخاطبی که در بین آیات، متوجه شوق رسول ﷺ در ابلاغ آن می‌شود، توجّه بیشتری به آیات خواهد کرد؛ بنابراین حضور آیات در این جایگاه، برای همیشه محتوای سیاق دوم سوره قیامت را خاصّ و جالب‌توجّه می‌کند.
- ازطرف دیگر، منع خدای متعالی از ابلاغ زودهنگام نیز، تأکید دیگری در اهمّیت این نسخه است، این منع و توضیحات بعد از آن نشان می‌دهد، ادامه آیات، روشن‌گر آیات قبل است که ویژگی هدایتی آن را کامل‌تر و اثرش را بیشتر می‌کند؛ چراکه خدای متعالی رسول خدا ﷺ را به صبر تا تمام‌شدن جمع و قرائت قرآن و بیان آن دعوت کرده و این نکته، مخاطب را به محتوایی جلب خواهد کرد که در راه است. این چه محتوایی است که خدای متعالی برای ضمیمه آن به دسته قبل، رسول ﷺ را از ابلاغ آیات باز می‌دارد؟

آیات بعد، به‌روشنی، حُسن بازداری دسته قبلی آیات را مشخص می‌کند: «**كَلَّا بَلْ تُحِبُّونَ الْعَاجِلَةَ** ﴿۲۰﴾ **وَتَذَرُونَ الْآخِرَةَ** ﴿۲۱﴾»؛ «کلّا» بازداری انسان از وضعیّتی است که در دسته اوّل از آن سخن گفته شد. هرگز مسیر شبهه در مورد حقیقت قیامت که برای آزادی خود در گناه و نافرمانی انتخاب کرده‌ای، راه به جایی ندارد.

«بل» نیز در این آیه، در ادامه «بل» در آیه ۵ قرار گرفته و ریشه عمیق‌تری برای شبهه افکنی انسان نسبت به قیامت مطرح کرده است. ریشه قبلی که برای شبهه‌افکنی مطرح شده، آزادی‌خواهی انسان و تلاش او برای برداشتن مانع از پیش‌روی انتخاب‌ها و اقدامات او بود؛ امّا سؤال اینجاست که چرا انسان بی‌توجّه به عاقبت رفتار خود، اراده ولنگاری دارد؟ ادامه «بل»، پاسخ این سؤال است؛ محبّت زیاد به دنیای زودگذر و رهاکردن حقیقتی به نام آخرت!

وقتی کسی عاشقانه به دنیا دل‌بسته باشد و آخرت را در نظرنگرفته باشد، برای زندگی خود، تعریفی جز دنیا نخواهد داشت؛ چنین کسی باید در طول زندگی خود، از همه آنچه در نظر او بهره و لذّت است و دنیا را به کام او شیرین می‌کند، بهره‌مند شود؛ حال آنکه با قیود و چارچوب‌ها، دست او به هر لذّت و بهره‌ای باز نخواهد بود. این ریشه فجورخواهی انسان است و فجورخواهی چنانکه گذشت، انکار و شبهه در قیامت را به دنبال دارد. توجّه به این ریشه، همان سخن مهمّی است که ضمیمه آن به سخن قبل، مانع از ابلاغ زودهنگام آیات شد.

سوره برای پاسخ به این ریشه نیز اقدام متناسبی در پیش می‌گیرد و نسبت به محبّت دنیای زودگذر و رهاکردن حقیقت آخرت، با بیانی که خواهد آمد، گوشزد می‌کند؛ البتّه آیات در ترتیبی جابه‌جا شده[1]، نخست از قیامت سخن گفته است؛ وجه این تغییر ترتیب، تأکید بیشتر است:

شما با در نظرنگرفتن آخرت، خود را از واقعه‌ای مهم، با پیامدهایی سنگین و غیرقابل جبران غافل کرده‌اید؛ از روزی که چهره‌هایی در آن روز شاداب و خرّم، نظر به رحمت پروردگار خود دارد و چهره‌هایی درهم‌کشیده، منتظر عذاب قطعی و کمرشکن الهی است: «**وُجُوهٌ يَوْمَئِذٍ نَاضِرَةٌ** ﴿۲۲﴾ **إِلَىٰ رَبِّهَا نَاظِرَةٌ** ﴿۲۳﴾ **وَوُجُوهٌ يَوْمَئِذٍ بَاسِرَةٌ** ﴿۲۴﴾ **تَظُنُّ أَنْ يُفْعَلَ بِهَا فَاقِرَةٌ** ﴿۲۵﴾»، آیا اینکه شما از کدامیک باشید، مهم نیست؟ اینکه تا ابد در رحمت خدا مستقر شوید یا عذاب الهی را برای زندگی ابدی خود بخرید، فرقی ندارد؟

خدای متعالی در ادامه، محبّت به دنیا را هدف قرار داده‌است: «**كَلَّا إِذَا بَلَغَتِ التَّرَاقِيَ** ﴿۲۶﴾»، هرگز دل به دنیا نبندید و از یاد آخرت غافل نشوید؛ چراکه وقتی جان به گلوگاه می‌رسد، ....

---

۱. به این صنعت ادبی لف و نشر نامرتب گفته می‌شود.

آیات برای بازداری انسان از محبّت دنیا، لحظه مرگ را که پایان دنیا است، یادآور شده است. زمانی که بعد از هرشرایطی که در دنیا برای انسان گذشته، جان به گلوگاه می‌رسد.

توصیف این صحنه و حال انسان غافل از آخرت در این صحنه، می‌تواند بستر خوبی برای تلنگر و بیداری باشد: «**وَقِيلَ مَنْ رَاقٍ** ﴿٢٧﴾ **وَظَنَّ أَنَّهُ الْفِرَاقُ** ﴿٢٨﴾ **وَالْتَفَّتِ السَّاقُ بِالسَّاقِ** ﴿٢٩﴾ **إِلَى رَبِّكَ يَوْمَئِذٍ الْمَسَاقُ** ﴿٣٠﴾»، در آن هنگام سؤال می‌شود، که چه کسی می‌تواند او را از مرگ نجات دهد؟ امّا خود او به این باور رسیده است، که این لحظه، لحظه جدایی است، از شدّت فشار رفتن جان، ساق‌های او به هم پیچیده می‌شود و این نشانه‌های خروج جان از بدن اوست. آری امروز، روز حرکت به سوی پروردگار توست؛ روز دل‌کندن از دنیایی که به آن دل‌بسته بودی و رفتن به سوی همان آخرتی که هرگز خیالی برای آن نداشتی!

آیات در ادامه توصیف این وضعیّت، از خطاب عدّه‌ای با یکدیگر در مورد او، به هنگام رفتن جان از بدن سخن گفته است. عدّه‌ای که براساس ظاهر آیات، فرشتگان حاضر در این صحنه‌اند: «**فَلَا صَدَّقَ وَلَا صَلَّى** ﴿٣١﴾ **وَلَكِنْ كَذَّبَ وَتَوَلَّى** ﴿٣٢﴾»، با توجه به سیاق و سوره، مراد از عدم تصدیق، عدم تصدیق حقیقت قیامت است و از آن جهت که مقابله او با قیامت برای فرار از فرامین الهی بوده، آیات به نتیجه آن نیز اشاره دارد، اشاره به نماز، اشاره به مصداق و نمونه بارز فرمانبرداری از خداست. او قیامت را تصدیق نکرد و نمازگزار هم نشد؛ بلکه تکذیب کرده و از فرمان ربّ خود رویگردان شد.

«**ثُمَّ ذَهَبَ إِلَى أَهْلِهِ يَتَمَطَّى** ﴿٣٣﴾ **أَوْلَى لَكَ فَأَوْلَى** ﴿٣٤﴾ **ثُمَّ أَوْلَى لَكَ فَأَوْلَى** ﴿٣٥﴾»، «يَتَمَطَّى»، به معنای کشیده نگه‌داشتن کمر است[1] که نشانه‌ای برای ابراز تکبّر به شمار می‌رود[2]. این انسانی که امروز در میان اهل خویش، جان عزیز خود را از دست می‌دهد، همان کسی است که با وجود تکذیب و تولّی نسبت به حق، دل‌خوش به جمع اهل خویش بود و متکبّرانه به سوی ایشان می‌رفت؛ پس حق توست اینکه این‌گونه از آنچه دوست داری کنده شوی و به سوی آخرت روانه گردی. فرشتگان حاضر در صحنه با تأکید، از سزاواری او برای این شرایط سخن می‌گویند. این تکرار، هم تأکید کلام و هم رویکرد انذاری آن را تقویت می‌کند.

آیات اخیر، ضمن گوشزدکردن رفتن از دنیای زودگذر- در قالب سخن فرشتگان- وضع

---

۱. مفردات الفاظ قرآن کریم(ص۷۷۱) در معنای این واژه می‌نویسد: «قال تعالی: ثُمَّ ذَهَبَ إِلَى أَهْلِهِ يَتَمَطَّى أي: يمدّ مَطَاهُ، أي: ظهرَه»، یعنی مطای خود را کشید. مطا به معنای کمر است.

۲. المیزان(ج۲۰، ص ۱۱۴) ذیل تفسیر این آیه به این نکته اشاره کرده است.

انسان مکذّب را نیز در آن شرایط تشریح کرده است؛ از این‌رو، این بیان، تهدید او به‌خاطر تکذیب و تولّی از فرامین حق نیز به‌شمار می‌رود؛ او با انتخاب دنیا و رهاکردن آخرت، دو خطای بزرگ کرده است: از سویی به چیزی دل بسته که از دستانش می‌رود؛ از سوی دیگر، حقیقتی را تکذیب کرده که تکذیب آن، آخرت او را تباه می‌کند.

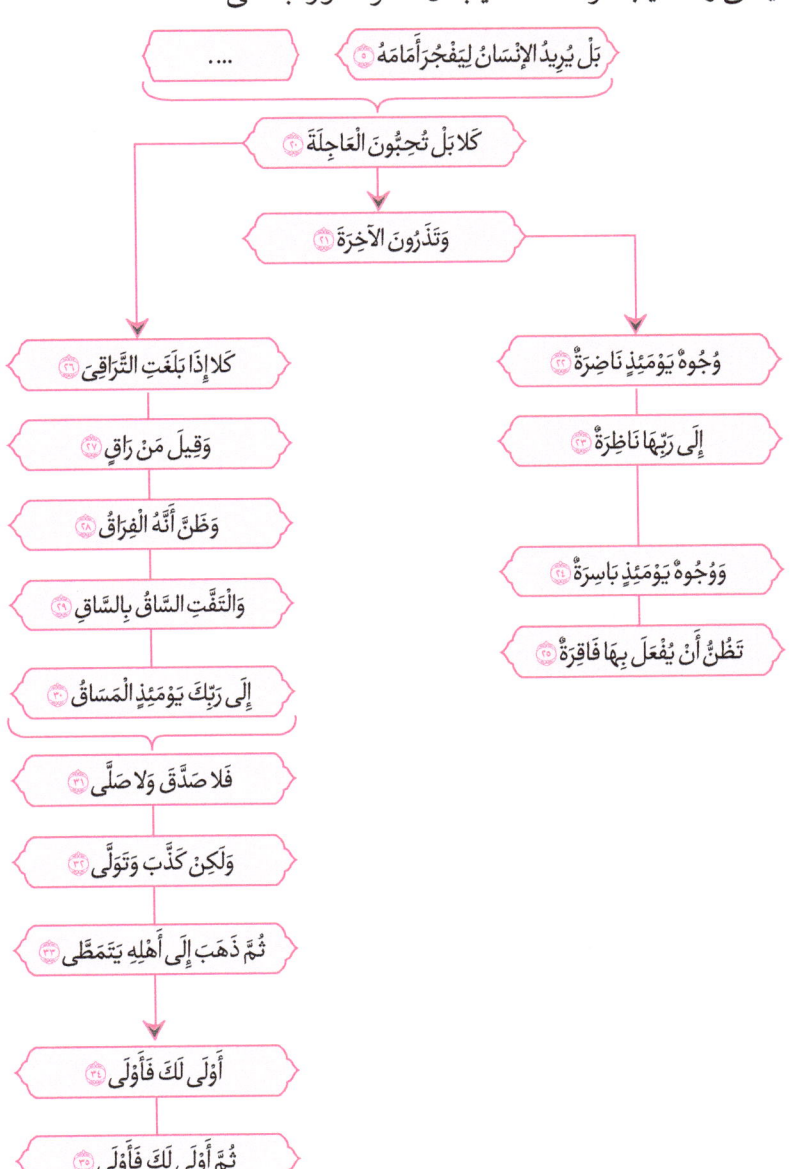

جهت هدایتی

چنانکه گذشت، آیات این سیاق در سه دسته قابل بررسی است:

دسته اوّل آیه ۳ تا ۱۵، که بعد از طرح شبهه انسان، آن را ریشه‌یابی کرده و پاسخ داده است.

دسته دوّم، آیه ۱۶ تا ۱۹، که به منظور هدایتی شرح داده شده، پیامبر؟ص؟ را از ابلاغ زود هنگام محتوای دسته قبل بازداشته است.

و دسته سوم، آیه ۲۰ تا ۳۵، که در ادامه سخن دسته اوّل، ریشه دوّم انکار قیامت را مطرح و متناسب با آن سخن گفته است.

از این میان، نقش دسته دوّم، چنانکه گذشت، تأکید سخن سیاق و بیان اهمّیت آن در مقابله با انکار قیامت است؛ بنابراین اصل سخن، در دسته‌های اوّل و سوّم سیاق است. این دو دسته، با عوامل درونی و انگیزشی انسان برای انکار قیامت، مقابله کرده است. جهت هدایتی متناسب با آن از این قرار است:

بیان ریشه‌های انکار قیامت و مقابله با آن از طریق انذارهای متناسب.

انکار آگاهانه معاد، ریشه در آزادی خواهی مطلق انسان دارد؛ درحالی‌که بی‌پناهی انسان در لحظات سخت قیامت وثبت و ضبط اعمالش در دنیا، مانع جدی او در ولنگاری است.

و همچنین این انکار در لایه‌ای عمیق‌تر، به دلیل حبّ دنیا و رهاکردن آخرت است؛ ولی حقیقت آخرت و عاقبت انسان در آن روز و وجود مرگ در دنیا، انسان را از ترجیح دنیا بر آخرت منصرف می‌سازد.

سیاق سوم: آیه ۳۶ تا ۴۰

فضای سخن

گمان می‌کنند که انسان بیهوده رها خواهد شد و خدا قدرت بر زنده کردن مردگان برای برپایی معاد ندارد.

قرائن این فضا به شرح زیراست:

۱. بجایی سؤال ابتدایی سیاق در آیه «**أَيَحْسَبُ الإِنْسَانُ أَنْ يُتْرَكَ سُدًى** ﴿۳۶﴾»، حکایت

از گمان بیهوده‌رهاشدن انسان دارد، البته گفتنی است، این سؤال، لزوماً به‌دنبال تصریح انسان به این سخن نیست، بلکه می‌توان گفت، نتیجه همان گمانی است که سیاق قبل از او مطرح کرده بود. سیاق قبل، از گمان عدم قدرت خدا در جمع‌کردن استخوان‌ها و استبعاد قیامت سخن گفته است و این سیاق به نتیجه همان سخن با رویکردی دیگر توجّه کرده است. لازمه عدم قدرت خدا، عدم برپایی معاد است و مقتضای این باور، اعتقاد به عبث‌بودن آفرینش و رهابودن انسان است.

شاهد این سخن، خاتمه‌دادن پاسخ به این گمان، با نتیجه‌ای در اثبات قدرت خدا در آیه ۴۰ است.

۲. بجایی ختم سخن با آیه «**أَلَيْسَ ذَٰلِكَ بِقَادِرٍ عَلَىٰ أَنْ يُحْيِيَ الْمَوْتَىٰ** ﴿۴۰﴾»، حکایت از نیاز به اثبات قدرت خدا در زنده‌کردن مردگان دارد که این نتیجه، فضای ناباوری نسبت به قدرت خدا را نشان می‌دهد.

سیر هدایتی

«**أَيَحْسَبُ الْإِنْسَانُ أَنْ يُتْرَكَ سُدًى** ﴿۳۶﴾»، آیات با سؤالی تعجّب‌آمیز از گمان انسان آغاز می‌شود، نتیجه سخن از عدم قدرت خدا در احیای مردگان، اعتقاد به عبث‌بودن آفرینش انسان و بی‌نتیجه‌ماندن اوست. آیا واقعاً انسانی که در قدرت خدا تشکیک کرده است، اقتضای سخن خود را می‌پذیرد؟ آیا واقعاً گمان او این است که قیامتی در کار نیست و آفرینش او بیهوده و عبث است؟

ادامه آیات، با اسلوب استشهادی «ألم»، آغاز شده است؛ استشهاد به شواهدی از حکیمانه‌بودن آفرینش انسان؛ تا با اثبات این حکمت، اقتضای سخن انسان زیر سؤال رود: «**أَلَمْ يَكُ نُطْفَةً مِنْ مَنِيٍّ يُمْنَىٰ** ﴿۳۷﴾ **ثُمَّ كَانَ عَلَقَةً فَخَلَقَ فَسَوَّىٰ** ﴿۳۸﴾ **فَجَعَلَ مِنْهُ الزَّوْجَيْنِ الذَّكَرَ وَالْأُنْثَىٰ** ﴿۳۹﴾»؛ سیر آفرینش انسان، خود دلیلی بزرگ بر حکمت‌آمیزبودن خلق انسان است، اینکه از منی نطفه‌ای تولید شود و این نطفه به خون بسته‌ای بدل گردد و این خون بسته به‌دست خدا در قالب انسانی راست‌قامت و سامان‌داده‌شده، آفریده شود و با تشخیص نیازهای او برای بقاء نسل او از همین جنس، دو نوع مذکّر و مؤنّث ساخته شود!

چگونه این خلقت، بیهوده و بی‌نتیجه خواهد بود، درحالی‌که هرمرحله از این مراحل در مورد انسان، اگر هدفی در پی نداشته باشد، وجهی نخواهد داشت و انگیزه‌ای از آن نخواهد بود؛ اگر همه این مراحل برای منتهی‌شدن به هیچ باشد، از ابتدا اتّفاق نمی‌افتد.

پس یقیناً آفرینش انسان بیهوده نیست و نتیجه‌ای به دنبال دارد، اگر قیامتی در کار نباشد و مرگ پایان همه چیز باشد، این نتیجه چه خواهد بود؟ قیامت ضروری است و نتیجه حکمتی است که در خلقت انسان مشاهده می‌گردد.

امّا قدرت خدا در تحقّق آن چه خواهد شد؟

آیات در چینشی دقیق، سؤال از بیهوده‌بودن آفرینش انسان و شواهد حکمت آفرینش او در جواب، آن را به این نتیجه ختم می‌کند: «**أَلَيْسَ ذَٰلِكَ بِقَادِرٍ عَلَىٰ أَنْ يُحْيِيَ الْمَوْتَىٰ ﴿٤٠﴾**»، «ذلک»، اشاره به اوصاف خدا در آیات قبل دارد. آیا چنین خدایی که بار نخست انسان‌ها را از نطفه آفرید، قادر بر زنده کردن مردگان نیست؟

همه شواهد حکمت آفرینش خدا، شواهد قدرت او بر آفرینش دوباره نیز هست؛ پس نه شکّی در حکمت باقی می‌ماند و نه شکّی در قدرت؛ این یعنی قیامت به اقتضای حکمت آفرینش انسان، ضروری است و خدای قادر به آفرینش نخستین انسان، توان انجام مقدمه مهم برپایی قیامت یعنی حیات پس از مرگ را دارد.

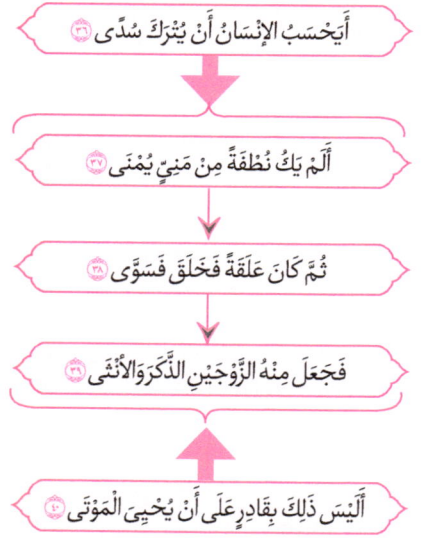

جهت هدایتی

سیاق با سؤال از گمان غلط انسان در مورد بیهوده‌بودن آفرینش خود، آغاز شده و آن را با شواهد حکمت در آفرینش، پاسخ داده است و در خاتمه از همین شواهد، قدرت خدا را نیز نتیجه گرفته است.

اثبات حکمت آفرینش انسان، اثبات ضرورت قیامت است و اثبات قدرت خدا در آفرینش دوباره او، اثبات امکان آن است؛ ازاین‌رو، جهت هدایتی سیاق با درنظرگرفتن هر دو نتیجه، به این بیان قابل ذکر است:

اثبات حکمت‌آمیز بودن آفرینش انسان و قدرت خدا بر زنده کردن مردگان

مراحل خلقت انسان، نشان از تدبیری حکیمانه در آفرینش او دارد و دلیلی بر وجود تدبیر در نظام کلان خلقت انسان است و بدون قیامت چنین تدبیری قابل تصور نیست؟ مراحل خلقت تکاملی انسان، افزون بر آن، قدرت خدای متعالی بر زنده‌کردن مردگان را اثبات می‌کند.

فضای سخن، سیر و جهت هدایتی سوره

امکان و ضرورت قیامت را زیر سؤال می‌برند.

سیاق اوّل سوره، طلیعه مجموعه سوره بود و نگاه کلّی حاکم بر فضای سوره، یعنی انکار قیامت را نشان می‌داد.

سیاق دوم، در فضای تردید انسان نسبت به قدرت خدا در زنده کردن مردگان و بعیدپنداری قیامت سخن گفت، که نتیجه آن، زیرسؤال‌بردن امکان قیامت، توسط انسان است.

و سیاق سوم، گمان بیهودگی آفرینش انسان را به فضای سیاق قبل، اضافه کرد، که نتیجه آن، زیرسؤال‌بردن حکمت خدا و ضرورت قیامت است.

چنانکه در شرح قرائن فضای سخن سیاق سوم گذشت، فضای سیاق سوم، اشاره به نتیجه طبیعی فضای سیاق دوم است.

توضیح: شبهه در قدرت خدا بر زنده کردن مردگان و استبعاد قیامت، امکان قیامت را زیر سؤال می‌برد و با نبود حقیقتی به عنوان قیامت، حکمت‌آمیز بودن آفرینش الهی و به تبع آن، ضرورت معاد نیز مردود خواهد بود؛ بنابراین می‌توان گفت، هم زیرسؤال‌بردن امکان قیامت و

هم زیرسؤال بردن ضرورت آن در این سوره، نتیجه شبهه‌افکنی نسبت به قدرت خدا در زنده کردن مردگان و بعیدپنداری قیامت است.

سوره قیامت در فضای مذکور سخن گفته و هرکدام از سیاق‌ها نقش خود را دراین‌باره ایفا کرده است:

سیاق اوّل، ضمن ایجاد مقارنت بین حقیقت قیامت و نفس لوّامه، نقش طلیعه سوره را ایفا کرده و با دو نفی قسم، محتوای مجموعه سوره را تأکید کرده است.

سیاق دوّم که بیشترین حجم آیات را به خود اختصاص داده، در سیر اصلی خود، دو ریشه درونی انکار قیامت را برجسته و متناسب با آن پاسخ داده است؛ براساس آیات این سیاق، مقابله با حقیقت قیامت از سوی انسان، ریشه در دو عامل درونی انگیزشی دارد: ولنگاری طلبی و آزادی خواهی انسان؛ و محبّت شدید او به دنیای زودگذر در مقابل آخرت. آیات سیاق، با انذار متناسب با هرکدام از ریشه‌ها، در مقابل این عوامل انگیزشی ایستاده است. در این سیاق، نقش آیات دسته میانی، جلب توجّه بیشتر مخاطبان به محتوای سیاق در مقابله با انکار قیامت است.

سیاق سوّم، با رویکردی بینشی به مقابله با انکار قیامت پرداخته و در سیر متّصلی، حکمت آفرینش الهی و قدرت او در زنده کردن مردگان را ثابت می‌کند که در نتیجه آن، ضرورت و امکان قیامت ثابت می‌شود.

هرچند هر دو سیاق دوّم و سوّم، در عرض هم، مبیّن جهت هدایتی سوره است، امّا تفصیل بیشتر آیات در سیاق دوّم و اهتمام بر تأکید محتوای این سیاق در دسته میانی آن، این سیاق را به جلوه سوره قیامت بدل کرده است. این سخن به معنای نادیده‌گرفتن نقش سیاق سوّم نیست؛ امّا، مبیّن حقیقتی در ترتیب صحیح مقابله با انکار قیامت است.

انکار قیامت پیش از نیاز به استدلال و برهان و احتجاج، نیاز به ریشه‌یابی درونی و شناخت عوامل انگیزشی دارد، سیاق دوّم نشان داد که حلّ این ریشه‌ها، بر پاسخ استدلالی به شبهه‌ها مقدّم است، ازاین‌رو، مخاطب سوره شاهد آن است که سؤال ابتدایی سوره در جمع استخوان‌ها و زنده‌کردن دوباره مردگان، در انتهای سوره با استدلال پاسخ گرفته است: «**أَيَحْسَبُ الْإِنْسَانُ أَلَّنْ نَجْمَعَ عِظَامَهُ** ﴿۳﴾» ... «**أَلَيْسَ ذَٰلِكَ بِقَادِرٍ عَلَىٰ أَنْ يُحْيِيَ الْمَوْتَىٰ** ﴿۴۰﴾» و در این میانه، عوامل درونی این شبهه برجسته شده و برای حل آن سخن گفته شده‌است.

با این وجود، جهت هدایتی سوره نتیجه سیاق‌های دوم و سوّم است و سیاق اوّل، نقش تأکید مجموعه آن را ایفا می‌کند:

مقابله با تکذیب قیامت در دو لایه انگیزشی و بینشی

این مقابله در لایه انگیزشی با بیان ریشه های نفسانی انکار قیامت و انذار متناسب با آن

و در لایه بینشی با اثبات ضرورت قیامت و قدرت خدای متعالی بر آن محقق شده است.

آیه ۱ و ۲

تأکید در راستای جهت هدایتی سوره

به قیامت و نفسّ لوّامه، این دو حقیقت شبیه به هم، قسم نمی خورم؛ وجود نظام پرسش و محاکمه در انسان یعنی نفس لوّامه، نشانه‌ای آشکار بر وجود نظام محاکمه در نظام هستی، یعنی برپایی قیامت است.

آیه ۳ تا ۳۵

بیان ریشه‌های انکار قیامت و مقابله با ریشه‌ها، از طریق انذارهای متناسب.

انکار آگاهانهٔ معاد، ریشه در فجورخواهی انسان دارد؛ درحالی‌که بی‌پناهی انسان در لحظات سخت قیامت و ثبت و ضبط اعمالش در دنیا مانع جدی او در ولنگاری است. و همچنین این انکار در لایه ای عمیق تر، به دلیل حبّ دنیا و رهاکردن آخرت است؛ ولی حقیقت آخرت و عاقبت انسان در آن روز و وجود مرگ در دنیا، انسان را از ترجیح دنیا برآخرت منصرف می‌سازد.

آیه ۳۶ تا ۴۰

اثبات حکمت آمیز بودن آفرینش انسان و قدرت خدا در زنده کردن مردگان

مراحل خلقت انسان، نشان از تدبیری حکیمانه در آفرینش او دارد و دلیلی بر وجود تدبیر در نظام کلان خلقت انسان است و بدون قیامت چنین تدبیری قابل تصور نیست.

مراحل خلقت تکاملی انسان، افزون بر آن، قدرت خدای متعالی برزنده‌کردن مردگان را اثبات می‌کند.

ترجمه منسجم هدایتی

بخوان این سوره را **به اسم الله رحمت‌گستر رحم‌آور**

قسم نمی‌خورم به روز قیامت«۱» و قسم نمی‌خورم به نفس لوّامه که انسان را بر انجام خطا و رهاکردن نیکی‌ها ملامت می‌کند؛ اینکه انسان برای وجود خود، نظام حساب‌وکتاب دارد، شاهدی بزرگ بر وجود نظام محاسبه در عالم است.«۲» **آیا انسان گمان می‌کند که هرگز استخوان‌هایش را جمع نخواهیم کرد؟** و او هرگز زنده نخواهد شد و خبری از قیامت‌وحساب و جزا نخواهد بود؟«۳» **آری،** ما این کار را خواهیم کرد، **درحالی‌که قادریم بر اینکه سرانگشتان او را** که خاصّ به اوست، **سامان دهیم.«۴»** امّا مشکل اصلی انسان در نپذیرفتن حقیقت قیامت این نیست؛ **بلکه انسان اراده می‌کند که** برای همیشه **بگشاید پیش رویش را** برای هر انتخاب و اقدامی.«۵» او خواسته خود را باور به قیامت هماهنگ نمی‌بیند و از همین جهت است که در برپایی قیامت شبهه می‌کند و **سؤال می‌کند که روز قیامت چه زمانیست؟«۶» پس آن هنگام که چشم برق زند؛«۷» و ماه خسوف کند** و نور خود را از دست دهد؛«۸» **و خورشید و ماه** از مدار خود خارج شده و در کنار هم **جمع شود،«۹» آن روز** همین **انسان** که اراده آزادی برای هر اقدامی دارد، **می‌گوید: محل فرار کجاست؟«۱۰» هرگز! هیچ پناهگاهی نیست.«۱۱» محل استقرار در آن روز به‌سوی پروردگارت خواهد بود.«۱۲» در آن روز انسان خبر داده می‌شود به آنچه** از اعمال که **پیش فرستاده و** آثاری که از اعمال **خود پس نهاده؛«۱۳» بلکه** حتّی اگر خبری در کار نبود، **انسان بر نفس خویش بصیر است«۱۴» هر چند عذرهایش را** برای توجیه خطاهای خود **پیش افکند.«۱۵»** هرچند برای ابلاغ آنچه آمده اشتیاق فراوان داری، امّا **زبانت را به آن**‌چه از آیات آمده، **حرکت مده تا در** خواندن **آن** برای مردم، **عجله کنی؛«۱۶» چرا که برعهده ماست جمع آن و قرائتش؛«۱۷» پس هنگامی که آن را قرائت کردیم، تو از قرائتش تبعیّت کن.«۱۸» سپس همانا بیان آن برعهده ماست،** صبر کن تا سخن کامل شود و به نقطه ابلاغ برسد.«۱۹» **هرگز** شبهه در مورد حقیقت قیامت که برای آزادی خود در گناه و نافرمانی انتخاب کرده‌اید، راه به‌جایی ندارد؛ مشکل شما عدم قدرت خدا نیست؛ **بلکه شما به** دنیای **زودگذر محبّت دارید؛«۲۰» و آخرت را رها می‌کنید** و از این همین روست که قیامت را منکر می‌شوید؛«۲۱» امّا در رهاکردن آخرت سخت در اشتباهید؛ زیرا واقعه‌ای مهم برای سرنوشت ابدی انسان‌ها در آن روز انتظار شما را می‌کشد، **آن روز چهره‌هایی شاداب‌اند،«۲۲» به‌سوی پروردگارشان نظاره‌کننده‌اند؛«۲۳» و آن روز چهره‌هایی درهم‌کشیده‌اند؛«۲۴»** چراکه **یقین دارند که عذاب کمرشکن در موردشان**

اعمال می‌شـود.«۲۵» هرگز! دل به دنیا نبندید؛ زیرا بالاخره روزی از دسـت خواهد رفت و در آن روز، حال مکذبان نافرمان سخت خواهد بود؛ **هنگامی که** جان **به ترقوه برسد،«۲۶» و گفته شود: کیست نجات‌دهنده؟«۲۷»** و محتضر **یقین کند که قطعاً این زمانِ فراق است؛«۲۸» و** از شدّت فشار خروج جان، **بپیچد سـاق به ساق،«۲۹»** ای انسان، **در آن روز به‌سوی پروردگار توست روانه‌شدن؛«۳۰»** فرشـتگان در مورد او می‌گویند: **پس** قیامت را **تصدیق نکرد و نماز نگذارد؛«۳۱» و لکن تکذیب کرد و رویگردان شد؛«۳۲» سپس به سـوی اهلش رفت درحالی‌که متکبرانه قدم برمی‌داشت.«۳۳»** این وضعیّت سـخت، **برای تو سزاوارتر است؛ پس سزاوارتر است.«۳۴» بازهم برای تو سزاوارتر است؛ پس سزاوارتر است.«۳۵»** آیا **انسانی** که قدرت خدا را زیرسؤال برده و حقیقت قیامت را منکر شـده، **گمان می‌کند که بیهوده ترک می‌شود؟** اعتقاد او در عدم برپایی قیامت، حکمت آفرینش او را زیرسؤال برده‌اسـت،«۳۶» امّا آفرینش الهی حکیمانه و هدفمند است. **آیا او نطفه‌ای نبود از منی که ریخته می‌شود؟«۳۷» سپس علقه شد؛ پس خدا او را خلق کرد؛ پس سامان داد.«۳۸» پس از او دو زوج مذکّـر و مؤنّـث را قرار داد،** آیا می‌توان این خلق را حکیمانه ندانسـت؟ پس خلق، حکیمانه و قیامت حتمی اسـت؛ و برای این قیامت، زنده‌شـدن مردگان نیز به دست خدا ممکن است و شاهد آن، باز همان سـیر آفرینش انسان است،«۳۹» **آیا آن** خدا که انسان را برای بار نخست آفرید، **قادر نیست بر اینکه مردگان را احیا کند؟«۴۰».**

در محضر عترت علیهم‌السلام

ریشه اصلی انکار قیامت، تلاش انسان برای بهره‌مندی از دنیا به خاطر حبّ شدید به آن است؛ انسانی که آخرت را رها کرده، باید جلوی هر مانعی از بهره‌مندی در دنیا را بگیرد. ازاین‌رو، قیامت را منکر می‌شود و خیالی که او را از دنیایش دور می‌کند را از سر بیرون می‌راند.

سوره قیامت در سیاق دوّم، برای مقابله با وضع این انسان، یادآور لحظات احتضار چنین کسی با دستان خالی شده است. امیرمؤمنان حضرت علی علیه‌السلام نیز در خطبه‌ای از نهج البلاغه، وضع این انسان و افسوس او به خاطر تلاشی که برای دنیا کرده و دستان خالی او برای آخرت را به خوبی به تصویر کشیده است:

«... اجْتَمَعَتْ عَلَيْهِمْ سَكْرَةُ الْمَوْتِ وَ حَسْرَةُ الْفَوْتِ فَفَتَرَتْ لَهَا أَطْرَافُهُمْ وَ تَغَيَّرَتْ لَهَا أَلْوَانُهُمْ

ثُمَّ ازْدَادَ الْمَوْتُ فِيهِمْ وُلُوجاً فَحِيلَ بَيْنَ أَحَدِهِمْ وَ بَيْنَ مَنْطِقِهِ وَ إِنَّهُ لَبَيْنَ أَهْلِهِ يَنْظُرُ بِبَصَرِهِ وَ يَسْمَعُ بِأُذُنِهِ عَلَى صِحَّةٍ مِنْ عَقْلِهِ وَ بَقَاءٍ مِنْ لُبِّهِ يُفَكِّرُ فِيمَ أَفْنَى عُمُرَهُ وَ فِيمَ أَذْهَبَ دَهْرَهُ وَ يَتَذَكَّرُ أَمْوَالاً جَمَعَهَا أَغْمَضَ فِي مَطَالِبِهَا وَ أَخَذَهَا مِنْ مُصَرَّحَاتِهَا وَ مُشْتَبِهَاتِهَا قَدْ لَزِمَتْهُ تَبِعَاتُ جَمْعِهَا وَ أَشْرَفَ عَلَى فِرَاقِهَا تَبْقَى لِمَنْ وَرَاءَهُ يَنْعَمُونَ فِيهَا وَ يَتَمَتَّعُونَ بِهَا فَيَكُونُ الْمَهْنَأُ لِغَيْرِهِ وَ الْعِبْءُ عَلَى ظَهْرِهِ وَ الْمَرْءُ قَدْ غَلِقَتْ رُهُونُهُ بِهَا فَهُوَ يَعَضُّ يَدَهُ نَدَامَةً عَلَى مَا أَصْحَرَ لَهُ عِنْدَ الْمَوْتِ مِنْ أَمْرِهِ وَ يَزْهَدُ فِيمَا كَانَ يَرْغَبُ فِيهِ أَيَّامَ عُمُرِهِ ... فَلَمْ يَزَلِ الْمَوْتُ يُبَالِغُ فِي جَسَدِهِ حَتَّى خَالَطَ لِسَانُهُ سَمْعَهُ فَصَارَ بَيْنَ أَهْلِهِ لَا يَنْطِقُ بِلِسَانِهِ وَ لَا يَسْمَعُ بِسَمْعِهِ يُرَدِّدُ طَرْفَهُ بِالنَّظَرِ فِي وُجُوهِهِمْ يَرَى حَرَكَاتِ أَلْسِنَتِهِمْ وَ لَا يَسْمَعُ رَجْعَ كَلَامِهِمْ ثُمَّ ازْدَادَ الْمَوْتُ الْتِيَاطاً بِهِ فَقُبِضَ بَصَرُهُ كَمَا قُبِضَ سَمْعُهُ وَ خَرَجَتِ الرُّوحُ مِنْ جَسَدِهِ فَصَارَ جِيفَةً بَيْنَ أَهْلِهِ قَدْ أَوْحَشُوا مِنْ جَانِبِهِ وَ تَبَاعَدُوا مِنْ قُرْبِهِ لَا يُسْعِدُ بَاكِياً وَ لَا يُجِيبُ دَاعِياً ثُمَّ حَمَلُوهُ إِلَى مَخَطٍّ فِي الْأَرْضِ فَأَسْلَمُوهُ فِيهِ إِلَى عَمَلِهِ وَ انْقَطَعُوا عَنْ زَوْرَتِهِ حَتَّى إِذَا بَلَغَ الْكِتَابُ أَجَلَهُ وَ الْأَمْرُ مَقَادِيرَهُ وَ أُلْحِقَ آخِرُ الْخَلْقِ بِأَوَّلِهِ وَ جَاءَ مِنْ أَمْرِ اللهِ مَا يُرِيدُهُ مِنْ تَجْدِيدِ خَلْقِهِ».[1]

«... سَکَرات مرگ و اندوه بر آنچه از دستشان رفته، یك جا آنان را دربرگرفت، اعضای بدنشان در برابر آن سختی‌ها به سستی گرایید و رنگشان تغییر کرد؛ سپس حالت مرگ، بیشتر در وجودشان نفوذ نمود و بین آنان و سخن گفتنشان مانع شد و آن محتضر در میان اهل بیتش با دیده‌اش می‌بیند و با گوشش می‌شنود، درحالی‌که عقلش بجاست و فکرش باقی است.

اندیشه می‌کند که عمرش را در چه راهی به باد داده و روزگارش را کجا برده؛ به یاد می‌آورد ثروتی را که جمع کرده و در به‌دست‌آوردنش توجّه به حلال و حرام ننموده؛ و از جایی که حلال و حرامش برخی روشن و برخی مشتبه بوده به چنگ زده، و فعلاً پایبند گناه جمع‌آوری آن ثروت است و آگاه بر جداشدن از آن شده؛ ثروتی که برای وارثان می‌ماند و در آن خوش می‌گذرانند و از آن بهره‌مند می‌شوند؛ راحتی آن نعمت برای وارث و بار مسئولیت آن بر دوش اوست و او در گرو این ثروت است، در پی آنچه وقت مردن برایش ظاهر می‌شود از حسرت دست به دندان می‌گزد و به آنچه در ایّام عمرش به آن رغبت داشته بی‌میل می‌شود ...

آن گاه مرگ در غلبه بر بدنش چندان پیش می‌رود که دیگر گوشش مانند زبانش از

۱. نهج‌البلاغه (صبحی صالح)، خطبه ۱۰۹، ص ۱۶۰.

کار می‌ایستد؛ در حالی میان خانواده‌اش می‌ماند که قدرت سخن گفتن و قدرت شنیدن ندارد؛ دیده به چهره اهل و عیالش می‌گرداند؛ حرکات زبانشان را می‌بیند ولی صدای کلام آنان را نمی‌شنود. سپس پنجه مرگ با او گلاویز می‌شود، چشم او نیز مانند گوشش از کار می‌افتد و روح از بدنش بیرون می‌رود و لاشه‌ای گشته، بین خانواده‌اش می‌افتد؛ به‌طوری‌که از نشستن نزد او وحشت می‌کنند؛ و از نزدیک‌شدن به او دوری می‌جویند؛ گریه‌کننده‌اش را همراهی نمی‌کند و قدرت پاسخ‌دادن به شخصی را که صدایش می‌کند ندارد؛ آن‌گاه او را با دوش برداشته به خانه قبر می‌برند و وی را در آنجا به عملش سپرده و برای همیشه از دیدار او محروم می‌مانند.

تا زمانی که مدّت معلوم شده جهان سر آید و مقدّرات پایان پذیرد و آخرین موجود، به وسیله مرگ، به اولین موجود ملحق گردد و فرمان حق در راستای خواست او در رابطه با تجدید خلقت فرا رسد»[۱].

توضیحات کاربردی

فطرت انسان گریزان از حقیقت قیامت نیست؛ امّا اراده باطلی در انسان، سبب فرار او از این حقیقت می‌شود. انسان سعی دارد که راه را برای گناهکاری خود و عدم انجام وظایفش باز نگاه دارد؛ ازاین‌روست که به بهانه‌های مختلف، سعی در تکذیب این حقیقت دارد.

این، انحصاری در مکذّبان زبانی آن روز ندارد. انسان گاهی جسارت ابراز پیدا می‌کند و گاهی در دل تکذیب می‌کند و گاهی با توجیه وقایع قیامت و ایجاد حصاری خیالی برای عذاب خود، خیال خود را از پاسخ‌گویی در محضر پروردگار خویش، آسوده می‌کند؛ همه این موارد که امروز مصادیق فراوان دارد، به همان پشت‌پرده بازمی‌گردد و در این معادله، فرقی بین مکذّبان ظاهری و واقعی نیست.

انسان باید بداند، هرچقدر هم که با دورزدن قیامت، با خیال آسوده راه را باز نگه دارد، در روزی سخت با پروردگار خود مواجه خواهد شد و همه رفتارش پیش رویش خواهد بود؛

---

۱. نهج البلاغه، ترجمه انصاریان، ص۹۴.

باید بداند که سر زیر برف کردن، تنها چشمان خود او را از حقیقت می‌بندد و چشمان باز ثبت‌کنندگان اعمال و خدایی که ناظر بر اعمال اوست هرگز بسته نیست؛ هر نیّتی، هر فکری و رفتاری به‌طور دقیق ثبت شده و به آن محاسبه خواهد شد.

سوره قیامت، در این نقطه نیز مخاطبان خود را رها نکرده است؛ انسان برای اینکه آسایش خود را با باور به حقیقت قیامت تهدیدشده نبیند، باید تعریف درستی از آسایش داشته باشد؛ بله اگر همه چیز را در دنیای خود تعریف کرد و هیچ خیالی برای زندگی ابدی خود نداشت، چاره‌ای جز تلاش برای آبادکردن لذّات و بهره‌های دنیای خود ندارد.

امّا کافیست کمی فنای دنیا را در نظر بیاورد تا از لحظه‌ای برای اصلاح آخرت خود دریغ نکند؛ لحظات سخت رفتن جان از بدن، بزرگ‌ترین عبرت مشهود برای صاحبان دیده است؛ اینکه دنیا و همه دارونداراش از دست انسان محتضر دور می‌شود و کسی برای او کاری از پیش نمی‌برد.

اگر انسان به دنیا و آخرت خویش صحیح بنگرد، هرگز آسایش خود را در آزادی و ولنگاری در دنیا به هر شرط، نخواهد دید و دیگر انگیزه‌ای برای تکذیب قیامت ندارد. این مهمترین گام باور به حقیقت قیامت است؛ امّا سوره قیامت از احتجاج و استدلال نیز فروگذار نکرده تا کسی گمان نکند که چون شبهه‌ها بی‌پاسخ مانده، خدای متعالی به فرافکنی روی‌آورده است. آیات به سیر آفرینش انسان احتجاج می‌کند؛ که شاهدی عینی بر حکمت آفرینش الهی و قدرت او که هم امکان قیامت و هم ضرورت آن را به اثبات می‌رساند.

سوره قیامت، نسخه‌ای کامل و بی‌بدیل در مقابله با انکار قیامت است؛ روشنگری‌های این سوره راه را برای باور خود انسان و ایجاد باور در دیگران باز کرده است؛ تحلیل ریشه‌های روانی انکار قیامت و انذار متناسب با آن از یک سو و احتجاج برای ضرورت و امکان قیامت از سوی دیگر، ابعاد مختلف انکار قیامت را در نظر گرفته است.

دعا

خدایا! از هواهای نفسانی خود به تو پناه می‌برم؛ مبادا به سبب هواهای نفسانی، چشمانم از دیدن حقایق بسته شود.

بارالها! از دنیاطلبی خود بیمناکم؛ مددی کن تا زنجیر محبت دنیا را از پای خویش باز کنم و در اندیشهٔ رهایی از عذاب و رسیدن به عاقبت نیکوی نیکوکاران در آخرت باشم.

سوره انسان

ترجمه تطبیقی

بِسْمِ اللَّهِ الرَّحْمَنِ الرَّحِیم

به اسم الله رحمت‌گستر رحم‌آور

هَلْ أَتَىٰ عَلَى الْإِنْسَانِ حِینٌ مِنَ الدَّهْرِ لَمْ یَکُنْ شَیْئًا مَذْکُورًا ۝١

آیا بر انسان زمانی از دهر گذشت که چیزی درخور ذکر نبود؟ «١»

إِنَّا خَلَقْنَا الْإِنْسَانَ مِنْ نُطْفَةٍ أَمْشَاجٍ نَبْتَلِیهِ فَجَعَلْنَاهُ سَمِیعًا عابَصِیرًا ۝٢

به یقین ما انسان را از نطفه‌ای در هم آمیخته که آن را از صورتی به صورت دیگر در می‌آوریم، خلق کردیم؛ سپس او را شنوا و بینا قرار دادیم. «٢»

إِنَّا هَدَیْنَاهُ السَّبِیلَ إِمَّا شَاکِرًا وَإِمَّا کَفُورًا ۝٣

به یقین ما او را به راه، هدایت کردیم؛ چه‌اینکه شاکر باشد یا کفران‌کننده. «٣»

إِنَّا أَعْتَدْنَا لِلْکَافِرِینَ سَلَاسِلَا وَأَغْلَالًا وَسَعِیرًا ۝٤

به یقین ما برای کافران زنجیرها و غُل‌ها و آتشی شعله‌ور آماده کردیم. «٤»

إِنَّ الْأَبْرَارَ یَشْرَبُونَ مِنْ کَأْسٍ کَانَ مِزَاجُهَا کَافُورًا ۝٥

همانا ابرار از کاسه‌ای می‌نوشند که مزاجش از کافور است. «٥»

عَیْنًا یَشْرَبُ بِهَا عِبَادُ اللَّهِ یُفَجِّرُونَهَا تَفْجِیرًا ۝٦

چشمه‌ای است که عبادالله از آن می‌نوشند؛ درحالی‌که خود آن را جاری می‌کنند، جاری کردنی. «٦»

يُوفُونَ بِالنَّذْرِ وَيَخَافُونَ يَوْماً كَانَ شَرُّهُ مُسْتَطِيراً (٧)

به نذر وفا می‌کنند و از روزی که شرّ آن فراگیر است، می‌ترسند.«۷»

وَيُطْعِمُونَ الطَّعَامَ عَلَىٰ حُبِّهِ مِسْكِيناً وَيَتِيماً وَأَسِيراً (٨)

و اطعام می‌کنند طعام را در عین دوست‌داشتنش، به مسکین و یتیم و اسیر.«۸»

إِنَّمَا نُطْعِمُكُمْ لِوَجْهِ اللَّهِ لَا نُرِيدُ مِنْكُمْ جَزَاءً وَلَا شُكُوراً (٩)

همانا اطعام می‌کنیم شما را برای جلب توجّه اللّه؛ از شما نمی‌خواهیم جزائی و نه تشکّری.«۹»

إِنَّا نَخَافُ مِنْ رَبِّنَا يَوْماً عَبُوساً قَمْطَرِيراً (١٠)

همانا ما می‌ترسیم از پروردگارمان، نسبت به روزی عبوس و بسیار سخت.«۱۰»

فَوَقَاهُمُ اللَّهُ شَرَّ ذَٰلِكَ الْيَوْمِ وَلَقَّاهُمْ نَضْرَةً وَسُرُوراً (١١)

پس اللّه نگه‌داشت ایشان را از شرّ آن روز و ایشان را؛ شادابی و سرور رو در رو ساخت.«۱۱»

وَجَزَاهُمْ بِمَا صَبَرُوا جَنَّةً وَحَرِيراً (١٢)

و جزا داد به ایشان به‌سبب صبرشان، بهشت و حریر را.«۱۲»

مُتَّكِئِينَ فِيهَا عَلَى الْأَرَائِكِ لَا يَرَوْنَ فِيهَا شَمْساً وَلَا زَمْهَرِيراً (١٣)

تکیه‌زنندگان‌اند در آن بر اریکه‌ها، نه خورشیدی در آنجا می‌بینند و نه سوز سرمایی؛«۱۳»

وَدَانِيَةً عَلَيْهِمْ ظِلَالُهَا وَذُلِّلَتْ قُطُوفُهَا تَذْلِيلاً (١٤)

و پایین آمده بر روی ایشان، سایه‌های آن و رام شده میوه‌های چیدنی‌اش، رام‌شدنی.«۱۴»

وَيُطَافُ عَلَيْهِمْ بِآنِيَةٍ مِنْ فِضَّةٍ وَأَكْوَابٍ كَانَتْ قَوَارِيرَا (١٥)

و طواف داده می‌شود بر ایشان، ظرف‌هایی از نقره و تنگ‌هایی که بلورین است.«۱۵»

قَوَارِيرَ مِنْ فِضَّةٍ قَدَّرُوهَا تَقْدِيراً (١٦)

بلورهایی از نقره، مقدّر کرده‌اند آنها را مقدّرکردنی«۱۶»

وَيُسْقَوْنَ فِيهَا كَأْساً كَانَ مِزَاجُهَا زَنْجَبِيلاً (١٧)

و نوشانده می‌شوند در آن، از کاسه‌ای که مزاجش از زنجبیل است.«۱۷»

عَيْناً فِيهَا تُسَمَّىٰ سَلْسَبِيلاً (١٨)

چشمه‌ای است در آن، که سلسبیل نامیده می‌شود؛«۱۸»

وَيَطُوفُ عَلَيْهِمْ وِلْدَانٌ مُخَلَّدُونَ إِذَا رَأَيْتَهُمْ حَسِبْتَهُمْ لُؤْلُؤاً مَنْثُوراً ﴿۱۹﴾

و نوجوانانی جاودان، بر آنها طواف می‌کنند؛ وقتی آنها را ببینی، ایشـان را مرواریدهایی پراکنده‌شـده، گمان می‌کنی؛«۱۹»

وَإِذَا رَأَيْتَ ثَمَّ رَأَيْتَ نَعِيماً وَمُلْكاً كَبِيراً ﴿۲۰﴾

و هنگامی که ببینی آنجا را، می‌بینی نعمتی پایدار و مُلکی بزرگ.«۲۰»

عَالِيَهُمْ ثِيَابُ سُنْدُسٍ خُضْرٌ وَإِسْتَبْرَقٌ وَحُلُّوا أَسَاوِرَ مِنْ فِضَّةٍ وَسَقَاهُمْ رَبُّهُمْ شَرَاباً طَهُوراً ﴿۲۱﴾

رویین آنها لباس ابریشـمی نازک سـبز رنگ و ابریشمی ضخیم است و آراسته شدند، با دستواره‌هایی از نقره؛ و پروردگارشان به آنها شراب طهور نوشاند.«۲۱»

إِنَّ هَذَا كَانَ لَكُمْ جَزَاءً وَكَانَ سَعْيُكُمْ مَشْكُوراً ﴿۲۲﴾

همانا این جزایی برای شماست و سعی شما مشکور است.«۲۲»

إِنَّا نَحْنُ نَزَّلْنَا عَلَيْكَ الْقُرْآنَ تَنْزِيلاً ﴿۲۳﴾

همانا ما، خودمان، نازل کردیم بر تو قرآن را نازل‌کردنی.«۲۳»

فَاصْبِرْ لِحُكْمِ رَبِّكَ وَلَا تُطِعْ مِنْهُمْ آثِماً أَوْ كَفُوراً ﴿۲۴﴾

پس برای حکم پروردگارت صبر کن و از هیچ گنه‌کار یا کفران‌کننده‌ای از آنان اطاعت مکن.«۲۴»

وَاذْكُرِ اسْمَ رَبِّكَ بُكْرَةً وَأَصِيلاً ﴿۲۵﴾

و متذکّر باش اسم پروردگارت را بامداد و عصرگاه؛«۲۵»

وَمِنَ اللَّيْلِ فَاسْجُدْ لَهُ وَسَبِّحْهُ لَيْلاً طَوِيلاً ﴿۲۶﴾

و بخشی از شب را؛ پس برای او سجده کن و شب‌هنگام، او را طولانی‌مدّت تسبیح کن.«۲۶»

إِنَّ هَؤُلَاءِ يُحِبُّونَ الْعَاجِلَةَ وَيَذَرُونَ وَرَاءَهُمْ يَوْماً ثَقِيلاً ﴿۲۷﴾

همانا ایشان به زودگذر محبّت دارند و روزی سنگین را به پشت سر می‌اندازند«۲۷»

نَحْنُ خَلَقْنَاهُمْ وَشَدَدْنَا أَسْرَهُمْ وَإِذَا شِئْنَا بَدَّلْنَا أَمْثَالَهُمْ تَبْدِيلاً ﴿۲۸﴾

ما ایشـان را خلق کردیم و مفاصل‌شـان را محکم کردیم و هرگاه مشیت کنیم، جایگزین می‌کنیم امثال ایشان را جایگزین‌کردنی.«۲۸»

إِنَّ هَذِهِ تَذْكِرَةٌ فَمَنْ شَاءَ اتَّخَذَ إِلَى رَبِّهِ سَبِيلاً ﴿۲۹﴾

همانا این مایه تذکّر است؛ پس هر کس مشیت کند، به سوی پروردگارش راهی برگیرد.«۲۹»

وَمَا تَشَاءُونَ إِلَّا أَنْ ☒شَاءَ اللَّهُ إِنَّ اللَّهَ كَانَ عَلِ☒ماً حَكِ☒ماً ﴿۳۰﴾

و شما چیزی را مشیت نمی‌کنید مگر این که اللّه مشیت کند؛ همانا اللّه علیم حکیم است.«۳۰»

☒دْخِلُ مَنْ ☒شَاءُ فِ☒ رَحْمَتِهِ وَالظَّالِمِ☒نَ أَعَدَّ لَهُمْ عَذَاباً أَلِ☒ماً ﴿۳۱﴾

هر که را مشیت کند، در رحمت خود داخل می‌کند و ظالمان، برای ایشان، عذابی دردناک آماده کرده است.«۳۱»

کشف سیاق‌ها

سوره انسان چهار سیاق دارد: آیه ۱ تا ۴، آیه ۵ تا ۲۲، آیه ۲۳ تا ۲۸ و آیه ۲۹ تا ۳۱.

آیه ۱ تا ۴، سیر مفهومی واحدی دارد. آیه ۱ تا ۳، با سؤال در مورد سابقه انسان آغاز شده و در ادامه از خلق و هدایت او به دست خدا و پاسخ انسان با شکر یا کفران، سخن گفته است و آیه ۴، عاقبت کفران انسان را گوشزد کرده است. از لحاظ ادبی نیز سخن، حول موضوع انسان بوده و بازگشت ضمایر به او، قرینه اتصال آیات است.

آیه ۵، با وجود اینکه در ابتدای نظر متّصل به سیاق گذشته است، شروع سیر مفهومی جدید از آیات، در بیان عاقبت ابرار و عباداللّه است.

توضیح: آیه ۳، از عکس‌العمل‌های متفاوت انسان‌ها در برابر هدایت الهی، در قالب شکر یا کفر خبر داده و آیه ۴، در ادامه همین سیر، از عاقبت کافران خبر می‌دهد. تصوّر ابتدایی این است که آیه ۵ نیز در ادامه همین سیر و بیانگر عاقبت قِسم شاکران است؛ امّا توجّه به چند قرینه مهم لفظی و محتوایی، حکایت از امر دیگری دارد:

۱. تغییر تعبیر از «شاکر» به «ابرار» از ابتدای آیه ۵؛ آیه ۴ به‌وضوح با تکرار تعبیر آیه ۳، از عاقبت کفر سخن گفته است؛ امّا آیه ۵، عبارت «شاکر» را ادامه نداده و از عنوان جدید «ابرار» استفاده کرده است؛ همین قرینه، حکایت از گسست لفظی آیات دارد.

۲. تغییر اسلوب؛ آیات سیاق اوّل، با اسلوب مشترک «انّا» ادامه یافته و از ابتدای آیه ۵، این اسلوب تداوم ندارد.

۳. آیه ۴، صرفاً به بیان عاقبت کفر پرداخته؛ امّا آیه ۵، با بیان عاقبت ابرار، سیر

مفصّلی از سخن در مورد ابرار و عبادالله، ارتباط ایشان با یکدیگر، وصف رفتار دنیوی عبادالله و عاقبت ایشان را آغاز کرده است؛ سیری از آیات که کاملاً پیوسته ادامه یافته و جایی برای جدایی ندارد.

بنابراین، آیه ۵، سرآغاز سیاق جدید در سوره انسان است. پیوند آیات این سیاق تا آیه ۲۲، روشن است. وجه محتوایی این ارتباط، در قرائن پیش‌گفته گذشت؛ امّا از نظر ادبی نیز، عطف آیات به یکدیگر و تکرار ضمایر، پیوستگی این آیات را نشان می‌دهد.

آیه ۲۳، ارتباط ادبی با آیات قبل ندارد و سیر مفهومی جدیدی خطاب به پیامبر؟ص؟ را آغاز کرده است. سیر سخنان خدا خطاب به پیامبر؟ص؟ تا آیه ۲۶، به‌وضوح ادامه یافته است. آیات ۲۷ و ۲۸ نیز به این سیر متصل است؛ زیرا اسم اشاره «هولاء» در آیه ۲۷ و ضمیر «هم» در آیه ۲۸، به «آثماً أو کفوراً»، در آیه ۲۴، بازمی‌گردد.

از ابتدای آیه ۲۹، سیر مفهومی جدیدی در جمع‌بندی مباحث سوره آغاز می‌شود. این سیر، حول محور مشیت انسان و الله، در انتخاب راهی به سوی پروردگار تا پایان سوره ادامه یافته است.

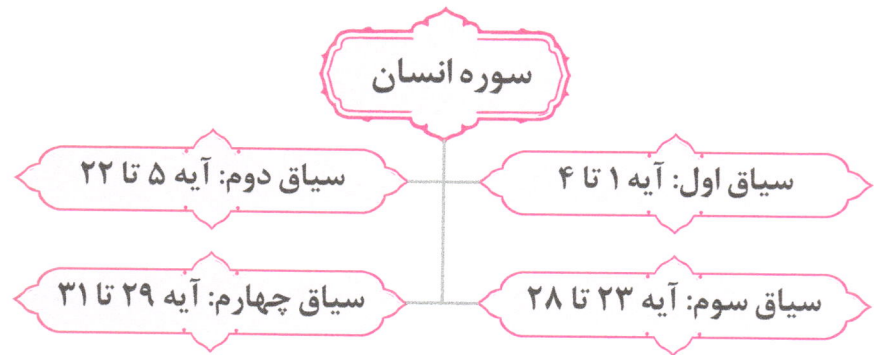

سیاق اول: آیه ۱ تا ۴

فضای سخن

عده ای از انسان‌ها در فضای اختیار، نسبت به هدایت الهی کافر و ناسپاس‌اند.

انسان‌ها با نظر به اختیار خود در انتخاب مسیر، هدایت الهی را نادیده گرفته و به‌جای قبول شاکرانه آن، نسبت به آن کفران می‌کنند.

قرائن فضای بالا از این قرار است:

۱. بجایی یادآوری زمان ناچیزبودن انسان در ابتدای سیاق، «**هَلْ أَتَى عَلَى الْإِنْسَانِ حِينٌ مِنَ الدَّهْرِ لَمْ يَكُنْ شَيْئاً مَذْكُوراً** (۱)» و تأکید شدید بر عاقبت کفران در آیه پایانی سیاق، «**إِنَّا أَعْتَدْنَا لِلْكَافِرِينَ سَلَاسِلَا وَأَغْلَالًا وَسَعِيراً** (۴)»، حکایت از غلبه فضای غفلت و کفر دارد. کفر در آیات سیاق، نقطه مقابل شکر است؛ بنابراین مراد از آن ناسپاسی است.

۲. آیه ۲ و ۳، حکایت از نعمات الهی به انسان دارد و به موضوع هدایت او به راه، منتهی می‌شود: «**إِنَّا خَلَقْنَا الْإِنْسَانَ مِنْ نُطْفَةٍ أَمْشَاجٍ نَبْتَلِيهِ فَجَعَلْنَاهُ سَمِيعاً بَصِيراً** (۲) **إِنَّا هَدَيْنَاهُ السَّبِيلَ ...** (۳)» بنابراین مراد از کفران انسان، ناسپاسی او نسبت به این نعمات و در رأس آنها، هدایت الهی است.

۳. تفصیل «**إِمَّا شَاكِراً وَإِمَّا كَفُوراً** (۳)»، به منظور جلب توجّه به اختیار انسان است.

سیر هدایتی

آیات سیاق ابتدا با پرسشی تأمّل‌برانگیز آغاز می‌شود و در مورد حقیقتی از انسان اقرار می‌گیرد: «**هَلْ أَتَى عَلَى الْإِنْسَانِ حِينٌ مِنَ الدَّهْرِ لَمْ يَكُنْ شَيْئاً مَذْكُوراً** (۱)»، آیا بر انسان زمانی از دهر گذشت که چیز مذکوری نبود؟ زمانی که حتّی نطفه تشکیل دهنده او ایجاد نشده بود.

این زمان، نقطه خوبی برای بیان سابقه انسان است. قطعاً هیچ انسانی نمی‌تواند منکر زمانی باشد، که هیچ اثری از او نبوده است. آیات با اسلوب «انّا» ـ که وقتی برای متکلم واحد به‌کار می‌رود، حاکی از قدرت و سیطره گوینده است ـ این‌گونه ادامه داده است: «**إِنَّا خَلَقْنَا الْإِنْسَانَ مِنْ نُطْفَةٍ أَمْشَاجٍ نَبْتَلِيهِ فَجَعَلْنَاهُ سَمِيعاً بَصِيراً** (۲)»، او هیچ نبود و این ما بودیم که او را از نطفه‌ای درهم آمیخته - که متشکّل از هسته اوّلیه وجود او از یک پدر و مادر بود - آفریدیم، نطفه‌ای که آن را از صورتی به صورت دیگر درمی‌آوریم، از نطفه به علقه و از علقه به مضغه، از مضغه به عظام و لحم و ... تا جایی که او را انسانی شنوا و بینا قرار دادیم.

انسان، ویژگی‌های فراوان قابل ذکری دارد؛ امّا انتخاب سمع و بصر از این میان، زمینه را برای ادامه سخن آماده می‌کند؛ بینایی و شنوایی، مجاری فهم و ادراک در انسان است؛ ابزاری که خدا در اختیار او قرار داده تا راه هدایت را فهمیده و طی کند.

از این رو ادامه آیات، سیر بیان سابقه انسان را به این نقطه منتهی می‌کند: «**إِنَّا هَدَيْنَاهُ السَّبِيلَ ...** (۳)»، بعد از خلق و قراردادن ابزار درک در وجود انسان، نوبت به هدایت الهی برای

او رسید؛ ما او را به راه راست هدایت کردیم؛ «سبیل» به معنای راه است؛ اما «السّبیل» به خاطر «ال» ابتدای آن، اشاره به راهی خاص دارد که خدا به آن هدایت می‌کند؛ خدای متعالی انسان را همواره به راه راست بندگی هدایت می‌کند؛ فرستادن انبیاء و رسل و جانشینان برحق ایشان و کتب آسمانی، هدایت انسان به راه راست بندگی، توسط خدای متعالی است.

انسانی که خود را مختار می‌بیند و در فضای اختیار، راه کفر را انتخاب می‌کند، از یک سابقه مهم غافل است؛ سابقه‌ای که اختیار انسان در آن هیچ نقشی نداشته؛ او بعد از آنکه هیچ نبوده، بی‌آنکه اراده کند، به‌دست خدا خلق شده و ابزار هدایت در وجودش نهاده شده و هدایت الهی به راه راست، برای او فرستاده شده و تازه، اکنون نوبت اختیار او رسیده؛ تا اینکه آیا نسبت به هدایت الهی بعد از نعمت خلق و مجهّزشدن به ابزار درک، شاکر باشد یا آن را ناسپاسی کند: «**إِمَّا شَاكِراً وَ إِمَّا كَفُوراً** ﴿۳﴾».

تعبیر «**شاکر**» در مورد بندگانی که در سبیل‌الله قدم نهادند، نشان از این دارد که این بندگان، به شکرانه نعمت خلق و سمع و بصر و هدایت، راه سعادت را پیمودند و در مقابل، بندگان «**کفور**» نه به خاطر نداشتن امکانات، که به خاطر ناسپاسیِ نعمت، نعمات الهی را ندیده گرفتند و در مسیر الهی قدم نگذاشتند.

«**کفور**»، صیغه مبالغه است و استفاده از آن به جای «**کافر**»، نشان از شدت ناسپاسی شخص، در قبال نعمت هدایت الهی دارد.

آیات، بعد از بیان آن سابقه مغفول‌مانده که اختیار انسان در آن نقشی نداشت، از آینده‌ای مهم نیز پرده برمی‌دارد: اختیار بندگانی که با سوءاختیار خود، مسیر هدایت الهی را نپیمودند تا کجا به کارشان می‌آید؟ آیا گمان کردند که انتخاب مختارانه ایشان، حقیقت را می‌سازد؟ آیا گمان کردند، با انتخاب کفر، عاقبت آن را نیز می‌توانند تغییر دهند؟

هرگز آزادی مطلقی که امروز در فضای اختیار گمان می‌کنند، در انتظار آنها نیست؛ بلکه در چارچوب مشیت الهی قرار دارند و خدای سبحان در مشیت خود برای این گروه از انسان‌ها، عذاب سخت در نظر گرفته است: «**إِنَّا أَعْتَدْنَا لِلْكَافِرِينَ سَلَاسِلَا وَأَغْلَالاً وَسَعِيراً** ﴿۴﴾»، این‌گونه نیست که انسان کفران کند و ما هم کاری با او نداشته باشیم؛ به یقین ما برای کافران زنجیرها و غُل‌ها و آتشی شعله‌ور آماده کرده‌ایم.

«**سلاسل**»، زنجیرها و «**أغلال**»، نقطه گره و اتّصال زنجیرها به هم، حکایت از

دربندشدن شدید انسان در آن روز دارد و تهدیدی مناسب، در فضای گمان آزادی برای هر نوع انتخابی است.

سیاق نخست سوره، انسان متوهّم مختار را متوجّه دو حقیقت مهم کرده تا در انتخاب خود با چشمانی بازتر عمل کند.

انسان به اقتضای دید محدود خود، تنها محدوده اختیار خویش را می‌بیند؛ او خود را می‌بیند؛ و همه کسانی را که خودشان انتخاب می‌کنند و براساس انتخاب خود عمل می‌کنند؛ این دید محدود، گمان غلطی را به‌دنبال دارد؛ گمان آزادی بی‌قیدوبند که نتیجه آن، انحراف از مسیر هدایت الهی است. وقتی مختار است که قیودی را بپذیرد یا از آنها آزاد باشد، وقتی مختار است که حدودی را رعایت کند و یا به آنها بی‌اعتنا باشد، راهِ به ظاهر آسان و بی‌دردسر را انتخاب می‌کند.

آیات این سیاق، به مخاطبان خود وسعت دید بخشیده و آنها را قدری پیش‌تر و جلوتر برده است؛ جایی در گذشته انسان که او هیچ نبوده تا اختیار داشته باشد؛ و جایی در آینده او که هیچ نقشی در تعیین آن - برای راهی که رفته‌است - ندارد. شاهد این آینده بی‌اختیار، همان گذشته بی‌اختیاری است که آیه اوّل سیاق نسبت به آن اقرار گرفت؛ وقتی حیطه اختیار، محدود است، چیستی انتخاب هم مهم می‌شود؛ وقتی انسان منحرف‌شده دانست که انحراف امروز او، تکلیفی را رقم می‌زند که هرگز قابل‌تغییر نیست، با چشمان باز اقدام به انتخاب خواهد کرد.

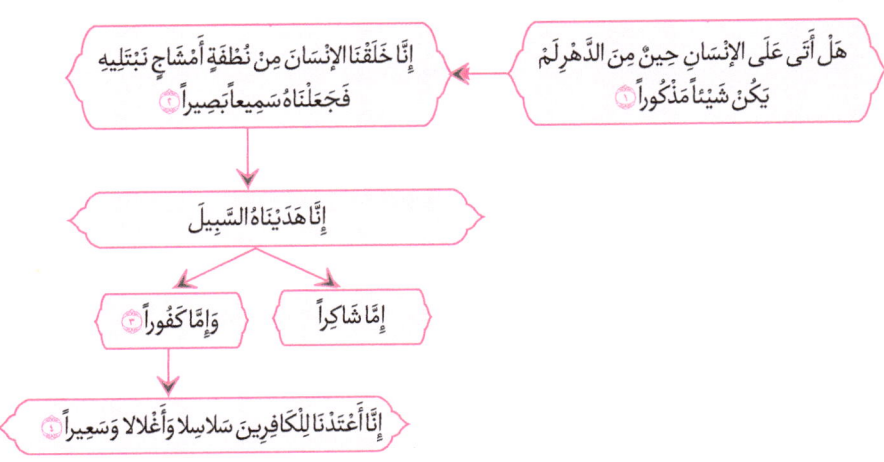

جهت هدایتی

بعد از مقدّمه آیه ۱، آیات بعد با سه «إنّا»، در سه محور سخن گفته است: ۱. خلق انسان و قراردادن ابزار درک در وجود او؛ ۲. هدایت انسان و انتخاب مسیر شکر و کفر نسبت به این هدایت؛ ۳. عاقبت مسیر کفر.

جهت هدایتی سیاق، باتوجّه به این سه محور اصلی، قابل استفاده است:

خلقت و هدایت انسان‌ها به‌دست خداست
و کفران نعمت هدایت، عذابی سخت در پی دارد.

خدا انسان را خلق کرده و ضمن مجهزساختن او به ابزار درک، او را به راه راست هدایت کرد. انسان‌ها در پذیرش هدایت، حق انتخاب دارند؛ ولی در صورت انتخاب راه کفر، گرفتار عذاب سخت خدا خواهند شد.

سیاق دوم: آیه ۵ تا ۲۲

فضای سخن

مخاطبان نیاز به شناخت مسیر صحیح بندگی (خط شکر) و الگویی برای پیمودن این مسیر دارند.

در حقیقت، فضای سخن آیات این سیاق، تغییری نکرده و باید گفت که سیاق دوّم، گام دوم هدایت خدای متعالی در فضای سیاق قبل است یعنی آیات، بعد از اینکه با توجّه‌دادن انسان به اختیار محدودش، او را از عاقبت انتخاب مسیر کفر بیم داده است، راه جایگزین را در سیاق دوّم، شرح می‌دهد.

بجایی بیان عاقبت نیکوی ابرار در این سیاق و الگوگیری ایشان از عبادالله (که در سیر هدایتی توضیح داده خواهد شد)، حکایت از نیاز مخاطب، به شناخت مسیر صحیح و الگوی مناسب آن دارد.

سیر هدایتی

در ابتدای سیاق، خدای متعالی با عبارتی زیبا، از عاقبت گروهی تحت عنوان ابرار سخن می‌گوید: «**إِنَّ الْأَبْرَارَ يَشْرَبُونَ مِنْ كَأْسٍ كَانَ مِزَاجُهَا كَافُوراً** ﴿۵﴾»، همانا ابرار، جامی از شراب می‌نوشند که آمیزه آن کافور است.

بیـان عاقبـت کفردرسـیاق قبل، انگیزه مخاطب برای شـناخت خـطّ مقابل، یعنی خط شکررا بالا برده؛ مخاطبی که با شنیدن عاقبت کفر، نگران آن شده باشد و تصمیم به پیروی از خط شـکرداشـته باشد، اوّلین نیاز او، شناخت خط شـکر است. گام اوّل سوره انسان برای این مهمّ، استفاده از تعبیر «ابرار» است، «ابرار»، جمع «بارّ» به معنای نیکوکاران است. شرط راه هدایت، نیکوکاری است؛ چراکه عاقبت نیکوی اخروی، شامل حال این گروه است.

امّا نوع بیان عاقبت «ابرار»، متفاوت اسـت؛ بیانی سـؤال‌برانگیز! «**کافور**» که قدری از آن، در جام شراب ابرار ریخته می‌شود چیست؟ آیات این‌گونه پاسخ داده: «**عَیْناً یَشْرَبُ بِهَا عِبَادُ اللهِ یُفَجِّرُونَهَا تَفْجِیراً﴿۶﴾**» کافور چشمه‌ای است که «**عباد الله**» از آن می‌نوشند و خودشان آن را در بهشت جاری می‌کنند.

ایـن سـخن، بی‌تردیـد حکایـت از برتری عبـادالله برابـرار دارد؛ امّا عـلاوه بـرآن، از رابطه‌ای بین این دو گروه پرده برمی‌دارد؛ عاقبت اخروی انسـان‌ها، تجسّـم زندگی آنها در دنیا اسـت، بـه تعبیـر دیگـر، تصویراخروی و حقیقی رفتـار آنها در دنیاسـت. وقتی عبـادالله جاری‌کننده چشـمه‌ای در بهشـت هسـتند کـه خود از آن می‌نوشـند و قـدری از آن به شـراب ابـرار ریخته می‌شود، باید به‌دنبال صورت زمینی آن در دنیا گشت، عبادالله مبدأ جریانی هستند که خود به‌طورکامل از آن بهره‌مند هستند؛ و ابرار هرکدام به اندازه خود، از آن بهره‌مند شده‌اند.

ایـن نـوع بیان عاقبت، حکایـت از الگوی دنیوی پیش‌روی ابرار می‌کنـد؛ آنها ابرارند و به این جهـت، سـهمی از شـراب عبادالله دارند؛ چون در دنیا، سهمی از رفتار و باورهای ایشان را در خود متجلّی کرده‌اند.

امّـا عبـادالله چه کسـانی هسـتند؟ ادامـه آیات ایشـان را معرّفی کرده اسـت. ایـن معرّفی می‌تواند رمز و راز الگوپذیری ابرار و حقیقت دنیوی کافور را مشخّص کند:

۱. «**یُوفُونَ بِالنَّذْرِ وَ یَخَافُونَ یَوْماً کَانَ شَرُّهُ مُسْتَطِیراً﴿۷﴾**»، آنها به نذر خود وفا می‌کنند و می‌ترسند از روزی که شرّآن فراگیر است.

۲. «**وَیُطْعِمُونَ الطَّعَامَ عَلَى حُبِّهِ مِسْکِیناً وَیَتِیماً وَأَسِیراً﴿۸﴾ إِنَّمَا نُطْعِمُکُمْ لِوَجْهِ اللهِ لا نُرِیدُ مِنْکُمْ جَزَاءً وَلا شُکُوراً﴿۹﴾ إِنَّا نَخَافُ مِنْ رَبِّنَا یَوْماً عَبُوساً قَمْطَرِیراً﴿۱۰﴾**»، «**حبّ**» به معنای علاقه زیاد است[۱]؛ علاقه زیاد انسان به طعام، ناشی از گرسنگی و نیاز

۱. التحقیق فی کلمات القرآن الکریم(ج۲،ص۱۷۸) در معنای این ریشه می‌نویسد:«هوالوداد والمیل الشدید».

او به طعام است؛ ایشان طعام خود را با وجود نیاز شدید به آن، به مسکین و یتیم و اسیر می‌دهند و با آنها این‌گونه سخن می‌گویند که: «ما تنها برای جلب توجّه پروردگار خود شما را اطعام می‌کنیم و در قبال آن، هیچ جزا و تشکّری از شما نمی‌خواهیم، ما تنها از پروردگار خود می‌ترسیم؛ در روزی که آن روز، خشمگین و بسیار سخت است».

وفای به نذر و اطعام خالصانه طعام - به سبب خوف از قیامت- خلاصه وصف آیات از عبادالله است؛ امّا چرا این دو رفتار، از میان این همه رفتار نیکو انتخاب شده؟ ویژگی خاصّی که مدّنظر بوده چیست؟

نباید فراموش کرد که آیات، در مقام معرّفی الگوست؛ معرّفی الگو، با تبیین رفتار پسندیده متفاوت است؛ در مقام معرّفی الگو، بیش از آنکه تنوّع و تعدّد رفتارهای پسندیده لحاظ شود، شخص الگو و مبنای او در انتخاب رفتارها حائز اهمّیت است.

توجّه به ظرائفی از بیان ویژگی‌های عبادالله، نشان می‌دهد که آیات، یک صحنه از ایشان را به تصویر کشیده، تا اشخاص حاضر در این صحنه، برای همیشه الگوی راه ابرار باشند.

وفای به نذر و اطعام طعام به مسکین و یتیم و اسیر در کنار هم و انتخاب آنها از میان این‌همه رفتار، توجیه خاصّی نیاز دارد؛ وجه انتخاب این دو رفتار دو توجیه می‌تواند باشد:

الف) اینکه این دو، جامع صفات کریمه عبادالله است؛ امّا برای چنین توجیهی قرینه‌ای در دست نیست؛ شاید عنوان مهم‌تری مانند اقامه‌ی نماز و عنوان عام‌تری مانند پرداخت زکات، برای این منظور صلاحیت بیشتری داشته باشد.

ب) اینکه، وفای به نذر و اطعام؛ دو قسمت از یک صحنه است.

شاهد مهمّ توجیه دوّم، ویژگی‌های دقیق چگونگی اطعام طعام است که آن را بیشتر به توصیف یک صحنه بدل می‌کند؛ در این آیه، مسکین و یتیم و اسیر به یکدیگر عطف شده‌اند یعنی عبادالله به هر سه اینها اطعام کرده‌اند. اگر بیان آیات، اشاره به صحنه‌ای خاص نداشت، وجهی برای عطف این سه به هم نبود؛ زیرا یقیناً نمی‌توان گفت که شرط عبادالله بودن، اطعام به هر سه این افراد با هم است.

شاهد مهم دیگر، وصف «علی حبّه» است؛ وصفی که حکایت از گرسنگی عبادالله در حین اطعام دارد. گرسنگی چگونه با اطعام طعام قابل جمع است؟ اگر ایشان، با وجود

داشتن طعام گرسنه‌اند، پس امر بیرونی دیگری مانع خوردن طعام شده است؛ مثلاً روزه که مانع از خوردن طعام می‌شود.

آیات در ضمن حکایت از این صحنه، عبادالله را به عنوان الگوی ابرار نشان داده‌است؛ امّا سؤال اینجاست که آیا نمی‌شد با بیان ساده‌تری، مثلاً ذکر اسامی صاحبان این صحنه، ایشان را معرّفی کرد؟

پاسخ این سوال با کمی دقّت در معرّفی ایشان، قابل دریافت است؛ هدف خدای متعالی، توجّه دادن به این صحنه و شناخت الگوهای مسیر است؛ امّا رمز و راز الگوپذیری در این بیان، نباید از یاد برود.

بار دیگر رفتار عبادالله مرور می‌شود تا وجه این نوع از بیان، در معرّفی ایشان مشخّص شود:

ریشه رفتار ویژه عبادالله، خوف است؛ خوف از شرّ روز قیامت که آیه ۷، از زبان خدا در مورد ایشان گفت؛ و آیه ۱۰، از زبان خودشان مطرح ساخت. آنها از اینکه پروردگارشان در روز سخت قیامت، بر ایشان غضب کند، خوفناک‌اند، ازاین‌رو، در وفای خود به نذر، کوتاه نمی‌آیند و در سخت‌ترین شرایط، دست از انفاق نمی‌کشند.

از میان اقسام انفاق، مهم‌ترین نوع آن، انفاق طعام است؛ چراکه انفاق طعام، مهم‌ترین نیاز بشر را تأمین می‌کند؛ به‌ویژه اینکه فرد انفاق‌کننده، خود به آن غذا نیازمند باشد و با ایثار، آن هم نه یک بار بلکه سه بار، غذای خود را به دیگران ببخشد و ایشان را بر خویش ترجیح دهد. این، بالاترین حدّ گذشتن از دنیاست؛ اینکه کسی اساسی‌ترین نیاز خود را به دیگران ببخشد؛ و آنها را بر خود مقدم کند.

امّا این همه نیز زمانی اهمّیت فوق‌العاده می‌یابد که تنها به‌منظور جلب توجّه پروردگار برای روز سخت قیامت است؛ نه به‌خاطر جزا و نه به‌خاطر تشکّر. در ادامه خدای متعالی بر این سخن عبادالله - که از اخلاصشان گفته‌اند- صحّه گذاشته؛ چراکه او بهترین کسی است که با تأیید سخن آنان، می‌تواند اوج صداقت ایشان در این سخن را نمایان سازد.

اکنون می‌توان به عمق کار عبادالله پی‌برد؛ آنها کسانی هستند که با رفتار خود، نشان دادند دنیا در نظر ایشان بی‌ارزش است و حاضرند از ضروری‌ترین نیازهای دنیا، نیز برای رضای خدا و جلب رحمت او در روز سخت قیامت بگذرند.

این اوج دوری از حبّ دنیا برای خدا، همان جریان مثبتی است که الگوهای خط شکر، در دنیا به‌راه انداختند و ابرار با تبعیّت از آن، ریزه‌خوار سفره ایشان در بهشت می‌شوند؛ پس سرّ خط شکر، دوری از حبّ دنیا برای رضای خدا و رهایی از عذاب آخرت است.

خدای متعالی در ادامه سیاق، از پاداش رفتار عبادالله سخن می‌گوید؛ تا با مشخّص‌شدن عاقبت رفتار ایشان، حسن ارائه این الگو برای خط شکر مشخّص شود: «**فَوَقَاهُمُ اللهُ شَرَّ ذَٰلِكَ الْيَوْمِ وَلَقَّاهُمْ نَضْرَةً وَسُرُوراً** (۱۱)»، پس خدا ایشان را از شرّ همان روزی که از آن خوف داشتند؛ در امان داشت و ایشان را با شادابی و خرسندی روبرو کرد.

این اوّلین پاداش رفتار خداگرایانه ایشان است؛ امّا فراتر از این، منزلت ویژه آنها در آخرت نیز به تصویر کشیده شده‌است: «**وَجَزَاهُمْ بِمَا صَبَرُوا جَنَّةً وَحَرِيراً** (۱۲)»، صبر ایشان سبب شده که خدای متعالی جنّت و حریر را پاداش آنها قرار دهد. عنوان صبر بر رفتار عبادالله، جهت ویژه آن را مشخّص می‌کند و شاهدی بر ادّعای گذشته است. آنچه ایشان را عبادالله کرده، ظاهر وفای به نذر و یا اطعام طعام نیست؛ بلکه آنها صبر کرده‌اند. یعنی به خاطر خدا از دنیای خود گذشته‌اند و اکنون جزای صبر خود را دریافت می‌کنند؛ همه آنچه در دنیا می‌توانست، جایگزین صبر ایشان باشد، امروز در عالی‌ترین مراتب و بهترین لذّات و آسایش‌ها، در ازای صبر، نصیب ایشان شده است. توصیف جایگاه ایشان به بهشت و لباس ایشان به حریر، ضمن خبر از این دو عنوان، وضعیت مطلوب آنها در پاداش الهی را نمایان کرده‌است.

آیات بعد، در وصف این جایگاه، جملاتی را به‌کار برده که هرکدام حکایت از اوج خوشی زندگی و بهره‌مندی از نعمات اخروی دارد: «**مُتَّكِئِينَ فِيهَا عَلَى الْأَرَائِكِ لَا يَرَوْنَ فِيهَا شَمْساً وَلَا زَمْهَرِيراً** (۱۳)»، تکیه بر اریکه، کنایه از فرمانروایی و حکمرانی است؛ چه اینکه آیه ۲۰ نیز در ادامه سیاق به آن اشاره دارد. در آن بهشت، بر اریکه‌ها تکیه می‌زنند، هوای این بهشت، مطبوع و دل‌چسب است؛ نه نور مستقیم خورشید آزاری می‌رساند و نه سرمای شدید.

«**وَدَانِيَةً عَلَيْهِمْ ظِلَالُهَا وَذُلِّلَتْ قُطُوفُهَا تَذْلِيلاً** (۱۴)»، این آیه، تعبیر هم‌زمان از چند نعمت ویژه است؛ سایه که خود سبب آسایش و راحتی ایشان است، درختانی که این سایه‌ها را پدید آورده دور از دسترس نیست؛ پایین‌بودن و نزدیک‌شدن سایه، حاکی از پایین‌بودن درختان ایجادکننده آن است؛ این درختان نیز درختانی بی‌ثمر نیست؛ درختان میوه‌ای است که

میوه رسیده و چیدنی آن برای عبادالله، رام و در دسترس است.

«**وَيُطَافُ عَلَيْهِم بِآنِيَةٍ مِن فِضَّةٍ وَأَكْوَابٍ كَانَتْ قَوَارِيرَا (١٥) قَوَارِيرَ مِن فِضَّةٍ قَدَّرُوهَا تَقْدِيراً (١٦)**» این آیات نیز صحنه دیگری از نعمات ایشان را در بهترین حال تصویر کرده است، طواف داده‌شدن ظرف‌ها به دور ایشان، حکایت از دسترسی آسان و همیشگی به آن دارد؛ ظرف‌هایی که خود از نقره ساخته شده و تنگ‌هایی بلورین که آن نیز، مانند بلورهای دنیا، ساخته‌شده از شن و ماسه نیست؛ بلکه ساخته‌شده از نقره است؛ در بهترین شرایط، با بهترین ظرف‌ها، البته با تقدیر و اندازه‌گیری مختار خود، از نوشیدنی‌ها بهره‌مندند.

«**وَيُسْقَوْنَ فِيهَا كَأْساً كَانَ مِزَاجُهَا زَنجَبِيلاً (١٧) عَيْناً فِيهَا تُسَمَّى سَلْسَبِيلاً (١٨)**»، نوشیدنی آنها در بهشت، جامی از شراب بهشتی است که آمیزه آن «زنجبیل» است؛ «زنجبیل» حاصل چشمه‌ای در بهشت است که نام آن چشمه «سلسبیل» است.

قطعاً نوشیدنی‌های بهشتیان، خلاصه در یک نوع خاص نیست؛ پس اشاره به نوعی خاص، وجه خاصّی را نیز در پی دارد. دقّت به حال صاحبان این نعمت، رمز اشاره به این شراب ویژه را مشخّص می‌کند؛ آنها جاری‌کنندگان و نوشندگان چشمه کافور بودند؛ کافور شناخته‌شده برای مخاطبان سوره، طبعی سرد دارد؛ چشمه کافور را عباداللّهی به جریان انداخته‌اند که به‌خاطر خدا، نسبت به دنیا و لذّات آن سرد و بی‌میل شده‌اند؛ چنان‌که ابرار نیز به همین اندازه که از دنیا دور باشند، از این کافور در بهشت بهره‌مندند؛ امّا اکنون که خدای متعالی این همه نعمت و لذّت را برای بهره‌مندی عبادالله تدارک دیده، نوبت به آمیزه‌ای گرم از زنجبیل است تا میل به بهره‌مندی از لذّات بازیابی شود.

البته قطعاً در این آیات، سخنان فراوانی هست که در عهده این متن نیست؛ امّا اشاره به آن می‌تواند راه تأمل و دقّت بیشتر در آیات را باز کند.

بعد از شرح طواف ظرف‌ها و در اختیاربودن نوشیدنی آنها برای عبادالله، آیات بعدی، از وصف طواف‌دهندگان آن سخن می‌گوید. نه تنها ظرف‌ها و تنگ‌ها عالی‌ترین است که طواف‌دهندگان در خدمت، بهترین و زیباترین‌اند: «**وَيَطُوفُ عَلَيْهِمْ وِلْدَانٌ مُّخَلَّدُونَ إِذَا رَأَيْتَهُمْ حَسِبْتَهُمْ لُؤْلُؤاً مَّنثُوراً (١٩)**»، برای خدمت به آنها، نوجوانانی همواره نوجوان و همواره شاداب، دور آنها می‌گردند؛ نوجوانانی که وقتی به آنها نگاه می‌کنی، از شدّت درخشش و زیبایی آنها، تصوّر می‌کنی که مرواریدهایی پراکنده‌شده در فضای بهشت هستند.

آیات در پایان این بخش از اوصاف و در مقدّمه قسمت بعد، برای حکایت از تنعّم و جایگاه والای عبادالله، وصفی جامع به‌کار می‌گیرد: «وَإِذَا رَأَيْتَ ثَمَّ رَأَيْتَ نَعِيماً وَمُلْكاً كَبِيراً (۲۰)» خلاصه اینکه، چون در آنجا بنگری، نعمتی بی‌حدّ و سلطنتی بزرگ می‌بینی؛ بزرگوارانی که در اوج نعمت، بر اریکه حکمرانی تکیه زده‌اند و خدّام ایشان، در نهایت زیبایی، با بهترین ظرف‌ها و تنگ‌ها از بلور و نقره به‌دور ایشان می‌گردند و سعی در بهره‌مندکردن ایشان از نعمات دارند.

امّا خود ایشان در چه هیئتی ظاهر می‌شوند؟ آیات به زیبایی هرچه تمام‌تر، هیئت ایشان را نیز در آن بهشت توصیف می‌کند: «عَالِيَهُمْ ثِيَابُ سُنْدُسٍ خُضْرٌ وَإِسْتَبْرَقٌ وَحُلُّوا أَسَاوِرَ مِنْ فِضَّةٍ ...»، حریری نازک سبزرنگ و حریر دیگری که ضخیم است، لباس رویین آنها است و با دستواره‌هایی از نقره زینت داده شده‌اند.

خاتمه آیات، به اوج نعمت‌ها اشاره می‌کند؛ همه آنچه گفته شد از یک سو نعمتی غیرقابل‌وصف از سوی دیگر که ختم همه نعمات است، شرابی که ساقی آن نه «وِلْدَانٌ مُخَلَّدُونَ»، بلکه «ربّهم»، پروردگار ایشان است؛ شرابی که در نهایت پاکی و طهارت است و نوشنده آن سرشار از لذّت قرب به خدا می‌شود: «وَسَقَاهُمْ رَبُّهُمْ شَرَاباً طَهُوراً (۲۱)».

دقّت در اوصاف نعماتی که خدای متعالی برای عبادالله به تصویر کشیده، نظر مخاطبان را به نکته‌ای زیبا در این باره جلب می‌کند؛ میوه‌های در دسترس و طواف ظرف‌های عالی و نوشیدنی‌های آن و حکمرانی و خدمتکاران زیبارو، همه چیز در خدمت کسانی قرار گرفته که از دنیا به‌خاطر خدا گذشتند و بر آن صبر کردند؛ کسانی که از لذّات دنیا فرار کردند، بهترین لذّات و نعمات را بی‌دردسر و بدون گرفتارکردن خود، کسب کرده‌اند.

ازاین‌رو، خدای متعالی در پایان، با تداعی جمله خود ایشان در دنیا، چنین می‌گوید: «إِنَّ هَذَا كَانَ لَكُمْ جَزَاءً وَكَانَ سَعْيُكُمْ مَشْكُوراً (۲۲)»، «هذا» در این آیه، به مجموعه آیات قبل که توصیف‌کننده بهشت بود، بازمی‌گردد، شما چه خوب دانستید که دنیا ارزش جزای شما را ندارد و چه خوب گفتید که در مقابل اطعام خود، نه جزایی طلب می‌کنید و نه تشکّری؛ زیرا آنچه در دنیا بود، ارزش مقایسه با رفتار شما را نداشت؛ آنچه از نعمات بهشت وصف شد، جزای حقیقی رفتار شماست و سعی شما با رسیدن به این جایگاه، مشکور گشته است.

إِنَّ الْأَبْرَارَ يَشْرَبُونَ مِنْ كَأْسٍ كَانَ مِزَاجُهَا كَافُوراً ﴿٥﴾

عَيْناً يَشْرَبُ بِهَا عِبَادُ اللهِ يُفَجِّرُونَهَا تَفْجِيراً ﴿٦﴾

يُوفُونَ بِالنَّذْرِ

وَيَخَافُونَ يَوْماً كَانَ شَرُّهُ مُسْتَطِيراً ﴿٧﴾

وَيُطْعِمُونَ الطَّعَامَ عَلَى حُبِّهِ مِسْكِيناً وَيَتِيماً وَأَسِيراً ﴿٨﴾

إِنَّمَا نُطْعِمُكُمْ لِوَجْهِ اللهِ لَا نُرِيدُ مِنْكُمْ جَزَاءً وَلَا شُكُوراً ﴿٩﴾

إِنَّا نَخَافُ مِنْ رَبِّنَا يَوْماً عَبُوساً قَمْطَرِيراً ﴿١٠﴾

فَوَقَاهُمُ اللهُ شَرَّ ذَلِكَ الْيَوْمِ وَلَقَّاهُمْ نَضْرَةً وَسُرُوراً ﴿١١﴾

وَجَزَاهُمْ بِمَا صَبَرُوا

جَنَّةً وَحَرِيراً ﴿١٢﴾

مُتَّكِئِينَ فِيهَا عَلَى الْأَرَائِكِ لَا يَرَوْنَ فِيهَا شَمْساً وَلَا زَمْهَرِيراً ﴿١٣﴾

وَدَانِيَةً عَلَيْهِمْ ظِلَالُهَا وَذُلِّلَتْ قُطُوفُهَا تَذْلِيلاً ﴿١٤﴾

وَيُطَافُ عَلَيْهِمْ بِآنِيَةٍ مِنْ فِضَّةٍ وَأَكْوَابٍ كَانَتْ قَوَارِيرَا ﴿١٥﴾

قَوَارِيرَ مِنْ فِضَّةٍ قَدَّرُوهَا تَقْدِيراً ﴿١٦﴾

وَيُسْقَوْنَ فِيهَا كَأْساً كَانَ مِزَاجُهَا زَنْجَبِيلاً ﴿١٧﴾

عَيْناً فِيهَا تُسَمَّى سَلْسَبِيلاً ﴿١٨﴾

وَيَطُوفُ عَلَيْهِمْ وِلْدَانٌ مُخَلَّدُونَ إِذَا رَأَيْتَهُمْ حَسِبْتَهُمْ لُؤْلُؤاً مَنْثُوراً ﴿١٩﴾

وَإِذَا رَأَيْتَ ثَمَّ رَأَيْتَ نَعِيماً وَمُلْكاً كَبِيراً ﴿٢٠﴾

عَالِيَهُمْ ثِيَابُ سُنْدُسٍ خُضْرٌ وَإِسْتَبْرَقٌ

وَحُلُّوا أَسَاوِرَ مِنْ فِضَّةٍ

وَسَقَاهُمْ رَبُّهُمْ شَرَاباً طَهُوراً ﴿٢١﴾

إِنَّ هَذَا كَانَ لَكُمْ جَزَاءً وَكَانَ سَعْيُكُمْ مَشْكُوراً ﴿٢٢﴾

جهت هدایتی

آیات این سیاق را می‌توان به سه دسته تقسیم کرد:

نخست، آیه ۴ و ۵ که به بیان عاقبت ابرار و ارتباط آن با عاقبت عبادالله پرداخت.

دوم، آیه ۶ تا ۱۰ که عبادالله را در قالب صحنه‌ای از رفتار ایشان در دنیا معرّفی کرد.

و سوم، آیه ۱۱ تا ۲۲، که عاقبت عبادالله را به تصویر کشید.

از این میان، دسته نخست، با نوع بیان خود از عاقبت ابرار یعنی گره‌زدن این عاقبت به عاقبت عبادالله، مقدّمه معرّفی ایشان در دسته بعد است.

دسته سوم نیز، نسبت به دسته دوم، تبعی است؛ این آیات که با «فاء» آغاز شده، با بیان عاقبت عبادالله درصدد ترغیب مخاطبان به سوی این جایگاه است.

جهت هدایتی با محوریّت دسته دوم قابل استفاده است. با توجّه به فضای سخنی که برای سیاق قبل و این سیاق مطرح شد، عبادالله در این سیاق الگوهای خطّ شکر هستند:

معرفی الگو برای هدایت به خط شکر

ابرار باشید و همانند عباد الله، آخرت را جدی بگیرید

و با نهایت خلوص، از حبّ دنیا به منظور جلب رضای خدا، بگذرید.

مصادیق عبادالله

همه قرائنی که در متن سیر هدایتی آیات، در مورد توصیفات سیاق از عبادالله گذشت، تصویری را که بیان‌های تاریخی از این آیات ارائه داده، تأیید می‌کند؛ روایات فریقین[1] در شأن نزول این آیات، حاکی از این است که این آیات در جریان نذر روزه‌ای نازل شده است که علی علیه‌السلام و فاطمه علیهاالسلام و حسن ؟ع؟ و حسین ؟ع؟ در حال وفای به نذر آن، در سه روز، به وقت افطار، طعام خود را به مسکین و یتیم و اسیر عطا کردند؛ یک روز به مسکین و روز دیگر به یتیم و روز دیگر به اسیر.

در کتب معتبر فراوانی از شیعه، این روایت با تفاوت‌های جزئی، نقل شده است، تفاسیر

۱. أنوار التنزیل و أسرار التأویل، ج۵، ص۲۷۰ / مفاتیح الغیب، ج۳۰، ص ۷۴۶ / الکشاف، ج۴، ص۶۷۰ / تفسیر نور الثقلین، ج۵، ص۴۷۴.

معتبر سنّی نیز این روایت را نقل کرده اند. تفسیر المیزان به نقل از ابن عباس این روایت را این‌گونه آورده است:

«وَ عَنِ ابْنِ عَبَّاسٍ: أَنَّ الْحَسَنَ وَ الْحُسَیْنَ علیهماالسلام مَرِضا فَعَادَهُمَا رَسُولُ اللهِ صلی‌الله‌علیه‌وآله فِی نَاسٍ مَعَهُ فَقَالُوا: یَا أَبَا الْحَسَنِ لَوْ نَذَرْتَ عَلَی وَلَدَیْكَ، فَنَذَرَ عَلِیٌّ وَ فَاطِمَةُ علیهماالسلام وَ فِضَّةُ جاریَةٌ لهما إِنْ بَرَءا مِمَّا بِهِمَا أَنْ یَصُومُوا ثَلَاثَةَ أَیَّامٍ فَشَفیا وَ مَا مَعَهُمْ شَیْءٌ. فَاسْتَقْرَضَ عَلِیٌّ علیه‌السلام مِنْ شَمْعُونَ الْخَیْبَرِیِّ الْیَهُودِیِّ ثَلَاثَ أَصْوُعٍ مِنْ شَعِیرٍ فَطَحَنَتْ فَاطِمَةُ علیهاالسلام صَاعاً وَ اخْتَبَزَتْ خَمْسَةَ أقراصٍ، عَلی عَدَدِهُمْ فوَضَعوها بَیْنَ أَیْدِیهِمْ لِیفطَروا فَوَقَفَ عَلَیْهِمْ سائلٌ وَ قَالَ: السَّلَامُ عَلَیْكُمْ أَهْلَ بَیْتِ مُحَمَّدٍ مِسْكِینٌ مِنْ مَسَاكِینِ الْمُسْلِمِینَ أَطْعِمُونِی أَطْعَمَكُمُ اللهُ مِنْ مَوَائِدِ الْجَنَّةِ فآثَروه وَ بَاتُوا لَمْ یَذوقُوا إِلَّا الْمَاءَ وَ أَصْبَحُوا صِیَاماً، فَلَمَّا أَمْسَوْا وَ وَضَعُوا الطَّعَامَ بَیْنَ أَیْدِیهِمْ وَقَفَ عَلَیْهِمْ یَتِیمٌ فآثروه و وَقَفَ عَلَیْهِمْ أَسِیرٌ فِی الثَّالِثَةِ فَفَعَلُوا مِثْلَ ذَلِكَ. فَلَمَّا أَصْبَحُوا أَخَذَ عَلِیٌّ بِیَدِ الْحَسَنِ وَ الْحُسَیْنِ علیهماالسلام وَ أَقْبَلُوا الی رَسُولِ اللهِ صلی‌الله‌علیه‌وآله فَلَمَّا أَبْصَرَهم وَ هُمْ یَرْتَعِشُونَ كَالْفِرَاخِ مِنْ شِدَّةِ الْجُوعِ قَالَ: مَا أَشَدَّ مَا یَسُوؤُنِی مَا أَرَی بِكُمْ فَانْطَلِقْ معهم فرَأی فَاطِمَةَ علیهاالسلام فِی مِحْرَابِهَا قَدْ الْتَصِقَ ظهرُها بِبَطْنِهَا وَ غَارَتْ عَیْنَاهَا فساءَهُ ذَلِكَ فَنَزَلَ جَبْرَئِیلُ وَ قَالَ: خُذْهَا یَا مُحَمَّدِ هَنَّأَكَ اللهِ فِی أَهْلِ بَیتِكَ فأقْرَأهُ السُّورَة.[۱]»

حسن و حسین علیهماالسلام بیمار شدند و رسول خدا صلی‌الله‌علیه‌وآله با جمعی از صحابه از ایشان عیادت کرد. مردم به علی علیه‌السلام گفتند چه خوب است برای بهبودی فرزندانت نذری کنی. علی و فاطمه علیهاالسلام و فضه کنیز ایشان نذر کردند که اگر کودکان بهبود یافتند، سه روز روزه بگیرند. بچه‌ها بهبود یافتند و اثری از آن کسالت باقی نماند.

بعد از بهبودی کودکان، علی ؟ع؟ از شمعون خیبری یهودی سه من جو قرض کرد و فاطمه علیهاالسلام یک مَن آن را دستاس و سپس خمیر کرد و پنج قرص نان به عدد افراد خانواده پخت و سهم هر کسی را مقابلش گذاشت تا افطار کنند. در همین بین سائلی به در خانه آمد و گفت: سلام بر شما اهل بیت محمد صلی‌الله‌علیه‌وآله، من مسکینی از مساکین مسلمین هستم؛ مرا طعام دهید که خدا شما را از مائده‌های بهشتی طعام دهد؛ خاندان پیامبر آن سائل را بر خود مقدم شمرده، افطار خود را به او دادند و آن شب را جز آب چیزی نخوردند و شکم گرسنه دوباره نیت روزه کردند. هنگام افطار روز دوم، طعام را پیش روی خود نهادند تا افطار کنند، یتیمی بر در خانه ایستاد، آن شب هم یتیم را بر خود مقدم و در شب سوم اسیری آمد و همان عمل را با او کردند.

۱. تفسیر المیزان، ج ۲۰، ص ۱۳۲.

صبح روز چهارم که شد، علی علیه‌السلام دست حسن و حسین علیهما‌السلام را گرفت و نزد رسول خدا صلی‌الله‌علیه‌وآله آمدند؛ پیامبر اکرم صلی‌الله‌علیه‌وآله وقتی بچه‌ها را دید که چون جوجهٔ ضعیف، از شدت گرسنگی می‌لرزند، فرمود: چقدر بر من دشوار می‌آید که شما را به چنین حالی ببینم، آن‌گاه با علی و کودکان به خانه فاطمه رفت و او را در محراب عبادت یافت و دید که شکمش از گرسنگی به دنده‌های پشت چسبیده و چشم‌هایش گود افتاده؛ از مشاهده این حال ناراحت شد؛ در همین بین جبرئیل علیه‌السلام نازل شد و عرضه داشت: این سوره را بگیر، خدا تو را در داشتن چنین اهل بیتی تهنیت می‌گوید، آن گاه سوره را قرائت کرد.

سیاق سوم: آیه ۲۳ تا ۲۸

فضای سخن

سردمداران جریان کفر و گناه، پیرو حکم الهی قرآن، در هدایت به خط شکر پیامبر صلی‌الله‌علیه‌وآله را تحت فشار قرار داده‌اند.

قرائن زیر فضای بالا را نتیجه می‌دهد:

۱. آیه «**فَاصْبِرْ لِحُكْمِ رَبِّكَ وَلَا تُطِعْ مِنْهُمْ آثِمًا أَوْ كَفُورًا**﴿۲۴﴾» خطاب به پیامبر صلی‌الله‌علیه‌وآله، محور فضای سخن این آیات را روشن می‌کند، امر به صبر نسبت به حکم ربّ و نهی از اطاعت آثم و کفور، حاکی از فشار «**آثم**» و «**کفور**» علیه پیامبر صلی‌الله‌علیه‌وآله، در از بین بردن این صبر است. «**وَلَا تُطِعْ**»، علاوه بر آنچه گفته شد، حکایت از خواسته آنها برای عقب نشینی پیامبر از این موضع دارد.

۲. با توجه به مقدّم شدن آیه «**إِنَّا نَحْنُ نَزَّلْنَا عَلَيْكَ الْقُرْآنَ تَنْزِيلًا**﴿۲۳﴾»، بر فرمان صبر، مراد از «**حکم ربّ**»، حکم خدا در قرآن است.

۳. برای تشخیص نزدیک‌ترین مصداق حکم ربّ، باید از سیاق‌های قبلی سوره کمک گرفت؛ سیاق‌های قبل به هدایت‌گری خدا در مورد انسان اشاره کرده و در همین راستا، خط شکر و بندگی را معرفی می‌کند؛ بنابراین هدایت به خط شکر و بندگی در قرآن، همان حکمی است که در فضای سخن این سیاق با آن مقابله می‌شود.

۴. از بجابودن نهی «**لا تطع**»، خطاب به پیامبر؟ص؟، می‌توان فهمید که فضای این مقابله ناچیز و غیرقابل توجّه نیست؛ بلکه گویا خواص خطّ کفر، سردمدار این مقابله هستند و با نفوذ خود، فشار زیادی در ممانعت از مسیر هدایت ایجاد کرده‌اند.

سیر هدایتی

آیات از همان ابتدا با مقدّمات مناسب، درصدد تقویت پیامبر؟ص ؟، برای مقابله با فشارهاست؛ گام اوّل برای این منظور، یادآوری پشتوانه‌ای مهمّ است: «**إِنَّا نَحْنُ نَزَّلْنَا عَلَيْكَ الْقُرْآنَ تَنْزِيلاً**(۲۳)»، همانا ما قرآن را بر تو تنزیل کردیم، تنزیل‌کردنی. یادآوری اینکه قرآن سخن خداست، مقدمه دعوت پیامبر به صبر نسبت به حکم الهی قرآن است. استفاده از اسلوب «**إنّا**» و تأکید دوباره آن با «**نحن**»، حکایت از قدرت این پشتوانه است. مفعول مطلق «**تنزیلاً**» نیز، این بیان حمایتی را تقویت می‌کند؛ ما که فرستنده این سخن هستیم، به بهترین شکل آن را می‌فرستیم و از آن حمایت می‌کنیم. سخن قرآن، بیان هدایت الهی به خط شکر و بندگی است و فرستنده آن، بزرگ‌ترین حامی آن است؛ بنابراین:

«**فَاصْبِرْ لِحُكْمِ رَبِّكَ وَلَا تُطِعْ مِنْهُمْ آثِماً أَوْ كَفُوراً**(۲۴)»، پس بر حکم پروردگارت که قرآن بیان‌کنندهٔ آن است، صبر کن و هیچ‌کدام از مخالفان آن که به سبب اراده کفر یا گناه‌کاری خود، در مقابل آن می‌ایستد، اطاعت نکن.

کفر و گناه در طول هم است؛ مراد آیات، دو گروه مختلف از افراد نیست؛ بلکه مراد، همان کفری است که از ابتدای سوره، مورد بحث بوده؛ اشاره به گناه در کنار این عنوان، اشاره به نتیجه عملی این کفر در رفتار ایشان است؛ آنها در باور «**کفور**» اند و در رفتار «**آثم**».

نکته دیگر اینکه، اطاعت از آنها به معنای قبول سخن خاصّی نیست؛ عقب‌نشینی پیامبر؟ص ؟، از موضع خلاف ایشان، اطاعت از خواسته‌های آنها است.

ادامه آیات، با بیان فرمان‌هایی، پیامبر صلّی‌الله‌علیه‌وآله، را با راه‌کارهای صبر در برابر فشارها آشنا می‌کند: «**وَاذْكُرِ اسْمَ رَبِّكَ بُكْرَةً وَأَصِيلاً**(۲۵) **وَمِنَ اللَّيْلِ فَاسْجُدْ لَهُ وَسَبِّحْهُ لَيْلاً طَوِيلاً**(۲۶)»، هر بامداد و عصرگاه، نام پروردگارت را یاد کن و پاسی از شب را نماز بگزار و در آن پروردگارت را سجده کن و شب‌هنگام به مدّت طولانی او را تسبیح‌گوی و به پاکی یاد کن؛ راه صبر بر فشارها، تقویت روحیه معنوی پیامبر است؛ یاد شبانه‌روزی اسم ربّ یعنی یاد قدرت و حکمت و عظمت و دیگر اوصاف و افعال او، این تکیه‌گاه را در نظر ذکرکننده، بزرگ و بزرگ‌تر می‌کند و سجده شبانه همراه تضرّع و خضوع به درگاه او و تسبیح طولانی‌مدّت شبانه، در تنزیه خدا از نقص و خطا و اشتباه، این رابطه را محکم‌تر خواهد کرد؛ و راه‌کار آمادگی برای صبر در برابر کافران و گناهکاران مخالف عمل به این فرامین خواهد بود.

تـا ایـن نقطه از سـخن، حمایـت و تقویت پیامبر، تنها با دعوت خـود او به صبر و آمادگی برای مقاومت بوده است؛ امّا آیات در ادامه، با وصف حال مخالفان و قدرت خدا بر نابودی ایشان، ضمن تهدید آنها، انگیزه واسطه وحی در صبر را دوچندان می‌کند:

«**إِنَّ هَؤُلاءِ یُحِبُّونَ الْعَاجِلَةَ وَیَذَرُونَ وَرَاءَهُمْ یَوْماً ثَقِیلاً**(۲۷)»، «**إنّ**» در ابتدای این آیات، تعلیلی است. از آنها اطاعت نکن؛ زیرا همانا آنها، دوستداران دنیای زودگذراند و روز سنگین و سخت قیامت را پشت سر افکنده‌اند، ازاین‌رو، به خود جرأت مقابله با جریان هدایت الهی را می‌دهند؛ غافل از اینکه زودگذر، زودگذر است و آن روز سنگین و سخت در راه است.

هم خودشان بدانند و هم پیامبر صلی‌الله‌علیه‌وآله که اکنون تحت فشار ایشان است، با خبر باشد، که آنها به اذن خدا سرپا هسـتند و با اراده او هر زمان که لازم باشـد، جای خود را به انسـان‌های دیگری خواهند داد: «**نَحْنُ خَلَقْنَاهُمْ وَشَدَدْنَا أَسْرَهُمْ وَ إِذَا شِئْنَا بَدَّلْنَا أَمْثَالَهُمْ تَبْدِیلاً**(۲۸)»، این ماییم که آنان را آفریده و پیوند مفاصل و اندام‌شان را استوار ساخته‌ایم و هرگاه بخواهیم، آنان را از بین می‌بریم و امثال‌شـان را چنان که باید، جایگزین می‌کنیم. تعبیر «**شـددنا أسـرهم**»، در توسعه معنایی از مفاصل اسـتخوان‌های ظاهری به عوامل قدرت‌آفرین و ثروت‌آفرین نیز قابل سـرایت دادن اسـت؛ عواملی که سـبب شده سـرپا باشـند و امروز با سوءاستفاده از آن علیه جریان حق ایستادگی کنند.

پـس ایـن آیه، تهدیدی جدّی بـرای کافران و گناهکاران مخالف جریان هدایت به‌شـمار می‌رود؛ آنها شـاید دل‌خوش به تکیه‌گاه‌های پوشـالی خود، در مقابل حکم ربّ ایستاده‌اند؛ غافل از اینکه همه به دست خدا آفریده شده و محکم گشته و با اراده او نیز نابود می‌شود.

جهت هدایتی

آیات این سیاق را می‌توان به دو دسته تقسیم کرد:

نخست، آیه ۲۳ تا ۲۶ که سیرفرامینی خطاب به پیامبر؟ص؟ با محوریّت فرمان به صبرو عدم اطاعت از آثم و کفور است.

دوّم، آیه ۲۷ و ۲۸ که به وصف حال آثم و کفور و قدرت خدا در نابودی ایشان پرداخت.

شروع دسته دوّم آیات با «إنّ» تعلیلی، تبعیّت آن نسبت به دسته اوّل را روشن می‌کند؛ بنابراین محور جهت هدایتی آیات سیاق، دسته نخست و در این دسته، محور سخن، آیه ۲۴ است؛ بقیه آیات این دسته و دسته دوّم، مقدّمات و مؤخّراتی برای تقویت این مقاومت و دفع فشارها علیه پیامبر؟ص؟ است و هدف از تقویت ایشان، جلوگیری از مانعیّت سردمداران مخالف و زمینه‌سازی برای تداوم جریان هدایت قرآنی است:

دفع مانعیّت سردمداران خط کفر از تداوم جریان هدایت با قرآن

ای رسول ما! صبر کن؛ و در برابر تلاش خواص کفر، برای مانع‌شدن، از تداوم جریان هدایت خدا، استقامت بورز.

سیاق چهارم: آیه ۲۹ تا ۳۱

فضای سخن

ممکن است مخاطبان از قبول تذکر قرآن اعراض کنند.

هرچند با توجّه به بازگشت اسم اشاره «هذه» به آیات سوره، نمی‌توان فضای خاصّی از این سیاق استفاده کرد، امّا تأکید دوباره بر تذکّر سوره در مقام جمع‌بندی، بیشتر مناسب فضای اعراض است.

سیر هدایتی

«إِنَّ هَٰذِهِ تَذْكِرَةٌ فَمَنْ شَاءَ اتَّخَذَ إِلَىٰ رَبِّهِ سَبِيلًا ﴿۲۹﴾»، آنچه گذشت، تذکّر الهی بود؛ تا هرکس که می‌خواهد، براساس آن، راهی به سوی پروردگار خود برگیرد.

آیات، در مقام جمع‌بندی محتوای سوره، دوباره به اختیار انسان متذکّر می‌شود؛ امّا این

بـار بعد از سـخنان سـوره انسـان. گویا وجه این جمع‌بنـدی، توجّه‌دادن مخاطـب به نکته‌ای مهـم دراین‌باره اسـت. آنچه از بیان خط شـکر و الگوهـای آن و دفع مانعیّت خواص خط کفر در مقابل آن گذشت، اختیار انسان را قید نمی‌زند، بلکه تنها برای یادآوری و برای انتخاب با چشمان باز است.

امّا باز تذکّر آیه ۴ سـوره در بیانی دیگر، تکرار می‌شـود؛ هرچند اختیار با انسـان اسـت که آیا هدایـت الهـی را به جان بپذیـرد یا از آن اعراض کند، امّا هر دو انتخـاب، در حیطه اراده الهی است؛ حیطه انتخاب انسان وسیع نیست؛ او فقط راه‌هایی را می‌تواند انتخاب کند که خدای بزرگ آن راه‌ها را برای عالم اراده کرده باشد و سرانجام، هر راه نیز تابع امر خدا و قرارداد اوست. ازاین‌رو خدا در ادامه آیه می‌فرماید:

«وَمَا تَشَاءُونَ إِلَّا أَنْ يَشَاءَ اللَّهُ إِنَّ اللَّهَ كَانَ عَلِيماً حَكِيماً ﴿۳۰﴾ يُدْخِلُ مَنْ يَشَاءُ فِي رَحْمَتِهِ وَالظَّالِمِينَ أَعَدَّ لَهُمْ عَذَاباً أَلِيماً ﴿۳۱﴾»، شما چیزی را اراده نمی‌کنید مگر این که خدا آن را برای عالم اراده کرده باشد؛ پس اگر راه باطل را انتخاب کردید، امید سعادت و نجات نداشته باشید؛ زیرا خدا سعادتی برای راه باطل اراده نکرده است. این مفهوم جمله بعدی است؛ او هر کس را که اراده کند، در رحمت خود داخل می‌کند؛ او اراده کرده که پذیرندگان هدایت قرآن، از این نصیب بهره‌مند شود؛ امّا برای ظالمان، عذاب دردناک آماده ساخته، عذابی که اراده الهی برای ظالمان است و قابل‌تغییر نیست.

گویا تعبیر به «**ظالمین**» به جای «**کافرین**» که در آیات قبل آمده بود، تعریض به حال ایشان در انتخـاب غلـط بعد از هدایت الهی اسـت؛ کسـانی کـه با وجود هدایت روشـن الهی و دفع موانع از میان راه، به آن ایمان نمی‌آورند، نه تنها کافر که ظالم‌اند؛ ظالم کسی است که حقّ را شناخته ولی در موضع خود که همان موضع قبول است، قرار نمی‌دهد.

إِنَّ هَذِهِ تَذْكِرَةٌ فَمَنْ شَاءَ اتَّخَذَ إِلَى رَبِّهِ سَبِيلاً ﴿۲۹﴾

↓

وَمَا تَشَاءُونَ إِلَّا أَنْ يَشَاءَ اللَّهُ إِنَّ اللَّهَ كَانَ عَلِيماً حَكِيماً ﴿۳۰﴾

↓

يُدْخِلُ مَنْ يَشَاءُ فِي رَحْمَتِهِ وَالظَّالِمِينَ أَعَدَّ لَهُمْ عَذَاباً أَلِيماً ﴿۳۱﴾

جهت هدایتی

چنانکه گذشت، آیات این سیاق با اشاره به مجموعه پیام‌های سوره - با اسم اشاره «هذه»- نقش جمع‌بندی آن را ایفا می‌کند؛ خدای متعالی در این جمع‌بندی، در آیه ۲۹، انسان‌ها را به سرلوحه قراردادن محتوای سوره و انتخاب راه درست حرکت به سوی خدا دعوت کرده‌است.

آیه ۳۰ و۳۱، تتمّه سخن آیه ۲۹ و توجّه به نکته‌ای در مورد انتخاب انسان و ارتباط این انتخاب با اراده خدا است.

با توجّه به اینکه حلقه اتصال این سیاق با سوره، در آیه نخست سیاق ذکرشده‌است، جهت هدایتی سیاق با محوریت همان آیه به‌دست می‌آید:

فراخوان عمومی برای حرکت به‌سوی پروردگار با بهره‌گیری از محتوای سوره

همه آنچه گفته‌شد، مایه تذکّر است تا انسان‌ها با استفاده از آن، راه درست حرکت به سوی پروردگار را انتخاب کنند.

فضای سخن، سیر و جهت هدایتی سوره

عده‌ای از انسان‌ها در فضای اختیار، نسبت به پذیرش هدایت الهی کافر و ناسپاس‌اند و سردمداران خط کفر برای مقابله با هدایتگری قرآن تلاش می‌کنند.

انسان به اقتضاء اختیار خود و غفلت از محدودیّت آن، از انتخاب راه بندگی منحرف شده و تلاش عدّه‌ای از خواصّ کفر در مقابل هدایت الهی در قرآن، مزید بر علّت این انحراف شده‌است.

فضای سخن سوره انسان، دو بعد اصلی دارد که یکی از سیاق اوّل و دیگری از سیاق سوّم سوره قابل استفاده است. چنانکه گذشت، فضای سخن سیاق‌های دوّم و چهارم سوره، هر کدام به نحوی تابع فضای سیاق‌های قبلی است.

سوره برای مقابله با هر دو بعد فضای سخن، وارد میدان شده است:

سیاق اوّل، نقش آماده‌سازی ذهن و دل مخاطبان سوره را به عهده دارد. آیات این سیاق، با توجّه‌دادن انسان به اختیار محدودش، متذکّر می‌شود که دو راه پیش روی او، یکی شکر نسبت به هدایت الهی و دیگری کفران این نعمت بزرگ است؛ با این تکمله که عاقبت کفران، عذاب دربندکشنده و سوزاننده الهی است و انسان کافر راهی برای تغییر آن ندارد.

وقتی اهمّیت انتخاب انسان در فضای اختیار روشن شد، نوبت به معرّفی خط شکر در سیاق دوّم می‌رسد:

سیاق دوّم، گام اوّل خط شکر را با بیان عاقبت ابرار متذکّر می‌شود؛ گام اوّل، نیکوکاری است؛ امّا همه اهمّیت این مسیر، به شناخت الگوهای این مسیر است؛ گام دوّم، معرّفی این الگوها برای شناخت صحیح راه است، عباداللّه که به خاطر خوف از قیامت و رضای پروردگار، خالصانه از دنیا گذشته‌اند، الگوهای خط شکر در برابر هدایت الهی هستند؛ عاقبت نیکوی ایشان، هر شنونده‌ای را به تبعیّت و همراهی با آنها ترغیب می‌کند.

آن چنان‌که خط شکر، بزرگانی به عنوان الگو دارد که جریان دنیاگریزی به خاطر خوف از قیامت و رضای الله را به راه انداخته‌اند خط کفر نیز، خواصّی دارد که در اوصاف، نقطه مقابل اوصاف عباداللّه‌اند، دنیا دوست و آخرت گریز.

وَيَخَافُونَ يَوْماً كَانَ شَرُّهُ مُسْتَطِيراً ﴿٧﴾ وَيُطْعِمُونَ الطَّعَامَ عَلَى حُبِّهِ مِسْكِيناً وَيَتِيماً وَأَسِيراً ﴿٨﴾ إِنَّمَا نُطْعِمُكُمْ لِوَجْهِ اللهِ لا نُرِيدُ مِنْكُمْ جَزَاءً وَلا شُكُوراً ﴿٩﴾ إِنَّا نَخَافُ مِنْ رَبِّنَا يَوْماً عَبُوساً قَمْطَرِيراً ﴿١٠﴾	إِنَّ هَؤُلاءِ يُحِبُّونَ الْعَاجِلَةَ وَيَذَرُونَ وَرَاءَهُمْ يَوْماً ثَقِيلاً ﴿٢٧﴾

مانع مهمّ مسیر بندگان از قبول هدایت الهی، تلاش ایشان برای بستن زبان حقّ، از معرّفی این هدایت است؛ ازاین‌رو، سیاق سوّم، واسطه وحی الهی در هدایت به راه شکر را مخاطب قرار داده و با تقویت او در مقابل فشارها، از مانعیّت خواص خط کفر در مقابل این هدایت قرآنی، جلوگیری می‌کند.

اکنون که هم خط شکر معرّفی شده و هم جلوی مانعیّت خواص خط کفر از تداوم هدایت قرآنی گرفته شده است، سیاق چهارم، سخن سوره را جمع‌بندی می‌کند؛ آیات این سیاق، با نظر به محتوای سوره، مخاطبان را به انتخاب راه صحیح بندگی دعوت کرده و باز نسبت به محدودیّت اختیار ایشان هشدار می‌دهد.

از میان سیاق‌های سوره، سیاق اول و چهارم به عنوان مقدمه و جمع‌بندی و سیاق دوّم و سوّم به عنوان محتوای اصلی سوره ارزیابی می‌شود. سیاق دوم، مصادیق أتمّ خط شکر را معرّفی و ابرار را به پیروی از ایشان می‌ستاید و از این طریق، مخاطبان سوره را به راه شکر راهنمایی می‌کند؛ و سیاق سوم، با مانعیّت خواصّ خط کفر در برابر این هدایت‌گری، مقابله می‌کند و از این طریق، به یاری مخاطبان در پذیرش راه می‌شتابد، تا چنان‌که در جمع‌بندی سوره آمد، راه برای انتخاب صحیح باز باشد:

راهنمایی و یاری انسان برای انتخاب راه شکر (پذیرش هدایت الهی)

خدا بر اساس سنّت هدایت، عبادالله را به عنوان الگوهای خط شکر معرّفی کرده و مانعیّت سردمداران خط کفر، از تداوم این هدایت را بازداشته تا انسان با حسن استفاده از اختیار خویش، راه درست را برای حرکت به‌سوی پروردگار خود انتخاب کند.

آیه ۱ تا ۴

خلقت و هدایت انسانها به‌دست خداست و کفران نعمتِ هدایت، عذابی سخت در پی دارد.

خدا انسان را خلق کرد و او را به ابزار درك مجهز ساخت و او را به راه راست هدایت کرد.

انسانها در پذیرش هدایت، حق انتخاب دارند؛ ولی در صورت انتخاب راه کفر، گرفتار عذاب سخت خدا خواهند شد.

آیه ۵ تا ۲۲

معرفی الگو برای هدایت به خط شکر

ابرار باشید و همانند عبادالله معاد را جدی بگیرید و با نهایت خلوص، از حب دنیا به‌منظور جلب رضای خدا بگذرید.

آیه ۲۳ تا ۲۸

دفع مانعیّت سردمداران خط کفر، از تداوم جریان هدایت با قرآن

ای رسول ما! صبر کن، و در برابر تلاش خواص کفر برای مانع شدن از تداوم جریان هدایت خدا، استقامت بورز.

آیه ۲۹ تا ۳۱

فراخوان عمومی برای حرکت به‌سوی پروردگار با بهره گیری از محتوای سوره

همه آنچه گفته شد، مایه تذکّر است؛ تا انسانها با استفاده از آن، راه درست حرکت به‌سوی پروردگار را انتخاب کنند.

ترجمه منسجم هدایتی

بخوان این سوره را **به اسم‌الله رحمت‌گستر رحم‌آور**

آیا بر انسان زمانی از دهر گذشت که چیزی درخور ذکر نبود؟«۱» **به یقین ما انسان را از نطفه‌ای در هم آمیخته که آن را از صورتی به صورت دیگر در می‌آوریم، خلق کردیم؛ سپس او را شنوا و بینا قرار دادیم؛** تا توان درک هدایت را داشته باشد.«۲» **به یقین ما او را به راه، هدایت کردیم؛ چه‌اینکه شاکر باشد یا کفران کننده.**«۳» امّا باید بداند که **به یقین ما برای کافران زنجیرها و غُل‌ها و آتشی شعله‌ور آماده کردیم؛** پس باید در انتخاب راه، در فضای اختیار، با چشمان باز عمل کند.«۴» برای نجات باید از ابرار بود؛ زیرا **همانا ابرار از کاسه‌ای می‌نوشند که مزاجش از کافور است.**«۵» کافور، **چشمه‌ای است که عبادالله از آن می‌نوشند؛ درحالی‌که خود آن را جاری می‌کنند، جاری کردنی؛** این ارتباط در عاقبت، حاکی از ارتباط آنها در دنیاست، وقتی ابرار، جرعه نوش عبادالله‌اند پس در دنیا نیز تابع آنها بوده‌اند؛«۶» پس باید عبادالله را شناخت؛ آنها **به نذر وفا می‌کنند و از روزی که شرّ آن فراگیر است، می‌ترسند.**«۷» **و اطعام می‌کنند طعام را در عین دوست‌داشتنش، به مسکین و یتیم و اسیر.**«۸» و می‌گویند: **همانا اطعام می‌کنیم شما را برای جلب توجّه الله؛ از شما نمی‌خواهیم جزائی و نه تشکّری.**«۹» **همانا ما می‌ترسیم از پروردگارمان، نسبت به روزی عبوس و بسیار سخت.**«۱۰» **پس الله نگه‌داشت ایشان را از شرّ آن روز و ایشان را با شادابی و سرور رودررو ساخت.**«۱۱» **و جزا داد به ایشان به‌سبب صبرشان، بهشت و حریر را.**«۱۲» **تکیه‌زنندگان‌اند در آن بر اریکه‌های** فرمانروایی، **نه خورشیدی در آنجا می‌بینند و نه سوز سرمایی؛**«۱۳» **و پایین آمده بر روی ایشان، سایه‌های آن و رام شده میوه‌های چیدنی‌اش، رام‌شدنی.**«۱۴» **و طواف داده می‌شود بر ایشان، ظرف‌هایی از نقره و تنگ‌هایی که بلورین است.**«۱۵» **بلورهایی از نقره،** که **مقدّر کرده‌اند** اندازه **آنها را مقدّرکردنی**«۱۶» **و نوشانده می‌شوند در آن، از کاسه‌ای که مزاجش از زنجبیل است.**«۱۷» **چشمه‌ای در آن؛ که سلسبیل نامیده می‌شود؛**«۱۸» **و نوجوانانی جاودان، بر آنها طواف می‌کنند؛ وقتی آنها را ببینی، گمان می‌کنی ایشان را مرواریدهایی پراکنده‌شده؛**«۱۹» **و هنگامی که ببینی آنجا را، می‌بینی نعمتی پایدار و مُلکی بزرگ.**«۲۰» لباس **رویین آنها لباس ابریشمی نازک سبز رنگ و ابریشمی ضخیم است و آراسته شدند، با دستواره‌هایی از نقره، و پروردگارشان به آنها شراب طهور نوشاند.**«۲۱» **همانا این جزایی برای شماست و سعی شما مشکور است.**«۲۲» امّا عدّه‌ای همواره درصدد مانعیت از هدایت به این راه پرخیروبرکت‌اند. ای پیامبر!

همانا ما، خودمان، نازل کردیم بر تو قرآن را نازل‌کردنی.«۲۳» پس برای حکم پروردگارت صبر کن و از هیچ گنه‌کار یا کفران‌کننده‌ای از آنان اطاعت مکن.«۲۴» و برای آمادگی این صبر، **متذکّر باش اسم پروردگارت را بامداد و عصرگاه؛«۲۵» و بخشی از شب را، پس برای او سجده کن و شب‌هنگام، او را طولانی‌مدّت تسبیح کن.«۲۶» همانا ایشان به زودگذر محبّت دارند و روزی سنگین را به پشت سر می‌اندازند«۲۷» ما ایشان را خلق کردیم و مفاصل‌شان را محکم کردیم و هرگاه مشیت کنیم، جایگزین می‌کنیم امثال ایشان را جایگزین‌کردنی.«۲۸»** ای مردم، انتخاب با شماست؛ **همانا این** سخنان که گذشت، **مایه تذکّر است؛ پس هر کس مشیت کند، به سوی پروردگارش راهی برگیرد.«۲۹» و شما چیزی را مشیت نمی‌کنید مگر این که الله مشیت کند؛ همانا الله علیم حکیم است.«۳۰» هر که را مشیت کند، در رحمت خود داخل می‌کند و امّا ظالمان، آماده کرده‌است برای ایشان، عذابی دردناک،** او مشیّت کرده که پذیرندگان هدایتش، داخل در رحمتش باشند و ظالمان روی‌برتافته از آن، به عذاب دردناک برسند.«۳۱»

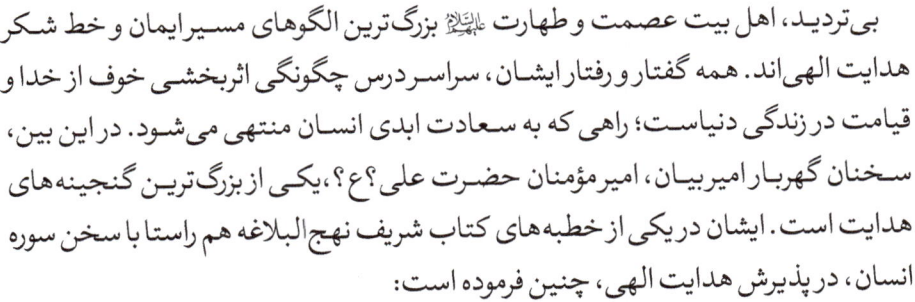

در محضر عترت علیهم‌السلام

بی‌تردید، اهل بیت عصمت و طهارت علیهم‌السلام بزرگ‌ترین الگوهای مسیر ایمان و خط شکر هدایت الهی‌اند. همه گفتار و رفتار ایشان، سراسر درس چگونگی اثربخشی خوف از خدا و قیامت در زندگی دنیاست؛ راهی که به سعادت ابدی انسان منتهی می‌شود. در این بین، سخنان گهربار امیربیان، امیرمؤمنان حضرت علی ؟ع؟، یکی از بزرگ‌ترین گنجینه‌های هدایت است. ایشان در یکی از خطبه‌های کتاب شریف نهج‌البلاغه هم راستا با سخن سوره انسان، در پذیرش هدایت الهی، چنین فرموده است:

«...فَلْيَقْبَلِ امْرُؤٌ كَرَامَةً بِقَبُولِهَا وَ لْيَحْذَرْ قَارِعَةً قَبْلَ حُلُولِهَا وَ لْيَنْظُرِ امْرُؤٌ فِي قَصِيرِ أَيَّامِهِ وَ قَلِيلِ مُقَامِهِ فِي مَنْزِلٍ حَتَّى يَسْتَبْدِلَ بِهِ مَنْزِلاً فَلْيَصْنَعْ لِمُتَحَوَّلِهِ وَ مَعَارِفِ مُنْتَقَلِهِ فَطُوبَى لِذِي قَلْبٍ سَلِيمٍ أَطَاعَ مَنْ يَهْدِيهِ وَ تَجَنَّبَ مَنْ يُرْدِيهِ وَ أَصَابَ سَبِيلَ السَّلَامَةِ بِبَصَرِ مَنْ بَصَّرَهُ وَ طَاعَةِ هَادٍ أَمَرَهُ وَ بَادَرَ الْهُدَى قَبْلَ أَنْ تُغْلَقَ أَبْوَابُهُ وَ تُقْطَعَ أَسْبَابُهُ وَ اسْتَفْتَحَ التَّوْبَةَ وَ أَمَاطَ الْحَوْبَةَ فَقَدْ أُقِيمَ عَلَى الطَّرِيقِ وَ هُدِيَ نَهْجَ السَّبِيلِ»[1].

«پس آدمی باید اندرزها را بپذیرد و پیش از رسیدن قارعه، از آن برحذر باشد؛ و در کوتاهی

---

۱. نهج البلاغه (صبحی صالح)، خطبه ۲۱۴، ص ۳۳۱.

روزگارش اندیشه کند و به ماندن کوتاه در دنیا نظر دوزد؛ تا آن را به منزلگاهی بهتر مبدّل سازد؛ پس برای جایی که او را می‌برند و برای سرای دیگر تلاش کند.

خوشا به حال کسی که قلبی سالم دارد؛ هدایتگر را اطاعت می‌کند و از بدخواه دوری می‌کند؛ و با دیدگان کسی که دیدگان او را باز کرده و با اطاعت هدایت‌کننده‌ای که او را امر کرده، به راه سلامت می‌رسد. کسی که قبل از بسته‌شدن درهای هدایت و قطع‌شدن اسباب آن، به آن مبادرت می‌ورزد و درهای توبه را می‌گشاید و گناهان را با آن نابود می‌کند. چنین کسی به راه ایستاده و به سوی سبیل حق هدایت شده است».

🌸 توضیحات کاربردی

انسان جایگاهی رفیع و بلند را به خود اختصاص داده؛ چون با اختیار و انتخاب خود سرانجامش را رقم می‌زند؛ اختیاری که تصوّر غلط از آن، انسان را از راه راست منحرف می‌کند.

سوره انسان قبل از هر اقدامی، همه مخاطبان خود در طول تاریخ را متوجّه محدودیت اختیار و عاقبت انتخاب غلط کرده است؛ کافیست انسان به خلقت خود و ابزار هدایت در وجودش نظر کند؛ تا به هدایت همین خالق مهربان، دست ردّ نزند و آن را به جان پذیرا باشد؛ این شکر حقیقی نعمت هدایت الهی است.

امّا راه سعادت چیست؟ باز سوره انسان، برای همیشه تاریخ، الگوی سعادت را معرّفی کرده است؛ راز بندگی و قبول هدایت الهی، باور به حقیقتی به نام روز قیامت است؛ روزی که حاکم مطلق آن، همان پروردگار خالق انسان است؛ عباد‌الله، مفتخر به این مدال شدند و بندگان ویژه خدا نام گرفتند؛ ایشان، خوف دوری از رحمت خدا در آن روز را در جان پروراندند و این باعث شد که حتّی نیاز مبرم دنیوی خودشان را - برای جلب رضای خدا نسبت به آن روز- ندیده بگیرند و به دنیا دست ردّ بزنند.

ایشان، الگوی مسیر بندگی هستند. هرکس به هر اندازه که از این الگو در زندگی خود آمیخته، از آمیزه کافوری که در بهشت توسط عباد‌الله جاریست، بهره‌مند است.

جزای خدا برای چنین کسانی، به خدمت درآوردن همه لذّات و آسایش‌هایی است که در دنیا از پس دردسرهای فراوان نیز قابل دسترس نبود؛ کافیست حقیقت معامله با خدا باور شود؛ تا حتّی لحظه‌ای تردید برای انتخاب از بین دنیای محدود و آخرت بی‌منتها، نباشد.

امّا تهدید مهمّ این مسیر، غرق‌شده‌های در دنیا هستند؛ کسانی که به کلّی فکر آخرت را از سربیرون کرده‌اند و به دنیا چسبیده‌اند، بزرگ‌ترین مانع آنها از نیل به اهداف دنیاگرایانه‌شان، قرآن و تعالیم الهـی آن است. امـروز به وفور مـی‌تـوان مصادیق این لشکریان شـیطان را دید. اگر یک روز، افرادی بـا این ویژگی، سـردمداری خط کفر را به عهده داشتند، امروز در قالب حکومت‌های ابرقدرت‌نما نیز این ویژگی را می‌توان یافت؛ کسانی که می‌دانند، هدایت مردم به سبیل رشـاد، دست آنها را از چپاول و استکبار و استعمار بیشـتر می‌بندد، لذا سعی در مقابلـه بـا حقیقت قرآن دارند و حتّی لحظـه‌ای از تلاش برای زمیـن‌زدن اهـداف آن از طریق رسانه‌ها و تبلیغات و ... فروگذار نمی‌کنند.

هرزمان که جبهه مدافعان ایمان، ضعیف شـده و در مقابل هجمه فشـارها عقب‌نشینی کند، آنها فرصت جولان بیشتری دارند؛ راه دفاع از حق در این دریای متلاطم، تکیه به خدایی است که بزرگ‌ترین مدافع جریان حق است؛ یاد عظمت و قدرت او و بی‌نیازی مطلق او، قلب همـه پرچم‌داران و پیروان حقّ را مطمئن می‌سازد. باید باور داشت که همه آنچه در اختیار جریان کفر است، از جانب خداست؛ پس نابودی ایشـان به‌دست او ناممکن نیست؛ چه اینکه وعده خدا در قرآن، غلبه نهایی حق بر باطل است.

 دعا

پـروردگارا، معرفت ما را به الگوهای خط شکر بیشـتر کن و توفیق تبعیت از ایشـان را به ما ارزانی بدار.

صبر ما را بیفزا تا در مسیر سعادت محکم باشیم و به بیراهه کشانده نشویم.

سوره مرسلات

ترجمه تطبیقی

بِسۡمِ اللَّهِ الرَّحۡمَٰنِ الرَّحِيمِ

به اسم الله رحمت‌گستر رحم‌آور

وَالۡمُرۡسَلَاتِ عُرۡفاً ﴿١﴾

قسم به ارسال‌شوندگان، پی‌درپی؛«۱»

فَالۡعَاصِفَاتِ عَصۡفاً ﴿٢﴾

پس توفندگان، توفنده بودنی؛«۲»

وَالنَّاشِرَاتِ نَشۡراً ﴿٣﴾

و گشایندگان، گشودنی؛«۳»

فَالۡفَارِقَاتِ فَرۡقاً ﴿٤﴾

پس تفکیک کنندگان، تفکیک کردنی؛«۴»

فَالۡمُلۡقِيَاتِ ذِكۡراً ﴿٥﴾

پس إلقاکنندگانِ ذکری را؛«۵»

عُذۡراً أَوۡ نُذۡراً ﴿٦﴾

به‌عنوان عذر یا انذار؛ «۶»

إِنَّمَا تُوعَدُونَ لَوَاقِعٌ ﴿٧﴾

که قطعاً آنچه وعده داده می‌شوید حتماً واقع‌شونده است؛«۷»

فَإِذَا النُّجُومُ طُمِسَتْ ﴿۸﴾

پس آن‌گاه که ستارگان محو گردد؛«۸»

وَإِذَا السَّمَاءُ فُرِجَتْ ﴿۹﴾

و آن گاه که آسمان بشکافد؛«۹»

وَإِذَا الْجِبَالُ نُسِفَتْ ﴿۱۰﴾

و آن‌گاه که کوه‌ها از جای کنده شود؛«۱۰»

وَإِذَا الرُّسُلُ أُقِّتَتْ ﴿۱۱﴾

و آن‌گاه که برای رسولان وقتی تعیین شود؛«۱۱»

لِأَيِّ يَوْمٍ أُجِّلَتْ ﴿۱۲﴾

برای چه روزی زمانش تعیین شده‌است؟«۱۲»

لِيَوْمِ الْفَصْلِ ﴿۱۳﴾

برای روز جدایی.«۱۳»

وَمَا أَدْرَاكَ مَا يَوْمُ الْفَصْلِ ﴿۱۴﴾

و چه چیز تو را آگاه کرده که چیست روز جدایی؟«۱۴»

وَيْلٌ يَوْمَئِذٍ لِلْمُكَذِّبِينَ ﴿۱۵﴾

وای در آن روز بر مکذّبان!«۱۵»

أَلَمْ نُهْلِكِ الْأَوَّلِينَ ﴿۱۶﴾

آیا پیشینیان را هلاک نکردیم؟«۱۶»

ثُمَّ نُتْبِعُهُمُ الْآخِرِينَ ﴿۱۷﴾

سپس پسینیان را دنبال آنان می‌بریم.«۱۷»

كَذَٰلِكَ نَفْعَلُ بِالْمُجْرِمِينَ ﴿۱۸﴾

این‌گونه با مجرمان رفتار می‌کنیم.«۱۸»

وَيْلٌ يَوْمَئِذٍ لِلْمُكَذِّبِينَ ﴿۱۹﴾

وای در آن روز بر مکذّبان!«۱۹»

أَلَمْ نَخْلُقْكُمْ مِنْ مَاءٍ مَهِ☒نٍ ﴿۲۰﴾

آیا شما را از آبی پست خلق نکردیم؟« ۲۰»

فَجَعَلْنَاهُ فِ☒ قَرَارٍ مَكِ☒نٍ ﴿۲۱﴾

پس آن را در قرارگاهی استوار قرار دادیم؛« ۲۱»

إِلَىٰ قَدَرٍ مَعْلُومٍ ﴿۲۲﴾

تا وقت مقدّر شده معلوم؛«۲۲»

فَقَدَرْنَا فَنِعْمَ الْقَادِرُونَ ﴿۲۳﴾

پس قادر شدیم؛ پس نیکو قادرانیم.«۲۳»

وَ☒لٌ ☒وْمَئِذٍ لِلْمُكَذِّبِ☒نَ ﴿۲۴﴾

وای در آن روز بر مکذّبان!«۲۴»

أَلَمْ نَجْعَلِ الْأَرْضَ كِفَاتاً ﴿۲۵﴾

آیا قرار ندادیم زمین را گردآورنده«۲۵»

أَحْ☒اءً وَأَمْوَاتاً ﴿۲۶﴾

زندگان و مردگان را«۲۶»

وَجَعَلْنَا فِ☒هَا رَوَاسِ☒ شَامِخَاتٍ وَأَسْقَ☒نَاكُمْ مَاءً فُرَاتاً ﴿۲۷﴾

و در آن کوه‌هایی محکم شامخ قرار دادیم و آبی گوارا به شما نوشاندیم.«۲۷»

وَ☒لٌ ☒وْمَئِذٍ لِلْمُكَذِّبِ☒نَ ﴿۲۸﴾

وای در آن روز بر مکذّبان!«۲۸»

انْطَلِقُوا إِلَىٰ مَا كُنْتُمْ بِهِ تُكَذِّبُونَ ﴿۲۹﴾

روانه شوید به سوی آنچه تکذیب می‌کردید آن را.«۲۹»

انْطَلِقُوا إِلَىٰ ظِلٍّ ذِ☒ ثَلَاثِ شُعَبٍ ﴿۳۰﴾

روانه شوید به سوی سایه‌ای که دارای سه شعبه است.« ۳۰»

لَا ظَلِ☒لٍ وَلَا ☒غْنِ☒ مِنَ اللَّهَبِ ﴿۳۱﴾

نه سایگی دارد و نه نسبت به لهیب آتش، فایده می‌رساند.« ۳۱»

إِنَّهَا تَرْمِ☒ بِشَرَرٍ كَالْقَصْرِ ﴿۳۲﴾

همانا آن پرتاب می‌کند شراره‌هایی مانند قصر.«۳۲»

كَأَنَّهُ جِمَالَةٌ صُفْرٌ ﴿۳۳﴾

گویی آن، شترانی زرد رنگ است.«۳۳»

وَ☒لٌ ☒وْمَئِذٍ لِلْمُكَذِّبِ☒نَ ﴿۳۴﴾

وای در آن روز بر مکذّبان!«۳۴»

هَذَا ☒وْمُ لَا ☒نْطِقُونَ ﴿۳۵﴾

این روزی است که نطق نمی‌کنند؛«۳۵»

وَلَا ☒ؤْذَنُ لَهُمْ فَ☒عْتَذِرُونَ ﴿۳۶﴾

و به آنان اذن داده نمی‌شود تا عذر بیاورند.«۳۶»

وَ☒لٌ ☒وْمَئِذٍ لِلْمُكَذِّبِ☒نَ ﴿۳۷﴾

وای در آن روز بر مکذّبان!«۳۷»

هَذَا ☒وْمُ الْفَصْلِ جَمَعْنَاكُمْ وَالْأَوَّلِ☒نَ ﴿۳۸﴾

این است روز جدایی؛ شما و پیشینیان را جمع کردیم؛«۳۸»

فَإِنْ كَانَ لَكُمْ كَ☒دٌ فَكِ☒دُونِ ﴿۳۹﴾

پس اگر کیدی دارید، پس با من کید کنید.«۳۹»

وَ☒لٌ ☒وْمَئِذٍ لِلْمُكَذِّبِ☒نَ ﴿۴۰﴾

وای در آن روز بر مکذّبان!«۴۰»

إِنَّ الْمُتَّقِ☒نَ فِ☒ ظِلَالٍ وَعُ☒ونٍ ﴿۴۱﴾

همانا متقیان در سایه‌ها و چشمه‌ها،«۴۱»

وَفَوَاكِهَ مِمَّا ☒شْتَهُونَ ﴿۴۲﴾

و میوه‌هایی از آنچه اشتها می‌کنند، هستند.«۴۲»

كُلُوا وَاشْرَبُوا هَنِ☒ئًا بِمَا كُنْتُمْ تَعْمَلُونَ ﴿۴۳﴾

بخورید و بیاشامید؛ گوارا باد به ازای آنچه عمل می‌کردید.«۴۳»

إِنَّا كَذَٰلِكَ نَجۡزِ☒ ٱلۡمُحۡسِنِ☒نَ ﴿٤٤﴾

همانا ما این‌گونه محسنان را جزا می‌دهیم.«۴۴»

وَ☒لٌ ☒وۡمَئِذٍ لِّلۡمُكَذِّبِ☒نَ ﴿٤٥﴾

وای در آن روز بر مکذّبان!«۴۵»

كُلُوا وَتَمَتَّعُوا قَلِ☒لًا إِنَّكُم مُّجۡرِمُونَ ﴿٤٦﴾

بخورید و بهره‌مند شوید، اندکی؛ چراکه شما مجرمان هستید.«۴۶»

وَ☒لٌ ☒وۡمَئِذٍ لِّلۡمُكَذِّبِ☒نَ ﴿٤٧﴾

وای در آن روز بر مکذّبان!«۴۷»

وَإِذَا قِ☒لَ لَهُمُ ٱرۡكَعُوا لَا ☒رۡكَعُونَ ﴿٤٨﴾

و چون به آنان گفته شود: رکوع کنید، رکوع نمی‌کنند.«۴۸»

وَ☒لٌ ☒وۡمَئِذٍ لِّلۡمُكَذِّبِ☒نَ ﴿٤٩﴾

وای در آن روز بر مکذّبان!«۴۹»

فَبِأَ☒ِ حَدِ☒ثِۭ بَعۡدَهُۥ ☒ؤۡمِنُونَ ﴿٥٠﴾

پس به کدامین حدیث بعد از آن، ایمان می‌آورند؟«۵۰»

کشف سیاق‌ها

سوره مرسلات ۴ سیاق دارد؛ آیه ۱ تا ۱۵، آیه ۱۶ تا ۲۸، آیه ۲۹ تا ۴۵ و آیه ۴۶ تا ۵۰.

آیه ۱ تا ۱۵، با یک مجموعه قسم و توابع آن، یعنی آیه ۱ تا ۶، آغاز شده و آیه ۷، جواب قسم‌های ابتدایی سوره است که از حتمیت وقوع وعده‌های الهی سخن گفته است. آیه ۸، با حرف عطف «فاء» به ماقبل عطف شده و به همراه آیات بعدی خود تا آیه ۱۱ در قالب چند «اذا»ی شرطیه، از شرایط زمانی وقوع وعده‌ها سخن می‌گوید. آیه ۱۲، اشاره به ظروف زمانی مطرح شده در آیات قبل دارد. ضمیر «هی» مستتر در فعل «أُجِّلَت»، به شرایط زمانی پیش‌گفته باز می‌گردد و سؤال آیه ۱۲، از روزی است که این وقایع در آن اتفاق خواهد افتاد. ازاین‌رو آیه ۱۳، در پاسخ به همین سؤال، یوم الفصل را روز تحقق شرایط زمانی و به‌دنبال آن، تحقق وعده‌ها معرفی می‌کند. آیه ۱۴، با سؤالی بر عظمت آن روز تأکید می‌کند و آیه ۱۵، به

تهدید مکذبان نسبت به آن روز می‌پردازد.

آیه ۱۶، سرآغاز سیاق جدید است؛ این آیه علاوه بر اینکه ارتباط ادبی با آیات قبل ندارد، سیر مفهومی جدیدی را در احتجاج بر حقانیت معاد آغاز کرده‌است که تا آیه ۲۸ ادامه یافته است. آیات این سیاق، سه دسته دارد که همگی با اسلوب «أَلَم» آغاز شده است: آیه ۱۶ تا ۱۹ با «أَلَمْ نُهْلِكِ ...» آیه ۲۰ تا ۲۴ با «أَلَمْ نَخْلُقْكُمْ ...» و آیه ۲۵ تا ۲۸ با «أَلَمْ نَجْعَلِ ...». این تکرار اسلوبی، دلیل روشنی در ارتباط آیات این سیاق با یکدیگر است.

امّا وضعیت ارتباط یا انفصال در آیه ۲۹ محل بحث است: آیه ۲۸، «وَيْلٌ يَوْمَئِذٍ لِلْمُكَذِّبِينَ» است و آیه ۲۹، «انْطَلِقُوا إِلَى مَا كُنْتُمْ بِهِ تُكَذِّبُونَ». این ترتیب نشان می‌دهد که خطاب آیه ۲۹، به همان مکذّبان مطرح‌شده در آیه ۲۸ است؛ امّا این میزان در اتصال سیاقی، کافی نیست. اتصال سیاقی به معنی ادامه سیر مفهومی قبل است. آیه ۱۶ تا ۲۸، در سه مجموعه با اسلوب مشابه و در راستای استدلال و احتجاج بر قدرت خدا در تحقق وعده‌هاست و آیه ۲۹ به بعد، سرآغاز سیر انذار و تبشیر است، بنابراین سیر مفهومی آغاز شده در آیه ۱۶، در آیه ۲۸ به پایان رسیده و آیه ۲۹ سرآغاز سیاق جدید است.

در این قسمت، توجه به نکته‌ای در مورد آیه «وَيْلٌ يَوْمَئِذٍ لِلْمُكَذِّبِينَ» لازم است؛ این آیه، ده بار در کل سوره و از جمله در سیاق نخست تکرار شده‌است؛ باید توجه داشت که این تکرار، دلیلی بر اتصال سیاقی نیست؛ بلکه این سیر مفهومی آیات است که تعیین‌کننده سیاق‌های سوره و ارتباط یا عدم ارتباط مستقیم آیات آن با یکدیگر است؛ تکرار آیه، نه برای برقراری ارتباط مستقیم بین تک‌تک آیات که به‌منظور هدایتی خاص است که در بخش‌های بعدی توضیح داده خواهد شد، شاهد این ادّعا، آیه ۴۵ است که این جمله را حتّی در پایان بیان نعمت و پاداش متّقیان نیز تکرار کرده است.

ارتباط آیه ۲۹ تا ۴۵، با یکدیگر روشن است. این آیات در دو دسته متقابل یعنی آیه ۲۹ تا ۴۰ و ۴۱ تا ۴۵ سخن گفته است. یکی در بیان عاقبت تکذیب و دیگری در بیان عاقبت تقوا؛ و همین تقابل محتوایی، سبب اتصال این دو دسته با یکدیگر است.

آیه ۴۶، شروع سیاقی جدید است؛ زیرا انذاری که در آیه ۲۹ آغاز شده بود، با تبشیر مقابل

آن در آیه ۴۵ پایان یافته است و آیه ۴۶ تا پایان سوره، خارج از این فضا، درباره وضعیت مکذّبان در دنیا و عکس‌العمل ایشان نسبت به آیات الهی سخن می‌گوید. ارتباط این آیات نیز از نظر ادبی روشن است. ضمیر ظاهری «**هُم**» در آیه ۴۸ و ضمیر مستتر «**هُم**» در فعل «**یُؤمنون**» در آیه ۵۰، به مکذّبان مخاطب در آیه ۴۶ بازمی‌گردد.

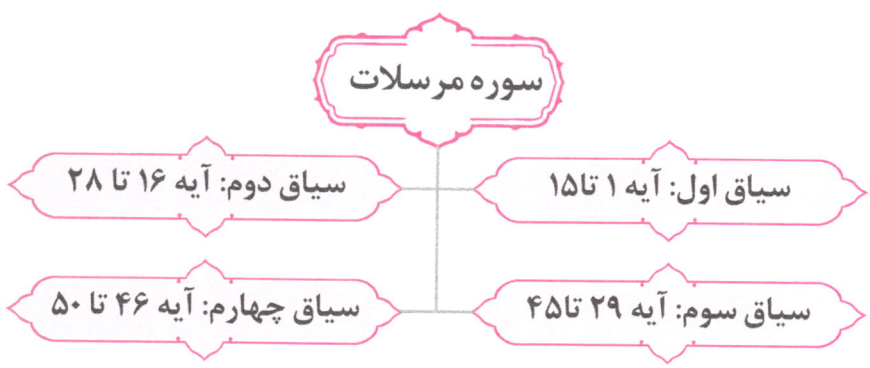

سوره مرسلات
سیاق اول: آیه ۱ تا۱۵
سیاق دوم: آیه ۱۶ تا ۲۸
سیاق سوم: آیه ۲۹ تا۴۵
سیاق چهارم: آیه ۴۶ تا ۵۰

سیاق اول: آیه ۱ تا ۱۵

فضای سخن

تحقق وعده‌های الهی در روز قیامت را تکذیب می‌کنند.

قرائن زیر حکایت‌کننده فضای بالاست:

۱. جواب قسم‌های ابتدایی سیاق، تأکید بر حتمیت وقوع وعده‌های الهی است، «**إِنَّمَا تُوعَدُونَ لَوَاقِعٌ** ۷»؛ بجایی این تأکید، حاکی از فضای عدم‌باور یا تردید به این حقیقت است؛ البته، تعبیر «**إِنَّمَا تُوعَدُونَ**»، اطلاق دارد و شامل همه وعده‌های الهی، اعم از وعده‌های دنیوی و اخروی است؛ امّا ادامه آیات در قالب چند جمله شرطیه، ظرف زمانی تحقق وعده‌ها را روز قیامت معرفی کرده‌است. ازاین‌رو مشخص می‌شود که فضای سخن آیات عدم باور نسبت به تحقّق وعده‌های الهی در روز قیامت است.

۲. بجابودن تهدید آیه «**وَيْلٌ يَوْمَئِذٍ لِلْمُكَذِّبِينَ** ۱۵»، نشان می‌دهد که عدم‌باور به

حتمیت وقوع وعده‌های الهی، با رویکرد مکذّبانه همراه شده است. یعنی در فضای آیات، نه تنها این حقیقت موردقبول نیست، که تکذیب هم می‌شود.

سیر هدایتی

آیات با قسم به ملائکه انزال وحی آغاز شده است. اوصافی که در مجموعه قسم‌ها، با صیغه جمع مؤنث آمده است، اشاره به ملائکه دارد؛ چون ادامه قسم‌ها به چگونگی القای ذکر پرداخته و القای ذکر الهی، وظیفه فرشتگان وحی است: «وَالْمُرْسَلَاتِ عُرْفاً ﴿١﴾ فَالْعَاصِفَاتِ عَصْفاً ﴿٢﴾ وَالنَّاشِرَاتِ نَشْراً ﴿٣﴾ فَالْفَارِقَاتِ فَرْقاً ﴿٤﴾ فَالْمُلْقِيَاتِ ذِكْراً ﴿٥﴾ عُذْراً أَوْ نُذْراً ﴿٦﴾»؛ فرشتگانی که پی‌درپی فرستاده می‌شوند[1] و مانند تندبادی توفنده به سرعت حرکت می‌کنند و صحیفه‌های وحی را می‌گشایند و به الفاظ و جملات تفکیک می‌کنند؛ تا ذکر را القا کنند؛ ذکری که می‌تواند عذر یا نُذر باشد؛ یعنی هم مایه اعتذار پذیرندگان آن و هم مایه بیم اعراض‌کنندگان باشد.

هرچند از بین قسم و جواب قسم، اصل سخن در جواب قسم است، اما قسم‌ها در قرآن، بیشترین ارتباط را با جواب قسم‌های خود دارند. برای کشف این ارتباط، باید نخست قسم‌ها را با ویژگی‌هایشان شناخت و بعد جواب قسم و ارتباط آن با قسم‌ها را پیگیری کرد.

قسم‌های ابتدای این سوره را می‌توان به دو بخش تقسیم کرد؛ وجه این تقسیم، نوع عطف آیات به یکدیگر است؛ اینکه آیه ۲ با «فاء» به آیه ۱ عطف شده، رابطه طولی آن با آیه ۱ را نشان می‌دهد، به این معنا که آیه ۲، از نظر مفهومی، نه در عرض آیه ۱، که در ادامه آن و بیانگر وصفی مرتبط با آن است؛ رابطه بین آیه ۴ تا ۶ با آیه ۳ نیز همین‌طور است.

۱. بخش نخست از قسم‌ها، از ویژگی‌های ارسال فرشتگان وحی سخن گفته است؛ اینکه جمعی از فرشتگان، پی‌درپی فرستاده می‌شوند «وَالْمُرْسَلَاتِ عُرْفاً ﴿١﴾» و در

---

۱. واژه «عرفاً» از ریشه «عرف» ساخته شده است؛ یکی از معانی این واژه، پی‌درپی‌بودن است. قاموس قرآن (ج۴، ص۳۲۷)، در معنای این واژه می‌نویسد: « «عرف» ایضا بمعنی موهای گردن اسب است (یال)؛ و پی‌درپی‌بودن را به آن تشبیه می‌کنند و گویند: «جاءوا کعرف الفرس» «وَالْمُرْسَلَاتِ عُرْفاً» قسم به فرستاده‌های پی‌درپی ...»

حرکت خود برای انجام مأموریت‌شان با سرعتی که به تندباد تشبیه شده است، در حال حرکت‌اند «**فَالْعَاصِفَاتِ عَصْفاً**(۲)».

۲. بخش دوم قسم‌ها، از انجام وظیفه فرشتگان فرستاده‌شده در آماده‌سازی و القای ذکر سخن گفته است. گام اولِ آماده سازی به‌وسیله «**نشر**» و «**فرق**» صورت می‌گیرد. «**نشر**» به معنای گشودن است «**وَالنَّاشِرَاتِ نَشْراً**(۳)»؛ با توجه به ادامه آیات که از القای ذکر، سخن می‌گوید، مراد از نشر، گشودن صحیفه‌های وحی الهی است، که حاوی همان ذکر است. سپس آیات صفت «**فارق**»بودن را به فرشتگان نسبت داده است «**فَالْفَارِقَاتِ فَرْقاً**(۴)»، ایجاد «**فرق**»، به معنای تفکیک و جداسازی است، دو سؤال مهم دراین‌باره موجود است:

سؤال نخست، اینکه مراد از «فرق» چیست؟ در پاسخ باید گفت «فرق»، تجزیه و تفکیک محتوای واحدی است که از عالم ملکوت نازل شده و برای بهره‌مندی در عالم مادّه نیازمند پوشیدن لباس الفاظ، در قالب کلمات و جملات و ... است؛ بعد از گشودن صحیفه‌های وحی، واسطه‌های القای ذکر الهی، به فرمان خدا، محتوای آن را در قالب الفاظ و عبارات و جملات فراهم می‌سازند.[۱]

سؤال دوّم اینکه، آیا حقیقتاً تجزیه و تفکیک محتوای واحد وحی به الفاظ، توسط فرشتگان صورت می‌پذیرد؟ پاسخ این سؤال مثبت است؛ امّا نه به‌عنوان قبول نقش مستقلّ فرشتگان وحی در این امر؛ بلکه ایشان واسطه‌ها و اسباب خدای متعالی در تحقّق

---

۱. «فارقات»، جمع مؤنث اسم فاعل از ریشه «فرق» است. واژه «فرق» در لغت به معنای ایجاد فاصله و تفکیک است. چنانکه مفردات الفاظ القرآن الکریم (ص۶۳۲) نیز در معنای این ریشه می‌نویسد: «الفرق یقال اعتبارا بالانفصال»؛ اما در تعیین مراد آن در این آیه، برخی معنای آن را انفصال بین حق‌وباطل، توسط پیام‌های وحیانی دانسته‌اند؛ اما چنان‌که در متن بالا گذشت، مراد از فرق در این آیات، تفکیک به الفاظ و جملات و به تعبیر دیگر مرکب‌کردن روح بسیط قرآن در قالب الفاظ است؛ زیرا: ۱. چنان‌که پذیرفته شود مصداق موردنظر از فرق، جداسازی بین حق‌وباطل است، این مرحله، بعد از القای ذکر خواهد بود، در حالی که آیات در گام بعدی از القای ذکر الهی سخن گفته است، براساس ترتیب طبیعی آیات، که اصل در مقام سخن گفتن است، فرق باید زمینه‌ساز القای ذکر باشد، نه نتیجه آن؛ ۲. آیه ۱۰۶ سوره اسراء «فرق» را زمینه‌ساز قرائت همراه با مکث و درنگ عنوان کرده است. «وَ قُرْءَاناً فَرَقناه لتَقرأه علی النّاس علی مُکثٍ ...»، آنچه قرآن را آماده قرائت می‌کند، پوشیدن لباس الفاظ و خروج از حالت بسیط معنوی به قالب مرکب مادی است، هماهنگی بین این آیه و آیه موردنظر در سوره مرسلات، معنای ذکرشده در متن را تأیید می‌کند.

این وظیفه‌اند. شاهد این ادّعا را می‌توان در جای دیگری از قرآن نیزیافت؛ «**فرق**» در موضع دیگری از آیات قرآن، با صیغه جمع، به خدای متعالی نسبت داده شده است[۱]، یکی از مهم‌ترین وجوه استفاده از صیغه جمع در مورد خدای متعالی، زمانی است که اشاره به انجام امر با واسطه فرشتگان مدّنظر است.

گام دوم، القای ذکر است. بعد از تجزیه و تفکیک، فرشتگان حامل وحی، «**ذکر**» را که به زبان مخاطبان آن آماده شده است، القا می‌کنند «**فَالْمُلْقِيَاتِ ذِكْراً** ۝٥»، «**ذکر**» یعنی آنچه مایه یادآوری برای انسان است؛ یادآوری حقایقی که با فطرت او هماهنگ است؛ اما در حجاب قرار گرفته و نیازمند بازخوانی است؛ این «**ذکر**» به توصیف آیات، دو چهره مترتب برهم دارد، یا مایه عذر داشتن است یا سبب انذار؛ «**عُذْراً أَوْ نُذْراً** ۝٦»؛ مایه عذر داشتن برای کسانی که آن را پذیرفته و در پیشگاه خدا به آن احتجاج می‌کنند و سبب انذار برای کسانی که همواره باید با بیم از آن، راه درست متناسب با آن را اتخاذ کنند.

آنچه در شرح قسم‌ها آمده‌است، تبیین مراحل انتقال پیام‌های الهی به مخاطبان آن، توسط فرشتگان وحی است؛ حرکت پی‌درپی و پرشتابی که مصداق آن در حین نزول آیات، القای ذکر به رسول خدا و از طریق او به مخاطبان قرآن است؛ امّا این چه پیامی است که سوره، مراحل القای آن را این‌چنین شرح داده است؟

جواب قسم، پاسخ این سؤال است: «**إِنَّمَا تُوعَدُونَ لَوَاقِعٌ** ۝٧»، همانا آنچه به آن وعده داده‌می‌شوید، واقع است؛ فعل مضارع «**توعدون**»، استمرار را نشان می‌دهد. اینکه پی‌درپی و پشت‌سرهم وعده داده‌می‌شوید، همین استمرار، در قسم به فرشتگان نیز دیده می‌شد. پی‌درپی فرستاده می‌شوند؛ پس پی در پی إلقا می‌کنند.

ذکری که فرشتگان پیوسته حامل آن هستند و آن را إلقا می‌کنند، همین وعده‌ها است و اکنون جواب قسم‌ها تأکید بر وقوع حتمی این وعده‌ها است.

این سخن، برای تلنگر به فضایی است که در آن، وعده‌های الهی تکذیب می‌شود؛ اما همیشه استدلال کارساز نیست؛ گاهی هشدار لازم است. اینکه بارها و بارها فرشتگان

---

۱. سوره اسراء، آیه ۱۰۶: «وَقُرْآنًا فَرَقْنَاهُ لِتَقْرَأَهُ عَلَى النَّاسِ عَلَى مُكْثٍ وَنَزَّلْنَاهُ تَنْزِيلًا».

درگاه الهی فرستاده شده و پیوسته پیام‌های او را به رسولان إلقا کرده‌اند، فرصتی برای بیداری از خواب غفلت بوده است. وعده‌های الهی که فرشتگان حامل آن هستند، همان ذکری است که می‌تواند عذر و حجّت عمل‌کنندگان باشد یا انذاری برای تکذیب‌کنندگان.

آیات در ادامه، بر جنبه انذاری و هشداری سخن می‌افزاید. امروز که وعده‌ها را می‌شنوند و به سادگی آن را تکذیب می‌کنند، اوضاع عالم ثابت است و تغییری در آن دیده نمی‌شود؛ اما روز تحقق وعده‌ها این چنین نخواهد بود: «**فَإِذَا النُّجُومُ طُمِسَتْ** ﴿٨﴾ **وَإِذَا السَّمَاءُ فُرِجَتْ** ﴿٩﴾ **وَإِذَا الْجِبَالُ نُسِفَتْ** ﴿١٠﴾ **وَإِذَا الرُّسُلُ أُقِّتَتْ** ﴿١١﴾»؛ آیات در قالب شروط زمانی، آن روز را توصیف می‌کند؛ جوابی برای شرط‌ها ذکر نشده است؛ جواب به قرینه ماقبل، یعنی آیه «**إِنَّمَا تُوعَدُونَ لَوَاقِعٌ**» حذف شده‌است. آیات در معنا، بازگوکننده ظرف زمانی همان جواب قسم است. وعده‌های الهی در ظرفی محقق خواهد شد که نه ستارگان - که به شکل منظم در جایگاه خود بودند- دیگر نورافشانی خواهند کرد و نه آسمان - که بسان سقفی بالای سر، چتر خود را بر سر ایشان گسترده بود- منسجم یک‌پارچه خواهد ماند؛ و نه کوه‌هایی که مظهر صلابت و استقامت بود، توان استقامت در آن روز خواهد داشت؛ ستارگان محو شده و آسمان شکافته شده و کوه‌ها به حرکت در خواهد آمد!

آن روز نوبت رسولان می‌رسد؛ همان رسولانی که پیوسته وعده‌های الهی را ابلاغ می‌کردند و مکذّبان، به وعده‌هایشان بی‌اعتنا بودند؛ در آن روز که همه پشتوانه‌های عادی و مادی، توان خود را از دست داده، نوبت به همان رسولان رسیده است؛ تعیین وقت برای رسولان در روز قیامت، تعیین وقت برای شهادت است[1]؛ امّا چه خواهند گفت؟ در مقابل ابلاغ پیام‌ها و وعده‌های خدایشان به مردم چه دیده‌اند؟ چه شنیده‌اند؟ تنها تصور احتمال وقوع این صحنه، دل هر مخاطبی را خواهد لرزاند، اینکه عاقبتش در گرو شهادت همان کسی است که شاید با بی‌خیالی و بی‌اعتنایی از کنار پیام‌هایی که ابلاغ کرده گذشته است و یا شاید به او خندیده است و حتی شاید او را آزار و اذیت کرده است!

---

۱. براساس آیات قرآن یکی از نقش‌های ویژه رسولان در میان امت‌ها شاهدبودن نسبت به رفتار ایشان است که بستر ظهور آن، روز قیامت خواهد بود. (به عنوان مثال، ر.ک: سوره مزّمّل آیه ۱۵).

اما چه روزی انتظار این وقایع سهمگین را می‌کشد: «لِأَيِّ يَوْمٍ أُجِّلَتْ ﴿١٢﴾»؛ گویا سؤال از دل کسانی خبر می‌دهد که همین سؤال و گمان را مایه راحتی خیال خود در تحقق‌نیافتن وعده‌ها کرده‌اند؛ اینکه کی رخ خواهد داد؟

آیات در پاسخ، یوم الفصل را روز تحقق این وعده‌ها می‌خواند: «لِيَوْمِ الْفَصْلِ ﴿١٣﴾»، برای روز جدایی؛ جدایی بین چه کسانی؟ این سؤال، در خود سیاق پاسخ گرفته است؛ از همان ابتدا که فرشتگان انزال وحی، این وعده‌ها و پیام‌ها را منتقل می‌کردند، نظر به جدایی و تفکیک حقیقی بین مخاطبان داشتند، «عُذْراً أَوْ نُذْراً»؛ آنچه آوردند یا مایه عذر عمل‌کنندگان و یا مایه بیم اعراض‌کنندگان بوده‌است، روز فصل، روز بروز این جدایی است؛ اما در صحنه‌ای که دیگر نه ایمان‌آوردن به کار خواهد آمد و نه تصمیم بر فرمانبرداری!

آیات، در ادامه با سؤال «وَمَا أَدْرَاكَ مَا يَوْمُ الْفَصْلِ ﴿١٤﴾»؛ از عظمت آن روز یاد می‌کند، چه روزی است آن روز که در وصف نمی‌گنجد و درکش ممکن نیست؟

در جواب، تنها به این سخن بسنده می‌شود که «وَيْلٌ يَوْمَئِذٍ لِلْمُكَذِّبِينَ ﴿١٥﴾»؛ مکذّبان بدانند که با روز سختی مواجه خواهند شد؛ قطعاً روز مواجهه تکذیب‌کنندگان با آنچه تکذیبش کرده‌اند، سخت و دشوار خواهد بود؛ زیرا نه برای آن آماده شده‌اند و نه امیدی برای نجات باقی گذاشته‌اند.

نکته: آیه «وَيْلٌ يَوْمَئِذٍ لِلْمُكَذِّبِينَ»، هشدار و نهیبی است که تا پایان سوره، بارها تکرار می‌شود. نقش این آیات، تأکید و تکرار محتوایی است که گویا در هر مقطع از سخن، یادآور نکته اصلی است. این آیه، در اولین بار خود، جایگاه خود را در سوره معین می‌کند و بعد تا پایان، همان جایگاه را متناسب با سخن جدید تکرار می‌کند. اولین حضور این آیه در سوره، بعد از اشاره به یوم الفصل بوده است؛ در آن مقطع از سخن، آیه اشاره به اوضاع بد مکذّبان در آن روز کرده است و در این مقطع، بعد از استشهاد به قدرت خدا، یادآور عاقبت ردّ آن می‌شود. در ادامه نیز متناسب با سخن جدید سوره، این مهم را یادآوری می‌کند؛ این نوع از بیان آیات، در برخی دیگر از سوره‌ها مانند «الرحمن» نیز دیده می‌شود. شاید بتوان این نقش را در برخی از سوره‌ها به نقش ترجیع‌بند در اشعار تشبیه کرد.

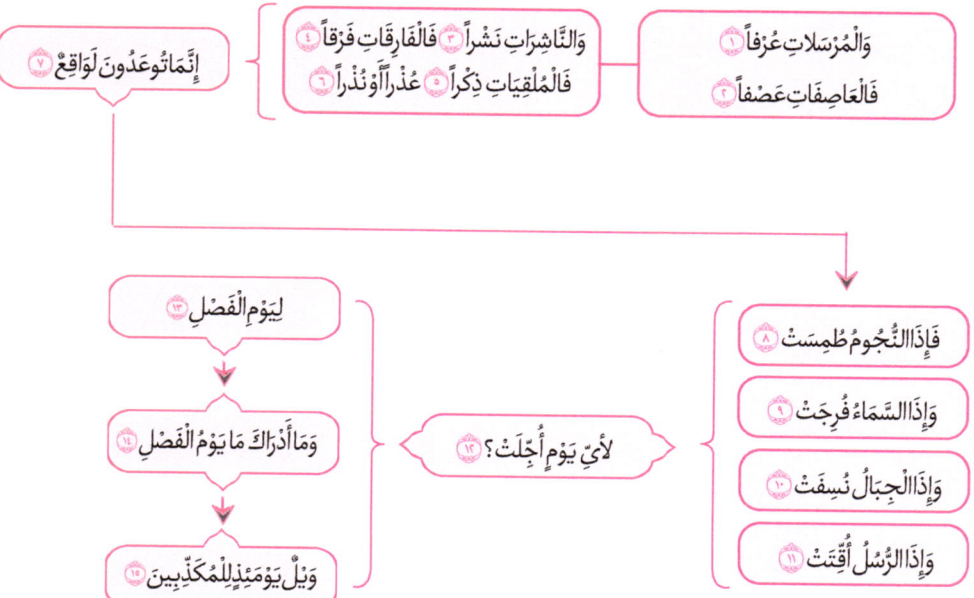

جهت هدایتی

آیات این سیاق به دو دسته قابل تقسیم است:

نخست؛ آیه ۱ تا ۷، که با قسم به ملائکه انزال وحی، بر حتمیت وعده‌های خدای متعالی تأکید می‌کند. از بین قسم و جواب قسم، محور اصلی، جواب قسم یعنی آیه ۷ است.

دوم؛ آیه ۸ تا ۱۵، که ضمن بیان شرط‌هایی، ظرف تحقق وعده‌ها را توصیف می‌کند و از تعیین زمان این اتفاقات در یوم الفصل خبر می‌دهد و در ادامه، ضمن بیان عظمت آن روز، به تهدید مکذبان آن می‌پردازد.

نسبت دسته دوم به دسته اول، بیان ظرف زمانی تحقق وعده‌ها است که به عنوان «یوم الفصل» منتهی می‌شود؛ درنتیجه، جهت هدایتی این سیاق، با محوریت دسته اول به‌دست می‌آید؛ زیرا از بین ظرف و مظروف، اصل سخن در مظروف است.

البته بُعد دیگر حائز اهمیت در سیاق اول، بیان انذاری هر دو دسته است، بیانی که از تأکید بر حتمیت وقوع وعده‌ها و بیان هولناکی ظرف وقوع آن و تصریح به تهدید در آیه

«وَيْلٌ يَوْمَئِذٍ لِلْمُكَذِّبِين» فهمیده می‌شود.

بر این اساس، جهت هدایتی این سیاق، نتیجه ارتباط دو دسته آن و رویکرد منذرانه تهدیدآمیز آیات سیاق است.

تأکید بر حتمیت وقوع وعده‌های قرآن در یوم الفصل

آنچه به آن وعده داده می‌شوید، در روزی بزرگ، (یوم‌الفصل) تحقق خواهد یافت؛ در این روز وای بر کسانی که از مکذّبان این حقیقت بوده‌اند.

سیاق دوم: آیه ۱۶ تا ۲۸

فضای سخن

تحقق وعده‌های الهی ا تکذیب می‌کنند و پیرو تکذیب خود، مرتکب رفتار مجرمانه می‌شوند.

قرائن فضای بالا از این قرار است:

۱. آیات این سیاق نیز به جهت تکرار آیه «وَيْلٌ يَوْمَئِذٍ لِلْمُكَذِّبِينَ»، در فضای مشترک با سیاق قبل بیان شده‌است؛ اما نقطه دیگری در این آیات که ما را در بهتر فهمیدن فضای سخن یاری می‌کند، فهم ریشه عدم‌باور به تحقق وعده‌های الهی است.

۲. اسلوب اشتهادی آیات این سیاق، بجابودن استشهادات سیاق با تکرار سه باره «أَلَم...» و محتوایی که شاهد تحقّق وعده‌هاست، قرینه دیگری در تأیید فضای انکار و تکذیب آن است.

۳. بجایی بیان سیره خدا در هلاکت مجرمان در آیه ۱۸، حکایت از فضای جرم دارد «كَذَٰلِكَ نَفْعَلُ بِالْمُجْرِمِينَ ﴿۱۸﴾»؛ از آن جهت که فضای کلّی حاکم بر سیاق، فضای تکذیب تحقّق وعده‌ها است می‌توان گفت که رفتار مجرمانه، نتیجه تکذیب تحقّق وعده‌هاست.

سیر هدایتی

دومین گام هدایتی سوره در فضای تکذیب وقوع وعده‌ها، یادآوری حقایقی برای اثبات تحقق وعده‌هاست؛ وعده از سوی کسی نیست که نشانه برای باور به حتمیّت سخنش کم باشد، اولین و نزدیک‌ترین نشانه برای باور به تحقق وعده‌های او در قیامت، تحقّق وعده‌های او در دنیا است! این اولین باری نیست که عدّه‌ای مجرم، سخن او را نادیده گرفته و به آن بی‌اعتنا می‌شوند. عاقبت مجرمان در عالم چه بوده است؟ یادآوری سیره او در برخورد با مجرمان، قبول سخنش در تحقق وعده‌ها را آسان می‌کند.

«**أَلَمْ نُهْلِكِ الْأَوَّلِينَ** ﴿١٦﴾ **ثُمَّ نُتْبِعُهُمُ الْآخِرِينَ** ﴿١٧﴾»، «ألم»، اسلوب استشهاد و احتجاج است؛ هلاکت اقوام مجرم گذشته، به دست خدای متعالی و استمرار این هلاکت در مورد نسل‌های بعدی بشر، شاهد بزرگ تحقق وعده‌هاست؛ تنها نه از آن جهت که نشانه‌ای روشن در اثبات انجام وعده‌های خدای متعالی است، بلکه از آن جهت که سیره او در برخورد با مجرمان را متذکّر می‌شود؛ سیره‌ای که هنوز در حال اجراست: «**كَذَٰلِكَ نَفْعَلُ بِالْمُجْرِمِينَ** ﴿١٨﴾»؛ تعبیر «مجرمین» در آیه ۱۸، وجه هلاکت اولین و آخرین در آیه ۱۶ و ۱۷ را مشخص می‌کند؛ خدای بزرگ اقوام پیشین و نسل‌های بعدی ایشان را به خاطر مجرم بودن، هلاک کرده و می‌کند.

مکذّبان مجرم، باید به عاقبتی که خدا برای امثال آنها رقم زده نظر کنند تا آنچه امروز به ایشان وعده می‌دهد را باور کنند؛ در غیر این صورت بدانند: «**وَيْلٌ يَوْمَئِذٍ لِلْمُكَذِّبِينَ** ﴿١٩﴾»، وای در آن روز بر مکذّبان!

استشهاد دوم، ارجاع مخاطب غافل به زمانی است که او هیچ قدرت و اختیاری نداشته و این خدا بوده که با قدرت خود او را آفریده است؛ زمانی که آبی پست و بی‌ارزش بوده و خالق بی‌همتا همان آب بی‌ارزش را به انسانی راست‌قامت بدل کرده است: «**أَلَمْ نَخْلُقْكُمْ مِنْ مَاءٍ مَهِينٍ** ﴿٢٠﴾ **فَجَعَلْنَاهُ فِي قَرَارٍ مَكِينٍ** ﴿٢١﴾ **إِلَىٰ قَدَرٍ مَعْلُومٍ** ﴿٢٢﴾ **فَقَدَرْنَا فَنِعْمَ الْقَادِرُونَ** ﴿٢٣﴾»؛ آیا ما شما را از آبی پست خلق نکردیم؟ آبی که آن را در جایگاهی استوار قرار دادیم و آن را تا وقتی معلوم، در آن جایگاه رشد دادیم؛ پس قادر شدیم بر اینکه شما را بیافرینیم؛ پس ما نیکوترین و برترین قدرتمندان هستیم. یادآوری این صحنه چندان سخت نیست، چه اینکه بارها و بارها تکرار می‌شود؛ اما در ضمن این استشهاد، مقایسه‌ای نیز بین مخلوق و خالق شکل

گرفته که حاکی از حقارت مخلوق در برابر خالق خویش است؛ خالق، امروز وعده‌دهنده و مخلوق، مکذّب وعده است؛ حال آنکه روزی مخلوق، آبی پست و بی‌ارزش بود و خالق، «نِعمَ القادرون» که او را در جایگاهی امن تا لحظه تولد پرورانده و رشد داده‌است؛ این نیز برای بازگشت از مسیر تکذیب و لجاجت کافی است؛ اما اگر نپذیرفتند، بدانند که «**وَيْلٌ يَوْمَئِذٍ لِلْمُكَذِّبِينَ** ﴿۲۴﴾».

نکته: تکذیب وعده‌های قرآن در مورد قیامت، بعضاً ریشه در عدم‌باور به احیای مردگان دارد، بنابراین، این آیات برای اثبات قدرت خدای متعالی، سیر خلقت انسان و منشأ اصلی او که آبی پست بوده‌است را یادآوری می‌کند؛ تا یکی از مقدمات تحقق وعده‌های خدا در قیامت نیز- ضمناً- به اثبات برسد.

استشهاد سوم، بستر مهیایی را یادآوری می‌کند که همین خدای وعده‌دهنده با قدرت و حکمت خود آن را برای او فراهم ساخته است: «**أَلَمْ نَجْعَلِ الْأَرْضَ كِفَاتاً** ﴿۲۵﴾ **أَحْيَاءً وَأَمْوَاتاً** ﴿۲۶﴾ **وَجَعَلْنَا فِيهَا رَوَاسِيَ شَامِخَاتٍ وَأَسْقَيْنَاكُمْ مَاءً فُرَاتاً** ﴿۲۷﴾»؛ زمینی رام و مسخّر که هم برای زندگان جا فراهم کرده و هم برای مردگان! و کوه‌هایی بلند و مستحکم در این زمین که آن را قوام بخشیده و با وجود شدت و سرسختی، از دلش آب روان برای نوشیدن بشر می‌جوشد؛ این همه را چه کسی فراهم آورده؟ همان کسی که امروز هرچه وعده می‌دهد، برخی تکذیب می‌کنند، استشهاد آخر، هم قدرت و حکمت وعده‌دهنده را شهادت می‌دهد و هم لطف او را به یاد مخاطب مکذّب می‌آورد.

امروز اگر پذیرفتند که در امان همین مهربانی هستند که زمین را برای ایشان فراهم آورده و بستر زندگی ساخته است و اگر تکذیب را رویه پایدار خود کردند، باید بدانند که «**وَيْلٌ يَوْمَئِذٍ لِلْمُكَذِّبِينَ** ﴿۲۸﴾».

این یادآوری‌ها، در نقطه اثبات تحقق وعده‌ها اشتراک دارند و درعین حال سیر جالب توجهی را پیگیری کرده‌اند؛ سیری که از تهدید شروع می‌شود و به امتنان ختم می‌شود. استشهاد اوّل، نزدیک‌ترین نشانه بر تحقق وعده‌ها را یادآور شد. یعنی برای بیان حتمی بودن تحقق وعده‌ها، از سابقه تحقق آن در گذشتگان و حکایت این سابقه، از یک سیره در رفتار با مجرمان خبر داد؛ استشهاد دوم، یک لایه فراتر رفت تا در ضمن اثبات قدرت خود، یادآور حقارت و پستی انسان به هنگام نطفگی شود؛ مقایسه‌ای که کبرشکنی می‌کند

و مخاطب را از اینکه منیّتی در مقابل صاحب وعده‌ها داشته باشد، باز می‌دارد؛ وقتی به یاد می‌آورد که خدا همان کسی است که نطفه پستش را به انسان کامل بدل کرده است؛ استشهاد سوم، از در منّت‌گذاری بر انسان، برای شرمنده کردن او وارد می‌شود؛ راه دیگری که دل را برای پذیرش وعده خدا نرم خواهد کرد، یادآوری الطاف اوست؛ بستر آماده و آب گوارایی که برای او فراهم آورده است، چگونه می‌توان نمک خورد و نمکدان شکست؟ خدای وعده‌دهنده برای فردایی که یوم الفصل نام گرفته، صاحب نعمت امروز است.

هر سه استشهاد با «**وَيْلٌ يَوْمَئِذٍ لِلْمُكَذِّبِينَ**»، ختم می‌شود، تا همواره، اصل سخن از ذهن مخاطب خارج نشود؛ سخن از تحقق وعده‌ها در روزی است که تکذیب امروز وعده‌ها، بدبختی بزرگ آن روز را به همراه دارد. او باید هر چه زودتر از راه این نشانه‌ها، مقصد خود را یافته و یادآور قدرت خدای خود شود؛ تا در آن روز در زمره مکذبین شناخته نشود.

۱. أَلَمْ نُهْلِكِ الْأَوَّلِينَ ﴿۱۶﴾ ← ثُمَّ نُتْبِعُهُمُ الْآخِرِينَ ﴿۱۷﴾ ← كَذَٰلِكَ نَفْعَلُ بِالْمُجْرِمِينَ ﴿۱۸﴾ ← وَيْلٌ يَوْمَئِذٍ لِلْمُكَذِّبِينَ ﴿۱۹﴾

۲. أَلَمْ نَخْلُقْكُمْ مِنْ مَاءٍ مَهِينٍ ﴿۲۰﴾ ← فَجَعَلْنَاهُ فِي قَرَارٍ مَكِينٍ ﴿۲۱﴾ إِلَىٰ قَدَرٍ مَعْلُومٍ ﴿۲۲﴾ ← فَقَدَرْنَا فَنِعْمَ الْقَادِرُونَ ﴿۲۳﴾ ← وَيْلٌ يَوْمَئِذٍ لِلْمُكَذِّبِينَ ﴿۲۴﴾

۳. أَلَمْ نَجْعَلِ الْأَرْضَ كِفَاتًا ﴿۲۵﴾ ← أَحْيَاءً وَأَمْوَاتًا ﴿۲۶﴾ ← وَجَعَلْنَا فِيهَا رَوَاسِيَ شَامِخَاتٍ وَأَسْقَيْنَاكُمْ مَاءً فُرَاتًا ﴿۲۷﴾ ← وَيْلٌ يَوْمَئِذٍ لِلْمُكَذِّبِينَ ﴿۲۸﴾

جهت هدایتی

آیه این سیاق به سه دسته تقسیم می‌شود؛

نخست، آیه ۱۶ تا ۱۹ که به سنّت قطعی هلاکت مجرمان در گذشته و حال اشاره کرده است.

دوم آیه ۲۰ تا ۲۴ که از چگونگی خلق انسان‌ها از آبی پست به دست قدرت خدای متعالی سخن گفته‌است.

و سوم آیات ۲۵ تا ۲۸ که به خلق زمین، کوه‌ها و آب نوشیدنی بشر اشاره دارد.

توجه به دو رکن اصلی این دسته‌ها جهت هدایتی این سیاق را مشخص می‌کند:

- هر سه دسته این سیاق، در راستای احتجاج با مکذّبان تحقق وعده‌های الهی در یوم‌الفصل است؛ و در این راستا با مضامین مختلف و اسلوبی مشابه (ترکیب «**ألم**» و فعل

جمـع متکلّم)، بـه ایفـای نقش پرداختـه اسـت. وجه جمـع ایـن احتجاجات، بیان شـواهد تحقّـق وعده‌هـای خدای متعالی اسـت؛ از سـنّت اهلاك مجرمان گرفتـه تا بیان سـیر ربوبی خلقـت انسـان و مظاهر دیگری از خلق جهان.

- از تکرار آیه «وَیْلٌ یَوْمَئِذٍ لِلْمُکَذِّبِینَ» در انتهای هرکـدام از دسـته‌های این سـیاق، مشخص می‌شـود که بیـان این استشـهادات، انذارآمیز و در راسـتای تهدید مکذّبان اسـت؛ به این بیان کـه با وجود این نشـانه‌ها، جایی بـرای تکذیب نبود؛ پـس وای بر مکذبان در یوم‌الفصل؛ چرا کـه با وجود این همه نشـانه، باز هم به تکذیب روی آوردنـد. قطعاً عاقبت سـختی در آن روز خواهنـد داشـت؛ علاوه بر اینکه محتوای آیات نیز بیانی توبیخی و انذارآمیز دارد: بیان سـیره خدا در رفتار با مجرمان در آیه ۱۸ و اشاره به پستی آبی که انسان از آن خلق شده است در آیه ۲۰. شاهد این ادعا است؛ بنابراین رکن دوم آیات این سیاق، جهت‌گیری انذاری آن است.

درنتیجـه، عنوان مناسـب برای جهت هدایتی این سـیاق، از جمع ایـن دو رکن اصلی حاصل می‌شـود؛ البتـه رکـن اول، بیانگر محتوای اصلی سـیاق و رکـن دوم، نشان‌دهنده جهت‌گیری انذاری این سیاق است:

> **یادآوری شــواهد تحقق وعده‌های الهی با بیانی انذارآمیز، در راســتای مقابله با تکذیب تحقق وعده‌های الهی؛**
> مگر خدا مجرمان را در همین دنیا هلاك نمی‌کند و مگر تدبیر خلق شما و مظاهر دیگر خلق جهان بـه دسـت او نیسـت؛ پـس در روز تحقق وعده‌هـا، وای بر کسـانی که با وجود این نشانه‌ها از مکذّبان بوده‌اند.

سیاق سوم: آیه ۲۹ تا ۴۵

فضای سخن

تحقـق وعده‌هـای الهـی را تکذیب می‌کنند و به تعلّقات و زینت‌های دنیوی دل‌بسـتگی فراوان دارند.

آیـات ایـن سـیاق نیز بـه جهـت تکرار آیـه «وَیْلٌ یَوْمَئِذٍ لِلْمُکَذِّبِینَ»، در فضـای مشـترك مطرح‌شده برای سیاق‌های قبل بیان شده است.

امّا این سیاق قرینه‌های دیگری برای شفاف‌ترشدن فضای سوره و شناخت بهتر مکذّبان دارد؛ بجایی تشبیه‌هایی که آیه ۳۰ تا ۳۳، از عذاب مکذّبان در آخرت مطرح کرده است، نشان می‌دهد ایشان سخت در بند تعلّق به دنیا و دارایی‌ها و زیبایی‌های آن هستند؛ «**انْطَلِقُوا إِلَى ظِلٍّ ذِي ثَلَاثِ شُعَبٍ** ﴿۳۰﴾ **لَا ظَلِيلٍ وَلَا يُغْنِي مِنَ اللَّهَبِ** ﴿۳۱﴾ **إِنَّهَا تَرْمِي بِشَرَرٍ كَالْقَصْرِ** ﴿۳۲﴾ **كَأَنَّهُ جِمَالَتٌ صُفْرٌ** ﴿۳۳﴾»؛ روانه شدن به سمت سایه، تشبیه عظمت شراره‌های آتش به قصر و تشبیه رنگ آن به شتران زرد رنگ، برقراری تناسب بین آسایش و دارایی‌های دنیوی با عذاب قیامت است؛ این تناسب زمانی بجاست که تعلّق به همین آسایش و دارایی‌ها و زینت‌ها، سبب تمایل فراوان به تکذیب و اعراض باشد.

آسایش‌طلبی و رفاه‌زدگی در سایه دارایی‌های دنیوی یا حبّ شدید رسیدن به این جایگاه ویژه، دل را از پذیرش وعده‌های خدا برای روزی نادیده، دور می‌کند؛ بین لذت تام از دنیا و زینت‌های آن و قبول وعده‌هایی که پذیرش آن دست انسان را از هر اقدامی برای کسب دنیا می‌بندد، نمی‌توان جمع کرد.

سیر هدایتی

این سیاق، سخن را از ابتدا با لحنی رعب‌آور و پرطنین آغاز کرده و جلوه‌ای از روز تحقق وعده‌ها را به تصویر کشیده است: «**انْطَلِقُوا إِلَى مَا كُنْتُمْ بِهِ تُكَذِّبُونَ** ﴿۲۹﴾»، فرمان حرکت به سوی آنچه تکذیبش می‌کردند، صادر می‌شود؛ چه رویارویی هولناکی؛ ملاقات مکذّب با آنچه که عمری تکذیبش می‌کرده و از آن می‌گریخته است؛ شاید گمان می‌کرد تصدیق یا تکذیب او، حقیقت را تغییر می‌دهد، اما نه، وعده‌هایی که خدا از طریق رسولانش به او ابلاغ کرده است، حقایقی ثابت‌اند؛ تکذیب تنها مانع از آمادگی می‌شود تا در ملاقاتی سخت، بدون آمادگی با آن روبرو شود؛ شاید این آخرین راه باور به وعده‌هاست؛ اما چه باوری؟ باوری که، با ملاقات با وعده‌ها محقق می‌شود. آیات در بیانی بسیار بلیغ و حکیمانه به توصیف «ما کُنتُم بِه تُکَذِّبون» می‌پردازد، به گونه‌ای آن را توصیف می‌کند که گویا دقیقاً مناسب آنچه مکذّبان انتظار می‌کشیدند و به آن علاقه داشتند، طراحی شده است؛ آسایش، زندگی در قصرها، بهره‌مندی از اموال گران‌بها؛ در همین رنگ و لعاب اما از نوعی دیگر: «**انْطَلِقُوا إِلَى ظِلٍّ ذِي ثَلَاثِ شُعَبٍ** ﴿۳۰﴾»، روانه شوید به سوی سایه سه‌شعبه‌ای که بر سرتان گسترانده خواهد شد. اشاره به سه‌شعبه بودن سایه، برای حکایت تفاوت آن با سایه متصور مخاطب

است؛ سایه در ذهن مخاطب تصویری است که دارای ابعاد نیست و حقیقتی قابل لمس ندارد؛ اما این سایه، تنها در تاریکی و سیاهی شبیه به سایه است؛ سه شعبه بودن سایه، حکایت از ابعاد وجودی این سایه است. سایه آن روز حقیقتی قابل لمس است. شاید، توده‌ای از دود و غبار، سایه سیاهی است که آن روز بالای سر عذاب شوندگان را فراگرفته است؛ اما چه سایه‌ای که «**لا ظَلِيلٍ وَلا يُغْنِي مِنَ اللَّهَبِ** ﴿۳۱﴾»؛ سایه‌ای که نه سایگی دارد و نه در مقابل شعله آتش فایده‌ای می‌رساند. آن روز، آتش مانعی در مقابل ندارد و شراره‌های بلندی به سمت شما پرتاب می‌کند؛ درست به اندازه یک قصر بلند در بزرگی و عظمت: «**إِنَّهَا تَرْمِي بِشَرَرٍ كَالْقَصْرِ** ﴿۳۲﴾» و هم‌رنگ شتران زردرنگ گران‌بها: «**كَأَنَّهُ جِمَالَةٌ صُفْرٌ** ﴿۳۳﴾»؛ چه صحنه هولناکی از جمع بین سایه و قصر و شتران گران‌بها!

«**وَيْلٌ يَوْمَئِذٍ لِلْمُكَذِّبِينَ** ﴿۳۴﴾»، وای بر مکذّبانی، که این همه فرصت برای پذیرش را از دست داده و امروز ناچارند با ملاقات عذاب آن را باور کنند، آن هم عذابی که همه خیال‌ها و آرزوهای دنیایی‌شان را در قالب آتشی بزرگ، در دل سایه‌ای سوزان محقق ساخته است.

از این نقطه به بعد، گویا مالک مقتدر آن روز، در فضای این واقعه، از آن روز بزرگ سخن می‌گوید؛ «**هَذَا يَوْمُ لا يَنْطِقُونَ** ﴿۳۵﴾ **وَلا يُؤْذَنُ لَهُمْ فَيَعْتَذِرُونَ** ﴿۳۶﴾»: امروز، روزی است که مکذّبان در آن سخن نمی‌گویند، روزی که دیگر جا برای بهانه و اعتراض و پیشنهاد و انتقادی باقی نمانده است و به کسی اجازه طرح عذر داده نمی‌شود؛ این سخن، بازگشتی حکیمانه به سخن ابتدایی سوره است؛ آنجا که ذکر حمل‌شده توسط ملائکه انزال وحی، دو جنبه داشت یا عذری برای پذیرندگان بود و یا نُذری برای اعراض‌کنندگان. مکذّبان که همواره تکذیب کرده و سرباز زده‌اند، حق عذرآوردن ندارند، سخن خدا در دنیا برای انذار ایشان بود که نپذیرفتند و خود را از آن بی‌بهره ساختند؛ باز هم «**وَيْلٌ يَوْمَئِذٍ لِلْمُكَذِّبِينَ** ﴿۳۷﴾»، که با عذابی بی‌چون‌وچرا مواجه خواهند شد.

این همان روزی است که برای تحقق وعده‌ها معین شده بود؛ همان یوم‌الفصلی که سیاق اول از آن سخن گفته بود؛ روزی که همگان را جمع کرده و برای جزا زمینه‌سازی می‌کند: «**هَذَا يَوْمُ الْفَصْلِ جَمَعْنَاكُمْ وَالْأَوَّلِينَ** ﴿۳۸﴾»؛ خطاب آیه، از زبان خدای قاهر به همه کسانی است که در طول تاریخ بشر، سیره تکذیب را انتخاب کرده بودند، کسانی که به خیال خام خود با تکذیب وعده‌ها، حیله مناسبی برای فرار از فرمان خدا یافته بودند؛ گویا این تصوری

مشـترک و قراری نانوشـته، بین همه مکذّان بوده که با تکذیب، خود را نجات دهند؛ اما خدا ایشـان را در تجمّـع عظیم مکذّبان تاریخ، این‌گونه مخاطب قـرار می‌دهد: «**فَإِنْ كَانَ لَكُمْ كَيْدٌ فَكِيدُونِ** ﴿۳۹﴾»، اگرکیدی دارید، رو کنید؛ اما امروز کیدی کارساز نخواهد بود؛ بیچاره مانده‌اند و راهی برای نجات و سرگرم‌شدن به آسایش و دارایی‌ها، فارغ از خیال عذاب و آتش، ندارند، «**وَيْلٌ يَوْمَئِذٍ لِلْمُكَذِّبِينَ** ﴿۴۰﴾».

در جانـب مقابـل، خـدای متعالـی از گروهی سـخن می‌گویـد که هم‌زمـان با عـذاب و بدبختی مکذّبـان، مشـغول بهره‌منـدی از نعمات الهـی هسـتند: «**إِنَّ الْمُتَّقِينَ فِي ظِلَالٍ وَعُيُونٍ** ﴿۴۱﴾ **وَفَوَاكِهَ مِمَّا يَشْتَهُونَ** ﴿۴۲﴾»، متقیان همان کسـانی هسـتند که به آسـایش حقیقی ابدی دسـت یافته‌اند، در سایه‌سار رحمت الهی و در کنار چشمه‌های بهشتی و بهره‌مند از هرنوع میوه‌ای که میل به آن داشته باشند.

آیات به بیان عاقبت نیکوی متقیان پرداخته اسـت، اما نکته‌ای جالب در تقابل دو مفهوم مکذّبان و متقیان، نظر مخاطب را به خود جلب می‌کند؛ اینکه چرا در این سـیاق، مکذّبان به خاطر تکذیب خود، تهدید به عذاب شـده‌اند اما متقیان، نه با عنوان تصدیق، بلکه با عنوانی حاکی از عمل برمبنای تصدیق وعده‌ها، به نعمات بهشـتی بشـارت داده شده‌اند؟ این تقابل نشان می‌دهد که هدف از تصدیق وعده‌ها، عمل برمبنای آن است؛ این رویه مورد تأیید است و به نتیجه خواهد رسید. گویا آیات نظر به این حقیقت دارد که تکذیب، راه را برفرمانبرداری از حق خواهد بست و مانع از فلاح خواهد شد؛ پس برای عذاب‌شدن، مکذّب‌بودن کافی است؛ اما هرتصدیقی، فرد تصدیق‌کننده را مصمّم برفرمانبرداری نمی‌کند؛ او باید متّقی باشـد یعنی تصدیق خود را به میدان عمل کشانده باشد و براساس آنکه وعده‌ها را پذیرفته است، فرمانبردار از صاحب وعده‌ها باشد خلاصه آنکه تصدیق در زبان کافی نیست!

آیـه بعـد، بـه نوعـی اشـاره بـه همیـن حقیقـت دارد؛ ایـن همـه نعمـت گـوارا از خوردنـی و نوشیدنی- در اختیار متقیان- نه صرفاً به خاطر تصدیق وعده‌ها؛ که پاداش عمل ایشان بوده است: «**كُلُوا وَاشْرَبُوا هَنِيئًا بِمَا كُنْتُمْ تَعْمَلُونَ** ﴿۴۳﴾ **إِنَّا كَذَلِكَ نَجْزِي الْمُحْسِنِينَ** ﴿۴۴﴾»؛ این سنّت پایدار خداسـت که نیکوکاران را جزای نیکو دهد؛ چنانکه سـنّت پایدارش برای مجرمین، هلاکتی بود که در آیه ۱۸ و ۴۶ سوره به آن اشاره شده است.

بازهـم آیـات بـا «**وَيْلٌ يَوْمَئِذٍ لِلْمُكَذِّبِينَ** ﴿۴۵﴾»، به پایان می‌رسـد؛ گویا ایـن عاقبت نیکونیز

از آن جهت بیان شده که حسرت فراوان مکذّبان را برانگیزد؛ آنان به دنبال آسایش و رفاه بودند؛ اما متقیان با انتخاب درستشان، به این آسایش رسیده‌اند؛ نه تنها تلاش مکذّبان برای بهره‌مندی از دنیا و آسایش زودگذر آن ناکام مانده که شراره‌های آتش نصیبشان شده است؛ آیاتِ عاقبت نیکوی متقیان، در ردیف خطاب خدای متعالی ‌-که از آیه ۲۹ آغاز شده بود- است؛ گویا در همان فضا که خدا مکذّبان را با لحنی سرشار از توبیخ مخاطب قرار می‌دهد، ایشان را از وضعیت نیکوی متقیان مطّلع می‌سازد و خطاب به متقیان با لحنی سرشار از رضایت، دعوت به بهره‌مندی از نعمات بهشتی می‌کند؛ این بیان، شدت حسرت مکذّبان در از دست دادن زمان برای تصدیق وعده‌ها را بیش از پیش می‌کند.

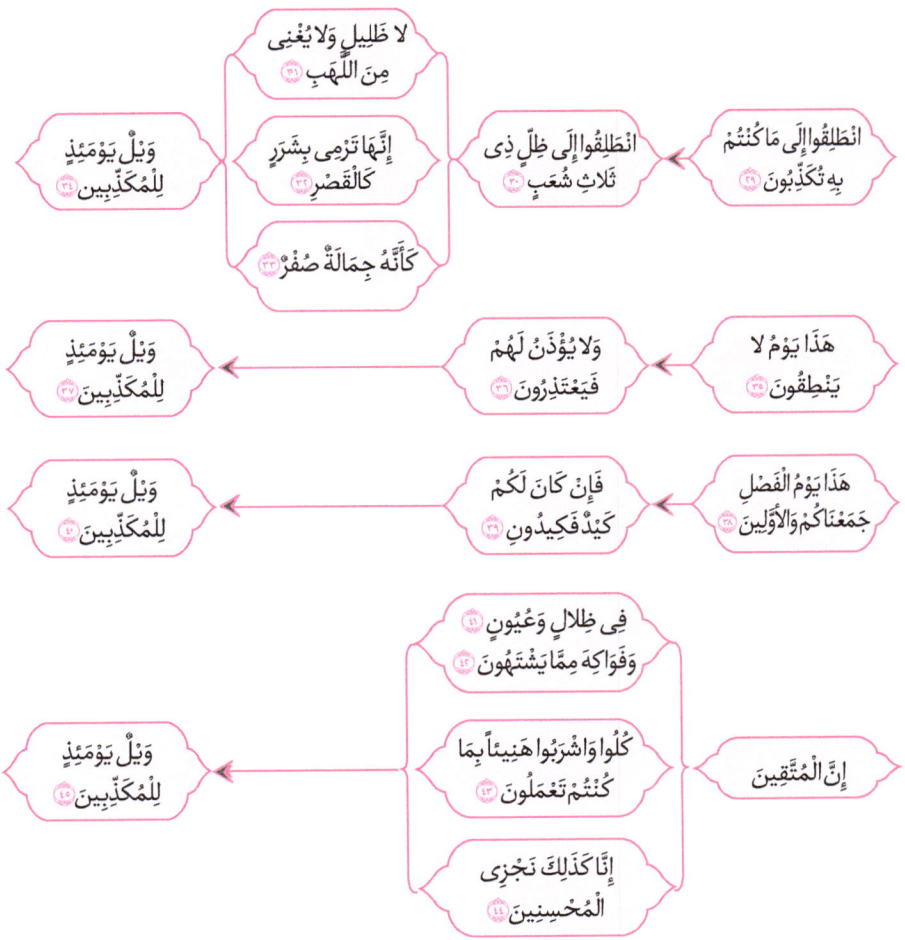

جهت هدایتی

آیات این سیاق به چهار دسته تقسیم می‌شود:

نخست، آیه ۲۹ تا ۳۴، صحنه واردکردن مکذّبان به همان عذابی که تکذیب می‌کردند را با بیان اوصاف هولناک آن، به تصویر کشیده است.

دوّم، آیه ۳۵ تا ۳۷، که از عدم‌توان سخن‌گفتن و عذرآوردن مکذّبان در آن روز سخن گفته است.

سوم، آیه ۳۸ تا ۴۰ که خطاب به مکذّبان در آن روز، از جمع ایشان برای یوم الفصل و نبود راه نیرنگ در آن روز حکایت می‌کند.

و چهارم، آیه ۴۱ تا ۴۵، که از جایگاه والای مّقیان در آن روز خبر می‌دهد.

چنانکه روشن است، سه دسته از چهار دسته این سیاق، تهدید و انذار و تنها یک دسته آن تبشیری است؛ تنها دسته تبشیری آیات هم مانند مقاطع گذشته با آیه «**وَيْلٌ يَوْمَئِذٍ لِلْمُكَذِّبِينَ**»، خاتمه یافته است؛ همین امر نشان می‌دهد که در نگاه ارتباطی، در این آیات هم، مقصود انذاری، در قالب حسرت‌افزایی مکذّبان ادامه دارد.

با توجه به جهت‌گیری انذاری همه دسته‌ها، عنوان متناسب با جهت هدایتی این سیاق عبارت است از:

انذار مکذّبان تحقق وعده‌های الهی، با توصیف عاقبت مجرمان و متقیان در یوم الفصل

در روز تحقق وعده‌ها، وای به حال مکذّبان که با ورود در عذاب، حقانیت وعده‌های الهی را از عمق جان حس خواهند کرد و حسرت عاقبت متقین را خواهند کشید.

سیاق چهارم: آیه ۴۶ تا ۵۰

فضای سخن

بر تکذیب پیوسته تحقق وعده‌های الهی اصرار می‌ورزند، به بهره‌مندی از دنیا مشغولند و از خضوع و فرمانبرداری نسبت به پروردگار عالم فرار می‌کنند.

۱. آیات این سیاق نیز به جهت تکرار آیه «**وَيْلٌ يَوْمَئِذٍ لِلْمُكَذِّبِينَ**»، در فضای مشترک مطرح‌شده برای سیاق‌های قبل یعنی فضای تکذیب تحقق وعده‌های الهی بیان شده‌است؛ اما در شرایطی که بیان هدایتی سوره، تأثیری در مکذّبان نداشته و ایشان بر تکذیب خود مصرانند، بجایی آیه «**فَبِأَيِّ حَدِيثٍ بَعْدَهُ يُؤْمِنُونَ ﴿۵۰﴾**»، قرینه این وضعیت است.

۲. اشاره به بهره‌مندی مکذّبان از نعمات دنیا در آیه اول؛ «**كُلُوا وَتَمَتَّعُوا...**»، مانند اشارات سیاق قبل، نشان می‌دهد مشغولیت به دنیا و بهره‌مندی از آن، عامل بی‌توجهی به وعده‌ها شده است.

۳. عدم خضوع در برابر سخن حق، به آیه «**وَإِذَا قِيلَ لَهُمُ ارْكَعُوا لَا يَرْكَعُونَ ﴿۴۸﴾**» قابل استناد است.

۴. تعبیر«... **إِنَّكُمْ مُجْرِمُونَ ﴿۴۶﴾**»، از فضای جرم و گناه پیرو تکذیب وعده‌ها خبر دارد؛ گویا این سیاق با وجود محوریت بحث تکذیب، به نتیجه آن در گناه‌کاری نیز نظر دارد. توضیح بیشتر دراین‌باره در متن سیر هدایتی سوره خواهد آمد.

سیر هدایتی

اگر آیات و احتجاجات قرآن، در اثبات وعده‌ها در مکذّبان اثر نکند و انذارهای خالق زمین و آسمان، از وضعیت بد مکذّبان در یوم‌الفصل، دل ایشان را به لرزه نیاندازد، دیگر راهی برای بازگشت باقی نخواهد ماند. آنها که هنوز اصرار بر تکذیب و روی‌گردانی دارند، شاید به بهره‌مندی از زندگی دنیا دل خوش کرده اند؛ اما تا کی؟ «**كُلُوا وَتَمَتَّعُوا قَلِيلًا إِنَّكُمْ مُجْرِمُونَ ﴿۴۶﴾**»؛ هرچقدر هم که از دنیا بهره‌مند باشند، نسبت به آنچه خدا برای آخرت فراهم کرده قلیل و اندک است؛ بهره‌مندی‌شان تداوم نخواهد داشت؛ دلیل آن را خدای متعالی این‌گونه فرموده است، «**إِنَّكُمْ مُجْرِمُونَ**»، سنّت خدا درباره مجرمان، عذاب و هلاکت است. بالاخره روزی ظرف بهره‌مندی از دنیا پر خواهد شد و نوبت به عذاب وعده‌داده‌شده حق نسبت به مجرمان خواهد رسید؛ در آن روز، چگونه خواهد بود حال کسی که همواره این وعده را تکذیب کرده و به خاطر بی‌خیالی از آن، به خود اجازه جرم داده است،«**وَيْلٌ يَوْمَئِذٍ لِلْمُكَذِّبِينَ ﴿۴۷﴾**»؛

دراین‌باره نکته‌ای در ارتباط آیات با یکدیگر جالب‌توجه است. محور فضای سخن سوره

و ایـن سـیاق، اصرار برتکذیب وعده‌های الهی اسـت؛ اما هم در ایـن آیات و هم در احتجاج اول در سـیاق دوم، سـخن از مجرم‌بودن مکذّبان به‌میان آمده اسـت؛ توجه به اینکه تکذیب، مقدمه جرم و نافرمانی از خدا است، جهت‌گیری عذاب را برای مخاطبان مشخص می‌سازد؛ تصدیق وعده‌های الهی که توسط رسولان ابلاغ می‌شود، فرصتی برای فرمانبرداری از خدای متعالی است و تکذیب آن، گمان خیالی آزادی در جرم و گناه را به همراه دارد؛ ازاین‌رو، برخی از آیات، هلاکت و عذاب یا قطع بهره‌مندی از نعمات الهی را به مجرم‌بودن مکذّبان نسبت داده‌اند؛ تا اهمیت این رابطه بین باور و رفتار، بیشتر مشخص شود.

گویا آیه بعدی به همین نتیجه اشاره دارد. این آیه، از سیره رفتاری مکذّبان پیرو تکذیب وعده‌ها سخن گفته است؛ چون وقاری برای وعده‌ها و صاحب آنها قائل نیستند و باوری به تحقق وعده‌ها ندارند، هرگز در برابر او خاضع نمی‌شوند، «**وَإِذَا قِيلَ لَهُمُ ارْكَعُوا لَا يَرْكَعُونَ** ﴿۴۸﴾»؛ رکوع در این آیات، به‌عنوان یک منسک عبادی، موردتوجه نیست؛ رکوع، سمبل خضوع در برابر ربّ و سرسپردگی نسبت به فرامین اوست؛ ازاین‌رو، مراد از دعوت به رکوع، دعوت به یک رفتار نیست؛ که در این صورت، سؤال از چرایی انتخاب رکوع از بین مناسک پیش بیاید؛ بلکه مراد از دعوت به رکوع، دعوت به خضوع در برابر الله و فرمانبرداری از فرامین اوست؛ فرامینی که توسط رسولان، پیرو خبر از وعده‌های او ابلاغ می‌شود؛ اما وقتی بنا برتکذیب باشد، نوبت به خضوع در برابر ربّ نخواهد رسید؛ به راستی چگونه خواهد بود در روز جدایی بین متقیان و مجرمین و مصدّقان و مکذّبان، حال کسی که همواره وعده‌ها را تکذیب کرده و در برابر فرامین صاحب وعده‌ها سر خم نکرده است؟ «**وَيْلٌ يَوْمَئِذٍ لِلْمُكَذِّبِينَ** ﴿۴۹﴾».

ابلاغ متین سوره برای ایمان به وعده‌های الهی و قبول دعوت به فرمانبرداری از او کافی است. آیه پایانی سوره و سیاق، به‌منزله مهر ابطالی بر نجات مکذّبان از ورطه تکذیب، بعد از ردّ چنین سخنی است.

اگر سوگند به فرشتگان وحی، در حقانیت وعده قرآن نسبت به معاد موثر نیافتد و اگر توصیف وقایع آستانه قیامت، در جان مکذبان اثر نگذارد و اگر احتجاج‌های متقن خدا با ایشان، آنها را نسبت به ربّ یگانه، مؤمن نکند و باز اگر تصویر صحنه هولناک عذاب در قیامت و ترسیم جایگاه والای نیکوکاران در آن روز، ایشان را از تکذیب نرهاند، دیگر امیدی به ایمان نخواهد بود: «**فَبِأَيِّ حَدِيثٍ بَعْدَهُ يُؤْمِنُونَ** ﴿۵۰﴾»؛ کسی که به قرآن، با این بیان بلیغ و

محتوای عمیق و برهان دقیق ایمان نیاورد، چه سخنی او را از تکذیب نجات خواهد داد؟

ختم سوره با این سؤال، برای همیشه محتوای آن را زنده نگاه می‌دارد. این سؤال، حاکی از آن است که سوره مرسلات برترین و کامل‌ترین نمونه هدایت برای رهایی از تکذیب است؛ گویا در پایان سوره، مخاطب دوباره متوجه محتوای سوره می‌شود تا هدایت آن را وسیله رهایی از همه تکذیب‌ها و نافرمانی‌ها کند.

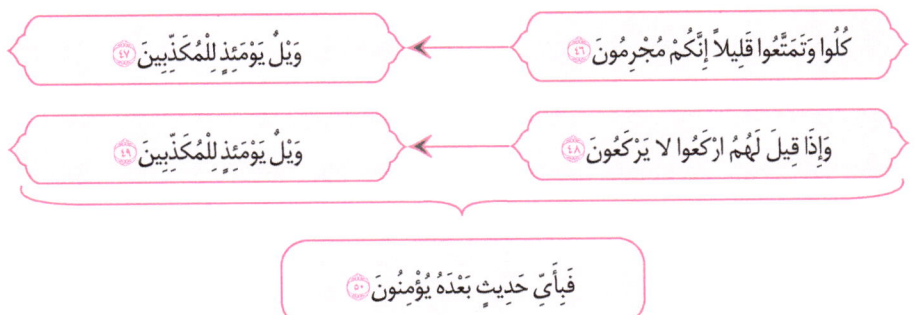

كُلُوا وَتَمَتَّعُوا قَلِيلًا إِنَّكُم مُّجْرِمُونَ ﴿٤٦﴾ ← وَيْلٌ يَوْمَئِذٍ لِّلْمُكَذِّبِينَ ﴿٤٧﴾

وَإِذَا قِيلَ لَهُمُ ارْكَعُوا لَا يَرْكَعُونَ ﴿٤٨﴾ ← وَيْلٌ يَوْمَئِذٍ لِّلْمُكَذِّبِينَ ﴿٤٩﴾

فَبِأَيِّ حَدِيثٍ بَعْدَهُ يُؤْمِنُونَ ﴿٥٠﴾

جهت هدایتی

آیات این سیاق، ضمن ادامه رویکرد انذاری سیاق‌های گذشته با تکرار آیه «**وَيْلٌ يَوْمَئِذٍ لِّلْمُكَذِّبِينَ**»، به بررسی وضعیت دنیوی مکذّبان با عنوان «مجرمین» پرداخته است.

همان‌طور که در متن سیرهدایتی گذشت، استفاده از صفت «مجرمین» در این قسمت از آیات، برای اشاره به تبعات تکذیب ایشان است؛ که بررسی وضعیت دنیایی مکذّبان، این تبعات را بیشتر روشن می‌کند.

نکته دیگر اینکه، با توجه به وجود «فا»ی نتیجه در ابتدای آیه ۵۰، می‌توان گفت که این آیه، به آیات قبل تفریع شده‌است؛ بنابراین، آیات قبل، علاوه بر اینکه رویکرد انذاری این سیاق را نشان می‌دهد، مقدمه‌ای برای بیان ناامیدی از ایمان مکذّبان است؛ بر این اساس، عنوان مناسب برای جهت هدایتی این سیاق عبارت است از:

انذار مکذبان مجرم و اظهار ناامیدی از ایمان ایشان، پس از بی‌توجهی به هدایت قرآن

سخنان قرآن برای هدایت‌شان ثمری نداشته و مشغول به متاع دنیای خویش‌اند، درحالی‌که جز مدت کمی از این دنیا بهره‌مند نخواهند شد و پس از آن، عذاب یوم‌الفصل را خواهند چشید.

فضای سخن، سیر هدایتی و جهت هدایتی سوره

مکذّبان، وعده‌های الهی را تکذیب می‌کنند تا بهره‌مندی‌شان از لـذّات و زینت‌های دنیوی مخدوش نشود؛ یا هیچ عاملی، رسیدن‌شان به آرزوهای بزرگ دنیا را تهدید نکند؛ تکذیب وعده‌ها زمینه‌ساز جرم و نافرمانی از پروردگار عالم است؛ ازاین‌رو آنها مرتکب جرم شده و از خدای عالم نافرمانی می‌کنند.

فضای سخن اصلی و مشترک سیاق‌های سوره، تکذیب وقوع وعده‌های الهی است که دلیل آن، تکرار ده‌باره «**وَيْلٌ يَوْمَئِذٍ لِلْمُكَذِّبِينَ**» است. به این فضا در سیاق اول سوره نیز تصریح شد. سیاق‌های دیگر علاوه بر حکایت از استمرار این فضا بُعدی از ابعاد آن را شفاف ساخته است:

سیاق دوم از رفتار مجرمانه پیرو تکذیب حکایت کرد؛

سیاق سوم، با بیان چگونگی عذاب مهیاشده برای مکذّبان و مطابقت شکلی آن با شرایط آسوده‌طلبی دنیوی، نشان داد که مکذّبان، آسوده‌طلب یا رفاه‌زده هستند و ازاین‌رو، باور به قیامت را رها ساخته‌اند و یا در آرزوی رسیدن به رفاه مطلق در دنیا، باور به وعده‌ها را مانع راه خود می‌بینند؛

سیاق چهارم نیز حکایت از آن داشت که سخن قرآن در سوره مرسلات نیز از اصرار ایشان بر تکذیب نکاسته و اصرار بر تکذیب وعده‌ها، جرأت جرم و نافرمانی از فرامین پروردگار را به ایشان داده است.

هرکدام از سیاق‌های این سوره، در راستای فضای مطرح‌شده، وارد عمل شده تا با بیان انذاری و یا احتجاجی خود، مخاطبان خود را به ایمان به تحقق وعده‌های قرآن دعوت کند.

سوره مرسلات، مجموعه غنی هدایت‌گری در فضای تکذیب وعده‌های الهی است. سوره‌ای که انذار و احتجاج را در بیانی عمیق و دقیق، در هم آمیخته و به بهترین شکل ممکن، راه را برای دیدن نور حقیقت باز کرده‌است؛ ازهمین‌رو، خدای متعالی در پایان سوره، این سؤال توبیخ‌آمیز را نسبت به مکذّبان مطرح کرده است؛ که «**فَبِأَيِّ حَدِيثٍ بَعْدَهُ يُؤْمِنُونَ**» اگر این سخن را نیز نپذیرند، دیگر کدامین سخن ایمان ایشان را برخواهد انگیخت؟

سوره با قسم آغاز شده است؛ قسم‌هایی که نقش اصلی آنها تأکید است؛ اما درعین‌حال، سیر پرهیمنه نزول غیب و خبر از وعده‌های الهی را مورد توجه قرارد داده‌است، یعنی برای تأکید بر حتمیت تحقق وعده‌ها، به جریان مقدس فرستاده‌شدن فرشتگان وحی برای ابلاغ وعده‌ها قسم خورده و از این طریق، تحقق وعده‌ها را تأکید کرده‌است؛ و در ادامه، یوم‌الفصل را روز تحقق آن اعلام کرده و نسبت به اوضاع بد مکذّبان در آن روز هشدار داده است.

سیاق دوم، لحن انذار را رها نکرده؛ اما سیر احتجاج را همراه با انذار مداوم و پی‌درپی قرار داده است؛ تا ریشه تکذیب خشکانده شود. احتجاج با یادآوری سیره خدا در به هلاکت رساندن مجرمان، احتجاج با یادآوری قدرت خدا در خلق انسان از آب پست و یادآوری حقارت او در رتبه مخلوق در برابر خالق و احتجاج با یادآوری قدرت و حکمت خدا و منتی که بر انسان دارد، در تأمین بسترمهیای زندگی و مایه حیات او، سه احتجاج مهم این سیاق است.

سیاق سوم، پرده را کنار زده و عاقبت تکذیب را به تصویر کشیده است؛ عاقبتی که در آن، همه نقشه‌ها و آرزوها بربادرفته دیده می‌شود و مکذّبان، عاقبت تکذیب به‌خاطر دنیازدگی و آسوده‌طلبی را در آینه شفاف آن می‌بینند و در نقطه مقابل، عاقبت تقوا که نتیجه تصدیق قیامت است را باخبر می‌شوند؛ تا حسرت عذاب را دوچندان احساس کنند.

در سیاق چهارم، خدای متعالی که مکذّبان را غرق در متاع دنیا و دل‌خوش به آن دیده، با ادامه روند انذار، یادآور می‌شود که این بهره‌مندی، حتماً قلیل و ناچیزاست و نتیجه نافرمانی و جرم، بی‌بهرگی از نعمات خواهد بود. این سیاق، با تعجّب، از حال ایشان در عدم خضوع در برابر ربّ و تکذیب وعده‌هایش سخن می‌گوید و امکان ایمان به حق، بعد از بی‌اعتنایی به این سخنان را زیر سؤال می‌برد؛ تا مکذّبان بدانند که در صورت ادامه روند تکذیب، فرصت بزرگ سوره مرسلات را نیز از دست داده و دیگر امیدی به ایمان و رهایی‌شان از عذاب نخواهد بود.

وجه اشتراک سیاق‌های این سوره مبارکه، انذار و تهدید مکذّبان است؛ اما همان‌طور که گفته شد، این رویکرد در سیاق‌های مختلف سوره با بیان خاصی همراه شده است؛ تا با تکذیب تحقق وعده‌های خدای متعالی توسط مکذّبان مقابله کند.

با توجه به اینکه همه سیاق‌های این سوره در یک وزان بوده و نسبت به هم اصل و فرع ندارند، جهت هدایتی این سوره، نتیجه نگاه مجموعی به سیاق‌های آن است:

انذار و تهدید مکذّبان وعده‌های خدای متعالی در قرآن

هر آنچه به آن وعده داده می‌شوید، در یوم‌الفصل محقق خواهد شد. پیش از آنکه با ورود در عذاب، حقانیت آن را باور کنید، به هشدار قرآن توجه کنید؛ چراکه بعد از بی‌توجهی به آن، دیگر امیدی به ایمان شما نخواهد بود.

آیه ۱ تا ۱۵

تأکید بر حتمیت وقوع وعده‌های قرآن در یوم الفصل

آنچه به آن وعده داده می‌شوید، در روزی بزرگ، (یوم‌الفصل) تحقق خواهد یافت؛ در این روز وای بر کسانی که از مکذّبان این حقیقت بوده‌اند.

آیه ۱۶ تا ۲۸

یادآوری شواهد تحقق وعده‌های الهی با بیانی انذارآمیز، در راستای مقابله با تکذیب تحقق وعده‌های الهی؛

مگر خدا مجرمان را در همین دنیا هلاک نمی‌کند و مگر تدبیر خلق شما و مظاهر دیگر خلق جهان به‌دست او نیست؛ پس در روز تحقق وعده‌ها، وای بر کسانی که با وجود این نشانه‌ها از مکذّبان بوده‌اند

آیه ۲۹ تا ۴۵

انذار مکذّبان تحقق وعده‌های الهی، با توصیف عاقبت مجرمان و متقیان در یوم الفصل

در روز تحقق وعده‌ها، وای به حال مکذّبان که با ورود در عذاب، حقانیت وعده‌های الهی را از عمق جان حس خواهند کرد و حسرت عاقبت متقین را خواهند کشید.

آیه ۴۶ تا ۵۰

انذار مکذبان مجرم و اظهار ناامیدی از ایمان ایشان، پس از بی‌توجهی به هدایت قرآن

سخنان قرآن برای هدایت‌شان ثمری نداشته و مشغول به متاع دنیای خویش‌اند، درحالی‌که جز مدت کمی از این دنیا بهره‌مند نخواهند شد و پس از آن، عذاب یوم‌الفصل را خواهند چشید.

ترجمه منسجم هدایتی

بخوان این سوره را **به اسم الله رحمت‌گستر رحم‌آور**

قسم به فرشتگان وحی، همان **ارسال‌شوندگان، پی‌درپی؛«۱» پس** در مسیر خود **توفندگان، توفنده‌بودنی«۲» و گشایندگان** صحیفه های وحی، به **گشودنی** نیکو؛«۳» **پس تفکیک کنندگان** آن صحیفه‌ها، **تفکیک کردنی؛«۴» پس إلقاکنندگانِ ذکری«۵» به‌عنوان عذر** برای پذیرندگان آن **یا انذار** برای تکذیب‌کنندگان آن؛«۶» قسم به همین فرشته‌ها که حامل وعده‌های الهی برای شما هستند، **که قطعاً آنچه وعده داده‌می‌شوید، حتماً واقع‌شونده است؛«۷» پس آن‌گاه که ستارگان،** همان زینت‌های آسمان دنیای شما که در جایگاه منظم خود شب را نورافشانی می‌کرد، **محو گردد؛«۸» و آن‌گاه که آسمان** یکپارچه بالای سر شما که همواره سقفی مستحکم بر فراز شما بود، **بشکافد؛«۹» و آن‌گاه که کوه‌ها** همان نمادهای استحکام و استقامت، **از جای کنده شود؛«۱۰» و آن‌گاه که برای رسولان وقتی** برای شهادت **تعیین شود؛** همان رسولانی که وعده‌های الهی را به شما ابلاغ کردند و شاهد برخورد شما در قبال آن بودند؛«۱۱» این وقایع، **برای چه روزی زمانش تعیین شده‌است؟«۱۲» برای روز جدایی** بین مکذّبان و مؤمنان، بین مجرمان و متقیان.«۱۳» **و چه چیز تو را آگاه کرده که چیست روز جدایی؟«۱۴» وای در آن روز** سخت جدایی **بر مکذّبان** که سخن رسولان در خبر از وعده‌ها را تکذیب کردند و زمینه ایمان و تقوا و دوری از جرم را از بین بردند!«۱۵» چرا خبر الله از تحقق وعده‌ها را نادیده می‌گیرند؟ **آیا پیشینیان را هلاك نکردیم؟«۱۶» سپس پسینیان را دنبال آنان می‌بریم.«۱۷» این‌گونه با مجرمان رفتار می‌کنیم،** پس چرا ایشان عذاب را از خودشان دور می‌بینند؟ چه اینکه عذاب مجرمان، سیره واقع‌شده خدا و درحال‌جریان در عالم است.«۱۸» **وای در آن روز بر مکذّبان؛** که این سابقه را نادیده گرفته و بر تکذیب و جرم خود اصرار ورزیدند!«۱۹» فراموش کرده‌اید که چگونه شما را خلق کردیم؟ **آیا شما را از آبی پست خلق نکردیم؟«۲۰» پس آن را در قرارگاهی استوار** یعنی رحم مادر **قرار دادیم؛«۲۱» تا وقت مقدّر شده معلوم** که زمان پایان نه ماه و تولّد شما بود؛«۲۲» **پس قادر شدیم؛ پس نیکو قادرانیم.«۲۳» وای در آن روز بر مکذّبان** که ماجرای خلق خود را فراموش کرده و در قدرت خالقشان برای تحقق وعده‌ها شک کردند!«۲۴» لطف سرشار الهی در فراهم‌کردن شرایط زندگی را چگونه فراموش می‌کنید؟ آیا قدرت و حکمت او در این امر را نظر نکرده‌اید؟ **آیا قرار ندادیم زمین را گردآورنده؟«۲۵»** گردآورنده **زندگان و مردگان؛** تا بستری آماده برای زندگی شما و حتی دفن مردگانتان باشد؛«۲۶» **و در آن کوه‌هایی محکم شامخ قرار دادیم و** از دل سخت این کوه‌ها **آبی گوارا به شما نوشاندیم.«۲۷» وای در آن روز بر مکذّبان** که نمک خورده و نمکدان می‌شکنند و قدرت و حکمت رزّاق خود در تحقق وعده‌هایش را زیر سؤال می‌برند!«۲۸» ای مکذّبان، **روانه شوید به سوی آنچه تکذیب می‌کردید آن را** تا با ورود در آن،

حقیقتش را باور کنید.«۲۹» شما که همواره آسایش‌طلبی در دنیا را بر باور وعده‌ها و به‌دنبال آن بندگی خدا ترجیح می‌دادید، **روانه شوید به سوی سایه‌ای که دارای سه شعبه است.**«۳۰» سایه‌ای که **نه سایگی دارد و نه نسبت به لهیب آتش فایده می‌رساند.**«۳۱» **همانا آن** لهیب آتش، **پرتاب می‌کند شراره‌هایی مانند قصر؛** درست مانند همان قصرهایی که در دنیا چشم شما را پر کرده بود.«۳۲» **گویی آن، شترانی زرد رنگ است؛** مانند همان شتران گران‌بها که در کنار دیگر دارایی‌های دنیا با جلوه‌گری خود شما را غافل کرده بود«۳۳» **وای در آن روز بر مکذّبان** که ثمره تکذیب و عصیان خود را در قالب عذابی سخت و حسرت‌بار خواهند دید؛ عذابی متناسب با آنچه در دنیا کورشان کرده بود!«۳۴» **این روزی است که نطق نمی‌کنند؛**«۳۵» **و به آنان اذن داده نمی‌شود تا عذر بیاورند** و توجیهی برای تکذیب و نافرمانی خود بیان کنند.«۳۶» **وای در آن روز بر مکذّبان** که با عذاب بی‌چون‌وچرای آن روز مواجه خواهند شد.«۳۷» **این است روز جدایی** بین مکذّبان و مؤمنان و مجرمان و متقیان؛ **شما و پیشینیان را جمع کردیم؛**«۳۸» **پس اگر کیدی دارید، پس با من کید کنید** تا عذاب خدا را از خود دور نگه دارید.«۳۹» **وای در آن روز بر مکذّبان** که حیله کارسازی برای فرار از عذاب نخواهند یافت!«۴۰»

این صحنه پرالتهاب عذاب، در حالی است که در جانب مقابل، وعده‌های خدا در مورد مصدّقین وعده‌ها نیز تحقق یافته است؛ **همانا متقیان در سایه‌ها و چشمه‌ها**«۴۱» **و میوه‌هایی از آنچه اشتها می‌کنند، هستند.**«۴۲» **بخورید و بیاشامید؛ گوارا باد به ازای آنچه عمل می‌کردید.**«۴۳» **همانا ما این‌گونه محسنان را جزا می‌دهیم.** شما مانند مکذّبان نبودید؛ تقوا را سیره رفتار خود کردید؛ چراکه وعده‌های خدا را پذیرفتید؛ «۴۴» امّا **وای در آن روز بر مکذّبان** که تکذیب امانشان نداد؛ تا اندکی سر به فرمان خدای خود بنهند!«۴۵» ای مکذّبان، حال که مشغول دنیای خود هستید و تصمیمی برای تصدیق و تقوا ندارید، در این دنیا **بخورید و بهره‌مند شوید، اندکی؛ چراکه شما مجرمان هستید** و مجرم، عاقبتی جز عذاب نخواهد داشت؛ هر اندازه که غرق در دنیا باشید، اندک و ناچیز است؛ چراکه دوامی ندارد و پایان عمر، پایان همه خوشی‌ها خواهد بود.«۴۶» **وای در آن روز بر مکذّبان** که همه فرصت‌ها را در تصدیق وعده‌های الهی سوزاندند!«۴۷» **و چون به آنان گفته شود: رکوع کنید، رکوع نمی‌کنند** و خاضع در برابر فرمان ربّ نمی‌شوند.«۴۸» **وای در آن روز بر مکذّبان** که با تکذیب، راه را بر فرمانبرداری از ربّ خود بستند!«۴۹» **پس** به‌راستی اگر به این قرآن، با بیان بلیغ و برهان دقیقش ایمان نیاورند، **به کدامین حدیث بعد از آن، ایمان می‌آورند؟**«۵۰»

در محضر عترت علیهم‌السلام

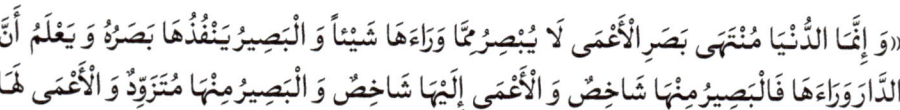

«وَ إِنَّمَا الدُّنْيَا مُنْتَهَى بَصَرِ الْأَعْمَى لَا يُبْصِرُ مِمَّا وَرَاءَهَا شَيْئاً وَ الْبَصِيرُ يَنْفُذُهَا بَصَرُهُ وَ يَعْلَمُ أَنَّ الدَّارَ وَرَاءَهَا فَالْبَصِيرُ مِنْهَا شَاخِصٌ وَ الْأَعْمَى إِلَيْهَا شَاخِصٌ وَ الْبَصِيرُ مِنْهَا مُتَزَوِّدٌ وَ الْأَعْمَى لَهَا

مُتَزَوِّدٌ»[1].

«همانا دنیا نهایت دیدگان کوردلان است که آن سوی دنیا را نمی‌نگرند؛ امّا انسان آگاه، نگاهش از دنیا عبور کرد و از پس آن، سرای جاویدان آخرت را می‌بیند؛ پس انسان آگاه، به دنیا دل نمی‌بندد و انسان کوردل، تمام توجّهش دنیاست؛ بینا از دنیا زاد و توشه برمی‌گیرد و نابینا برای دنیا توشه فراهم می‌کند»[2].

سیاق سوم سوره مرسلات نشان داد که تلاش برای آسایش جاودان در دنیا و بهره‌مندی تام از متاع ناچیزآن، سبب تکذیب وعده‌های الهی شده و زمینه‌ساز جرم در مکذّبان می‌شود. امیربیان در این سخن، به همه جویندگان راه حق نسبت به پرشدن چشمانشان با دنیا هشدار داده است؛ چراکه دنیا، متاع قلیلی است که به‌سرعت می‌گذرد و آخرت که سرای باقی است و روز حساب، فرا می‌رسد.

توضیحات کاربردی

انسان همواره در بند علایق و تمایلات دنیوی، از باور به حقیقت وعده‌های الهی بازمی‌ماند؛ نگاه خیره به متاع قلیل دنیا و آرزوی دستیابی آن برای کسی که بهره‌اش اندک است و یا دل‌بستگی فراوان به دارایی‌های دنیا برای کسی که بهره‌ای از دنیا دارد، هر دو می‌توانند عامل غفلت شود و نشانه‌های روشن بر صدق وعده‌های الهی را از ذهن و دل خارج کند. بعد از تکذیب، هیچ تضمینی برای فرمانبرداری از فرامین حق نیست. ثمره تکذیب، جرأت مکذب برای ارتکاب جرم است؛ او با نادیده‌گرفتن اینکه هر عملی در دنیا ثبت می‌شود و وعده پاداش یا وعید عذابی دارد، خود را در هر کاری آزاد پنداشته و چون حبّ دنیا دارد، تمام توان خود را برای جلب منافع قلیل و فانی دنیا به کار می‌بندد و از جرم در این راه ابایی ندارد.

سوره مرسلات، درمان دردی است که درد ثابت بشریت در هر زمانی بوده است، چه در زمان آباء اولین بشر در قوم نوح و عاد و ثمود و ... و چه در زمان نزول قرآن و چه امروز،

---

۱. ۱. نهج البلاغه (صبحی صالح)، خطبه ۱۳۳، ص ۱۹۱.

۲. نهج البلاغه، ترجمه استاد دشتی، ص ۲۵۱.

در زمانه‌ای که رونق و زینت دنیا چندین و چندبرابر بیشتر جلوه‌گری می‌کند و همه ابزار شیطان، در خیره‌کردن چشم بشر به سمت رنگ و لعاب می‌کوشد.

سوره مرسلات کامل ترین نسخه کتاب جاودان هدایت برای درمان این درد است؛ از تأکید چندین و چندباره، تا احتجاج‌واستشهاد و انذاروتهدید؛ به‌هرحال، بشر باید بداند که این، آخرین امید برای رهایی از بند نفس و تکذیب به قصد جرم است و تنها روزنه باقی‌مانده نور، برای روشن‌کردن فضای تاریک‌شده در بند دنیا است؛ «**فَبِأَيِّ حَدِيثٍ بَعْدَهُ يُؤْمِنُونَ** ﴿۵۰﴾»: «پس به کدامین سخن بعد از آنچه گفته شد، ایمان می‌آورند؟».

اما هشداری نیز برای کسانی لازم است که شاید با دیدن اولین «**وَيْلٌ يَوْمَئِذٍ لِلْمُكَذِّبِينَ**»، نفس راحتی کشیده و خود را از دایره خطاب‌وعتاب شدید سوره خارج می‌دانند؛ ما که مکذّب نیستیم!

سخن از تکذیب در این سوره، منحصر به بازی زبان در دهان و چرخیدن آن به اقرار زبانی بر تحقق وعده‌ها نیست. تحقق وعده، باوری است که نقطه صدق آزمایی آن، فرمانبرداری از صاحب وعده‌هاست. این دقت، در سوره مرسلات که متقیان را متنعم به نعمات بهشتی معرفی کرده نمایان است یعنی تصدیق در زبان نیست که نجات‌بخش از وعده عذاب خواهد شد، بلکه تقوای در فرمانبرداری از خدا به تبع تصدیق، بهشت را بر انسان واجب می‌کند.

دعا

ای قادر مطلق، حتی ذرّه‌ای عناد و اصرار بر تکذیب را از دل‌های ما بیرون کن.

محبت دنیا را که عامل اصلی فریب است، از ما دور کن.

ما را در باور هرچه بیش‌تر و کامل‌تر به وعده‌هایت، ثابت‌قدم و استوار بدار.

سوره نبأ

ترجمه تطبیقی

بِسْمِ اللَّهِ الرَّحْمَنِ الرَّحِيمِ

به اسم الله رحمت‌گستر رحم‌آور

عَمَّ يَتَسَاءَلُونَ ﴿١﴾

درباره چه چیزی از یکدیگر سؤال می‌کنند؟«۱»

عَنِ النَّبَإِ الْعَظِيمِ ﴿٢﴾

درباره آن خبر عظیم؛«۲»

الَّذِي هُمْ فِيهِ مُخْتَلِفُونَ ﴿٣﴾

همان که ایشان در آن اختلاف کنندگان‌اند.«۳»

كَلَّا سَيَعْلَمُونَ ﴿٤﴾

هرگز؛ به‌زودی آگاه می‌شوند.«۴»

ثُمَّ كَلَّا سَيَعْلَمُونَ ﴿٥﴾

باز هرگز، به زودی آگاه می‌شوند.«۵»

أَلَمْ نَجْعَلِ الْأَرْضَ مِهَاداً ﴿٦﴾

آیا زمین را مهد قرار ندادیم؟«۶»

وَالْجِبَالَ أَوْتَاداً ﴿٧﴾

و کوه‌ها را میخ‌ها؟«۷»

وَخَلَقْنَاكُمْ أَزْوَاجاً ﴿۸﴾

و شما را زوج‌ها آفریدیم؛ «۸»

وَجَعَلْنَا نَوْمَكُمْ سُبَاتاً ﴿۹﴾

و خوابتان را راحتی قرار دادیم؛ «۹»

وَجَعَلْنَا اللَّ☒لَ لِبَاساً ﴿۱۰﴾

و شب را لباس قرار دادیم؛ «۱۰»

وَجَعَلْنَا النَّهَارَ مَعَاشاً ﴿۱۱﴾

و روز را زمان معیشت قرار دادیم؛ «۱۱»

وَبَنَ☒نَا فَوْقَكُمْ سَبْعاً شِدَاداً ﴿۱۲﴾

و بر فرازتان هفت استوار را بنا کردیم؛ «۱۲»

وَجَعَلْنَا سِرَاجاً وَهَّاجاً ﴿۱۳﴾

و چراغی پر فروغ قرار دادیم؛ «۱۳»

وَأَنْزَلْنَا مِنَ الْمُعْصِرَاتِ مَاءً ثَجَّاجاً ﴿۱۴﴾

و از ابرهای باران‌زا آبی ریزان نازل کردیم؛ «۱۴»

لِنُخْرِجَ بِهِ حَبّاً وَنَبَاتاً ﴿۱۵﴾

تا با آن، دانه و نبات خارج کنیم؛ «۱۵»

وَجَنَّاتٍ أَلْفَافاً ﴿۱۶﴾

و نیز بوستان‌هایی انبوه درهم پیچیده. «۱۶»

إِنَّ ☒وْمَ الْفَصْلِ كَانَ مِ☒قَاتاً ﴿۱۷﴾

به یقین، «یوم‌الفصل»، وقت تمام‌شدن است؛ «۱۷»

☒وْمَ ☒نْفَخُ فِ☒ الصُّورِ فَتَأْتُونَ أَفْوَاجاً ﴿۱۸﴾

روزی که در صور دمیده می‌شود؛ آن‌گاه شما فوج‌فوج می‌آیید؛ «۱۸»

وَفُتِحَتِ السَّمَاءُ فَكَانَتْ أَبْوَاباً ﴿۱۹﴾

و آسمان گشوده می‌شود و درهایی می‌شود؛ «۱۹»

وَسُ☒رَتِ الْجِبَالُ فَكَانَتْ سَرَاباً ﴿۲۰﴾

و کوه‌ها روان می‌گردد؛ پس سراب می‌شود.«۲۰»

إِنَّ جَهَنَّمَ كَانَتْ مِرْصَاداً ﴿٢١﴾

قطعاً جهنّم کمین‌گاه بود.«۲۱»

لِلطَّاغِينَ مَآباً ﴿٢٢﴾

بازگشت‌گاهی برای طاغیان.«۲۲»

لَابِثِينَ فِيهَا أَحْقَاباً ﴿٢٣﴾

روزگارانی نامحدود در آن ماندگارانند.«۲۳»

لَا يَذُوقُونَ فِيهَا بَرْداً وَلَا شَرَاباً ﴿٢٤﴾

در آن‌جا هیچ خنکی و نوشیدنی نمی‌چشند،«۲۴»

إِلَّا حَمِيماً وَغَسَّاقاً ﴿٢٥﴾

جز آبی جوشان و بسیار کدر؛«۲۵»

جَزَاءً وِفَاقاً ﴿٢٦﴾

جزائی موافق«۲۶»

إِنَّهُمْ كَانُوا لَا يَرْجُونَ حِسَاباً ﴿٢٧﴾

زیرا آنان به حساب امیدی نداشتند؛«۲۷»

وَكَذَّبُوا بِآيَاتِنَا كِذَّاباً ﴿٢٨﴾

و آیات ما را تکذیب می‌کردند، تکذیب‌کردنی«۲۸»

وَكُلَّ شَيْءٍ أَحْصَيْنَاهُ كِتَاباً ﴿٢٩﴾

و هر چیزی را به صورت کتاب، احصاء کردیم؛«۲۹»

فَذُوقُوا فَلَنْ نَزِيدَكُمْ إِلَّا عَذَاباً ﴿٣٠﴾

پس بچشید؛ پس زیاد نمی‌کنیم بر شما جز عذاب.«۳۰»

إِنَّ لِلْمُتَّقِينَ مَفَازاً ﴿٣١﴾

قطعاً برای متقیان جایگاه فوزی هست.«۳۱»

حَدَائِقَ وَأَعْنَاباً ﴿٣٢﴾

باغ‌هایی دارای دیوار و تاکستان‌ها؛«۳۲»

وَكَوَاعِبَ أَتْرَاباً ﴿۳۳﴾

و زنانی خوش‌اندام و هم‌سال؛ «۳۳»

وَكَأْساً دِهَاقاً ﴿۳۴﴾

و کاسه‌هایی لبریز؛ «۳۴»

لا يَسْمَعُونَ فِيهَا لَغْواً وَلا كِذَّاباً ﴿۳۵﴾

در آن‌جا نه لغوی و نه تکذیبی، نمی‌شنوند؛ «۳۵»

جَزَاءً مِنْ رَبِّكَ عَطَاءً حِسَاباً ﴿۳۶﴾

جزایی است از جانب پروردگار تو و عطائی است از روی حساب. «۳۶»

رَبِّ السَّمَاوَاتِ وَالأَرْضِ وَمَا بَيْنَهُمَا الرَّحْمَنِ لا يَمْلِكُونَ مِنْهُ خِطَاباً ﴿۳۷﴾

پروردگار آسمان‌ها و زمین و آنچه میان آن‌هاست؛ همان رحمت‌گستر؛ هیچ کس نسبت به او قدرت خطابی ندارد. «۳۷»

يَوْمَ يَقُومُ الرُّوحُ وَالْمَلائِكَةُ صَفّاً لا يَتَكَلَّمُونَ إِلّا مَنْ أَذِنَ لَهُ الرَّحْمَنُ وَقَالَ صَوَاباً ﴿۳۸﴾

در روزی که روح و ملائکه می‌ایستند به صفّ و تکلّم نمی‌کنند جز کسی که رحمت گستر به او اذن دهد و سخن صواب گوید. «۳۸»

ذَلِكَ الْيَوْمُ الْحَقُّ فَمَنْ شَاءَ اتَّخَذَ إِلَى رَبِّهِ مَآباً ﴿۳۹﴾

آن روز حق است؛ پس هر کس مشیت کند، راه بازگشتی به سوی پروردگارش برگیرد. «۳۹»

إِنَّا أَنْذَرْنَاكُمْ عَذَاباً قَرِيباً يَوْمَ يَنْظُرُ الْمَرْءُ مَا قَدَّمَتْ يَدَاهُ وَيَقُولُ الْكَافِرُ يَا لَيْتَنِي كُنْتُ تُرَاباً ﴿۴۰﴾

به یقین، ما شما را از عذابی قریب انذار دادیم؛ روزی که آدمی نظر به آنچه دستانش پیش فرستاده می‌کند و کافر می‌گوید: ای کاش خاک بودم. «۴۰»

کشف سیاق‌ها

سوره نبأ، به چهار سیاق تقسیم می‌شود: سیاق اول آیه ۱ تا ۵؛ سیاق دوم آیه ۶ تا ۱۶؛ سیاق سوم آیه ۱۷ تا ۳۹ و سیاق چهارم آیه ۴۰.

سؤال کردن از یکدیگر درباره خبر عظیم، محور اصلی سیر مفهومی آیه ۱ تا ۵ است؛ آیه ۱ تا ۳ در مورد سؤال کردن مردم از یکدیگر و اختلاف ایشان در مورد خبر عظیم سخن گفته و آیه ۴ و ۵ با «کلّا» به ماقبل وصل شده و در ادامه در مورد علم یافتن اختلاف‌کنندگان، به حقیقت خبر عظیم در آینده، سخن می‌گوید.

از ابتدای آیه ۶ سیر مفهومی جدیدی آغاز می‌شود که به بیان نمونه‌هایی از خلق و تدبیر خدای متعالی در عالم می‌پردازد؛ سیر برشماری نمونه‌ها تا آیه ۱۶ به روشنی تداوم یافته است.

از ابتدای آیه ۱۷ سوره در سیر جدیدی از یوم الفصل و جدایی طاغیان و متقیان در آن روز سخن می‌گوید؛ ترسیم جایگاه طاغیان و متقیان تا آیه ۳۶ به روشنی ادامه یافته است و آیه ۳۷ تا ۳۹ با قرائن ادبی و لفظی به ماقبل متّصل شده و از حاکمیّت مطلق خدا در آن روز سخن می‌گوید؛ آیه ۳۷، «ربّ» مورد اشاره در آیه ۳۶ را توصیف می‌کند؛ آیه ۳۸ با «یَوم» آغاز شده و ظرف «لا یَملِکون مِنه خِطاباً» در آیه ۳۷ را مشخص کرده است و آیه ۳۹، با تعبیر «ذلک الیَوم» به ظرف مطرح‌شده در آیه قبل اشاره کرده است.

امّا آیه ۴۰ از طرفی هیچ قرینه‌ای بر اتّصال ادبی با آیات قبل ندارد و از طرف دیگر به طور کلی از فضای ترسیم دو گروه و حاکمیّت خدا بین آنها خارج شده و به صورت مستقیم و زنده در فضای دنیا، مخاطبان خود را از فرارسیدن روز قیامت و حسرت آن روز انذار می‌دهد.

گفتنی است، آنچه در اتّصال و یا انفصال آیات نسبت به یکدیگر اهمیّت دارد، تغییر و یا عدم تغییر سیر مفهومی است؛ بنابراین یک آیه نیز اگر سیر مفهومی متفاوتی داشته باشد، می‌تواند سیاقی مستقل محسوب می‌شود.

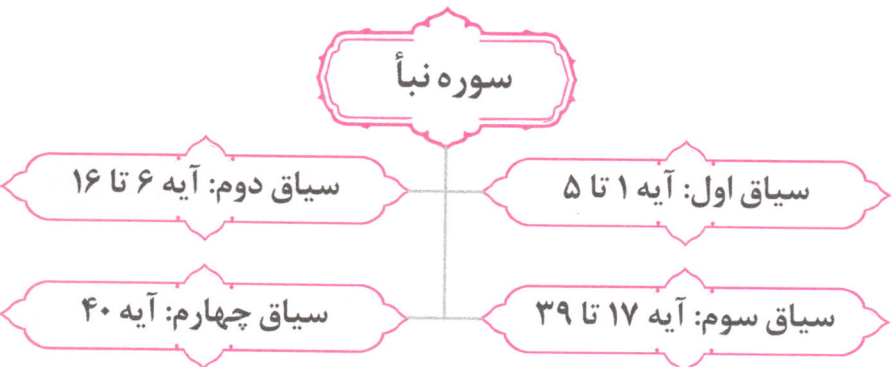

سوره نبأ

سیاق دوم: آیه ۶ تا ۱۶   سیاق اول: آیه ۱ تا ۵

سیاق چهارم: آیه ۴۰   سیاق سوم: آیه ۱۷ تا ۳۹

سیاق اول: آیه ۱ تا ۵

فضای سخن

منکران معاد پیوسته از یکدیگر درباره خبر عظیم قیامت سؤال انکارآمیز می‌پرسند و در چگونگی انکار آن اختلاف دارند.

قرائن فضای بالا از این قرار است:

۱. بجایی سؤال مطرح‌شده در آیه ۱ و ۲ «**عَمَّ يَتَسَاءَلُونَ ۝١ عَنِ النَّبَإِ الْعَظِيمِ ۝٢**»، حاکی از فضای سؤال مردم از یکدیگر در مورد خبری عظیم است؛ «**تساؤل**»، بر وزن تفاعل، به معنای سؤال از یکدیگر است؛ آمدن آن با صیغه جمع «**یتسائلون**» و در قالب فعل مضارع، نشان می‌دهد که پرسش‌ها جمعی را به خود مشغول ساخته و همچنان استمرار دارد؛ صیغه جمع، نشان‌دهنده جمعی‌بودن این مسأله و فعل مضارع، حاکی از استمرار آن است.

۲. با نگاه به ادامه سوره که از یوم‌الفصل و ویژگی‌های آن سخن گفته است، مصداق مورد نظر از «**النّبأ العظیم**»، خبر بزرگ قیامت است.

۳. آیه «**الّذی هُم فیه مُختَلِفون ۝٣**»، حاکی از اختلاف‌نظر سؤال کنندگان از یکدیگر در مورد خبر عظیم قیامت است؛ این اختلاف، در نگاه اول می‌تواند اختلاف در انکار و قبول باشد، یعنی گروهی با سؤال، درصدد انکار و گروه دیگر درصدد قبول باشند؛ امّا، ردع و ابطال خدای متعالی نسبت به فضای تساؤل و اختلاف در آیه ۴ و ۵ «**کَلّا سیعلمون ...**» این نگاه را رد می‌کند؛ زیرا آیه ۴ و ۵ تفکیکی بین سؤال‌کنندگان و اختلاف‌کنندگان قائل نشده و همه را به یک چوب رانده است؛ بنابراین مراد از اختلاف، در این آیات، چیز دیگری است، سؤال‌کنندگان و اختلاف‌کنندگان در امر عظیم قیامت، همه در انکار آن اشتراک دارند و تنها در چگونگی زیرسؤال بردن امر قیامت اختلاف می‌کنند؛ یعنی گاهی با زیرسؤال بردن قدرت خدا برای برپایی معاد، گاهی با زیرسؤال بردن علم خدا در حساب‌وکتاب اعمال انسان‌ها و گاهی با زیرسؤال بردن ضرورت معاد و ... .

ذکر یک نکته می‌تواند فضای بالا را شفّاف‌تر کند؛ ایجاد فضای تساؤل انکاری در مورد خبر قیامت و استمرار و گسترش آن در میان آحاد جامعه به بیان‌های مختلف، اهمّیت فضای بالا را نشان می‌دهد؛ جمعی انکار قیامت را مفروض دانسته و با سؤال‌های مختلفی، سعی در یافتن راه‌های زیاد برای انکار حقیقت قیامت‌اند؛ وقتی معاد، تنها از یک جهت زیر سؤال باشد، پاسخ آن ساده‌تر از زمانی است، که هرکسی از جهتی حقیقت آن را زیر سؤال می‌برد.

سیر هدایتی

خدای متعالی در قدم اول، به عنوان گوینده‌ای که از مخاطبان خود درباره وضع عجیب جمعی غافل سؤال می‌کند، این‌گونه سخن گفته است: «**عَمَّ يَتَسَاءَلُونَ ۝١ عَنِ النَّبَإِ الْعَظِيمِ ۝٢**»؛

سؤال آغاز شده در آیه ۱، یک سؤال حقیقی نیست؛ بلکه برای ابراز تعجّب و توبیخ نسبت به رفتاری غلط است؛ ازهمین‌رو، آیه ۲ جواب سؤال آیه ۱ نیست؛ آیه ۲ در ادامه سؤال آیه ۱، موضوع تساؤل را با توصیف «نبأ عظیم»، مشخص کرده است؛ تا عجیب بودن فضای تساؤل را بیشتر نمایان کند؛ فضای سؤال‌های پی‌درپی انکارآمیز حول چه موضوعی است؟ آیا در مورد آن خبر بزرگ که از قیامت شنیده‌اند، از یکدیگر سؤال می‌کنند؟

با این بیان، جایگاه آیه ۳ نیز روشن می‌شود؛ آیه ۳ در ادامه همین لحن سؤالی است و در راستای سؤال آیه ۱، وجه استعجاب و توبیخ آن را پررنگ‌تر می‌کند: «**الَّذِي هُمْ فِيهِ مُخْتَلِفُونَ ۝٣**»؛ ضمیر «ه» در «فیه»، به نبأ عظیم در آیه ۲ باز می‌گردد؛ آنها در مورد خبر عظیم قیامت، اختلاف کرده و هرکدام از سویی به حقیقت آن ضربه می‌زند و سعی دارد فضای جامعه شنونده خبر را از سؤالات مکرّر نسبت به این حقیقت پر کند.

اکنون سؤال توبیخی و تعجّب‌آمیز خدا از وضع سوال‌کنندگان، تکمیل شده است؛ آنها در مورد چه چیزی پیوسته از یکدیگر سؤال می‌کنند؟ در مورد خبر بزرگ قیامت؟ همان خبر بزرگی که در چگونگی انکار این خبر بزرگ با یکدیگر اختلاف کرده‌اند؟

دو آیه بعدی سیاق، با دو «کلّا» آغاز شده است؛ «**كَلَّا سَيَعْلَمُونَ ۝٤ ثُمَّ كَلَّا سَيَعْلَمُونَ ۝٥**»؛ «کلّا» برای ردع فضای تساؤل و اختلاف حول موضوع نبأ عظیم است؛ ما بعد «کلّا» وجه ردع را مشخص می‌کند؛ «سیعلمون»؛ به‌زودی علم خواهند یافت؛ یعنی نیازی به تساؤل آنکارآمیز و اختلاف در وجه انکار معاد نیست، بزودی حقیقت بر همگان مشخص خواهد شد؛

مراد از علم در این آیات، علم از طریق قبول دلایل معاد و سخن قرآن نیست؛ چراکه:

۱. در این صورت سخن آیه، پیش‌بینی علم‌یافتن همه سؤال‌کنندگان و اختلاف‌کنندگان در حقیقت معاد در دنیا خواهد بود که بعید است چنین چیزی مدّ نظر آیات باشد؛

۲. لحن آیه‌ای که با «کلّا» آغاز شده و دوبار تکرار می‌شود، بیشتر با فضای تهدید تناسب دارد تا پیش‌بینی علم‌یافتن از طریق قبول دلایل معاد.

این تعبیر، یک تهدید نسبت به فضای تساؤل انکاری است؛ در فضایی که همه سوال‌کنندگان در انکار اشتراک دارند و در چگونگی زیرسؤال‌بردن حقیقت قیامت اختلاف می‌کنند، خبر از علم نزدیک به حقیقت آن، تهدید به رویارویی با همان حقیقتی است که سعی در انکار همه جانبه آن می‌شود؛ رویارویی با این حقیقت، تنها راه قطعی و همگانی علم‌یافتن منکران معاد به حقیقت آن روز بزرگ است.

آنان فکر می‌کنند که چون مسئله با سؤال‌های مختلف، مورد شک و ابهام ایشان است، پس مردود است و می‌خواهند با همین بیان، تکلیف را یکسره و با همین سؤال‌ها، خبر را انکار کنند. اما این چنین نیست؛ به‌زودی خواهند دانست.

این بیانِ آمیخته با تهدید، می‌تواند شدّت نگرانی را برانگیزد و مخاطبی که امید به نجاتش می‌رود را متنبه کند؛ مانند آن که کسی برای عدّه‌ای از یک حادثه خطرناک پیش رویشان خبر می‌آورد ولی ایشان به‌سادگی و راحتی و بدون دغدغه انکارش می‌کنند و وجوه تکذیب خبر را برمی‌شمارند، در این فضا، راهی که ممکن است سبب حرکتی در آنان شود، تهدید آنان به فرارسیدن لحظه وقوع حادثه است.

با این بیان، حکمت تکرار «**ثمّ کلّا سیعلمون**» نیز روشن می‌شود. «ثمّ» برای فاصله در بیان است یعنی ایجاد یک توقف و فاصله در کلام که بعد از آن، دوباره «کلّا سیعلمون» تکرار می‌شود؛ تکراری که مفید تأکید دوباره آیه قبل است و حتمیّت خطابودن مسیر تساؤل و انکار خبر قیامت را با تهدید دوباره به علم در آینده نزدیک با مواجهه حقیقت، تثبیت می‌کند.

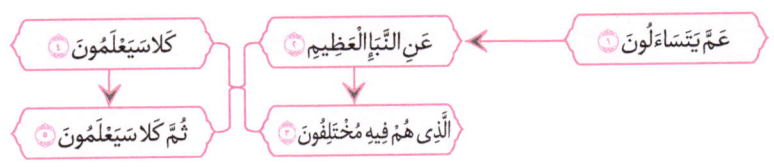

جهت هدایتی

با توجه به توضیحاتی که در قسمت سیر هدایتی داده شد، اقدام خدای متعالی در برابر فضای پرسمان انکاری نسبت به قیامت از همان آیه اول آغاز شده است؛ یعنی آیه ۱ تا ۳، با حکایت تعجب‌آمیز و توبیخی خدا از این پرسش‌ها، سخن در مورد آن را آغاز کرد؛ امّا موضع‌گیری صریح و اصلی خدای متعالی نسبت به این فضا را می‌توان در ابطال تهدیدآمیز آن به وسیله «کلّا» در آیه ۴ و ۵، جستجو کرد؛ بنابراین محور جهت هدایتی این سیاق، نفی فضای تساؤل انکارآمیز در آیه ۴ و ۵ است:

نفی پرسش انکاری از خبر عظیم قیامت

لازم نیست در مقام انکار قیامت از یکدیگر بپرسند و اختلاف کنند؛ به زودی پدیدار می‌گردد و از آن آگاه می‌شوند.

سیاق دوم: آیه ۶ تا ۱۶

فضای سخن

از همه سو باور به قیامت را زیر سؤال می‌برند.

فضای سخن این سیاق، ادامه فضای سخن سیاق قبل است؛ به تعبیر دیگر، آنچه در این سیاق عوض شده‌است، رویکرد هدایتی آیات نسبت به فضای سخن مطرح‌شده در سیاق اول است؛

سیاق قبل، به اصل بحث ایجاد فضای تساؤل نظر کرده و آن را به عنوان یک پدیده غلط، مورد توبیخ و نفی قرار داده است؛ سیاق دوم نیز به همان فضا نظر دارد ولی این بار از جهت خود سؤال‌هایی که ممکن است در راستای انکار خبر قیامت طرح شود.

این سیاق، با بیان نشانه‌هایی از خلقت و تدبیر الهی در عالم و استشهاد به آنها با اسلوب «ألم»، درصدد برشماری شواهدی است؛ بجایی برشماری این شواهد، در فضای تساؤل انکاری قیامت در سوره، اقتضا دارد که مقصود از ذکر آنها، شهادت این نشانه‌ها به حقانیّت خبر بزرگ قیامت باشد.

سیر هدایتی

زیرسؤال‌رفتن حقیقت قیامت در سیاق قبل، مطلق بوده و از طرف دیگر، مخاطبان می‌دانند که منکران قیامت، در سیاق قبل، از طرق مختلفی حقیقت آن را زیر سؤال برده‌اند؛ ازاین‌رو، سیاق دوم، در بیان نشانه‌ها، به همین فضای مطلق نظر کرده و به‌گونه‌ای سخن گفته است که همه راه‌های منتهی به انکار قیامت، از طریق سؤال مسدود شود.

توضیح: سیاق قبل، از مختلف‌بودن پرسش‌های انکارکنندگان قیامت خبرداد؛ این اختلاف، به سه بخش عمده قابل تقسیم است؛ یعنی انکار قیامت اصولاً از سه بُعد اصلی زیر خارج نیست؛ دو بُعد اول، امکان معاد را زیر سؤال برده و بُعد سوم، ضرورت آن را زیر سؤال می‌برد:

۱. عدم باور به قدرت خدا برای برپایی قیامت؛
۲. تردید در علم خدا برای حساب موردنیاز آن روز؛
۳. شک در ضرورت برپایی قیامت؛ که به عدم‌باور نسبت به حکمت خدا و هدف‌مندی افعال او برمی‌گردد.

این، اقتضای طبیعی انکار عّده‌ای است که در اصل انکار، باهم اشتراک دارند و در جنبه انکار، باهم مختلف‌اند؛ ازهمین‌رو، در سیاق دوم، اقسام اختلاف در نوع انکار لحاظ شده و بیان سیاق پاسخ‌گوی همه آن‌هاست.

سیاق دوم، به برشماری آیات و نشانه‌های خلق و تدبیر عالم پرداخته است؛ اگر اندک توجّهی به نظام هستی و پدیده‌های آفرینش و تدبیر الهی کنند، جایی برای انکار قدرت، علم و حکمت خدا و به‌دنبال آن، تکذیب خبر بزرگ قیامت باقی نمی‌ماند.

این نشانه‌ها را در آیات، می‌توان در سه مقطع کلّی ارزیابی کرد:

- مقطع اول، به بستر زندگی بشر یعنی زمین و عامل استحکام آن اشاره دارد:

«**أَلَمْ نَجْعَلِ الأَرْضَ مِهَاداً**﴿۶﴾»؛ آیا زمین را مهدی آماده قرار ندادیم؟ بستری که بر آن مستقر می‌شوید و در آن تصرّف می‌کنید، روی آن به‌آسودگی زندگی می‌کنید و نفس می‌کشید.

«**وَالْجِبَالَ أَوْتَاداً**﴿۷﴾» و آیا کوه‌ها را همچون میخ‌هایی قرار ندادیم؟ بسیاری از کوه‌ها محصول خروج مواد مذاب از شکاف‌های زمین است و به‌سبب تراکم و استحکام آن‌ها، فوران آتشفشان زیر آن شکاف‌ها آرام شده است؛ بدین ترتیب، کوه‌ها همچون میخ‌هایی

محکم، سبب رفع اضطراب و ناآرامی زمین شده است.

- مقطع دوم، مخاطبان خود را به زندگی دقیق و حساب‌شده انسان، توجه داده است:

«وَخَلَقْنَاكُمْ أَزْوَاجاً ۸» و شما را جفت جفت (نر و ماده) آفریدیم؛ تا هر قدر که خدا بخواهد، نسلتان باقی بماند. دست تدبیر حکیمانه خدا در خلقت ازواج بسیار آشکار است؛ اینکه هر انسانی جفتی دارد و به طور دقیق بین دو جفت و نیازها و خلقتشان هماهنگی برقرار شده و کاملاً هدفمند است.

«وَجَعَلْنَا نَوْمَكُمْ سُبَاتاً ۹» و خوابتان را مایه آسایش و استراحت گردانیدیم؛ خستگی‌ها و فرسایش حاصل از زندگی در دنیای مادی را با قرار دادن خواب، از روحتان زدودیم.

«وَجَعَلْنَا اللَّیْلَ لِبَاساً ۱۰» و شب را همچون پوششی بر پدیده‌ها قرار دادیم؛ شبی که با پرده ظلمتش، همه چیز را می‌پوشاند تا زمینه‌ای برای سکون و آرامش ایجاد شود.

«وَجَعَلْنَا النَّهَارَ مَعَاشاً ۱۱» و روز را زمانی برای گذران زندگی مقرّر داشتیم؛ زمانی که بعد از سکون و آرامش شبانه، از هر جهت، بهترین زمان برای جریان زندگی است.

- مقطع سوم، به آسمان و ارتباط برقرارشده بین آن و زمین نظر دارد:

«وَبَنَیْنَا فَوْقَكُمْ سَبْعاً شِدَاداً ۱۲» و بالای سرتان نظام آسمان را نیز در هفت طبقه استوار کردیم و بر فرازتان، هفت آسمانِ سخت و استوار ساختیم.

«وَجَعَلْنَا سِرَاجاً وَهَّاجاً ۱۳» و خورشید را که چراغی گرم و پرفروغ است، پدید آوردیم؛ که از این فاصله دور، با گرما و تابش خودش، زمین را روشن و گرم می‌کند.

«وَأَنْزَلْنَا مِنَ الْمُعْصِرَاتِ مَاءً ثَجَّاجاً ۱۴ لِنُخْرِجَ بِهِ حَبّاً وَنَبَاتاً ۱۵ وَجَنَّاتٍ أَلْفَافاً ۱۶» و از ابرهای باران‌زا، آبی ریزان فروفرستادیم؛ تا از زمین، دانه و گیاه برآوریم و نیز بوستان‌هایی انبوه با درختانی درهم پیچیده؛ تا انسان و دام‌های او از آن بخورند و بهره‌مند باشند.

خدای متعالی در حین و بعد از ذکر این موارد، نتیجه خاصی را برای هیچ‌کدام مطرح نمی‌کند؛ اینکه آیا به‌دنبال اثبات علم خدا بوده‌است و یا قدرت خدا و یا حکمت او. عدم تصریح به نتیجه، برای آن است که مجموع این نشانه‌ها، در هر زمینه‌ای حجّت است؛ وقتی انسان با یک مجموعه درهم‌ریخته و فشل مواجه شود، هیچ‌وقت نظر او به برنامه و علم

و قدرت خاصی منتقل نمی‌شود؛ ولی هنگامی که با یک مجموعه دقیق و حساب‌شده و هدفمند مواجه گردد، در ناخودآگاه خود تلقّی یک ایجادکننده حکیم، عالم و قادری را برای آن مجموعه دارد.

اگر در علم خدا شك دارید که باعث انکار معاد شده است، به این پدیده‌ها نگاه کنید؛ آیا در علم چنین پدید آورنده‌ای که در خلقت و تدبیر هر بخشی از عالم، نیازهای بهره‌مندان از آن را سنجیده و آن را متناسب این نیازها آفریده است، می‌توان شك کرد؟!

اگر در قدرت خدا شك دارید که باعث انکار قیامت شده است، به این پدیده‌ها نگاه کنید؛ آیا در قدرت چنین خالقی که هرکدام از این نشانه‌ها را - که برخی در بزرگی دور از تصوّر شماست - آفریده، می‌توان شك کرد؟!

اگر در حکمت خدا شك دارید، اندکی در چینش این پدیده‌های منظم و بهره‌دهی هدفمند آن‌ها تأمل کنید؛ آیا می‌توانید قبول کنید که این پدیده‌ها بیهوده و بی‌هدف خلق شده باشند؟

دلِ بیدار و ذهن سالم هر شنونده‌ای، به قدرت، علم و حکمت چنین پدیدآورنده‌ای شهادت می‌دهد.

البته گفتنی است، هرچند رویکرد اصلی آیات سیاق، استشهاد به نشانه‌های موجود در عالم است، امّا آیات، خشک و بی‌روح، احتجاج نکرده و در نوع بیان این همه نشانه، برانگیزاننده حس قدردانی و شکرگزاری در برابر خدا نیز هست؛ نشانه‌ها به گونه‌ای با زندگی انسان در ارتباط است و منفعت او را نتیجه می‌دهد که توجه به آن، او را از ردّ سخنان خالق و مدبّر آنها شرمسار می‌کند.

أَلَمْ نَجْعَلِ الْأَرْضَ مِهَاداً ﴿٦﴾ وَالْجِبَالَ أَوْتَاداً ﴿٧﴾

↓

وَخَلَقْنَاكُمْ أَزْوَاجاً ﴿٨﴾ وَجَعَلْنَا نَوْمَكُمْ سُبَاتاً ﴿٩﴾ وَجَعَلْنَا اللَّيْلَ لِبَاساً ﴿١٠﴾ وَجَعَلْنَا النَّهَارَ مَعَاشاً ﴿١١﴾

↓

وَبَنَيْنَا فَوْقَكُمْ سَبْعاً شِدَاداً ﴿١٢﴾ وَجَعَلْنَا سِرَاجاً وَهَّاجاً ﴿١٣﴾ وَأَنْزَلْنَا مِنَ الْمُعْصِرَاتِ مَاءً ثَجَّاجاً ﴿١٤﴾ لِنُخْرِجَ بِهِ حَبّاً وَنَبَاتاً ﴿١٥﴾ وَجَنَّاتٍ أَلْفَافاً ﴿١٦﴾

جهت هدایتی

جهت هدایتی این سیاق، از تأثیرگذاری آیات آن در فضای پیش‌گفته مشخص می‌شود؛ آیات این سیاق، با بیان نشانه‌هایی، به خلقت مقتدرانه و تدبیر عالمانه و حکیمانه خدای متعالی اشاره کرد.

ثابت‌شدن علم و قدرت خدا، «امکان برپایی معاد» و ثابت‌شدن حکمت خدا و آفرینش هدفمند او، «ضرورت برپایی معاد» را ثابت می‌کند؛ بنابراین، جهت هدایتی این سیاق، به این بیان قابل ذکر است:

اثبات امکان و ضرورت قیامت

پدیده‌های آفرینش و تدبیر الهی، دلیلی محکم بر علم، قدرت و حکمت خدا و حجّتی آشکار بر امکان و ضرورت قیامت است.

سیاق سوم: آیه ۱۷ تا ۳۹

فضای سخن

باور به حقیقت معاد ندارند و آیات الهی را در این زمینه، تکذیب می‌کنند و همین رویه، سبب طغیان یعنی خروج و تجاوز ایشان از دایره بندگی خدا شده‌است.

قرائن فضای بالا از این قرار است:

۱. انکار معاد که فصل مشترک سیاق‌های قبلی سوره نیز بود، در این سیاق نیز نشانه دارد؛ بجایی تأکید فراوان و توصیف‌انذاری از حقیقت معاد در آغاز، «**إِنَّ يَوْمَ الْفَصْلِ كَانَ مِيقَاتاً ﴿١٧﴾ يَوْمَ يُنفَخُ فِي الصُّور...﴿١٨﴾**»، تأکید مجدّد بر حقانیت یوم‌الفصل در انتهای سیاق، «**ذَلِكَ الْيَوْمُ الْحَقُّ...﴿٣٩﴾**» و ریشه‌یابی عذاب طغیانگران در عدم باور به قیامت و تکذیب آیات الهی در این باره «**إِنَّهُمْ كَانُوا لَا يَرْجُونَ حِسَاباً ﴿٢٧﴾ وَكَذَّبُوا بِآيَاتِنَا كِذَّاباً ﴿٢٨﴾**»، قرائن این سیاق بر فضای مذکور است.

۲. آیات این سیاق در مقام توصیف عاقبت اهل جهنّم، از ایشان با تعبیر «**طاغین**»،

یاد کرده است، بجایی استفاده از این تعبیر، حاکی از طغیان در فضای سخن آیات است.

۳. چنانکه گذشت، آیات، عذاب طغیان‌گران را در انکار حساب توسط ایشان و تکذیب آیات الهی در این باره ریشه‌یابی کرده است که بجایی این تحلیل نیز حاکی از ریشه‌داری طغیان در انکار حقیقت معاد است.

سیر هدایتی

آیات این سیاق، در مقابل فضای انکار قیامت، به ترسیم صحنه قیامت پرداخته است و تحت عنوان «یوم الفصل» یعنی روز جدایی، از پایان زمان عالم و برپایی صحنه قیامت و جدایی طاغیان و متّقیان سخن گفته است.

نظام منسجم هستی که در سیاق قبل به آن اشاره شد، به روزی با عظمت منتهی می‌گردد: «**إِنَّ يَوْمَ الْفَصْلِ كَانَ مِيقَاتاً﴿۱۷﴾**» قطعا روز جدایی، روز پایان زمان این عالم است.

«میقات» به معنای زمان تعیین‌شده برای سرآمد یک چیز است. خدای متعالی میقات‌بودن روز جدایی را برای این عالم، با فعل ماضی «کان» خبر داده است؛ یعنی از همان ابتدا که زمین و آسمان و ... با دستان قدرت خدای حکیم و علیم طراحی شد، سرآمد مشخص آن در روز جدایی، تعیین شد.

آیات در ادامه قبل از تبیین جدایی، در قالب بیان ظرف، آن روز را در سه مرحله توصیف می‌کند:

مرحله اول، اعلان زمان انتقال بشر از دنیای خاکی به صحنه حساب است: «**يَوْمَ يُنْفَخُ فِي الصُّورِ فَتَأْتُونَ أَفْوَاجاً﴿۱۸﴾**»؛ روزی که در صور دمیده می‌شود و شما فوج‌فوج می‌آیید.

مرحله دوم، گشایش درهای آسمان به منظور فراهم‌سازی زمینه انتقال است: «**وَفُتِحَتِ السَّمَاءُ فَكَانَتْ أَبْوَاباً﴿۱۹﴾**» و آسمان گشوده می‌شود و به درهایی تبدیل می‌شود؛ تبدیل آسمان دنیا به درها در آن روز، گشایش مسیر ارتباط زمین و آسمان و راه‌های ورود انسان‌ها به فضای تعیین‌شده برای وعده‌های الهی است؛ چه اینکه به استناد آیات قرآن، وعده‌های الهی برای عذاب و پاداش آخرت، در ظرف آسمان است.[۱]

---

۱. «وَ فِي السَّماءِ رِزْقُكُمْ وَ ما تُوعَدُون»، ذاریات، آیه ۲۲.

مرحله سوم، نابودی زمین به عنوان بستر زندگی پیشین انسان‌هاست: «وَسُيِّرَتِ الْجِبَالُ فَكَانَتْ سَرَاباً ﴿۲۰﴾» و کوه‌ها روان می‌گردد و تبدیل به سراب می‌شود؛ تبدیل کوه‌ها به سراب، به معنای نابودی مستحکم‌ترین مظاهر خلقت است؛ چنانکه آیات سیاق قبل نیز از کوه‌ها به عنوان میخ‌های مستحکم زمین یاد کرده بود، نابودی کوه‌ها در اثر حادثه بزرگ قیامت، تکلیف بقیه ارکان نظام موجود را نیز مشخص می‌کند؛ این آیه اشاره به نابودی نظام موجود در دنیا، در هنگامه عظیم قیامت دارد.

آیات در ادامه، به تبیین چیستی جدایی در آن روز بزرگ بعد از انتقال انسان‌ها به صحنه حساب پرداخته است:

«إِنَّ جَهَنَّمَ كَانَتْ مِرْصَاداً ﴿۲۱﴾ لِلطَّاغِينَ مَآباً ﴿۲۲﴾» در آن روز مشخّص خواهد شد که در همه این ایّامی که انسان‌ها روی زمین زندگی می‌کردند، جهنّم کمین‌گاهی برای بازگشت طاغیان بوده است؛ «مرصاد» به معنای جایگاه «رصد» است و رصد یعنی نظارت پیوسته و انتظارکشیدن برای برخورد[1]؛ فعل ماضی «کانت: بود» در این آیه نیز خبر از زمان گذشته دارد؛ درنتیجه معنا چنین می‌شود که جهنّم از همان ابتدا منتظر اهل طغیان بوده است.

«لابِثِينَ فِيهَا أَحْقَاباً ﴿۲۳﴾»؛ طاغیان باید روزگارانی نامحدود در آن ماندگار شوند. وقوف بی‌حدوپایان در جهنّم، اولین و دردناک‌ترین ویژگی وضعیت ایشان بعد از انتقال به عالم دیگر است.

«لا يَذُوقُونَ فِيهَا بَرْداً وَلا شَرَاباً ﴿۲۴﴾ إِلَّا حَمِيماً وَغَسَّاقاً ﴿۲۵﴾»؛ در آن جایگاه سوزان که هیچ چیز جز احساس خنکی و نوشیدن آبی برای رفع عطش حاصل از گرمای آتش، به‌کار نمی‌آید؛ نه هیچ خنکی به آنان خواهد رسید و نه نوشیدنی در کار است؛ در آنجا تنها آب جوشان و بسیار کدرشده از کثافات را می‌چشند.

این بیان شدید در عاقبت طغیان، سؤال مهمّی را به ذهن می‌رساند که آیا این عقوبت‌های طولانی و دردناک، در شرایط سخت و زجرآور جهنّم، بیش از جرم طاغیان نیست؟ آیات این‌گونه پاسخ می‌دهد:

«جَزَاءً وِفَاقاً ﴿۲۶﴾»؛ هیچ ظلم و عذاب اضافه‌ای در کار نیست و آنچه هست، دقیقاً مطابق

---

۱. التحقیق فی کلمات‌القرآن الکریم(ج۴، ص ۱۵۱) در معنای این ریشه می‌نویسد: «هوالتهیّؤ والانتظار لشيءٍ» به معنای آمادگی و انتظار برای چیزی است.

رویکرد و رویه ایشان در دنیاست: «**إِنَّهُمْ كَانُوا لا يَرْجُونَ حِسَاباً** ﴿۲۷﴾ **وَكَذَّبُوا بِآيَاتِنَا كِذَّاباً** ﴿۲۸﴾» آنان به حساب امیدی نداشتند و آیات ما را سخت تکذیب می‌کردند.

سیره بی‌توجهی به حساب‌وکتاب و تکذیب‌ودروغ‌دانستن آیات و نشانه‌های روشن معاد، آنان را به طغیان کشاند و همین رفتار، عامل مجازاتشان است.

امّا فهم مطابقت این عذاب با رویکرد ایشان، در گرو توجّه به نکته‌ای مهم در ارتباط سیره دنیوی طاغیان با عذاب آنها در آخرت است؛ رابطه یک سرای فانی و یک عاقبت ابدی، چگونه قابل درک است؟ وقتی قرار بر تعیین سرنوشت در سرای فانی باشد، مدّت محدود دنیا، فرصت آزمایش انسان برای تشخیص هویت او در بندگی و روشن شدن تکلیف او در سرنوشت ابدی است؛ فرصتی برای انسان تا خود را نشان دهد؛ اینکه او کیست؟ اگر نشان داد که حق را می‌پذیرد و سر به فرمان پروردگار خویش می‌نهد، هرچند کم زندگی کرده باشد، بندگی خود را به اثبات رسانده است؛ امّا اگر حجّت بر او تمام شد و نشان داد که حقّ را با همه روشنی‌اش نمی‌پذیرد و همه آنچه نشانه روشن حقیقت است، تکذیب می‌کند و سر به طغیان می‌نهد، هرچند کم زندگی کرده باشد، عدم بنای بندگی را در مورد خود به اثبات رسانده است، او صدها سال هم در دنیا بماند به همین وضعیّت ادامه خواهد داد.

طاغیان با عدم باور به حقانیت معاد بعد از این همه نشانه، ثابت کردند که بنای قبول حق و فرمان‌برداری از پروردگار عالم را ندارند؛ غافل از اینکه این همه جرأت بر تکذیب و طغیان، در حالی بود که همه رفتاروکردار و نیّات‌وعقاید آنها به شماره درآمده و ثبت شده بود: «**وَكُلَّ شَيْءٍ أَحْصَيْنَاهُ كِتَاباً** ﴿۲۹﴾».

پس هیچ راه فراری از عذابی که خودشان با خطای راهبردی، مستحق آن گشته‌اند، وجود ندارد: «**فَذُوقُوا فَلَنْ نَزِيدَكُمْ إِلا عَذَاباً** ﴿۳۰﴾»؛ پس بچشید که جز عذاب بر شما زیاد نمی‌کنیم.

در طرف مقابل نیز آیات، نه با تعبیر مؤمنان، که با تعبیر «متّقین» وضعیت گروه دیگری را به تصویر کشیده است: «**إِنَّ لِلْمُتَّقِينَ مَفَازاً** ﴿۳۱﴾» قطعاً برای متّقیان جایگاه فوز هست؛ «متّقین» یعنی کسانی که حریم الهی را حفظ کرده‌اند؛ گرچه سوره نبأ نوک پیکان هدایتی خود را به سوی انکار معاد نشانه رفته است، اما استفاده از تعبیر طغیان و تقوا در انتساب

عذاب یا پاداش روز قیامت، توجّه دادن مخاطب به حقیقتی مهم است؛ اینکه تصدیق یا تکذیب حقیقت معاد، از آن جهت اهمیّت دارد که زمینه ساز تقوا یا طغیان است و انسان مکذّب راهی به تقوا ندارد.

آیات در ادامه، رویکرد دنیوی «متّقین» را معرّفی نمی‌کند؛ امّا به راحتی می‌توان تشخیص داد که علّت این همه نعمت برای آن‌ها چیست. از تقابل «متّقین» و «طاغین» می‌توان ریشه را پیدا کرد؛ متّقین کسانی هستند که نشانه‌ها و حجّت‌های خدا بر معاد را به جان پذیرا بودند و باور کرده بودند و همین مسئله، ایشان را از «طغیان» بازداشته و به حفظ حریم‌های الهی رسانده بود. همان‌ها که در دنیا همه لذّت‌های ناروا را به خاطر امید به روز جزا کنار گذاشته بودند، اکنون به سزای اعمال خود پاداش می‌گیرند:

«**حَدَائِقَ وَأَعْنَاباً﴿۳۲﴾ وَكَوَاعِبَ أَتْرَاباً﴿۳۳﴾ وَكَأْساً دِهَاقاً﴿۳۴﴾**» باغ‌هایی دارای دیوار و تاکستان‌ها و زنانی خوش‌اندام و همسال و کاسه‌هایی لبریز، در مقابل آن همه زجر و عقوبتی که نصیب طاغیان شده است.

«**لَا يَسْمَعُونَ فِيهَا لَغْواً وَلَا كِذَّاباً﴿۳۵﴾**»؛ در آن‌جا نه لغوی و نه تکذیبی به گوششان نمی‌رسد؛ این جمله، در بیان جایگاه متقیان، از دو جهت ویژگی عاقبت ایشان را برجسته می‌کند:

اول اینکه، از دنیایی که در آن مدام شاهد لغو و تکذیب بوده‌اند نجات یافته‌اند؛ «لغو» به هر سخن و کاری گفته می‌شود که هدفی از آن پیگیری نمی‌شود[1]؛ در نظر متّقین، تنها سخن و کاری لغو نیست که نسبت مشخّصی با زندگی اخروی ایشان داشته باشد و اگر چنین نبود، ثمری ندارد؛ آنها در دنیا لغوهای فراوانی دیده بودند؛ تکذیب نیز بر اساس سیاق، تکذیب حقیقت معاد است؛ در جایگاه اخروی متقین، دیگر خبری از تکذیب نیست.

دوم اینکه، این جمله حکایت از اوج نعمت در جایگاه متقین دارد؛ نشنیدن لغو و تکذیب، بالاتر از ندیدن آن است؛ آنها در دنیا شاهد لغو و تکذیب عدّه‌ای بودند و در آن‌جا حتی سخنی از آن، به گوششان نمی‌رسد؛ یعنی در کمال آسایش و بدون هیچ دغدغه‌ای بهره‌مند از لذّات فراهم‌شده خواهند بود.

۱. مفردات الفاظ القرآن‌الکریم (ص۷۴۲) در معنای آن می‌نویسد: «هوالّذی یورد لا عن رویة و فکر» کاری که بدون روند مورد نظر و فکر خاص صورت پذیرد.

«**جَزَاءً مِنْ رَبِّكَ عَطَاءً حِسَاباً**(۳۶)» آنچه گفته شد، جزایی است از جانب ربّ تو و عطائی است از روی حساب؛ نه مانند طاغین که در حدّ افعالشان عذاب شدند؛ بلکه در جانب پاداش، لطف و رحمت، بیشتر است؛ از سویی جزاء به خود «ربّ» مستند است که این، حکایت از اوج عنایت دارد و از سوی دیگر، کلمه «عطاءً حساباً» نشان می‌دهد که فقط پاداش عمل نیست، بلکه عطای حساب‌شده خدا نیز در کار است.

با بیان جایگاه و پاداش ویژه متقین، فصل و جدایی دو گروه طاغین و متقین به پایان می‌رسد و تفاوت آنها در سرنوشت روشن می‌شود.

آیات در ادامه، به بهانه وصف «ربّ» در آیه قبل، پشتوانه عملی حکمرانی خدا در روز جدایی را تشریح می‌کند:

«**رَبِّ السَّمَاوَاتِ وَالْأَرْضِ وَمَا بَيْنَهُمَا الرَّحْمَنِ لَا يَمْلِكُونَ مِنْهُ خِطَاباً**(۳۷)»؛ با توجه به سیاق که در آن سخن از «فصل» و جدایی بین طاغین و متقین است، منظور از «خطاب»، اعتراض درباره این جدایی و تفاوت در سرنوشت است؛ این آیه، حاکمیّت مطلق خدای متعالی در یوم الفصل و نبود هیچ‌جای اعتراض را تثبیت می‌کند؛

دو وصف مذکور درباره خدا در این آیه، در همین راستا مطرح شده است:

۱. او ربّ آسمان‌ها و زمین و مابین آن‌هاست؛ امر همگان را خود، تدبیر کرده و خود نسبت به عاقبت ایشان حاکم است.

۲. او رحمان است؛ رحمت عامش، همگان را دربرگرفته و هیچ کس را از آن محروم نکرده است، تا جایی برای اعتراض باقی باشد؛ تفاوت طاغین و متقین در رحمانیّت خدا نسبت به یکی و عدم آن نسبت به دیگری نیست؛ بلکه به انتخاب خودشان برمی‌گردد؛ یکی، از رحمانیّت خدا بهره کافی برده و از همه آنچه او در اختیارش نهاده بود، بهترین استفاده را کرده؛ با ایمان به سخنان او، حریم خدای رحمان را حفظ کرده و اینک به پاداش خود رسیده است و دیگری، در عین بهره‌مندی از زندگی فراهم‌شده توسط پروردگارش، از بندگی او سرباز زده و طغیان را انتخاب کرده است.

به دنبال تبیین این مسئله، آیات بازگشت دوباره‌ای به تبیین حقیقت «یوم الفصل» کرده و تصویری از آن روز ارائه می‌دهد؛ تصویری که نشان می‌دهد نه تنها انسان مجرم،

بلکه هیچ کسی را در آن روز، جز به اذن خدا برای سخن به صواب، یارای سخن‌گفتن در پیشگاه خدا نیست: «**یَوْمَ یَقُومُ الرُّوحُ وَالْمَلائِکَةُ صَفّاً لا یَتَکَلَّمُونَ إِلّا مَنْ أَذِنَ لَهُ الرَّحْمنُ وَقالَ صَواباً** ﴿۳۸﴾»؛

آیه پایانی، در مقام جمع‌بندی سخن از «یوم الفصل»، با اشاره به آن روز، همگان را به انتخاب مسیر درست برای حرکت به سوی پروردگار دعوت می‌کند: «**ذلِکَ الْیَوْمُ الْحَقُّ فَمَنْ شاءَ اتَّخَذَ إِلی رَبِّهِ مَآباً** ﴿۳۹﴾»؛ اکنون که به حق، آن روز واقع خواهد شد، باید مسیری برای بازگشت به سوی ربّ انتخاب کرد؛ مسیری که این حقیقت در آن گم نشده باشد.

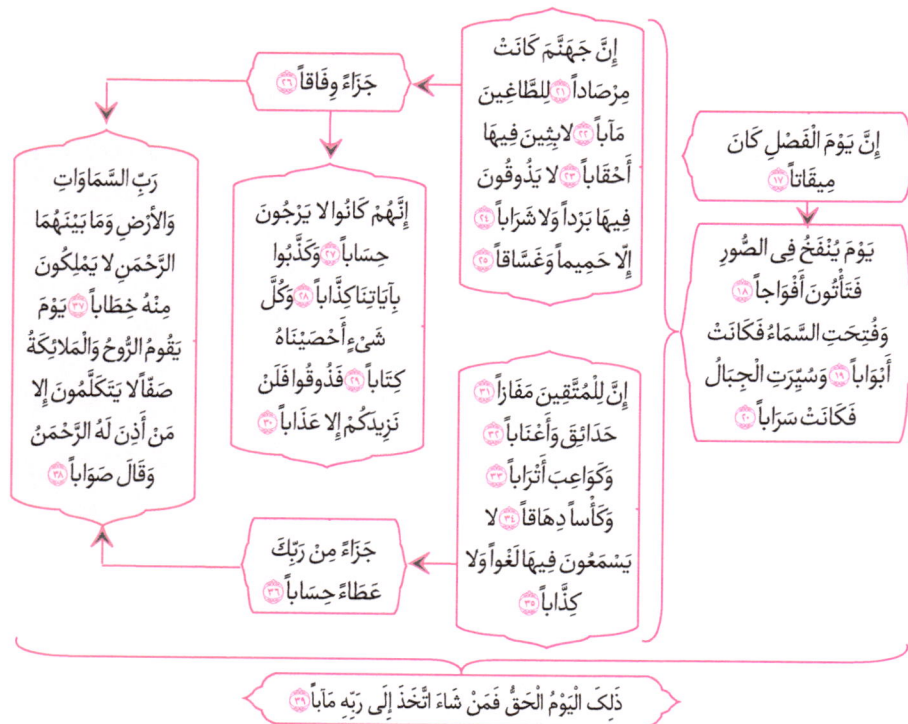

جهت هدایتی

آیه ۱۷ تا ۳۸، به توصیف یوم‌الفصل و وقایع آن روز پرداخته‌است؛ این آیات، با توصیف یوم‌الفصل آغاز شده و در پایان نیز با توصیف قدرت و قاطعیّت خدا در آن روز، خاتمه یافته است و در این میانه، به مهم‌ترین رویداد آن روز یعنی جدایی طاغیان و متقین پرداخته و

عاقبـت هرکـدام را بیان می‌کند؛ آیه ۳۹ نیز با اشـاره به این روز، مخاطبان خود را به انتخاب راه متناسب با این حقیقت دعوت کرده است؛

جهت هدایتی این سیاق از جمع‌بندی متن سیاق در آیه ۱۷ تا ۳۸ و نتیجه‌گیری از آن در آیه ۳۹ قابل استفاده است:

توصیف روز جدایی طغیان‌گران و تقواپیشـگان و دعوت به انتخاب راه متناسب با این حقیقت بزرگ

پایـان ایـن جهـان، روز جدایی اسـت که در آن، سرنوشـت طغیان‌گران از تقواپیشـگـان جدا می‌گردد و ملاک‌ش، انکار حساب یا قبول آن و تکذیب یا تصدیق آیات الهی است؛ این روزی حق اسـت؛ پس هرکس که اراده کرد، راه متناسـب با این حقیقت بزرگ را برای بازگشـت به سوی پروردگارش برگیرد.

سیاق چهارم: آیه ۴۰

فضای سخن

منکران معاد، عذاب قیامت را بعید می‌پندارند

این سیاق نیز، در ادامه فضای سخن سیاق‌های قبل، در فضای انکار قیامت سخن گفته اسـت؛ امـا توجّه بـه برخی قرائن موجود در سـیاق می‌تواند بعد دیگری از همین فضا را شـفّاف کند:

۱. تأکید بر نزدیک‌بودن عذاب قیامت در جمله «إِنَّا أَنْذَرْنَاكُمْ عَذَاباً قَرِيباً يوم ...»، حاکی از بعیدانگاری این حقیقت در فضای سخن آیات است.

۲. آیه در بیان ظرف عذاب نزدیک قیامت، حال کافری را توصیف کرده که نسبت به آن روز افسوس می‌خورد: « ... وَيَقُولُ الْكَافِرُيَا لَيْتَنِي كُنْتُ تُرَاباً»، بجایی این توصیف در ادامه انذار از عذاب قریب، نشان می‌دهد که فضای بعید انگاری

عذاب قیامت، از جانب کافران است؛ هرچند به مصداق کفر در آیه، تصریح نشده است اما با توجه به سابقه سوره، مراد از کفر، کفر به قیامت است.

سیر هدایتی

تنها آیه سیاق، شنوندگان سوره نبأ را مخاطب قرار داده و در آخرین پیام خود، هشداری مهم را به محتوای سوره افزوده است؛ «**إِنَّا أَنْذَرْنَاكُمْ عَذَاباً قَرِيباً...**»؛ «**أنذرنا**»؛ فعل ماضی است و به سابقه سوره نبأ، در خبر از عذاب قیامت باز می‌گردد؛ آنچه از عذاب سخت آن روز برای منکران طغیان‌گر معاد گفته شد، فاصله چندانی با روز وقوع ندارد؛ روز موعود نزدیک است؛ مبادا با غفلت از یوم الفصل، گرفتار عذاب آن روز شوید.

گفتنی است که نزدیکی زمان عذاب قیامت، همان نزدیکی بدون شک‌وتردید مرگ به انسان است.

توضیح: حقیقت یوم‌الفصل، زمان مقرّر و معلومی نزد پروردگار عالم دارد؛ زمانی که شاید طبق محاسبات بشری، دور انگاشته شود؛ اینکه مثلاً از زمان خبر از این نزدیکی در سوره نبأ تا امروز ۱۴۰۰ سال گذشته و هنوز خبری از یوم‌الفصل نیست؛ امّا این پنداری غلط نسبت به این حقیقت است؛ مرگ پایان دسترسی انسان به تغییر سرنوشت خود برای روز جدایی است، انسانی که از دنیا می‌رود، با همان وضعیّتی که با رفتار خود ساخته، با خدای خود ملاقات خواهد کرد؛ رفتاری که پیش‌فرستاده یا قبل از مرگ خود انجام داده و هنوز آثار همان رفتار جاریست؛ یعنی اگر بین او و یوم الفصل هزاران سال نیز فاصله شود، تغییری در حال او که نتیجه رفتاری بعد از مرگ او باشد، ایجاد نمی‌شود؛ پس مرگ برای این انسان، خروج از عرصه اثرگذاری و ورود به عرصه بی‌اختیاری است؛ با این اوصاف، فاصله‌ای مهم و اثرگذار بین انسان ازدنیارفته و حقیقت یوم الفصل نیست و مرگ دروازه نزدیک ورود به یوم الفصل است؛ این ادعایی است که از نظر برخی از روایات نیز تأیید می‌شود[1]؛ حال که چنین است، دیگر شکّی در نزدیکی یوم الفصل نیست، زیرا شکّی در نزدیکی مرگ به انسان وجود ندارد.

آیه در ادامه، در قالب توصیف ظرف این عذاب، وضعیت کافران را در آن روز یادآور می‌شود:

---

۱. مانند روایت، ارشاد القلوب، ج ۱، ص ۱۸؛ به نقل از پیامبر گرامی اسلام ﷺ:... فَإِنَّ أَحَدَكُمْ إِذَا مَاتَ فَقَدْ قَامَتْ قِيَامَتُهُ... «همانا هر کدام از شما زمانی‌که می‌میرد قیامتش برپا می‌شود...»

«یَـوْمَ یَنْظُرُ الْمَرْءُ مَا قَدَّمَتْ یَدَاهُ وَیَقُولُ الْکَافِـرُ یَا لَیْتَنِی کُنْتُ تُرَاباً ﴿۴۰﴾»؛ در آن روز هرکسی بر اساس دستاورد خود نتیجه می‌بیند؛ امّا منکر معاد که به سبب انکارش، دستاوردی برای دفع عذاب و رسیدن به پاداش ندارد، افسوس می‌خورد؛ کافر در آن روز می‌گوید: «ای کاش خاک بودم».

خاک مظهر جماد است؛ عنصری بی‌روح که هیچ اختیاری برای حرکت از خود ندارد؛ سخن کافر به هنگام مواجهه با عذاب با دستان خالی، کنایی است؛ کنایه کافر از اینکه خاک بودن بر وضع چون منی که مکرّر آیات و نشانه‌های معاد را شنیدم امّا نپذیرفته و خود را برای این روز آماده نکردم، شرف دارد؛ چه اینکه خاک بی‌روح، مسئولیّتی قبال خود ندارد امّا من فرصت را سوزانده و به عذاب نزدیک الهی رسیده‌ام.

این توصیف از حال منکر معاد در روز قیامت، ترغیب به حرکت در مسیر پذیرش معاد و اصلاح دستاوردها بر اساس باور به این حقیقت است، به‌ویژه وقتی با هشدار نزدیک بودن زمان قیامت همراه می‌شود.

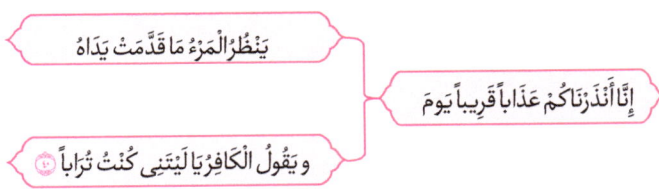

إِنَّا أَنْذَرْنَاکُمْ عَذَاباً قَرِیباً یَوْمَ
یَنْظُرُ الْمَرْءُ مَا قَدَّمَتْ یَدَاهُ
وَیَقُولُ الْکَافِرُ یَا لَیْتَنِی کُنْتُ تُرَاباً ﴿۴۰﴾

جهت هدایتی

تنها آیه این سیاق، به غفلت‌زدایی و انذار از عذاب نزدیک روز قیامت پرداخته و در قالب بیان ظرف این عذاب، از حسرت کافران به معاد در آن روز، سخن گفته است:

غفلت‌زدایی از عذابی نزدیک و حسرت‌بار

عذاب موعودِ طغیان‌گرانِ منکرِ حساب، نزدیک است و چون فرا رسد، جز حسرت به‌بار نیاورد؛ هوشیار باشید!

فضای سخن، سیر هدایتی و جهت هدایتی سوره

خبر بزرگ قیامت را انکار می‌کنند و بر مبنای این انکار رویکرد طغیان‌گرانه در پیش گرفته‌اند.

محور مشترک فضای سخن سیاق‌های سوره نبأ، کفر و انکار قیامت و تکذیب نشانه‌ها و آیات الهی در این باره است؛ محوری که هرکدام از سیاق‌های سوره، به نحوی با آن مواجه بود و قرائن مربوط به هر سیاق، درباره این فضا گذشت؛ این محور در سیاق اوّل، با ایجاد فضای تساؤل انکاری مورد بحث بود و سیاق دوم، در ادامه همین فضا سخن گفته بود و در سیاق سوم، در مقام ریشه‌یابی رفتار طاغیانه به آن تصریح شد و در سیاق چهارم نیز با عنوان کفر و غفلت از نزدیکی عذاب قیامت مورد اشاره قرار گرفت؛

محور دیگری نیز که در سیاق سوم مورد بحث قرارگرفته، بروز عملی این کفر، در رفتار طاغیانه است.

ازاین‌میان، بی‌تردید، محور اصلی فضای سخن، محور اول است و محور دوم در طول آن ارزیابی می‌شود؛ زیرا از طرفی، انکار معاد فصل مشترک سیاق‌های سوره به شمار می‌آید و از طرف دیگر، نسبت به محور دوّم، جایگاه ریشه‌ای دارد؛ براین اساس، طغیان در سیاق سوم نیز از آن جهت مورد بررسی قرارگرفته که ریشه در انکار حقیقت قیامت دارد.

ازاین‌رو سوره با وجوه مختلف، با این فضا مقابله کرده و مخاطبان خود را به پذیرش حقیقت یوم‌الفصل دعوت می‌کند:

ابتدا در سیاق اول، فضای تساؤل و اختلاف در چگونگی انکار خبر بزرگ قیامت را نفی کرده و بر نزدیک بودن زمان آگاهی از صدق این خبر بزرگ تأکید می‌کند و به این ترتیب، سکوتی آمیخته با نگرانی را بر آن فضای پرهیاهو حاکم می‌سازد.

سپس در سیاق دوم، اندیشه و قلب تکذیب‌کنندگان این خبر بزرگ را برانگیخته، آنان را به نظام هستی توجه می‌دهد؛ توجّهی که با آن، جایی برای انکار علم، قدرت و حکمت خداوند و درنتیجه، انکار امکان و ضرورت معاد باقی نمی‌ماند.

سوره در ادامه، در سیاق سوم، زبان به توصیف این خبر بزرگ می‌گشاید و در این توصیف حکیمانه، آن را «یوم الفصل» یعنی روز جدایی می‌نامد؛ در این سیاق، نتیجه انکار معاد

در سیره رفتاری طغیان، ارزیابی و عاقبت طغیان، در مقابل عاقبت تقوا به تصویر کشیده می‌شود؛ تا مخاطبان به خوبی تصویر انتخاب غلط خود نسبت به حقیقت یوم‌الفصل را در این آینه شفاف نظاره کنند؛ سیاق سوّم، در پایان، حکمرانی مطلق پروردگار عالم در آن روز در جدایی بین دو گروه طاغیان و متقیان را تثبیت می‌کند؛ آیات این سیاق بعد از تصویر ارائه شده از یوم‌الفصل و وقایع آن روز، در پایان مخاطبان خود را به انتخاب راهی متناسب با این باور، در حرکت به سوی پروردگار دعوت کرده است.

و بالاخره سیاق چهارم در آخرین گام، بی‌اعتنایی به سخنان سیاق قبل از عذاب الهی را مورد توجه قرار داده و در هشداری، از نزدیکی عذاب قیامت و حسرت کافران در آن روز سخن می‌گوید؛ کافرانی که فرصت را در باور به این حقیقت و انتخاب مسیر صحیح سوزانده‌اند.

همان‌طور که محور فضای سخن سوره انکار حقیقت بزرگ قیامت است، نوک پیکان هدایتی سوره نیز پشتیبانی از این حقیقت و دعوت همه‌جانبه به پذیرش آن و انتخاب مسیر رفتاری متناسب با آن است.

ایستادگی در برابر فضای تساؤل انکارآمیز و هجمه همه‌جانبه نسبت به خبر قیامت در سیاق‌های اول و دوم، توصیف نتیجه کفر به حساب، در صحنه یوم‌الفصل، در سیاق سوم و هشدار به نزدیکی آن روز و حسرت کافران در صحنه عذاب، برای ترغیب مخاطبان به ایمان هرچه سریع‌تر، در سیاق چهارم؛ ارکان این پشتیبانی است؛ هدف از این ورود همه‌جانبه آماده‌کردن شرایط برای پذیرش حقیقت یوم الفصل و اثرپذیری از آن، در مقام عمل است؛ دعوتی که بعد از سه سیاق سوره، در آیه پایانی سیاق سوم، به آن تصریح شده است.

سوره در اقدامی حکیمانه با نام «یوم الفصل»، از این حقیقت یاد می‌کند، تعبیری که هم به اصل معاد و هم به نتیجه عملی آن در جدایی براساس طغیان و تقوی در آن روز اشاره دارد.

فراخوان ایمان به یوم الفصل (قیامت)

قیامت، بی تردید واقع می‌شود و روز جدایی سرنوشت دردبارِ طغیان‌گران از عاقبت نیکوی تقواپیشگان است. به آن ایمان آورید و از صف طاغیانِ منکر حساب، بیرون آیید و در صف پرهیزکاران قرار گیرید.

آیه ۱ تا ۵

نفی پرسش انکاری از خبر عظیم قیامت

لازم نیست در مقام انکار قیامت از یکدیگر بپرسند و اختلاف کنند؛ به‌زودی پدیدار می‌گردد و از آن آگاه می‌شوند.

آیه ۶ تا ۱۶

اثبات امکان و ضرورت قیامت

پدیده‌های آفرینش و تدبیر الهی، دلیلی محکم بر علم، قدرت و حکمت خدا و حجتی آشکار بر امکان و ضرورت قیامت است.

آیه ۱۷ تا ۳۹

توصیف روز جدایی طغیانگران و تقواپیشگان و دعوت به انتخاب راه متناسب با این حقیقت بزرگ

پایان این جهان، روز جدایی است؛ که در آن، سرنوشت طغیانگران از تقواپیشگان جدا می‌گردد و ملاکش، انکار حساب یا قبول آن و تکذیب یا تصدیق آیات الهی است؛ این روزی حق است؛ پس هرکس که اراده کرد، راه متناسب با این حقیقت بزرگ را برای بازگشت به سوی پروردگارش برگیرد.

آیه ۴۰

غفلت‌زدایی از عذابی نزدیک و حسرت‌بار

عذاب موعودِ طغیان‌گرانِ منکرِ حساب، نزدیک است و چون فرا رسد، جز حسرت به بار نیاورد؛ هوشیار باشید!

ترجمه منسجم هدایتی

بخوان این سوره را **به اسم الله رحمت‌گستر رحم‌آور**

درباره چه چیزی از یکدیگر سؤال می‌کنند؟«۱» **درباره آن خبر عظیم؛**«۲» **همان که ایشان** در چگونگی انکار **آن اختلاف کنندگان‌اند،** برخی با ایجاد شک در علم و قدرت خدا، در امکان آن شبهه می‌کنند و بعضی ضرورت آن را زیر سؤال می‌برند.«۳» **هرگز؛** جایی برای زیرسؤال‌بردن این حقیقت نیست؛ **به‌زودی آگاه می‌شوند.**«۴» **باز هرگز،** جایی برای زیر سؤال بردن این حقیقت نیست، **به زودی** پدیدار می‌شود و آن را به عیان دیده و **آگاه می‌شوند.**«۵» **آیا زمین را مهدی** آماده برای زندگی شما **قرار ندادیم؟**«۶» **و کوه‌ها را میخ‌هایی** برای ثبات و استحکام زمین نصب نکردیم؟«۷» **و شما را** از سر حکمت و نیاز به تداوم نسل‌ها به اذن خدا **زوج‌ها آفریدیم؛**«۸» **و خوابتان را راحتی قرار دادیم؛**«۹» **و شب را لباس** تاریک‌کننده برای آرامش **قرار دادیم؛**«۱۰» **و روز** روشن **را زمان معیشت قرار دادیم؛**«۱۱» **و بر فرازتان هفت** آسمان **استوار بنا کردیم؛**«۱۲» **و** در آسمان خورشید را **چراغی پر فروغ قرار دادیم؛**«۱۳» **و از ابرهای باران‌زا آبی ریزان نازل کردیم؛**«۱۴» **تا با آن، دانه و نبات از** دل زمین **خارج کنیم؛**«۱۵» **و نیز بوستان‌هایی انبوه درهم پیچیده** برای بهره‌مندی شما برویانیم.«۱۶» امّا **به یقین،** «**یوم‌الفصل**»، **وقت تمام شدن** نظام زندگی دنیای شما **است؛**«۱۷» **روزی که در صور دمیده می‌شود؛ آن‌گاه شما فوج‌فوج می‌آیید؛**«۱۸» **و آسمان گشوده می‌شود و درهایی می‌شود،** برای انتقال شما به ظرف وعده‌های الهی؛«۱۹» **و کوه‌ها** که مظهر صلابت دنیای شما بودند، **روان می‌گردد؛ پس** تبدیل به **سراب می‌شود.**«۲۰» **قطعاً** در آن روز معلوم خواهد شد که **جهنّم کمین‌گاه بود.**«۲۱» **بازگشت‌گاهی برای طاغیان؛**«۲۲» آنها **روزگارانی نامحدود در آن ماندگارانند.**«۲۳» **در آن‌جا هیچ خنکی و نوشیدنی نمی‌چشند**«۲۴» **جز آبی جوشان و بسیار کدر؛**«۲۵» **جزائی موافق** با آنچه خود انتخاب کرده و برای خود ساخته‌اند«۲۶» **زیرا آنان به حساب امیدی نداشتند؛**«۲۷» **و آیات ما را تکذیب می‌کردند، تکذیب کردنی** سخت«۲۸» **و** این در حالی بود که ما **هر چیزی را به صورت کتاب، احصاء کردیم؛**«۲۹» **پس بچشید؛ پس زیاد نمی‌کنیم بر شما جز عذاب**«۳۰» امّا در سوی مقابل، **قطعاً برای متّقیان جایگاه فوزی هست.**«۳۱» **باغ‌ها و تاکستان‌ها؛**«۳۲» **و زنانی خوش‌اندام و هم‌سال؛**«۳۳» **و کاسه‌هایی لبریز**«۳۴» **در آن‌جا** دیگر **نه لغوی و نه تکذیبی نمی‌شنوند**«۳۵» این **جزایی است از جانب پروردگار تو و عطائی است از روی**

حساب. «۳۶» پروردگار آسمان‌ها و زمین و آنچه میان آن‌هاست؛ همان رحمت‌گستر؛ هیچ کس نسبت به او قدرت خطابی در اعتراض ندارد. «۳۷» در روزی که روح و ملائکه می‌ایستند به صفّ و تکلّم نمی‌کنند جز کسی که رحمت‌گستر به او اذن دهد و سخن صواب گوید. «۳۸» آن روز حق است؛ پس هر کس مشیت می‌کند، راه بازگشتی به سوی پروردگارش برگیرد. «۳۹» به یقین، آنچه از عذاب روز جدایی شنیدید، دور نیست؛ ما شما را از عذابی قریب انذار دادیم؛ روزی که آدمی نظر به آنچه دستانش پیش فرستاده می‌کند و کافر از شدّت افسوس و حسرت می‌گوید: ای کاش خاک بودم. «۴۰».

در محضر عترت علیهم‌السلام

به شهادت سوره نبأ، آن چنانکه انکار معاد، ریشه طغیان و آن، عامل عذاب الهی در روز جزا است، ایمان به یوم الفصل، زمینه‌ساز تقوا و آن، تنها عامل رستگاری ابدی در آن روز است؛ تنها عامل رستگاری، در روزی که هیچ کس نمی‌تواند دیگری را یاری کند؛ این قاعده، اهمّیت ایمان به یوم الفصل را نمایان می‌کند؛ امیر مؤمنان حضرت علی علیه‌السلام، در اهمّیت باور به فناء دنیا و بازگشت به سوی خدا و تأثیر آن بر رفتار، چنین فرموده است:

«... وَ کُونُوا قَوْماً صِیحَ بِهِمْ فَانْتَبَهُوا وَ عَلِمُوا أَنَّ الدُّنْیَا لَیْسَتْ لَهُمْ بِدَارٍ فَاسْتَبْدَلُوا فَإِنَّ اللهَ سُبْحَانَهُ لَمْ یَخْلُقْکُمْ عَبَثاً وَ لَمْ یَتْرُکْکُمْ سُدًى وَ مَا بَیْنَ أَحَدِکُمْ وَ بَیْنَ الْجَنَّةِ أَوِ النَّارِ إِلَّا الْمَوْتُ أَنْ یَنْزِلَ بِهِ وَ إِنَّ غَایَةً تَنْقُصُهَا اللَّحْظَةُ وَ تَهْدِمُهَا السَّاعَةُ لَجَدِیرَةٌ بِقِصَرِ الْمُدَّةِ ... فَتَزَوَّدُوا فِی الدُّنْیَا مِنَ الدُّنْیَا مَا تَحْرُزُونَ بِهِ أَنْفُسَکُمْ غَداً ....».[1]

«مانند مردمی باشید که بر آنها بانگ زدند و بیدار شدند و دانستند دنیا خانه جاویدان نیست و آن را با آخرت مبادله کردند، خدای سبحان شما را بیهوده نیافرید و به حال خود وانگذاشت؛ میان شما تا بهشت یا دوزخ فاصله اندکی جز رسیدن مرگ نیست؛ زندگی کوتاهی که گذشتن لحظه‌ها از آن می‌کاهد و مرگ آن را نابود می‌کند، سزاوار است که کوتاه‌مدّت باشد ... از این خانه دنیا زاد و توشه بردارید که فردای رستاخیز نگهبانتان باشد».[2]

---

۱. نهج‌البلاغه (صبحی صالح)، خطبه ۶۴، ص۹۵.

۲. نهج البلاغه، ترجمه دشتی، ص ۱۱۳.

چرا سوره در مقام بیان جدایی، از جدایی منکران و مؤمنان سخن نگفت؟ مگر معیار مطرح‌شده در آیات، ایمان و انکار نسبت به قیامت نبود؟ پس چرا از جدایی طاغیان و متّقین سخن گفته شده‌است؟

این سؤال مهمّی است که پاسخ آن هر شنونده‌ای را به فکر فروخواهدبرد؛ حتّی اعضای جامعه ایمانی را که از اولین عقایدشان، باور به معاد است.

جایگاه اصلی ایمان و یا کفر به معاد، جایگاه مقدمّه است؛ همواره عقیده، پشتوانه عمل انسان است؛ پس ایمان به معاد تا زمانی که با عمل برخاسته از آن همراه نشود، ارزش نخواهد داشت؛ کفر به معاد نیز از آن جهت مورد مذمّت است که راه را برای عمل طاغیانه و گناهکارانه باز می‌کند!

اگر چه سوره نبأ، پشتوانه یعنی باور به معاد را موردتوجّه قرار داده است، امّا همین سوره، جدایی در روز بزرگ قیامت، براساس طغیان و یا تقوا را به این پشتوانه گره زده‌است؛ تا مخاطبان همواره بدانند که ایمان و عمل، در طول یکدیگر است و باهم سرنوشت انسان را رقم خواهدزد؛ پس ایمان بی‌عمل، در واقع ایمان نبوده و ارزشی نخواهد داشت!

ایمان حقیقی به معاد، ایمانی است که انسان را از ورود به چاه طغیان و آلوده‌شدن به گناه باز می‌دارد و اگر چنین نباشد، در واقع ایمان نبوده‌است بلکه غفلت است و غفلت نسبت به حقیقت معاد، راه را برای طغیان و سرکشی و ولنگاری خواهد گشود.

این، حکمت فراخوان مردم به باور به «یوم الفصل» است؛ باور به حقیقت معاد با عنوان یوم‌الفصل، گره‌زدن ایمان به معاد با لزوم عمل براساس ایمان است؛ آن روز که باید باور به آن تقویت شود و همه موانع راه ایمان به آن دور شود، روز جدایی براساس طغیان و تقوا است.

سوره نبأ در تلفیق این دو رکن مهم یعنی باور و عمل، در انتهای سیاق سوم، چنین فرموده است، که «**ذَلِكَ الْيَوْمُ الْحَقُّ فَمَنْ شَاءَ اتَّخَذَ إِلَى رَبِّهِ مَآباً**»؛ یوم‌الفصل روزی حقیقی است؛ پس هرکس که می‌خواهد، براساس باور به آن، راهی برای بازگشت به

سوی پروردگارش برگزیند.

 دعا

خدایا! به برکت قرآن، ایمان به رستاخیز را در دل‌های ما تقویت کن تا در برابر طوفان شبهات به لرزه نیفتد.

بارالها! در آن روزی که طاغیان و متقیان از یکدیگر جدا می‌شوند و هرکدام به سوی عاقبت خود روانه می‌گردند، ما را در صف متّقیانی قرار ده که به بهشت زیبای تو راه می‌یابند.

سوره نازعات

ترجمه تطبیقی

بِسۡمِ اللَّهِ الرَّحۡمَٰنِ الرَّحِيمِ

به اسم الله رحمت‌گستر رحم‌آور

وَالنَّازِعَاتِ غَرۡقاً ﴿١﴾

قسم به ازجاکنندگان، درحالی که تحت استیلا هستند.«۱»

وَالنَّاشِطَاتِ نَشۡطاً ﴿٢﴾

و عمل‌کنندگان به وظیفه خود با میل‌ورغبت، در کمال میل‌ورغبت،«۲»

وَالسَّابِحَاتِ سَبۡحاً ﴿٣﴾

و حرکت‌کنندگان بی‌انحراف در مسیر حق، حرکت کردنی،«۳»

فَالسَّابِقَاتِ سَبۡقاً ﴿٤﴾

پس سبقت‌گیرندگان، سبقت‌گرفتنی،«۴»

فَالۡمُدَبِّرَاتِ أَمۡراً ﴿٥﴾

پس تدبیرکنندگان امری عظیم،«۵»

يَوۡمَ تَرۡجُفُ الرَّاجِفَةُ ﴿٦﴾

در روزی که به‌شدت می‌لرزد آن لرزنده،«۶»

تَتۡبَعُهَا الرَّادِفَةُ ﴿٧﴾

پیرو آن می‌آید همانندش،«۷»

قُلُوبٌ يَوْمَئِذٍ وَاجِفَةٌ ﴿٨﴾

قلب‌هایی در آن روز مضطرب‌اند.«۸»

أَبْصَارُهَا خَاشِعَةٌ ﴿٩﴾

دیده‌هایشان، افکنده است.«۹»

يَقُولُونَ أَئِنَّا لَمَرْدُودُونَ فِي الْحَافِرَةِ ﴿١٠﴾

می‌گویند: آیا قطعاً ما بازگشت‌داده‌شده‌گانیم؟ در قبر؟«۱۰»

أَئِذَا كُنَّا عِظَامًا نَخِرَةً ﴿١١﴾

آیا آن‌هنگام که استخوان‌هایی پوسیده بودیم؟«۱۱»

قَالُوا تِلْكَ إِذًا كَرَّةٌ خَاسِرَةٌ ﴿١٢﴾

گفتند: آن دراین‌صورت، بازگشتی خسارت‌آور است.«۱۲»

فَإِنَّمَا هِيَ زَجْرَةٌ وَاحِدَةٌ ﴿١٣﴾

پس او تنها یک نهیب است.«۱۳»

فَإِذَا هُمْ بِالسَّاهِرَةِ ﴿١٤﴾

پس ناگهان آن‌ها در جایی هستند که جایگاه خواب و غفلت نیست.«۱۴»

هَلْ أَتَاكَ حَدِيثُ مُوسَىٰ ﴿١٥﴾

آیا ماجرای موسی به تو رسید؟«۱۵»

إِذْ نَادَاهُ رَبُّهُ بِالْوَادِ الْمُقَدَّسِ طُوًى ﴿١٦﴾

آن‌هنگام که پروردگارش او را ندا داد، در وادی مقدس طوی،«۱۶»

اذْهَبْ إِلَىٰ فِرْعَوْنَ إِنَّهُ طَغَىٰ ﴿١٧﴾

برو به سوی فرعون؛ چراکه او طغیان کرده است.«۱۷»

فَقُلْ هَلْ لَكَ إِلَىٰ أَنْ تَزَكَّىٰ ﴿١٨﴾

پس بگو: آیا برای تو هست، رغبتی به سوی اینکه تزکیه شوی؟«۱۸»

وَأَهْدِيَكَ إِلَىٰ رَبِّكَ فَتَخْشَىٰ ﴿١٩﴾

و تو را به سوی پروردگارت هدایت کنم؛ پس از او خشیت کنی؟«۱۹»

فَأَرَاهُ الْآيَةَ الْكُبْرَىٰ ﴿٢٠﴾

پس نشان داد به او، آن بزرگ‌ترین آیه را؛« ۲۰»

فَكَذَّبَ وَعَصَىٰ ﴿٢١﴾

پس او تکذیب کرد و نافرمانی کرد.« ۲۱»

ثُمَّ أَدْبَرَ☒سْعَىٰ ﴿٢٢﴾

سپس پشت کرد؛ درحالی‌که تلاش می‌کرد.« ۲۲»

فَحَشَرَ فَنَادَىٰ ﴿٢٣﴾

پس برانگیخت و جمع کرد؛ پس ندا داد.« ۲۳»

فَقَالَ أَنَا رَبُّكُمُ الْأَعْلَىٰ ﴿٢٤﴾

پس گفت: من برترین پروردگار شما هستم.« ۲۴»

فَأَخَذَهُ اللَّهُ نَكَالَ الْآخِرَةِ وَالْأُولَىٰ ﴿٢٥﴾

پس خدا او را گرفت به عذاب آخرت و دنیا.« ۲۵»

إِنَّ فِ☒ ذَٰلِكَ لَعِبْرَةً لِمَنْ ☒خْشَىٰ ﴿٢٦﴾

همانا در آن حتماً عبرتی است برای کسی که خشیت دارد.« ۲۶»

أَأَنْتُمْ أَشَدُّ خَلْقًا أَمِ السَّمَاءُ بَنَاهَا ﴿٢٧﴾

آیا شما از جهت خلق محکم‌تر هستید یا آسمان که آن را بنا کرد؟« ۲۷»

رَفَعَ سَمْكَهَا فَسَوَّاهَا ﴿٢٨﴾

سقفش را بلند کرد؛ پس موزونش ساخت.« ۲۸»

وَأَغْطَشَ لَ☒لَهَا وَأَخْرَجَ ضُحَاهَا ﴿٢٩﴾

و تاریک کرد شبش را؛ و خارج ساخت روز پرفروغش را؛« ۲۹»

وَالْأَرْضَ بَعْدَ ذَٰلِكَ دَحَاهَا ﴿٣٠﴾

و زمین را؛ بعد از آن، گستراند آن را.« ۳۰»

أَخْرَجَ مِنْهَا مَاءَهَا وَمَرْعَاهَا ﴿٣١﴾

خارج کرد از آن آبش را و مرتعش را،« ۳۱»

وَالْجِبَالَ أَرْسَاهَا ﴿٣٢﴾

و کوه‌ها را، مستقر کرد آنها را؛« ۳۲»

مَتَاعًا لَكُمْ وَلِأَنْعَامِكُمْ (۳۳)

متاعی برای شما و چهارپایانتان.«۳۳»

فَإِذَا جَاءَتِ الطَّامَّةُ الْكُبْرَىٰ (۳۴)

پس آن‌هنگام که بیاید بزرگ‌ترین غلبه‌کننده برتر،«۳۴»

يَوْمَ يَتَذَكَّرُ الْإِنْسَانُ مَا سَعَىٰ (۳۵)

روزی که یادآور می‌شود انسان آنچه را که سعی کرده؛«۳۵»

وَبُرِّزَتِ الْجَحِيمُ لِمَنْ يَرَىٰ (۳۶)

و نمایان شود آتش سوزان برای هرکس که می‌بیند؛«۳۶»

فَأَمَّا مَنْ طَغَىٰ (۳۷)

پس اما آن‌کس که طغیان کرد،«۳۷»

وَآثَرَ الْحَيَاةَ الدُّنْيَا (۳۸)

و زندگی دنیا را انتخاب کرد،«۳۸»

فَإِنَّ الْجَحِيمَ هِيَ الْمَأْوَىٰ (۳۹)

پس همانا آتش سوزان، هموست مأوی؛«۳۹»

وَأَمَّا مَنْ خَافَ مَقَامَ رَبِّهِ وَنَهَى النَّفْسَ عَنِ الْهَوَىٰ (۴۰)

و اما آن‌کس که ترسید از مقام پروردگارش و نهی کرد نفس را از هوی؛«۴۰»

فَإِنَّ الْجَنَّةَ هِيَ الْمَأْوَىٰ (۴۱)

پس همانا بهشت، هموست مأوی.«۴۱»

يَسْأَلُونَكَ عَنِ السَّاعَةِ أَيَّانَ مُرْسَاهَا (۴۲)

از تو سؤال می‌کنند، از آن زمان تعیین‌شده برای آینده، که چه زمانی است، برپایی‌اش؟«۴۲»

فِيمَ أَنْتَ مِنْ ذِكْرَاهَا (۴۳)

در چه جایگاهی هستی تو از ذکر زمان آن؟«۴۳»

إِلَىٰ رَبِّكَ مُنْتَهَاهَا (۴۴)

زمان نهایت آن محول به پروردگار توست.«۴۴»

إِنَّمَا أَنْتَ مُنْذِرُ مَنْ يَخْشَاهَا ﴿٤٥﴾

تو تنها انذاردهنده کسی هستی که از آن خشیت دارد.«۴۵»

كَأَنَّهُمْ يَوْمَ يَرَوْنَهَا لَمْ يَلْبَثُوا إِلَّا عَشِيَّةً أَوْ ضُحَاهَا ﴿٤٦﴾

گویا ایشان، روزی که می‌بینند آن را، توقف نکردند، مگر شبی یا روز آن شب.«۴۶»

کشف سیاق‌ها

سوره نازعات پنج سیاق دارد: آیه ۱ تا ۱۴، آیه ۱۵ تا ۲۶، آیه ۲۷ تا ۳۳، آیه ۳۴ تا ۴۱ و آیه ۴۲ تا ۴۶.

آیه ۱ تا ۱۴، با قسم آغاز شده و در جواب از روز قیامت سخن می‌گوید. ارتباط آیات این سیاق، در دو بخش روشن است:

آیه ۱ تا ۵، همه اوصافی است که به‌دنبال قسم ابتدای سوره، با صیغه جمع مؤنّث آمده است.

آیه ۶ تا ۱۴، با واژه «یوم»، اشاره به روز قیامت دارد؛ و تا پایان، در سیر روشنی از وقایع آن روز سخن می‌گوید.

ارتباط بین دو دسته در سیاق اول نیز با بیان زیر روشن می‌شود:

آیه ۶، با عبارت «یَوم» آغاز شده که از نظر ادبی ظرف است و برای روشن‌شدن معنا، نیاز به متعلَّق دارد؛ هرچند، برخی، گزینه‌های متفاوتی را متعلَّق مقدَّر این ظرف دانسته‌اند؛ اما بهترین گزینه برای این منظور، اسم فاعل «المُدَبِّرات»، در آیه پنجم است (المدبّرات ... یومَ ...)؛ که مذکور است و نیاز به تقدیر را منتفی می‌کند. با این بیان، ارتباط این دو دسته روشن می‌شود.

آیه ۱۵، سرآغاز سیر مفهومی جدیدی است که تا آیه ۲۶، در مورد جریان ارسال حضرت موسی علیه‌السلام به سوی فرعون سخن گفته است.

آیه ۲۷، سیر جدید دیگری را در مقایسه انسان با جهان خلقت آغاز کرده که ارتباط آیات این سیر نیز تا آیه ۳۳، روشن است.

از ابتدای آیه ۳۴، با یک جمله شرطیه ظرفیه، سیر جدید دیگری در بیان برپایی قیامت و عاقبت انسان‌ها در آن روز آغاز می‌شود؛ این سیر، تا آیه ۴۱ ادامه دارد.

در پایان، آیه ۴۲، آغازکننده سیر جدیدی در زمینه سؤال در مورد زمان قیامت و پاسخ خدای متعالی به این سؤال است که این سیر تا پایان سوره یعنی آیه ۴۶ تداوم دارد.

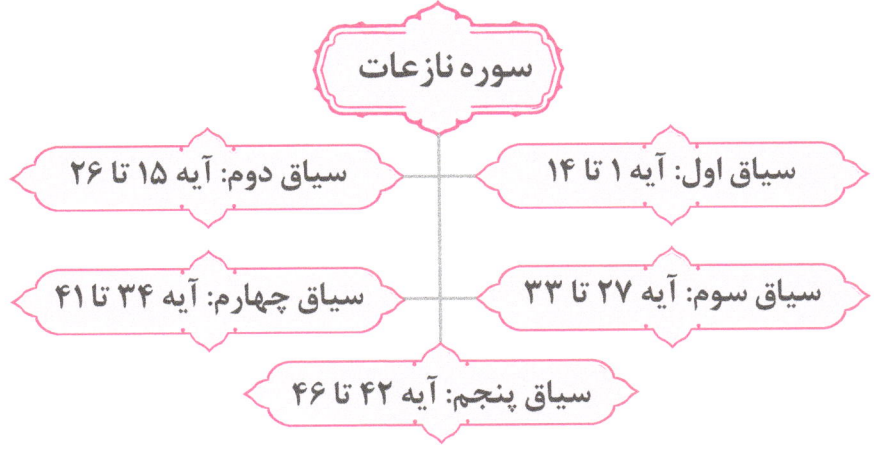

سوره نازعات
سیاق اول: آیه ۱ تا ۱۴
سیاق دوم: آیه ۱۵ تا ۲۶
سیاق سوم: آیه ۲۷ تا ۳۳
سیاق چهارم: آیه ۳۴ تا ۴۱
سیاق پنجم: آیه ۴۲ تا ۴۶

سیاق اول: ۱ تا ۱۴

فضای سخن

منکران معاد، برای مقابله با این حقیقت، آن را بعید شمرده و با إلقای سختی تحقق آن، درصدد انکار معاد هستند و بیان قرآن را در خبر از این حقیقت، به تمسخر می‌کشند.

قرائن زیر حکایت‌کننده فضای سخن این سیاق است:

۱. بجایی آیه ۱۰: «يَقُولُونَ أَئِنَّا لَمَرْدُودُونَ فِي الْحَافِرَةِ ﴿۱۰﴾»، در مقام سؤال از زنده‌شدن دوباره بعد از مرگ و دفن‌شدن در قبرها، نشان‌دهنده استبعاد معاد از منظر سؤال‌کنندگان است.

۲. بجایی آیه ۱۱: «أَئِذَا كُنَّا عِظَاماً نَخِرَةً ﴿۱۱﴾»، حاکی از تأکید بر بعیدشماری معاد؛ با استناد به سختی تبدیل استخوان‌های پوسیده، به انسان زنده است.

۳. بجایی آیه ۱۲: «قَالُوا تِلْكَ إِذاً كَرَّةٌ خَاسِرَةٌ ﴿۱۲﴾»، در سیاق استهزاء خبر قرآن از معاد، رویکرد دیگری از فضای مقابله با حقیقت معاد، در سیاق اول را نشان می‌دهد. (شرح استناد فضای استهزاء به این آیه، در متن سیر هدایتی خواهد آمد).

۴. سه آیه فوق، همه از زبان منکر معاد که در روز قیامت مضطرب و نگران خواهد بود، گفته شده؛ و ازهمین‌رو، حکایت‌گر نگرش او به مقوله معاد است؛ شاهد این ادعا، بازگشت ضمیر «هم» مستتر، از آیه ۱۰ و ۱۲، به «قلوب واجفة»، یعنی قلب‌های مضطرب روز قیامت، در آیه ۸ است.

سیر هدایتی

آیات با قسم به ملائکه آغاز می‌شود. آیه ۱ تا ۵، ملائکه را در حالات مختلفی که برای اجرای دستور خدا از لحظه شروع تا لحظه اجرا دارند، یاد کرده و برآنان قسم یاد می‌کند؛ این ملائکه، اسباب خدای متعالی در مدیریت و تدبیر امری عظیم یعنی برپایی قیامت‌اند.

دو آیه ابتدایی، حالات مربوط به دریافت و امتثال فرمان خدا از سوی ایشان است؛ آنان به منظور اجرای دستور خدا، از جای می‌خیزند؛[1] درحالی‌که تحت استیلا و قدرت الهی هستند؛[2] و این دستور را در نهایت آرامش خاطر و نشاط، اطاعت می‌کنند: «**وَالنَّازِعَاتِ غَرْقاً ۝١ وَالنَّاشِطَاتِ نَشْطاً ۝٢**».

آیه ۳ و ۴، بیانگر حالات آنان در مسیر اجرای فرمان است؛ آنان در این مسیر، بدون هیچ انحرافی[3] در حرکت‌اند و آن‌چنان که باید، پیشی گرفته و شتاب می‌کنند: «**وَالسَّابِحَاتِ سَبْحاً ۝٣ فَالسَّابِقَاتِ سَبْقاً ۝٤**».

آیه ۵، مقصد نهایی را روشن می‌کند. ایشان در نتیجه حرکت عظیم خود به فرمان الهی، امری عظیم را تدبیر می‌کنند: «**فَالْمُدَبِّرَاتِ أَمْراً ۝٥**».

اما این امر چه زمانی تحقق می‌یابد؟ آیه ۶ و ۷، زمان این امر بزرگ را توصیف می‌کند:

---

۱. واژه «نازعات»، از ریشه «نزع»، به معنای کندن است. التحقیق فی کلمات القرآن الکریم (ج۱۲، ص۸۶)، در معنای این ریشه می‌نویسد: «هو جذب شیء و قلعه من محلّه»؛ یکی از موارد استعمال این واژه، کندن خود از جا برای انجام کار است. از آن جهت که وصف موردنظر در آیه، در کنار اوصاف دیگری که در ادامه خواهد آمد، ناظر به حرکات فرشتگان به‌منظور تدبیر امر قیامت است، به نظر می‌رسد این معنا در مورد آن صحیح باشد.

۲. التحقیق فی کلمات القرآن الکریم (ج۷، ص۲۵۷) در معنای واژه «غرق» می‌نویسد: «هو صیرورة شیء فی استیلاء شیء آخر بحیث تنتفی عنه القدرة و الاختیار»؛ این‌که چیزی تحت استیلا و سیطره چیز دیگری قرار بگیرد، به نحوی که قدرت و اختیارش سلب شود.

۳. واژه «سابحات»، از مصدر «سبح»، به معنای حرکت در مسیر درست بدون انحراف است. التحقیق فی کلمات القرآن الکریم (ج۵، ص۲۳) در معنای اصل این ریشه می‌نویسد: «هوالحرکة فی مسیر الحقّ من دون انحراف و نقطة ضعف».

«یَوْمَ تَرْجُفُ الرَّاجِفَةُ ﴿٦﴾ تَتْبَعُهَا الرَّادِفَةُ ﴿٧﴾»، آن ملائکه باعظمت، تدبیرکنندگان امر بزرگی هستند، در روزی که زمین به شدّت، پی‌درپی می‌لرزد.

سیر قسم‌ها، اشاره به قدرت و دقت و کمال فرمان‌برداری ملائکه، برای امتثال امر خدا در اجرای امر بزرگ قیامت دارد. این مجموعه قسم، هرچند متناسب با جواب خویش در مورد معاد است،[1] اما نسبت به آن، فرعی است؛ حال سؤال اینجاست که جواب قسم به ملائکه تدبیرکننده امر قیامت، کدام است؟

«قُلُوبٌ یَوْمَئِذٍ وَاجِفَةٌ ﴿٨﴾ أَبْصَارُهَا خَاشِعَةٌ ﴿٩﴾»، قسم به فرشتگان تدبیرکننده امر قیامت که دل‌هایی در آن روز، یعنی روز لرزه شدید و پی‌درپی، مضطرب و لرزان خواهد بود، دل‌هایی که دیدگانش از ترس و شرمندگی فروافتاده است.

امّا آنان چه کسانی هستند؟ و شاخصه اصلی ایشان چیست که در آن روز به چنین حالی افتاده‌اند؟ ایشان یقیناً چهره‌هایی هستند که در دنیا معاد باور نبوده‌اند.

آیات در ادامه، با انتساب دو قول به این چهره‌ها، در مورد ایشان سخن می‌گوید. نحوه چینش این دو قول و زمان متغیّر فعل آنها که یکی مضارع و دیگری ماضی است، نتیجه‌ای جالب را حکایت می‌کند.

آیه ۱۰ و ۱۱، در همان حال قیامت، با فعل مضارع، گفتاری را از ایشان حکایت می‌کند که نگاه‌شان را در دنیا، به خوبی معرفی کرده است: «یَقُولُونَ أَئِنَّا لَمَرْدُودُونَ فِی الْحَافِرَةِ ﴿١٠﴾ أَئِذَا کُنَّا عِظَاماً نَخِرَةً ﴿١١﴾»؛ اولین عکس‌العمل ایشان بعد از حیات دوباره، حیرت و سرگردانی از حقیقتی است، که عمری تکذیبش کرده‌اند؛ با تعجب می‌پرسند: آیا به‌درستی، ما بازگردانده‌شدگانیم، درحالی‌که در قبر بودیم؟ آیا به‌درستی ما بازگردانده‌شدگانیم، آن‌گاه که چند استخوان پوسیده بودیم؟

این بیان، ناظر به رویکرد بعید پنداشتن و سخت دانستن معاد، از سوی این چهره‌ها، در دنیا است. حکایت از سرگردانی ایشان، در اوج اضطراب و سرافکندگی، تهدیدی بزرگ برای ایشان و همه کسانی است که امروز، به عنوان مخاطبان سوره، باوری مانند آن دارند؛

---

۱. تناسب سوگندها و جواب سوگند این سوره مشخص است؛ زیرا «یومئذ» در جواب سوگند، از همان روزی سخن می‌گوید که ملائکه تدبیرکننده امر خدا در آن روز هستند، سوگند به ملائکه‌ای که امر خدا را در قیامت تدبیر می‌کنند که عده‌ای در آن روز، مضطرب و نگران خواهند بود و ....

اما آیا این تهدید، برای ایشان اثرگذار می‌شود؟ ادامه سخن، با استناد قول دیگری به ایشان در زمان ماضی، فضای دیگری را رقم زده است. گویا این پاسخ انذارآمیز در فضای استبعاد و استصعاب معاد، به مذاق آن‌ها خوش نیامده است. که با شنیدن این سخنان و تذکّر قرآن بر زنده‌شدنشان، با حال نگران و مضطرب، آن را مسخره می‌کنند: «**قَالُوا تِلْكَ إِذاً كَرَّةٌ خَاسِرَةٌ** ﴿١٢﴾»؛[1] «تلک»، اشاره به محتوای مجموعه آیات قبل دارد یعنی بازگشتی با آن احوال که توصیف شد، بازگشتی زیان‌بار است.

در زیان‌باربودن این بازگشت برای اهل تکذیب، شکّی نیست؛ اما قرائن، حاکی از آن است که این سخن را نه از روی قبول، که از سر استهزاء بر زبان جاری کرده‌اند.

قرینه اول، تغییر زمان فعل به زمان ماضی است؛ یعنی گویا بعد از آنکه خدای متعالی، توصیف آیات پیشین، از وضعیت چهره‌های ایشان در روز قیامت را مطرح ساخته، ایشان در وقفه‌ای بعد از آیات، عکس‌العملی داشته‌اند که ادامه آیات، با خبر از آن، سیاق را تداوم بخشیده و تکمیل می‌کند.

قرینه دیگر این ادعا، اسم اشاره «تلک» در اشاره به بعید است؛ که نشان می‌دهد این سخن ایشان، ناظر به وصف حال آیات پیشین است و در فضایی مغایر با فضای قبل گفته شده است.

و قرینه آخر، پاسخ خدای متعالی در آیات بعد است که با بیانی قاطع در پاسخ به این سؤال، بار دیگر بر حتمیت این واقعه تأکید می‌کند؛ که این پاسخ نیز بیش از آنکه با فضای قبول مناسب باشد، متناسب با فضای انکار و استهزا است.

تصویری که خدای بزرگ در آیات سیاق اول سوره نازعات رقم زده است، حکایتی چندوجهی و بلیغ از وضع منکران معاد و پاسخ خدای متعالی به ایشان است؛ خدای بزرگ، نگرش استبعادی و استصعابی ایشان، نسبت به حقیقت معاد در دنیا را از زبان خود ایشان، با حالی متفاوت در روز قیامت، به تصویر کشیده است؛ و ایشان، در پاسخ به این تصویر از عاقبت خود، رویه استهزا را در پیش گرفته‌اند.

چنانکه اشاره شد، پاسخ آیات، محکم و قاطع است و تکرار دوباره حقیقت معاد را در بر دارد؛ آیه ۱۳ و ۱۴، پاسخ تمسخرآنان را با تأکید بر وقوع قیامت، با یک بانگ تکان‌دهنده

---

۱. تغییر صیغه مضارع به ماضی («یقولون» به «قالوا») نشان می‌دهد که آیه ۱۲، ادامه سخن آن‌ها در قیامت نیست؛ بلکه حاکی از سخن آن‌ها در دنیاست.

می‌دهد: «فَإِنَّمَا هِيَ زَجْرَةٌ وَاحِدَةٌ ﴿١٣﴾ فَإِذَا هُمْ بِالسَّاهِرَةِ ﴿١٤﴾»، آن واقعه عظیمی که با استبعاد و استصعاب و تمسخر، قصد انکارش را دارید، تنها با یک بانگ اتفاق خواهد افتاد؛ و در نتیجه آن، همه خفتگان در خاک، بیدار خواهند شد؛ پس آن‌گاه، همه بر عرصه محشر که جایگاه غفلت و خواب نیست، حاضر می‌شوند[1].

فرقی نمی‌کند؛ هرچند قیامت را بعید شمارند و آن را سخت بدانند و هشدار قرآن را به سخره بگیرند، راهی برای فرار از آن روز نیست؛ و همگان در برابر خدای متعالی حاضر خواهند شد؛ پس چه بهتر که به جای انکار و استهزاء، با قبول آن واقعه عظیم، در صف سرافکندگان و وحشت‌زدگان آن روز نباشند.

وَالنَّازِعَاتِ غَرْقاً ﴿١﴾ وَالنَّاشِطَاتِ نَشْطاً ﴿٢﴾ وَالسَّابِحَاتِ سَبْحاً ﴿٣﴾ فَالسَّابِقَاتِ سَبْقاً ﴿٤﴾
فَالْمُدَبِّرَاتِ أَمْراً ﴿٥﴾
يَوْمَ تَرْجُفُ الرَّاجِفَةُ ﴿٦﴾ تَتْبَعُهَا الرَّادِفَةُ ﴿٧﴾
قُلُوبٌ يَوْمَئِذٍ وَاجِفَةٌ ﴿٨﴾ أَبْصَارُهَا خَاشِعَةٌ ﴿٩﴾
يَقُولُونَ أَئِنَّا لَمَرْدُودُونَ فِي الْحَافِرَةِ ﴿١٠﴾ أَئِذَا كُنَّا عِظَاماً نَخِرَةً ﴿١١﴾
قَالُوا تِلْكَ إِذاً كَرَّةٌ خَاسِرَةٌ ﴿١٢﴾
فَإِنَّمَا هِيَ زَجْرَةٌ وَاحِدَةٌ ﴿١٣﴾ فَإِذَا هُمْ بِالسَّاهِرَةِ ﴿١٤﴾

---

۱. واژه «ساهرة»، از ریشه «سهر»، به معنای عدم خواب و غفلت است؛ ازاین‌رو، التحقيق فی کلمات القرآن الکریم (ج۵، ص۲۹۷)، مراد از «ساهرة» را سرزمینی دانسته که در آن خواب و غفلت نیست. صاحب این کتاب می‌نویسد: «الساهرة: عبارة عن محيط و مقام لا غفلة و لا نوم فيها»، با توجه به معنای ریشه و فضای آیات در بحث از قیامت و بیداری در آن روز، این بیان از واژه، ترجیح دارد.

جهت هدایتی

آیات سیاق اول سوره نازعات را می‌توان در دو دسته کلی بررسی کرد:

نخست، آیه ۱ تا ۱۱ که بعد از قسم و توابع آن، بر اضطراب اهل استبعاد و استصعاب معاد در روز قیامت تأکید کرد.

دسته دوم، آیه ۱۲ تا ۱۴ که به عکس‌العمل منکران در مقابل این پیام اشاره و آن را پاسخ داد.

در حقیقت، این دو دسته، دو مرحله هدایت سیاق است، که به دنبال هم آمده است؛ حلقه وصل این دو دسته، اسم اشاره «تلک»، در ابتدای آیه ۱۲ است؛ «تلک»، به محتوای مجموعه آیات قبل یعنی توصیف خدای متعالی از وضعیت اهل استبعاد و استصعاب در روز قیامت اشاره دارد.

جهت هدایتی این سیاق برآمده از دو دسته و ارتباط بین آن‌ها می‌باشد:

هشدار نسبت به ترس و سرافکندگی بعیدشماران و سخت‌پنداران معاد در روز قیامت و تأکید بر حتمیت وقوع معاد

در پاسخ به کسانی که این بیان هشدارآمیز را به سخره گرفتند.

سیاق دوم: آیه ۱۵ تا ۲۶

فضای سخن

در برابر پروردگار عالم طغیان می‌کنند.

۱. آیات این سیاق، به بیان جریان ارسال حضرت موسی علیه‌السلام به سوی فرعون، به خاطر بازداری او از طغیان در برابر ربّ پرداخته است: «**هَلْ أَتَاكَ حَدِيثُ مُوسَى ﴿١٥﴾ إِذْ نَادَاهُ رَبُّهُ بِالْوَادِ الْمُقَدَّسِ طُوًى ﴿١٦﴾ اذْهَبْ إِلَى فِرْعَوْنَ إِنَّهُ طَغَى ﴿١٧﴾**» بجایی یادآوری این جریان در بیان عاقبت طغیان، نشان‌دهنده فضای طغیان‌گری است.

۲. آنچه از زبان فرعون، در مقام تقابل با دعوت حضرت موسی علیه‌السلام نقل می‌شود: «**فَقَالَ أَنَا رَبُّكُمُ الْأَعْلَى ﴿٢٤﴾**»، نشان دهنده جهت این طغیان یعنی ادعای ربوبیت است.

سؤال: آیا شروع سیاق خطاب به پیامبرﷺ، با عبارت «**هَلْ أَتاكَ حَدِيثُ مُوسَى**»، حکایت‌کننده فضای خاصی که مربوط به رسول خداﷺ باشد، نیست؟

پاسخ: اسلوب «**هل أتاک**» و «**ما أدراک**» و امثال آن، اسلوب‌های بلیغی برای شروع سخن یا در ادامه سخن، به منظور جلب نظر مخاطب کلام است و از آن جهت که بدون شک، اولین مخاطب مستقیم آیات، رسول گرامی اسلامﷺ است، ضمیر خطاب در این اسلوب‌ها، خطاب به ایشان مطرح شده است؛ این موارد، به تنهایی مبیّن فضای خاص و اصلی آیات، در مورد رسول خداﷺ نیست؛ چون قرینه خاصی که جهت‌گیری اصلی آیات خطاب به رسول گرامی اسلامﷺ را حکایت کند، در این آیات دیده نمی‌شود؛ هرچند این خطاب بی‌وجه نیست و می‌توان وجه آن را در مشابهت نقش حضرت موسیعليه‌السلام، در جریان فرعون، با نقش پیامبر گرامی اسلامﷺ، در جریان دعوت قوم ایشان، جستجو کرد؛ اما این قطعاً رویکرد اصلی آیات نیست؛ چراکه نتیجه‌گیری آیات به بیان عاقبت روی‌گردانی از حقیقت و طغیان در برابر ربّ، سوق یافته است.

سیر هدایتی

آیه ۱۵، در بیانی اجمالی، ماجرای رسالت حضرت موسیعليه‌السلام را یادآوری می‌کند: «**هَلْ أَتَاكَ حَدِيثُ مُوسَىٰ ﴿۱۵﴾**».

ادامه آیات، این داستان را شرح می‌دهد و از میان سرگذشت مفصّل حضرت موسیعليه‌السلام، قسمتی را که در این سوره، موردنظر است، بیان می‌کند.

آیه ۱۶ تا ۱۹، مخاطب اصلی این مأموریت، علّت و محتوای آن را مطرح کرده است؛ پروردگار موسیعليه‌السلام در وادی مقدس طوی، او را برای مأموریتی مهم ندا داد؛ این مأموریت، دعوت فرعون به سوی حق و وجه این دعوت، طغیان‌گری اوست: «**إِذْ نَادَاهُ رَبُّهُ بِالْوَادِ الْمُقَدَّسِ طُوًى ﴿۱۶﴾ اذْهَبْ إِلَىٰ فِرْعَوْنَ إِنَّهُ طَغَىٰ ﴿۱۷﴾**»، طغیان، تجاوز از حدّ بندگی و ایستادگی در برابر اراده ربّ است.

ازاین‌رو محتوای رسالت حضرت موسیعليه‌السلام، دعوت فرعون به پاکی از طغیان و هدایت او به معرفت جایگاه پروردگار، به منظور خشیت از مقام اوست: «**فَقُلْ هَلْ لَكَ إِلَىٰ أَنْ تَزَكَّىٰ ﴿۱۸﴾ وَأَهْدِيَكَ إِلَىٰ رَبِّكَ فَتَخْشَىٰ ﴿۱۹﴾**»، در این محتوا، تزکیه و هدایت به سوی ربّ، مقدمه خشیت از مقام پروردگار عالم است؛ بر این اساس، نقطه مقابل طغیانی که فرعون را گرفتار ساخته

و از حقیقت جدا کرده است، تزکیه است؛ تزکیه‌ای که زمینه را برای شناخت حقیقی جایگاه ربّ فراهم آورده و از این طریق، خشیت از مقام ربّ را به دل فرعون بیافکند. او باید به کوچکی خود در برابر پروردگار عالم واقف شده و بزرگی او را از یاد نبرد؛ تا هیچ‌گاه از فرمان او تعدّی نکند.

حضرت موسی علیه‌السلام، موبه‌مو فرمان خدا را انجام داده و پیام وحیانیِ دریافت‌کرده را، به فرعون ابلاغ کرده است؛ تا جایی که نوبت به نشان‌دادن نشانه بزرگ یعنی معجزه برای اثبات راستی رسالتش و تحقق محتوای دعوتش می‌رسد؛ آیه ۲۰، برای جلوگیری از تکرار، به قسمتی از داستان اشاره می‌کند، که حاکی از انجام کامل رسالت از جانب حضرت موسی علیه‌السلام تا مرحله نشان‌دادن این معجزه است: «**فَأَرَاهُ الْآيَةَ الْكُبْرَىٰ** ۝۲۰».

آیه ۲۱ تا ۲۵، ضمن اشاره به عکس‌العمل فرعون در برابر این رسالت و معجزه، عاقبت آن را در دو مرحله بیان می‌کند:

مرحله اول، تکذیب ارتباط موسی با پروردگار جهانیان و همچنین تکذیب نشانه‌ای است که بر صدق سخن خویش آورده است؛ که نتیجه آن، نافرمانی فرعون از فرمانی است که حضرت موسی علیه‌السلام از جانب خدا به او ابلاغ می‌کند: «**فَكَذَّبَ وَعَصَىٰ** ۝۲۱».

مرحله دوم، تلاش برای مقابله و انتخاب رویکردی کاملاً متناقض با دعوت الهی است: «**ثُمَّ أَدْبَرَ يَسْعَىٰ** ۝۲۲ **فَحَشَرَ فَنَادَىٰ** ۝۲۳ **فَقَالَ أَنَا رَبُّكُمُ الْأَعْلَىٰ** ۝۲۴»، فرعون، در برابر دعوت موسی علیه‌السلام، رویکرد تکذیب و سرپیچی را برگزید و برای تثبیت جایگاه طاغیانه خود، جمعیّتی از مردم مملکتش را جمع کرده و با صدای بلند، فریاد برآورد که «من برترین پروردگار شما هستم»؛ او در انکار و تکذیب دعوت موسی علیه‌السلام برای دست‌برداشتن از طغیان، به ردکردن او بسنده نکرده و نمایش طغیان خود را به حد أعلی رساند.

بعد از این همه تقلّای در طغیان، خدای متعالی در آیه ۲۵، برخوردش را با او یادآور می‌شود؛ او، هم به عذاب دنیا گرفتار شد و هم عذاب آخرت را به جان خرید: «**فَأَخَذَهُ اللَّهُ نَكَالَ الْآخِرَةِ وَالْأُولَىٰ** ۝۲۵».

آیه ۲۶، در بیان هدف از طرح این ماجرا، آن را مایه عبرت معرفی کرده است؛ اما عبرت‌پذیری از آن را، مختص کسانی قرار داده که خشیت از پروردگار خویش را به دل راه می‌دهند: «**إِنَّ فِي ذَٰلِكَ لَعِبْرَةً لِمَنْ يَخْشَىٰ** ۝۲۶».

فرعون که نمونه بارز طغیان در برابر پروردگار بود و کار را تا جایی پیش برد که خود را پروردگار

برتر مردم معرفی کرد، چنین به عذاب دنیا و آخرت گرفتار شد. اندک توجهی به داستان او، جرأت طغیان‌گری دربرابر ربّ را، از هر کسی خواهد گرفت؛ البته اگر بنای ایشان، بر خشیت و تزکیه از طغیان باشد؛ در غیر این صورت، این عبرت نیز اثری در آن‌ها نخواهد داشت.

اما اگر ماجرای عاقبت فرعون، مایه عبرت طغیان‌گران نیست و فقط اهل خشیت از آن بهره می‌برند، سود آن برای نجات از طغیان چیست؟ این ماجرا، در فضای طغیان گفته شده و قطعاً تأثیر آن، مقابله با طغیان در برابر پروردگار است؛ اما باید بنای بر خشیت باشد؛ فرعون نیز، بزرگ‌ترین نشانه پروردگار را به دست موسی عليه‌السلام مشاهده کرد؛ اما چون بنایی برای رهایی از طغیان نداشت، حرکتی به سوی خیر، در او مشاهده نشد. بنای بر رهایی، همان سؤالی است که در ابتدای دعوت الهی او پرسیده شد: «**فَقُلْ هَلْ لَكَ إِلَى أَن تَزَكَّىٰ**»، آیا قصد تزکیه در تو هست؟

نقش این جریان، برای مخاطبان طغیان‌گر آن، مانند نقش آیه بزرگ الهی، برای فرعون طغیان‌گر است؛ چنانکه آن نشانه، می‌توانست بنای بر خشیت را در دل او ایجاد کند، این جریان نیز می‌تواند بنای بر تزکیه و خشیت را در دل مخاطبان خود ایجاد کند؛ که اگر چنین شد، دیگر به این جریان نه به چشم داستانی خیالی، که به چشم عبرتی برای تغییر مسیر نگاه خواهند کرد.

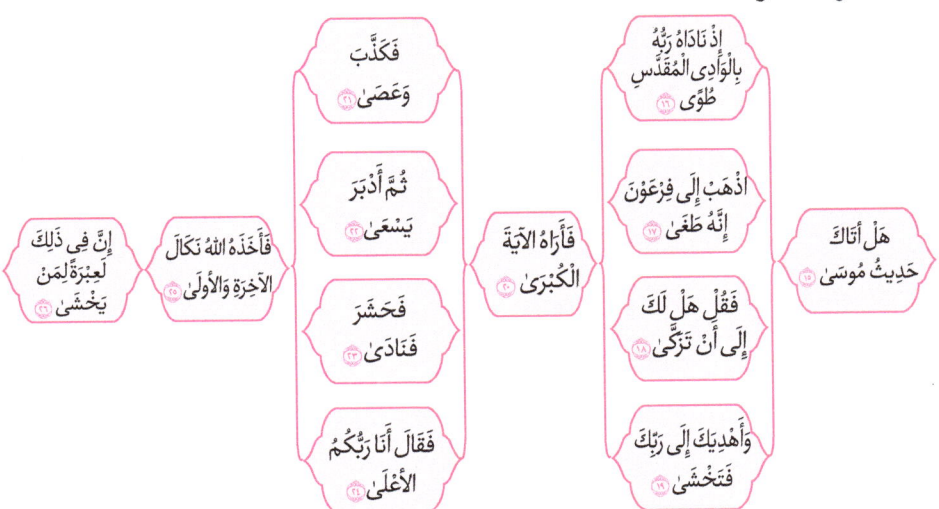

جهت هدایتی

آیه ۲۵ و ۲۶ را می‌توان نتیجه‌گیری صریح از سیاق دوم دانست؛ آیه ۲۵، عاقبت طغیان یعنی عذاب در دنیا و آخرت را مورد اشاره قرار داده و آیه ۲۶، این جریان را مایه عبرت معرفی کرده است:

گرفتاری فرعون طغیان‌گر در دنیا و آخرت

عبرتی برای هرکس که بنای تزکیه از طغیان داشته باشد و خشیت پروردگار پیشه کند.

سیاق سوم: آیه ۲۷ تا ۳۳

فضای سخن

احساس خودبرتربینی سبب طغیان شده است.

فضای سخن این سیاق، مکمّل فضای سخن در سیاق قبل است؛ نقطه اتکای انسان طغیان‌گر در برابر پروردگار، حسّ برتری به سبب قدرت‌هایی است که در خود سراغ دارد؛ و از آن جهت که سیاق قبل، در فضای طغیان سخن گفته است، سیاق حاضر، به این تکیه‌گاه خیالی نظر دارد.

قرینه فضای بالا، بجایی سؤال «**أَأَنْتُمْ أَشَدُّ خَلْقاً أَمِ السَّمَاء...**»، در ابتدای سیاق است؛ این آیات، با چند جمله در دامنه سؤال از برتری انسان یا پدیده‌های عالم خلقت، مخاطب خود را به مقایسه بین خلقت انسان و جهان آفرینش دعوت کرده است؛ بجایی این مقایسه، نشان می‌دهد که مخاطب، جایگاه ویژه‌ای برای خود تصور کرده و خود را برتر می‌داند.

سیر هدایتی

سیاق با سؤالی تأمّل‌برانگیز آغاز می‌شود؛ سؤال از اینکه در مقام مقایسه، آیا خلقت انسان مستحکم‌تر است یا آسمانی که خدا آن را بنا کرده است؟!: «**أَأَنْتُمْ أَشَدُّ خَلْقاً أَمِ السَّمَاءُ بَنَاهَا** (۲۷)؟»، آسمانی با ویژگی‌های خیره‌کننده، آسمانی که خدا سقف آن را بر افراشته و در نهایت اعتدال، همه ابعاد وجودی آن را موزون و هماهنگ ساخته و شب

آن را تاریک گردانیده و از دل این تاریکی، روز پرفروغ را بیرون کشیده است: «رَفَعَ سَمْكَهَا فَسَوَّاهَا ﴿۲۸﴾ وَأَغْطَشَ لَيْلَهَا وَأَخْرَجَ ضُحَاهَا ﴿۲۹﴾».

آنچه در این آیات برای مقایسه مطرح شده‌است، در بزرگی و عظمت این پدیده جهان خلقت در مقایسه با انسان، کافی است؛ اما ادامه آیات، آثار بزرگ دیگر خالق اثر قبلی را نیز به این مجموعه اضافه می‌کند؛ زمینی که خالق بزرگش، آن را گسترانده و از دل آن، آب و چراگاه بیرون آورده است: «وَالْأَرْضَ بَعْدَ ذَٰلِكَ دَحَاهَا ﴿۳۰﴾ أَخْرَجَ مِنْهَا مَاءَهَا وَمَرْعَاهَا ﴿۳۱﴾».

و کوه‌های سر به فلک کشیده‌ای که آن را استوار ساخته و زمین را به آن استحکام بخشیده؛ تا با وجود خروج مکرر آب و چراگاه از آن، انسجام آن از هم پاشیده نشود: «وَالْجِبَالَ أَرْسَاهَا ﴿۳۲﴾».

پاسخ سؤال ابتدای سیاق که تا انتهای آن دامن‌کشان به طول انجامیده، به اندازه‌ای روشن است که نیازی به تصریح ندارد؛ انسانی که طغیان کرده و در برابر حکم پروردگار خود ایستادگی می‌کند، در توهّم خویش تکیه بر برتری پوشالی خود دارد؛ غافل از اینکه مقایسه‌ای سطحی بین او و جهان آفرینش، کوچکی ابعاد او برای احساس برتری را به وضوح نمایان می‌کند؛ او در مقایسه با آسمان و کوه‌ها و زمین، سست و غیرقابل اتّکا است؛ حال وضع او در برابر خالق این عظمت روشن است؛ چگونه کسی که یارای استقامت در مقایسه با مظاهر آفرینش را ندارد، به خود جرأت طغیان بر آفریننده این نظام خواهد داد؟

خدای متعالی، در پایان سیاق سوم، در مقام مقابله با انسان خودبرتربین، رنگ‌وبوی دیگری نیز به آیات داده است؛ آیاتی که با زبان مقایسه آغاز شده بود، در سیری حکیمانه، به بیان امتنان خالق این آثار به انسان منتهی می‌شود؛ تا بیش‌ازپیش شرمساری از طغیان را در وجود او نهادینه سازد؛ پروردگار او، آب و چراگاه و بستر آماده، کوه‌های سر به فلک کشیده را رام انسان ساخته، تا هم او و هم دام‌های او که سرمایه زندگی اوست، از آن بهره‌مند شوند: «مَتَاعًا لَكُمْ وَلِأَنْعَامِكُمْ ﴿۳۳﴾»؛

آیات سیاق سوم، اشاره به چرخه‌ای است که هم حقارت انسان در برابر پدیده‌های بزرگ عالم خلقت را به رخ می‌کشد و هم نیاز او به بهره‌مندی از این پدیده‌ها را یادآور می‌شود؛ چرخه حیاتی که در بستر آرام و آماده زمین، زیر سقف استوار و سامان داده شده آسمان، با روز و شب هماهنگ و دسترسی به آب و قابلیت کشت و زرع و بهره‌مندی دام‌ها از آن و در

مجموع، بهره‌مندی انسان از این بهره‌ها و دام‌های بهره‌مند شـده از آن، شکل گرفته است و همه مخلوق خداست.

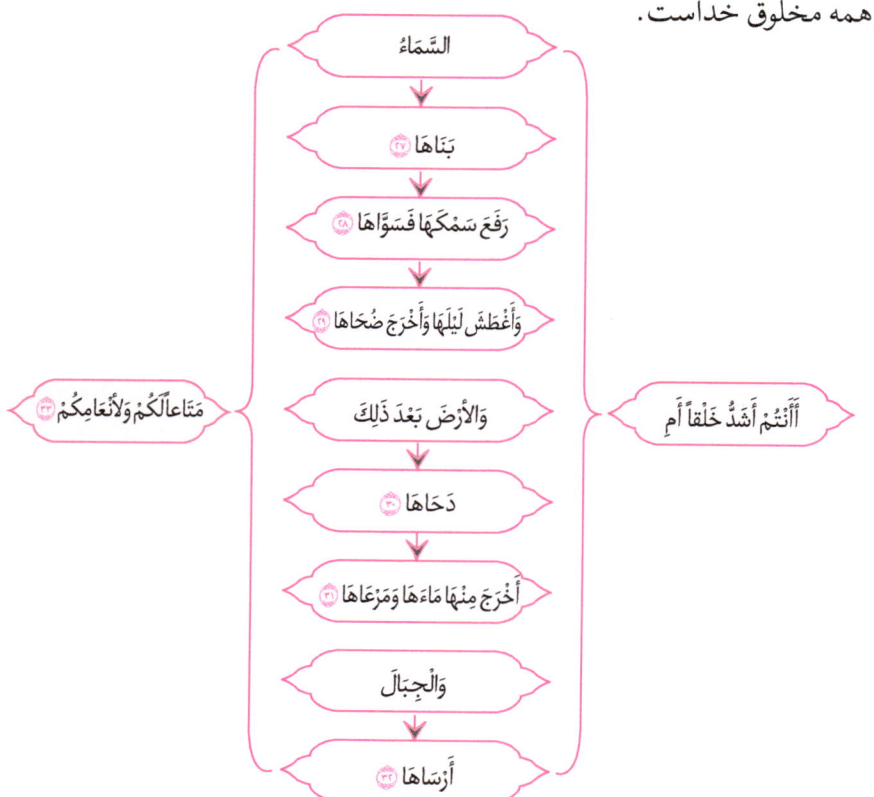

جهت هدایتی

هرچند در پایان متن سـیرهدایتی، اشـاره به جنبه بیان امتنان آیات در سـخن با انسـان شـد، اما باید توجه داشـت که بخش اصلی سخن که شروع آیات را به خود اختصاص داده و سـیرآیات نیز آن را ادامه داده است، برشـماری خصوصیات نظام خلقت، در مقایسـه با خلقت انسان است.

مجموعه آیات این سـیاق، با سـؤال مشـخصی از مقایسـه بین انسان و مظاهرآفرینش، درصدد نفی معضل خودبرتربینی مخاطب و به دنبال آن، زیرسؤال بردن طغیان متکی به آن است؛ بر این اساس، جهت هدایتی آیات، برگرفته از مجموعه آیات آن است:

نفی احساس خودبرتربینی انسان

با برشماری مظاهر آفرینش و دعوت او به مقایسه خود با جهان خلقت.

سیاق چهارم: آیه ۳۴ تا ۴۱

فضای سخن

طغیان می‌کنند و دنیا را بر آخرت برگزیده‌اند.

آیات این سیاق نیز در ادامه سیاق قبل، در فضای طغیان در نقطه مقابل خوف از مقام پروردگار سخن گفته است؛ با این تفاوت که در این سیاق، ترجیح دنیا بر آخرت، در کنار طغیان، موردتوجه است.

تقسیم انسان‌ها به دو گروه در این آیات، بر اساس طغیان و دنیاگرایی و یا خوف از مقام ربّ و نهی نفس از پستی، صورت پذیرفته؛ «**فَأَمَّا مَنْ طَغَىٰ** ﴿۳۷﴾ **وَآثَرَ الْحَيَاةَ الدُّنْيَا** ﴿۳۸﴾ ... **وَأَمَّا مَنْ خَافَ مَقَامَ رَبِّهِ وَنَهَى النَّفْسَ عَنِ الْهَوَىٰ**... ﴿۴۰﴾»، بجایی استفاده از این اوصاف در آیات، قرینه فضای بالاست.

سیر هدایتی

این آیات، در قالب جمله شرط و جواب، برپایی حادثه فراگیر قیامت و تقسیم انسان‌ها در آن روز را یادآور شده است:

آیه نخست، از هنگامه‌ای سخن می‌گوید که بزرگ‌ترین و برترین حادثه غلبه‌کننده و دربرگیرنده[۱] یعنی قیامت رخ می‌دهد: «**فَإِذَا جَاءَتِ الطَّامَّةُ الْكُبْرَىٰ** ﴿۳۴﴾» و دو آیه بعد، این ظرف زمانی را بیشتر توصیف می‌کند: «**يَوْمَ يَتَذَكَّرُ الْإِنْسَانُ مَا سَعَىٰ** ﴿۳۵﴾ **وَبُرِّزَتِ الْجَحِيمُ لِمَنْ يَرَىٰ** ﴿۳۶﴾»، توصیفات مطرح‌شده، بیانی انذاری دارد و انسان طغیان‌گر را با تهدیدی بزرگ مواجه می‌سازد؛ اینکه در سرای آخرت، خبری از جاه و جلال و برتری موهوم دنیوی

---

۱. واژه «طامّة»، از ریشه «طمم» گرفته شده که معنای آن غلبه و برتری در پوشانندگی و فراگیری است. التحقیق فی کلمات القرآن الکریم (ج۷، ص۱۴۴)، در معنای این ریشه می‌نویسد: «هو علوّ فی تغطیة و إغلاق».

نیست و هرکسی با هر شأن و جایگاهی که در دنیا داشته است، حاضر خواهد شد و در آن صحنه، سعی خود را که تنها تعیین‌کننده عاقبت است، یادآور خواهد شد؛ آن هم در شرایطی که جحیم یعنی جایگاه طغیان‌گران، به وضوح برای هرکس که دیده‌ای بینا دارد، نمایان است؛ دیده بینا تعریضی به کوری امروزی چشمان دنیابین، از حقیقت معاد و جهنّم سوزان وعده‌داده‌شده در آن است.

در این لحظه که مخاطب منتظر جواب است، آیه ۳۷ تا ۴۱، از عاقبت دو گروه سخن می‌گوید و این یعنی آن شرایط سخت، مقدمه تقسیم به دو گروه بوده است:

- «**فَأَمَّا مَنْ طَغَىٰ ﴿٣٧﴾ وَآثَرَ الْحَيَاةَ الدُّنْيَا ﴿٣٨﴾ فَإِنَّ الْجَحِيمَ هِيَ الْمَأْوَىٰ ﴿٣٩﴾**»
- «**وَأَمَّا مَنْ خَافَ مَقَامَ رَبِّهِ وَنَهَى النَّفْسَ عَنِ الْهَوَىٰ ﴿٤٠﴾ فَإِنَّ الْجَنَّةَ هِيَ الْمَأْوَىٰ ﴿٤١﴾**»

گروه اوّل، طغیان‌گرانی هستند که از چارچوب بندگی خدا تجاوز کرده و زندگی دنیا و لوازم مادی آن در برتری جویی های دنیوی را برگزیده‌اند؛ جایگاه ایشان، آتش سوزانی است که در دنیا از آن غافل مانده و تلاشی در رهایی از آن نداشته‌اند؛ اما گروه دوم، خائفان از مقام پروردگاراند؛ همان خشیت پیشگانی که نفس را از تمایل به سقوط به دار دنیا و آلودگی به ناپاکی‌های آن، باز داشتند، کسانی که خشیت از مقام ربّ، ایشان را در چارچوب بندگی استوار ساخت. مأوی و منزل ابدی گروه نخست، دوزخ سوزان و مأوای گروه دوم، بهشت برین است.

برای هرکدام از این دو گروه، دو شاخصه اصلی بیان شده است که در برابر شاخصه‌های گروه مقابل است: «طغیان» در مقابل «خوف از مقام پروردگار» و «ترجیح زندگانی دنیا» در مقابل «بازداری نفس از هوا» یعنی پستی است.

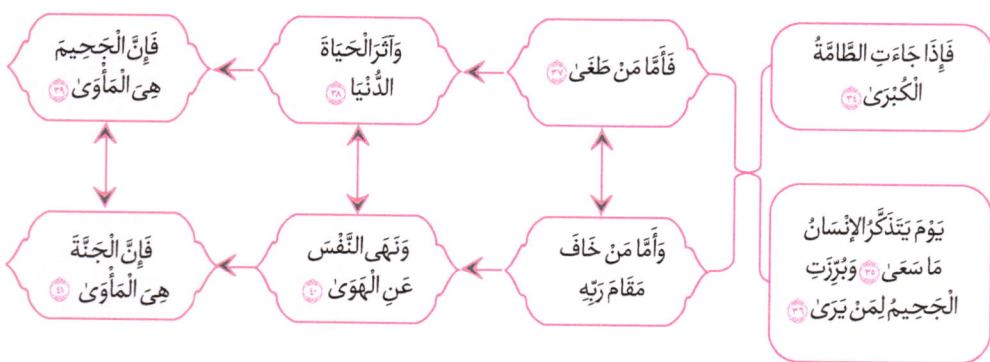

جهت هدایتی

آیه ۳۴ تا ۳۶، در قالب شرط، از هنگامه فرارسیدن حادثه قیامت و اوصاف آن سخن می‌گوید؛ و آیه ۳۷ تا ۴۱، در مقام جواب شرط، از تقسیم مردم در آن روز به دو گروه بر اساس رویکرد دنیوی و عاقبت آنها سخن می‌گوید؛ از میان شرط و جواب، اصل سخن، در جواب است:

دوزخ، جایگاه طغیان‌گران و بهشت، مأوای خداترسان

آنان که دنیا را بر آخرت ترجیح می‌دهند و طغیان می‌کنند، به سوی جهنم می‌روند و آنان که نفس خود را از تمایل به پستی بازمی‌دارند و از مقام خدای‌شان خشیت دارند، به سوی بهشت رهسپارند.

سیاق پنجم: آیه ۴۲ تا ۴۶

فضای سخن

با پرسش انکارآمیز از زمان قیامت، درصدد انکار آن هستند.

فضای سخن این سیاق، از سؤال مطرح‌شده در آیه اول مشخص می‌شود: «**يَسْأَلُونَكَ عَنِ السَّاعَةِ أَيَّانَ مُرْسَاهَا** ﴿۴۲﴾»، استفاده از ادات «أيّان» که برای سؤال از زمان امری بعید است[1]، نشان می‌دهد که این سؤال، از سر انکار و تکذیب پرسیده می‌شود؛ لحن انذاری پاسخ این سؤال نیز، رویکرد انکاری سؤال را تأیید می‌کند.

سیر هدایتی

آیات با حکایتِ یک سؤال آغاز می‌شود: «**يَسْأَلُونَكَ عَنِ السَّاعَةِ أَيَّانَ مُرْسَاهَا** ﴿۴۲﴾»، سؤال از پیامبر صلی‌الله‌علیه‌وآله و برای تضعیف جایگاه منذرانه او است؛ از او می‌پرسند: روزی که از آن

---

۱. این واژه، برای سؤال از زمان امری که بسیار بزرگ بوده و بعید دانسته شود، استفاده می‌گردد؛ التحقیق فی کلمات القرآن الکریم (ج۱، ص۲۱۵)، در معنای آن می‌نویسد: «و لمّا کانت کلمة أيّان مشددة و زائدة فيها الألف: فتكون فيها زيادة معنى، فيسأل بها عمّا يكبر و يبعد فی أنظارهم».

سخن می‌گویی، چه زمانی رخ خواهد داد؟ این چه واقعه مهمی است که خبردهنده از آن، زمان برپایی آن را نمی‌داند؟![1]

از همین‌رو خدای متعالی در پاسخ، ابتدا در آیه ۴۳ و ۴۴، چنین مسئله‌ای را خارج از حیطه منذر معرفی کرده و امر زمان قیامت را مطلقاً به دست پروردگار ایشان می‌داند: «**فِيمَ أَنْتَ مِنْ ذِكْرَاهَا ﴿۴۳﴾ إِلَى رَبِّكَ مُنْتَهَاهَا ﴿۴۴﴾**».

بعد از این پاسخ قاطعانه، آیه بعد، آن حضرت را در جایگاه منذربودن تثبیت می‌کند؛ انذاری که پذیرندگان آن، تنها کسانی خواهند بود که در دل خود خشیت دارند و در نتیجه، از عاقبت طغیان در برابر حق می‌ترسند و برای تأثیرپذیری از این حقیقت و آمادگی برای ملاقات با آن روز، در بند سؤال از زمان نامعلوم آن نیستند: «**إِنَّمَا أَنْتَ مُنْذِرُ مَنْ يَخْشَاهَا ﴿۴۵﴾**».

آیات سیاق، سؤال آنان را از زمان وقوع قیامت بی‌پاسخ می‌گذارد؛ امّا در ادامه، این سؤال را به گونه‌ای پاسخ می‌گوید که ریشه سؤال از زمان را می‌سوزاند: «**كَأَنَّهُمْ يَوْمَ يَرَوْنَهَا لَمْ يَلْبَثُوا إِلَّا عَشِيَّةً أَوْ ضُحَاهَا ﴿۴۶﴾**»؛ برای انکار و تکذیب، به دنبال زمان نباشند؛ همین قدر بدانند، زمانی که آن روز را می‌بینند، گویی پیش از آن، جز به اندازه شبی یا روز آن شب، در دنیا نمانده‌اند. زندگانی جاوید آخرت، که شروع آن با واقعه بزرگ قیامت است، نسبتی با دنیا دارد که هر زمانی رخ دهد، زندگی دنیوی انسان‌ها در قبال آن، کوچک و ناچیز است؛ این یعنی حقیقت قیامت نزدیک و خشیت از آن، ناگزیر است.

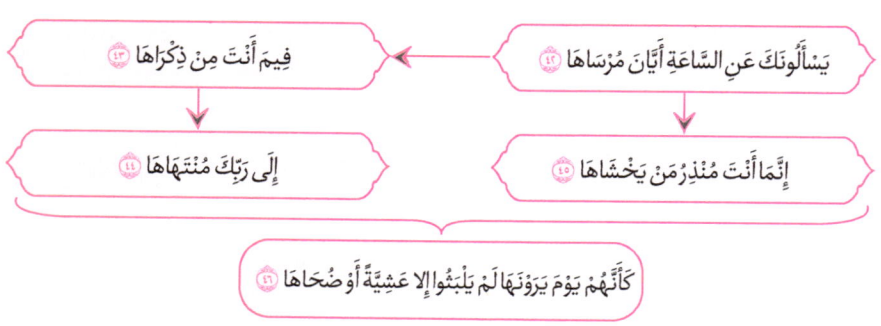

---

۱. «مرسی»، از ریشه «رسو»، به معنای استقرار کامل امری عظیم یا شیء بزرگ است. التحقیق فی کلمات القرآن الکریم (ج۴، ص۱۴۴)، در معنای این ریشه می‌نویسد: «و استقرار شیء عظیم تامّاً». این واژه، اسم زمان از این ریشه، به معنای زمان استقرار است.

جهت هدایتی

چنان‌که اشاره شـد، از نوع سـؤال و محتوای پاسخی که داده شـد، مشـخص اسـت که این سـؤال، در مقام انکار، به منظور راهبردی برای مقابله با انذار اخروی پیامبر ﷺ صورت می‌گیـرد. آیات نیـز در مقابل، به بیانی که گفته شـد، با ورود و خروجی انذارآمیز از انحصار زمان آن به دست خدا و نزدیکی همواره آن سخن گفته و این حربه را خنثی می‌کند.

پاسخ به حربه منکران در سؤال انکارآمیز از زمان قیامت
با بیان جایگاه پیامبر ﷺ به عنوان منذر قیامت و تأکید بر نزدیکی زمان برپایی قیامت.

❀ فضای سخن، سیر هدایتی و جهت هدایتی سوره

معاد را انکار می‌کنند و در برابر پروردگار طغیان می‌کنند و زندگی دنیا را بر آخرت ترجیح می‌دهند.

فضای سخن این سوره، سه موضوع اصلی دارد:

موضوع اول، انکار معاد است؛ که در قالب استبعاد و استصعاب، به بیان‌های مختلف و در نهایـت، اسـتهزاء حقیقت معاد جلوه یافتـه؛ که قرائن آن، در سـیاق‌های اول و پنجم، مورد بررسی قرار گرفت.

موضوع دوم، طغیان در برابر پروردگار اسـت؛ که در سیاق‌های دوم، سـوم و چهارم، مورد بحث بود.

موضوع سـوم، ترجیـح زندگی دنیا یا همـان دنیاگرایی اسـت؛ که در سیاق چهـارم، با وصف طغیان همراه شد.

فضای سخن سوره، از ارتباط این سه موضوع با یکدیگر قابل فهم است.

دنیاگرایی، نقطه مقابل باور به حقیقت معاد و زندگی دیگری فرای زندگی مادی اسـت. انسـان دنیاگرا، از هر چیزی که با منافع دنیوی خویش در تضاد باشـد، فراری اسـت؛ انکار معاد از طرق مختلف، دسـت و پازدن انسـان دنیاگرا برای نپذیرفتن حیات دوباره‌ای است که رویکرد دنیاگرایانه آن را مخدوش و ناملایم می‌سازد. طغیان، اوج دنیاگرایی است؛ انسان

دنیاگـرا، زمانـی کـه در دنیاگرایـی خویش از حد گذشـته و به اوج رسـیده باشـد، طغیان‌گر نامیده می‌شـود؛ زمانی که غیر از دنیا و آنچه منافع دنیوی او را تأمین کند، انتخاب دیگری نـدارد. انسـان طغیان‌گر، بیش از هرکس، همه راه‌ها را بر پذیـرش حقیقت معاد می‌بندد؛ او حتی به انکار از سر استبعاد و استهزاء کفایت نکرده و این حقیقت را به سـخره می‌گیرد. نگاه از سر استهزاء به معاد، جلوه طغیان‌گری انسان در دنیا و ایستادگی او در برابر اراده و حکم پروردگار است.

سوره نازعـات، با مخاطبی روبروسـت که دنیاگرایـی، او را به طغیان رسـانده و اکنون به خیال خود، در برابر اراده پروردگار در برپایی نظام حساب‌وکتاب ایستادگی می‌کند؛ ازاین‌رو، در مقام مقابله با انکار معاد از سوی مخاطب، آیات در سه سـیاق، طغیان او را نشانه رفته و درصدد حل ریشه‌ای معضل مخاطب، در انکار معاد است.

خدای متعالی در سیاق اول سوره، انکار معاد را هدف قرار می‌دهد و با قسم‌هایی که حاکی از قدرت خدا در تدبیر امر قیامت به دست فرشـتگان اسـت، سـخن را آغاز می‌کند و در جـواب، از سـرانجام سـخت مخاطبـان منکـر، در قیامـت سـخن می‌گویـد و وقتی این هشدار به خاطر رویکرد طغیان‌گرانه مخاطبان، با تمسخر از طرف آن‌ها پاسخ داده می‌شود، بر تحقّق آن روز تأکید دوباره می‌کند.

در سیاق دوم، به حل ریشه اصلی و پشت‌پرده جریان انکار معاد یعنی طغیان می‌پردازد؛ آیـات، عاقبـت فرعـون را به عنوان نمونه بـارز طغیان‌گـری در برابر پروردگار بیـان می‌کند و با ایـن بیـان، نسـبت به عاقبـت طغیان و سرکشـی در برابـر پروردگار هشـدار می‌دهـد؛ در این آیـات، سـخن حضـرت موسـی علیه‌السلام بـا فرعون دعـوت به تزکیـه و هدایـت تا نقطه خشـیت از مقـام پـروردگار اسـت و آیـات در پایـان، راهـکار عبرت‌پذیری از ایـن ماجرا را نیز خشـیت از مقام پروردگار عنوان کرده اسـت؛ نقطه مقابل طغیان در برابر ربّ، خشـیت از مقام اوسـت؛ مخاطبی که بنای خشـیت از مقام ربّ ندارد، برای سـخن ربّش، جایگاه ویژه قائل نیسـت؛ ازاین‌رو مقدمه مهم رهایی از طغیان، خشیت از مقام ربّ است.

آیـات در سـیاق سـوم، طغیان‌گران را به مقایسـه خود با مظاهر خلقـت دعوت می‌کند؛ تا پشـتوانه پوشـالی طغیان یعنی اتکاء به داشـته‌های خود در برابر ربّ را زیر سؤال برد؛ مقایسه منصفانه با مظاهر آفرینش پروردگار، بی‌شـک به کوچکی انسـان در مقابل این مظاهر حکم

می‌کند و راه را برای طغیان در برابر خالق آنها می‌بندد.

در سیاق چهارم، سخن را به حقیقت معاد و چیستی وقایع آن روز باز می‌گرداند و عاقبت رویکرد طغیان‌گرانه مخاطب در آن روز را یادآور می‌شود؛ در آن روز که جایی برای تکذیب باقی نیست، طغیان‌گران دنیاگرا در جهنّم جای خواهند گرفت و خداترسانی که نفس خود را از تمایل به دنیا نهی کرده‌اند، به بهشت خواهند رفت. آیات، بار دیگر به خشیت در مقابل طغیان اشاره می‌کند و متذکر می‌شود همان‌طور که طغیان و دنیاگرایی قرین یکدیگرانـد، خشیت و نهی نفس از پستی‌ها و تمایل به دنیا نیز قرین یکدیگراند، مخاطبی که در اثر دنیاگرایی گرفتار طغیان است، با نهی خویش از تمایل به دنیا، خشیت از ربّ را به دل راه می‌دهد.

در سیاق پنجم، به آخرین حربه طاغیان برای ردّ معاد یعنی پرسش از زمان آن اشاره می‌کند و با بیان جایگاه پیامبر صلی الله علیه و آله، به عنوان منذر اهل خشیت از قیامت و تأکید بر نزدیکی زمان آن روز، این سؤال را پاسخ می‌گوید.

هرچند در ظاهر، سیاق‌های آغازین و پایانی سوره به بحث طغیان اشاره مستقیم ندارد و با موضوع انکار معاد مقابله کرده است. اما چنان‌که گذشت، انکار معاد، جلوه‌ای از طغیان به‌خاطر ناسازگاری باور به معاد و دنیاگرایی است؛ بنابراین می‌توان گفت که همه سیاق‌های سوره، در مقابله با طغیان سخن گفته است:

سیاق‌های اول و پنجم، با بروز ظاهری طغیان و سیاق‌های میانی سوره، با اصل طغیان مقابله کرده است؛ پس سوره، هم در لایه ظاهری یعنی انکار معاد و زیر سؤال بردن آن و هم در لایه عمیق‌تر، با طغیان روبه‌رو شده و درصدد است که مخاطبان را در نقطه مقابل، به خشیت از جایگاه ربّ دعوت کند؛ این مهم، در سیاق‌های سوره نمود دارد؛ سیاق اول، با انذار از عاقبت انکار؛ سیاق دوم، با بیان این‌که عبرت جریان موسی و فرعون فقط برای اهل خشیت است: **«إِنَّ فی ذلِکَ لَعِبرَةً لِمَن یَخشی»**؛ سیاق سوم، با نفی خودبرتربینی انسان و دعوت او به مقایسه خلقت خودش با خلقت جهان هستی به‌منظور افزایش خشیت از مقام ربّ؛ سیاق چهارم، با بیان عاقبت خشیت پیشگان در مقابل طغیان‌گران: **«مَن خافَ مَقامَ رَبِّهِ و...»**؛ و سیاق پنجم، با انذار و بیان این‌که، وظیفه پیامبر، تنها انذار اهل خشیت است: **«إِنَّما أَنتَ مُنذِرُمَن یَخشاها»**.

مقابله با طغیان در برابر خدا و دعوت به خشیت از او

طغیان در برابر خدا، از دنیاگرایی نشأت می‌گیرد و با انکار معاد، ظهور می‌یابد و عاقبتی جز عذاب ندارد. راه نجات، خشیت از خداست. منشأ خشیت از خدا، تزکیه و خودداری از هوای نفس است، که انسان را به بهشت رهنمون می‌گردد.

آیه ۱ تا ۱۴

هشدار نسبت به ترس و سرافکندگی بعیدشماران و سخت‌پنداران معاد در روز قیامت و تأکید بر حتمیت وقوع معاد

در پاسخ به کسانی که این بیان هشدارآمیز را به سخره گرفتند.

آیه ۱۵ تا ۲۶

گرفتاری فرعون طغیان‌گر در دنیا و آخرت

عبرتی برای هرکس که بنای تزکیه از طغیان داشته باشد و خشیت پروردگار پیشه کند.

آیه ۲۷ تا ۳۳

نفی احساس خودبرتربینی انسان

با برشماری مظاهر آفرینش و دعوت او به مقایسه خود با جهان خلقت.

آیه ۳۴ تا ۴۱

دوزخ، جایگاه طغیان‌گران و بهشت، مأوای خداترسان

آنان که دنیا را بر آخرت ترجیح می‌دهند و طغیان می‌کنند، به سوی جهنم می‌روند و آنان که نفس خود را از تمایل به پستی بازمی‌دارند و از مقام خدای‌شان خشیت دارند، به سوی بهشت رهسپارند.

آیه ۴۲ تا ۴۶

پاسخ به حربه منکران در سؤال انکارآمیز از زمان قیامت

با بیان جایگاه پیامبر صلی‌الله‌علیه‌وآله به عنوان منذر قیامت و تأکید بر نزدیکی زمان برپایی قیامت.

ترجمه منسجم هدایتی

بخوان این سوره را به اسم الله رحمت‌گستر رحم‌آور

قسم به فرشتگانی که واسطه تدبیر امر قیامت‌اند، همان ازجاکنندگان برای اجرای امر الهی درحالی‌که تحت استیلای پروردگار خویش هستند. «۱» و عمل‌کنندگان به وظیفه خود با میل‌ورغبت، در کمال میل‌ورغبت«۲» و حرکت‌کنندگان بی‌انحراف در مسیر حق، حرکت‌کردنی،«۳» پس سبقت‌گیرندگان از یکدیگر، سبقت‌گرفتنی،«۴» پس تدبیرکنندگان امری عظیم،«۵» در روز قیامت، روزی که به‌شدت می‌لرزد آن زمین لرزنده،«۶» پیرو آن می‌آید همانندش،«۷» آری، قسم به این فرشتگان که روز قیامت را تدبیر می‌کنند، که قلب‌هایی در آن روز مضطرب‌اند. «۸» دیده‌هایشان، از شرم، افکنده است. «۹» می‌گویند: آیا قطعاً ما بازگشت‌داده‌شده‌گانیم؟ درحالی‌که در قبر بودیم؟«۱۰» آیا آن‌هنگام که استخوان‌هایی پوسیده بودیم، دوباره زنده شدیم؟«۱۱» وقتی هشدار قرآن در سختی شرمندگی روز قیامت برای اهل استبعاد و استصعاب را شنیدند، این هشدار را به مسخره گرفته و گفتند: آن دراین‌صورت، بازگشتی خسارت‌آور است. «۱۲» پس بدانند که این واقعه عظیم، تنها یک نهیب است. «۱۳» پس ناگهان آن‌ها در جایی هستند که دیگر جایگاه خواب و غفلت نیست. «۱۴» اینکه با آسودگی خاطر کار را به جایی رسانده‌اند که سخن هشدارآمیز قرآن را به سخره می‌گیرند، جز به‌خاطر طغیان ایشان نیست، طغیانی که در دنیا و آخرت زیان‌بار است، آیا ماجرای موسی به تو رسید؟«۱۵» آن‌هنگام که پروردگارش او را ندا داد، در وادی مقدس طوی،«۱۶» برو به سوی فرعون؛ چراکه او طغیان کرده است. «۱۷» پس بگو: آیا برای تو هست، رغبتی بسوی اینکه از آلودگی تزکیه شوی؟«۱۸» و تو را به سوی پروردگارت هدایت کنم؛ پس از او خشیت کنی. «۱۹» پس او فرمان خدایش را اجرا کرد و بعد از دعوتش نشان داد به او، آن بزرگ‌ترین آیه را؛«۲۰» پس او تکذیب کرد و نافرمانی کرد. «۲۱» سپس پشت کرد به دعوت خدا؛ درحالی‌که برای مقابله با آن تلاش می‌کرد. «۲۲» پس مردم را برانگیخت و جمع کرد؛ پس ندا داد. «۲۳» پس از سر طغیان گفت: من برترین پروردگار شما هستم. «۲۴» پس خدا او را گرفت به عذاب آخرت و دنیا؛«۲۵» همانا در آن حتماً عبرتی است برای کسی که خشیت دارد. «۲۶» اما انسان را چه شده که در برابر ربّش طغیان می‌کند؟ او به چه تکیه‌گاهی متکی است؟ آیا به قدرت و جایگاه خود در برابر خالق زمین و آسمان تکیه کرده است؟ آیا شما انسان‌ها بین خود و مظاهر آفرینش پروردگار مقایسه کرده‌اید؟ آیا شما از جهت خلق محکم‌ترید یا آسمان که خدا آن را بنا کرد؟«۲۷»

سـقفش را بلنـد کرد؛ پس موزونش سـاخت.«۲۸» و تاریک کرد شـبش را و خارج سـاخت روز پرفروغش را؛«۲۹» و زمین را، بعد از آن، گستراند آن را؛«۳۰» خارج کرد از آن آبش را و مرتعش را؛«۳۱» و کوه‌ها را، مسـتقر کرد آنها را،«۳۲» متاعی برای شما و چهارپایانتان. اندک مقایسه‌ای بین شـما و مظاهر آفرینش پروردگار شـما، به کوچکی و ضعف شـما در برابر استحکام آفرینش او حکم می‌کند؛ آیا بااین‌وجود، جرأتی برای طغیان باقی‌اسـت؟ آیا رواسـت که در برابر آفریننده همه نعماتی که سـخت به آن محتاجاید، بایسـتید؟«۳۳» اما دنیا پایان همه چیز نیست و عاقبت طغیان در روز دیگری نمایان می‌شـود؛ پس آن‌هنگام که بیاید بزرگ‌ترین غلبه‌کننده برتر،«۳۴» روزی که یادآور می‌شود انسان آنچه را که سـعی کرده؛«۳۵» و نمایان شود آتش سوزان برای هرکس که دیگر در بند حجاب‌های دنیا نیسـت و عذاب خود را به چشـم می‌بینـد؛«۳۶» پس اما آن‌کس که طغیـان کرد؛«۳۷» و زندگی دنیا را انتخاب کرد؛«۳۸» پس همانا آتش سـوزان، هموسـت مأوی برای او،«۳۹» و اما آن‌کس که ترسـید از مقام پروردگارش و نهی کرد نفس را از هوی،«۴۰» پس همانا بهشـت، هموست مأوی برای او؛«۴۱» طاغیان که بنای بر قبول حق ندارند و دنیاگرایی مانع از باور به معاد در وجود ایشان است، از تو سؤال می‌کنند، از آن زمان تعیین‌شده برای آینده، که چه زمانی اسـت، برپایی‌اش؟«۴۲» امّا در چه جایگاهی هستی تو از ذکر زمان آن؟«۴۳» زمان نهایت آن محول به پروردگار توسـت.«۴۴» تو تنها انذاردهنده کسی هستی که از آن خشیت دارد.«۴۵» گویا ایشان، روزی که می‌بینند آن را، توقف نکردند، مگر شبی یا روز آن شب؛ پس فاصله‌ای با آن روز ندارند و دنیای ایشان در مقابل آن روز، زمان زیادی نخواهد بود.«۴۶»

در محضر عترت علیهم‌السلام

آن‌کس که دنیا را به عنوان نهایت آرزوها و تلاش‌هایش برگزیده است، در روز قیامت توشه‌ای برای ارائه ندارد، انسان دنیاگرا، طغیان کرده و همه راه‌ها را برای باور به حقیقت معاد می‌بندد، او اجر رفتار دنیاگرایانه خویش در دنیا را در آتش نمایان‌شده روز قیامت خواهد دید؛ این، حقیقت محتوای سخن سوره نازعات است که در کلام زیبای امیرمؤمنان، امیر بیان، حضرت علی علیه‌السلام نیز انعکاس یافته است.

«قال علیّ علیه‌السلام: اعْلَمْ یَا عَبْدَ اللهِ أَنَّ کُلَّ عَامِلٍ فِی الدُّنْیَا لِلْآخِرَةِ لَا بُدَّ أَنْ یُوَفَّی أَجْرَ عَمَلِهِ فِی الْآخِرَة

وَ كُلُّ عَامِلٍ دينا لِلدُّنْيَا عُمَالَتُهُ فِي الْآخِرَةِ نَارُ جَهَنَّمَ. ثُمَّ تَلَا أَمِيرُ الْمُؤْمِنِينَ قَوْلَهُ تَعَالَى «فَأَمَّا مَنْ طَغى وَ آثَرَ الْحَياةَ الدُّنْيا. فَإِنَّ الْجَحِيمَ هِيَ الْمَأْوى».[۱]

«امام علی علیه‌السلام فرمود: ای بنده خدا! بدان که هرعمل‌کننده در دنیا برای آخرت، بی‌گمان اجر عمل خود را در آخرت استیفا می‌کند و هرعمل‌کننده در دنیا برای دنیا، اجرعملش در آخرت، آتش جهنّم است. امیرمؤمنان سپس این آیات را تلاوت فرمود: پس اما آن‌کس که طغیان کرد و زندگی پست دنیا را انتخاب کرد، پس همانا آتش سوزان، هموست جایگاه».

توضیحات کاربردی

از دیروز تا امروز، انکار معاد، ریشه در هواپرستی و طغیان و دنیاگرایی داشته است؛ مشکل کسانی که با ایجاد شبهه در زنده‌کردن مردگان و زمان قیامت و...، درصدد تکذیب و انکار قیامت هستند، در عقلانی‌بودن و نبودن مفهوم معاد نیست؛ باور به معاد، امری فطری و مطابق با فطرت و عقل بشر است؛ پس باید مشکل را در جای دیگری جست‌وجو کرد.

سوره نازعات، درد اصلی را بیان کرده است؛ مشکل، در رسیدن دنیاگرایی به نقطه اوج خود یعنی طغیان است؛ دنیاگرایی، آن هم در نقطه اوج، هرگز با باور به معاد جمع نمی‌گردد. امروز نیز اگر کسی با همان نسخه قدیمی و یا با بیاناتی رنگین‌تر، به انکار معاد می‌پردازد، جلوه‌ای از طغیان‌گری و دنیاگرایی اوست، شاید پوسته تغییر کرده باشد، اما باطن این شبهه‌ها، با گذر زمان تغییر نمی‌کند.

اما راه درمان چیست؟ سوره نازعات به بیان درد اکتفا نکرده است؛ بلکه درمان را نیز مشخص کرده است؛ باید خشیت جای طغیان را بگیرد و این ممکن نیست مگر این‌که عامل طغیان، جای خود را به عامل خشیت بدهد؛ طغیان، ریشه در دنیاگرایی دارد؛ پس باید تمایل به دنیا را از دل بیرون راند؛ تا خشیت حاصل گردد؛ امّا باید هرچه زودتر به فکر بود؛ چراکه، چه از صمیم جان ایمان بیاوریم و چه ایمان نیاوریم، قیامت در راه است و در

---

۱. امالی مفید، ص ۱۲۰.

آن روز دیگر تذکّر سودی ندارد. طغیان‌گران دنیاپرست عذاب خواهند شد و تنها خداترسانی که حب دنیا را از دل بیرون رانده‌اند، به بهشت خواهند رفت: «**فَأَمَّا مَنْ طَغَى ﴿۳۷﴾ وَآثَرَ الْحَيَاةَ الدُّنْيَا ﴿۳۸﴾ فَإِنَّ الْجَحِيمَ هِيَ الْمَأْوَى ﴿۳۹﴾ وَأَمَّا مَنْ خَافَ مَقَامَ رَبِّهِ وَنَهَى النَّفْسَ عَنِ الْهَوَى ﴿۴۰﴾ فَإِنَّ الْجَنَّةَ هِيَ الْمَأْوَى ﴿۴۱﴾**»: «پس هرکس طغیان کرد (۳۷) و زندگی دنیا را برگزید و ترجیح داد (۳۸) پس به یقین دوزخ مأوای اوست (۳۹) و هر کس از مقام و رتبه ربّش ترسید و نفس خود را از تمایل به پستی نهی کرد (۴۰) پس به یقین بهشت مأوای اوست (۴۱)».

دعا

پروردگارا، نفس ما را از حبّ دنیا رهایی بخش و با مقام بلند خودت آشنا کن؛ تا در این دنیا با خشیت از تو زندگی کنیم و در آخرت به بهشت برین داخل شویم.

سوره عبس

ترجمه تطبیقی

بِسۡمِ اللَّهِ الرَّحۡمَٰنِ الرَّحِيمِ

به اسم الله رحمت‌گستر رحم‌آور

عَبَسَ وَتَوَلَّىٰٓ ﴿١﴾

عبوس شد و روی گردانید« ۱»

أَن جَآءَهُ ٱلۡأَعۡمَىٰ ﴿٢﴾

از اینکه نابینا نزدش آمد.«۲»

وَمَا يُدۡرِيكَ لَعَلَّهُۥ يَزَّكَّىٰٓ ﴿٣﴾

و چه‌چیز تو را آگاه می‌کند که شاید او تزکیه شود؟«۳»

أَوۡ يَذَّكَّرُ فَتَنفَعَهُ ٱلذِّكۡرَىٰٓ ﴿٤﴾

یا متذکّر شود؛ پس این تذکّر به او نفع رساند؟«۴»

أَمَّا مَنِ ٱسۡتَغۡنَىٰ ﴿٥﴾

امّا آن کس که استغنا ورزید؛«۵»

فَأَنتَ لَهُۥ تَصَدَّىٰ ﴿٦﴾

پس تو به او روی می‌آوری؟«۶»

وَمَا عَلَيۡكَ أَلَّا يَزَّكَّىٰ ﴿٧﴾

درحالی‌که بر تو نیست اینکه او تزکیه نشود؛«۷»

وَأَمَّا مَنْ جَاءَكَ ☒سْعَىٰ ﴿٨﴾

و امّا آن کس که نزد تو آمد درحالی‌که سعی می‌کند؛«۸»

وَهُوَ ☒خْشَىٰ ﴿٩﴾

و او خشیت دارد؛«۹»

فَأَنْتَ عَنْهُ تَلَهَّىٰ ﴿١٠﴾

پس تو از او غافل می‌شوی؟«۱۰»

كَلَّا إِنَّهَا تَذْكِرَةٌ ﴿١١﴾

هرگز! همانا آن تذکره است؛«۱۱»

فَمَنْ شَاءَ ذَكَرَهُ ﴿١٢﴾

پس هر که مشیت کرد، متذکّر آن شد.«۱۲»

فِ☒ صُحُفٍ مُكَرَّمَةٍ ﴿١٣﴾

در صحیفه‌های تکریم‌شده،«۱۳»

مَرْفُوعَةٍ مُطَهَّرَةٍ ﴿١٤﴾

رفعت‌داده‌شده، تطهیرشده،«۱۴»

بِأَ☒دِ☒ سَفَرَةٍ ﴿١٥﴾

در دستان سفیران،«۱۵»

كِرَامٍ بَرَرَةٍ ﴿١٦﴾

کریمِ نیکوکار،«۱۶»

قُتِلَ الْإِنْسَانُ مَا أَكْفَرَهُ ﴿١٧﴾

مرگ بر انسان؛ چقدر کفران‌کننده است!«۱۷»

مِنْ أَ☒ِّ شَ☒ءٍ خَلَقَهُ ﴿١٨﴾

او را از چه چیزی خلق کرد؟«۱۸»

مِنْ نُطْفَةٍ خَلَقَهُ فَقَدَّرَهُ ﴿١٩﴾

او را از نطفه‌ای خلق کرد؛ پس او را تقدیر کرد.«۱۹»

ثُمَّ السَّبِ☒لَ ☒سَّرَهُ ﴿٢٠﴾

آن‌گاه راه را، آسان ساخت برای او؛«۲۰»

ثُمَّ أَمَاتَهُ فَأَقْبَرَهُ ﴿٢١﴾

سپس او را بمیراند و در قبرش نهاد؛«۲۱»

ثُمَّ إِذَا شَاءَ أَنْشَرَهُ ﴿٢٢﴾

سپس هرگاه مشیّت کند، او را برمی‌انگیزد.«۲۲»

كَلَّا لَمَّا ☒قْضِ مَا أَمَرَهُ ﴿٢٣﴾

هرگز! او هنوز آنچه را به وی امر کرده، به جا نیاورده است؛«۲۳»

فَلْ☒نْظُرِ الْإِنْسَانُ إِلَىٰ طَعَامِهِ ﴿٢٤﴾

پس باید نظر کند انسان به طعامش؛«۲۴»

أَنَّا صَبَبْنَا الْمَاءَ صَبًّا ﴿٢٥﴾

همانا ما فرو ریختیم آب را فروریختنی؛«۲۵»

ثُمَّ شَقَقْنَا الْأَرْضَ شَقًّا ﴿٢٦﴾

سپس شکافتیم زمین را، شکافتنی؛«۲۶»

فَأَنْبَتْنَا فِ☒هَا حَبًّا ﴿٢٧﴾

پس رویاندیم در آن دانه‌ای؛«۲۷»

وَعِنَباً وَقَضْباً ﴿٢٨﴾

و انگوری و سبزیجاتی؛«۲۸»

وَزَ☒تُوناً وَنَخْلاً ﴿٢٩﴾

و زیتونی و نخلی؛«۲۹»

وَحَدَائِقَ غُلْباً ﴿٣٠﴾

و باغ‌های انبوهی؛«۳۰»

وَفَاكِهَةً وَأَبّاً ﴿٣١﴾

و میوه‌ای و چراگاهی؛«۳۱»

مَتَاعًا لَكُمْ وَلِأَنْعَامِكُمْ ﴿٣٢﴾

متاعی برای شما و برای چهارپایانتان؛«۳۲»

فَإِذَا جَاءَتِ الصَّاخَّةُ ﴿٣٣﴾

پس هنگامی که آن بانگ شدید کرکننده بیاید،«۳۳»

يَوْمَ يَفِرُّ الْمَرْءُ مِنْ أَخِيهِ ﴿٣٤﴾

روزی که فرار می‌کند آدمی از برادرش؛«۳۴»

وَأُمِّهِ وَأَبِيهِ ﴿٣٥﴾

و مادرش و پدرش؛«۳۵»

وَصَاحِبَتِهِ وَبَنِيهِ ﴿٣٦﴾

و همسرش و پسرانش؛«۳۶»

لِكُلِّ امْرِئٍ مِنْهُمْ يَوْمَئِذٍ شَأْنٌ يُغْنِيهِ ﴿٣٧﴾

برای هر کسی از ایشان در آن روز شأنی است که کفایتش می‌کند.«۳۷»

وُجُوهٌ يَوْمَئِذٍ مُسْفِرَةٌ ﴿٣٨﴾

چهره‌هایی در آن روز تابان‌اند.«۳۸»

ضَاحِكَةٌ مُسْتَبْشِرَةٌ ﴿٣٩﴾

خندان‌اند، شادمان‌اند؛«۳۹»

وَوُجُوهٌ يَوْمَئِذٍ عَلَيْهَا غَبَرَةٌ ﴿٤٠﴾

و چهره‌هایی در آن روز بر آن‌ها غباری است؛«۴۰»

تَرْهَقُهَا قَتَرَةٌ ﴿٤١﴾

سیاهی آن‌ها را فرا می‌گیرد.«۴۱»

أُولَٰئِكَ هُمُ الْكَفَرَةُ الْفَجَرَةُ ﴿٤١﴾

آنها همان کافران فاجرند.«۴۲»

کشف سیاق‌ها

سوره عبس به سه سیاق تقسیم می‌شود: آیه ۱ تا ۱۶، آیه ۱۷ تا ۳۲ و آیه ۳۳ تا ۴۲.

اتصال سیاقی آیه ۱ تا ۱۶ را می‌توان در سه دسته بررسی کرد؛ دسته نخست، توصیف صحنه‌ای از چهره درهم‌کشیدن شخصی به خاطر آمدن فرد نابینا در آیه ۱ و ۲ است؛ دسته دوم، آیه ۳ تا ۱۰ این سیاق است که خطاب به پیامبرﷺ، در ارتباط با صحنه مذکور سخن گفته است؛ بازگشت ضمایر غیابی به افراد حاضر در صحنه ابتدایی و تکرار فعل «**جاء**»، قرائن اتصال این دسته به آیات قبل است؛ دسته سوّم، آیه ۱۱ تا ۱۶ است که با «**کلّا**»، به آیات قبل از خود متصل شده است؛ قرینه دیگر اتصال این دسته به قبل، اشتراک در موضوع «**تذکّر**» است. آیه ۴، در دسته قبل و آیه ۱۱ و ۱۲، در این دسته، از این موضوع سخن گفته است.

از ابتدای آیه ۱۷، سیر مفهومی جدیدی آغاز شده است. محور این سیر مفهومی، سخن از کفران و نافرمانی انسان و دعوت او به نظر به طعام خود، برای خودداری از کفران و نافرمانی است. این سیر مفهومی تا آیه ۳۲، به روشنی ادامه یافته است؛ اتصال ادبی آیات نیز به جهت تکرار لفظ «انسان» و بازگشت مکرّر ضمایر به او، روشن است.

آیه ۳۳ نیز سرآغاز سیر مفهومی جدیدی در سوره است؛ سیری که از پایان دنیا و سررسیدن معاد و عاقبت گروه‌های مختلف در آن روز سخن می‌گوید. اتصال ادبی محتوایی این سیر تا پایان واضح است.

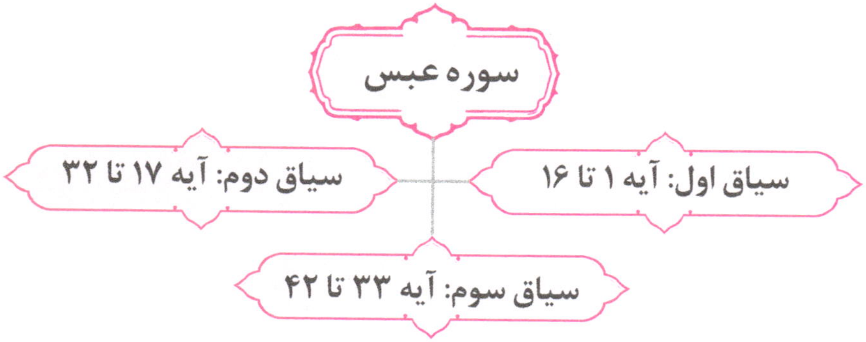

سوره عبس
سیاق اول: آیه ۱ تا ۱۶
سیاق دوم: آیه ۱۷ تا ۳۲
سیاق سوم: آیه ۳۳ تا ۴۲

۲۴۱ | سوره عبس

سیاق اول: آیه ۱ تا ۱۶

فضای سخن

شخصی که پیامبر صلی‌الله‌علیه‌وآله، در حال دعوت او به تذکّرپذیری از قرآن بود، به خاطر آمدن فردی نابینا نزد آن حضرت، چهره درهم کشیده و با استغناء، از شنیدن ادامه سخنان پیامبر روی‌گردان شده و رسول گرامی اسلام صلی‌الله‌علیه‌وآله، درصدد اقدام به جلب توجّه دوباره او برای هدایت است؛ درحالی‌که این امر، او را از توجّه به فرد نابینایی که نزد ایشان آمده باز می‌دارد.

فضای سخن بالا، از تحلیل قرائن موجود در سیاق قابل‌استفاده است:

۱. مهم‌ترین قرینه که فهم صحیح از آن، تصویر درستی از فضا ارائه می‌دهد، آیه ۱ سیاق است: «**عَبَسَ وَتَوَلَّىٰ** ﴿۱﴾»، این آیه در ابتدای سوره با بیانی غیابی، از چهره‌درهم‌کشیدن و روی‌گردانی کسی خبر می‌دهد؛ برخی بر اساس قرائن و شواهد پیرامون سوره، این فرد را خود پیامبر صلی‌الله‌علیه‌وآله و برخی دیگر منشی آن حضرت می‌دانند؛ امّا بررسی قرائن درون سوره، نتیجه دیگری می‌دهد.

«**تولّیٰ**» به معنای پشت‌کردن است و از وضعیت فردی نسبت به فرد یا چیز دیگر خبر می‌دهد[1]؛ بنابراین معنای کامل آن، با این بیان تشخیص داده می‌شود: «تولّی عنه: به او پشت کرد و از او روی‌گردان شد».

بنابراین در همان آیه اول، دو شخص حضور دارند:

- کسی که پشت کرده و روی گردانده است.
- کسی که آن شخص از او روی گردانده است.

آیه ۲ علّت روی‌گردانی او را این‌گونه بیان می‌کند: «**أَنْ جَاءَهُ الْأَعْمَىٰ** ﴿۲﴾»؛ سبب روی‌گردانی، آمدن فرد نابینا به سوی او بود.

فرد نابینا به سوی چه کسی رفته است؟ اگر این فرد نابینا به سوی فرد روی‌گردان رفته باشد، این توجیهی برای روی‌گردانی او از شخص دیگر نخواهد بود؛ پس فرد نابینا به سوی

---

۱. قاموس قرآن، ج ۷، ص ۲۴۶.

همان کسی رفته که فرد روی‌گردان از او روی‌گردان شده است.

پس تا این مرحله از آیات، حضور سه نفر مشخص شد: ۱. یک نفر که هم فرد نابینا به سمت او آمده و هم فرد دیگری به او پشت کرده است، ۲. کسی که به خاطر آمدن فرد نابینا چهره درهم کشیده و پشت کرده است. ۳. فرد نابینا.

امّا هنوز بخش مهمّ سؤال باقی است؛ این‌که این سه نفر چه کسانی هستند و چه نقشی در آیات دارند؟ به همین منظور، باید ادامه آیات را پی‌گیری کرد:

ادامه آیات که پیامبر صلی‌الله‌علیه‌وآله را مخاطب قرار داده‌است، رویکرد ایشان نسبت به دو نفر را بررسی می‌کند:

- **مَنِ اسْتَغْنیٰ**: کسی که اظهار بی‌نیازی می‌کند.
- **وَ أَمَّا مَن جَاءَكَ يَسْعَىٰ**...: کسی که با شتاب به سوی تو (پیامبر صلی‌الله‌علیه‌وآله) می‌آید.

اکنون با توجه به سیاق آیات، می‌توان سه نفر موجود در آیات آغازین را شناسایی کرد: فردی که روی‌گردان شده، همان نفر اول «**من استغنی**» بوده که از پیامبر صلی‌الله‌علیه‌وآله، به خاطر آمدن نابینا نزد ایشان، روی گردانده و آن نابینا، همان کسی است که با شتاب به سوی پیامبر صلی‌الله‌علیه‌وآله رفته است: «**من جاءک یسعیٰ**»؛ یکی‌بودن فعل «**جاءه**» در آیات آغازین و «**جائک**» در این آیه، این ادعا را در بخش دوم آن تأیید می‌کند.

۲. با این بیان، تکلیف ضمایر غیابی آیات «**وَ مَا يُدْرِيكَ لَعَلَّهُ يَزَّكَّىٰ ﴿۳﴾ أَوْ يَذَّكَّرُ فَتَنفَعَهُ الذِّكْرَىٰ ﴿۴﴾**» نیز روشن می‌شود. ضمایر غیابی این آیات، به همان فرد روی‌گردان که در ادامه با عنوان مستغنی خوانده می‌شود، باز می‌گردد؛ این آیات در ضمن، موضوع سخن پیامبر صلی‌الله‌علیه‌وآله با این شخص و مورد استغناء او را مشخّص می‌کند؛ موضوع صحبت و مورد استغنای فرد مستغنی، تزکیه و تذکّرپذیری است؛ پیامبر درصدد تزکیه و تذکّر او است و او با روی‌گردانی خود، از پذیرش آن بی‌نیازی ورزیده است.

۳. آنچه گذشت، پیکره فضای سخن سیاق اوّل را مشخّص می‌کند؛ رسول‌گرامی اسلام صلی‌الله‌علیه‌وآله، در حال صحبت با فردی به منظور هدایت ایشان بوده و در این بین،

آمدن نابینایی به سوی ایشان، سبب عبوسی و روی‌گردانی آن فرد شده است[1].

با این نگاه، توجه دوباره به آیات زوایای دیگر فضا را روشن می‌کند:

آیات حکایت از آن دارد که پیامبر اکرم ﷺ، در حال توجّه به فرد روی‌گردان است: «أَمَّا

---

۱. با توجه به وجود ترجمه‌های مختلف از این آیات، ذکر دلایل ترجیح ترجمه موجود بر ترجمه‌های دیگر خالی از لطف نیست:

الف: یکی از نظریاتی که درباره این آیات وجود دارد، این است که فرد اخم‌کننده که چهره در هم کشیده و پشت کرده است، پیامبر گرامی اسلام ﷺ بوده که با آمدن فرد نابینا با اخم و ترشرویی از او روی گردانده است! به نظر نمی‌رسد چنین معنایی در مورد آیات صحیح باشد؛ زیرا:

دلیلی از آیات بر اینکه این شخص، پیامبر ﷺ باشد وجود ندارد؛ بلکه بر خلاف این مسئله دلیل هست که در متن فضای سخن گذشت. (حضور سه نفر در این آیات و نقش پیامبر ﷺ در این میان، با توجه به آیات توضیح داده شد).

آیات قرآن همواره از خلق نیکوی پیامبر اسلام ﷺ سخن گفته «إِنَّکَ لَعَلَی خُلُقٍ عَظِیمٍ» و ایشان را به همین خاطر ستوده است؛ چنین رفتاری از سوی چنین شخص بزرگوار و بااخلاقی بعید به نظر می‌رسد؛ این رفتار در نظر ما حتی از سوی کسی که با معارف ابتدایی دین آشنا باشد بعید و زشت به نظر می‌رسد؛ حال چگونه ممکن است، شخصیت والایی همچون رسول خدا ﷺ که مظهر رحمت و مهربانی است، به خاطر آمدن فرد نابینا چهره در هم کشیده و پشت کرده باشد.

دست به دامن شدن به چنین گزینه‌هایی برای فهم آیات، درصورتی توجیه دارد که گزینه دیگری نباشد؛ وقتی از خود آیات قرینه داریم که منظور از فرد پشت‌کننده چه کسی است، دیگر نوبت به چنین گزینه‌هایی در ترجمه آیات نمی‌رسد؛ مشکل چنین گزینه‌هایی این است که در فهم آیات و بررسی قرائن، به خود سوره و ادامه آیات توجّهی نکرده و در بررسی قرائن خارجی، محدود مانده است.

ب: نظر دیگری نیز که درباره این آیات داده شده، این است که فرد اخم‌کننده و پشت‌کننده در واقع منشی رسول خدا ﷺ بوده است نه خود ایشان؛ این نظر نیز علاوه بر این‌که برخی از اشکالات فوق را دارد، از خود آیات نیز هیچ قرینه‌ای بر صدق و یا تأیید ندارد؛ نتیجه این‌که: بهترین گزینه برای ترجمه این آیات، همان ترجمه‌ای است که در متن فضای سخن و سیر هدایتی سیاق اول گفته شد و قرائن آن، از خود آیات ذکر شد.

البته گفتنی است که برخی، برای نظرات مغایر، به مستندات روایی استدلال کرده‌اند؛ در پاسخ باید گفت که مستندات روایی دراین‌باره متنوّع است و برای نظر مورد تأیید در متن سوره نیز مستند روایی موجود است؛ از وجود نازنین امام صادق ﷺ درباره آیه «عَبَسَ وَتَوَلَّی * أَنْ جَاءَهُ الْأَعْمَی» نقل شده است که فرمود: «أَنَّهَا نَزَلَتْ فِی رَجُلٍ مِنْ بَنِی أُمَیَّةَ کَانَ عِنْدَ النَّبِیِّ صَلَّی اللهُ عَلَیْهِ وَ آلِهِ، فَجَاءَ ابْنُ أُمِّ مَکْتُومٍ، فَلَمَّا رَآهُ تَقَذَّرَ مِنْهُ وَ جَمَعَ نَفْسَهُ وَ عَبَسَ وَ أَعْرَضَ بِوَجْهِهِ عَنْهُ، فَحَکَی اللهُ سُبْحَانَهُ ذَلِکَ وَ أَنْکَرَهُ عَلَیْهِ». تفسیر الصافی، ج۵، ص۲۸۴ و بحار الأنوار، ج۳۰، ص: ۱۷۵؛ این آیات درباره مردی از بنی‌امیه نازل شده است که نزد رسول خدا بود؛ سپس ابن ام مکتوم نابینا وارد محضر رسول خدا ﷺ شد و آن مرد چون نابینا را مشاهده کرد، او را آلوده و مکروه شمرده و خودش را کناره کشید، روترش کرده و پشت کرد؛ پس خدا در این آیات، فعل او را حکایت می‌کند و از زشتی آن پرده برمی‌دارد.

مَنِ اسْتَغْنیٰ ﴿٥﴾ فَأَنتَ لَهُ تَصَدَّیٰ ﴿٦﴾»؛ و همین سبب می‌شود که از توجّه به فرد نابینا باز بماند: «وَ أَمَّا مَن جَاءَكَ يَسْعَیٰ ﴿٨﴾ وَ هُوَ يَخْشَیٰ ﴿٩﴾ فَأَنتَ عَنْهُ تَلَهَّیٰ ﴿١٠﴾»؛ به‌طور طبیعی وقتی کسی در حال صحبت با کسی در زمینه خاصی است، روی‌گردانی ناگهانی او سبب پی‌گیری است، به‌ویژه با این فرض که او وجه روی‌گردانی را نمی‌داند؛ در این شرایط، ناخواسته از توجّه به فرد دیگری که به سوی او آمده و تا آن لحظه در آن صحنه نبوده، باز می‌ماند.

باید توجّه داشت، عناوینی مانند استغنا و خشیت و ... عناوینی است که خدای متعالی برای هدایت پیامبر صلی‌الله‌علیه‌وآله در صحنه به‌کار گرفته است؛ بنابراین اقدام ایشان به توجّه نسبت به فردی که با او صحبت می‌کرده و بازماندن او از عنایت به خشیت‌پیشه، ایرادی به آن حضرت محسوب نمی‌شود. توضیح بیشتر این سخن در سیر هدایتی خواهد آمد.

۴. قرینه قرآنی بودن تذکّر رسول خدا صلی‌الله‌علیه‌وآله، بجایی دفاع از جایگاه رفیع قرآن در مقام رد تصدّی مسئولانه نسبت به فرد مستغنی در آیه ۱۱ تا ۱۶ سیاق است.

سؤال: با توجه به بیان خطابی آیات با پیامبر صلی‌الله‌علیه‌وآله، اگر تصویر بالا از آیات صحیح باشد، به جای ضمیر غیابی در عبارت «**جاءه**»، باید ضمیر خطابی باشد. آیا این نشان نمی‌دهد که تصویر بالا مخدوش است؟

جواب: خطاب به پیامبر صلی‌الله‌علیه‌وآله از آیه ۳ سوره آغاز شده است و آیه ۱ و ۲، نه خطاب به ایشان، بلکه در بیانی عمومی به‌گونه‌ای صحبت کرده که توجّه همه مخاطبان را به وجه روی‌گردانی آن فرد جلب کند؛ این نوع بیان، بلاغت آیات را در به اشتراک‌گرفتن افکار مخاطبان نسبت به رفتار زشت فرد مستغنی، بالاتر می‌برد، از آیه ۳، ملتفت به پیامبر صلی‌الله‌علیه‌وآله شده و با ایشان در مورد این وضعیت سخن می‌گوید؛ نشانه صحّت این ادّعا، تکرار دوباره فعل «**جاء**» با ضمیر خطابی در آیه ۸ است.

سیر هدایتی

آیات سیاق، نخست در خطابی عمومی، افکار مخاطبان را متوجّه صحنه‌ای می‌کند که فرد مستغنی، به خاطر آمدن فردی نابینا، منزجر شده، چهره در هم کشیده و از ادامه شنیدن سخنان پیامبر صلی‌الله‌علیه‌وآله روی‌گردان شده است: «**عَبَسَ وَتَوَلَّیٰ ﴿١﴾ أَن جَاءَهُ الأَعْمَیٰ ﴿٢﴾**»؛ آیات، بعد از روشن کردن وجه روی‌گردانی، در ادامه با پیامبر گرامی اسلام صلی‌الله‌علیه‌وآله، زنده و

در صحنه سخن گفته تا از اقدام آن حضرت به ادامه سخن با او و تلاش برای بازگرداندن او جلوگیری کند: «وَ مَا يُدْرِيكَ لَعَلَّهُ يَزَّكَّىٰ ﴿٣﴾ أَوْ يَذَّكَّرُ فَتَنفَعَهُ الذِّكْرَىٰ ﴿٤﴾»؛ چه چیز ممکن است این احتمال را در نظر تو برجسته کرده باشد که شاید او تزکیه شود؛ یا متذکّر سخن حق شود و این تذکّر سودی به حال او داشته باشد. کسی که جایگاه خود را آن قدر بالا می‌داند که حضور فرد نابینا در کنار تو را برنمی‌تابد، زمینه پذیرش سخن حق را ندارد.

همه سخنان خطابی و محکم خدا در حالی است که توجّه رسول خدا ﷺ، برای ادامه سخن با فرد روی‌گردان شده، به طور ناخواسته، حضور فرد نابینا و هدف او از آمدن نزد رسول خدا ﷺ را کمرنگ کرده است؛ آیات، در ادامه به مقایسه این صحنه با عناوین حقیقی آن برای پیامبر اسلام ﷺ پرداخته است تا لزوم توجّه بیشتر به حق جویان در مقابل حق‌گریزان مشخص شود؛ مراد از عناوین حقیقی، بیان چهره معنوی این صحنه نزد خدای متعالی است کسانی که این صحنه را تماشا می‌کنند، چیزی جز روی‌گردانی نابهنگام کسی از سخنان رسول خدا ﷺ نمی‌بینند؛ امّا آیات پرده از روی دیگر این اتّفاق برمی‌دارد:

«أَمَّا مَنِ اسْتَغْنَىٰ ﴿٥﴾ فَأَنْتَ لَهُ تَصَدَّىٰ ﴿٦﴾ وَمَا عَلَيْكَ أَلَّا يَزَّكَّىٰ ﴿٧﴾»؛ «مستغنی» به معنای کسی است که ابراز بی‌نیازی می‌کند. روی‌گردانی این شخص از ادامه سخنان رسول خدا ﷺ، روی‌گردانی او از هدایت الهی است؛ بنابراین او نسبت به هدایت الهی استغنا ورزیده است؛ ای رسول ما! تو با ادامه تلاش برای جلب فرد روی‌گردان، در حقیقت رو به انسانی مستغنی می‌کنی که با رویگردانی خود؛ به خاطر آمدن انسان نابینا، نشان داده که در خیال خود، نیازی به هدایت و تذکّر و تزکیه با سخنان تو ندارد؛ پاک نشدن و اصلاح نشدن چنین کسی، توبیخی برای تو نیست؛ اما در طرف مقابل:

«وَأَمَّا مَنْ جَاءَكَ يَسْعَىٰ ﴿٨﴾ وَهُوَ يَخْشَىٰ ﴿٩﴾ فَأَنْتَ عَنْهُ تَلَهَّىٰ ﴿١٠﴾»؛ تو با توجّه به فرد مستغنی، از توجّه به کسی باز می‌مانی که خود، با تلاش به سوی تو آمده و از جایگاه و مقام خدا خشیت دارد؛ یقیناً چنین کسی سزاوار به توجّه و اهتمام تو، در ارائه حقیقت ایمان و معرفت است.

بیان عدم مسئولیت رسول خدا ﷺ، در قبال روی‌گردانی فرد مستغنی - در قسمت قبل - از مسئولیت ایشان، به ایمان کسی که خود به سوی حق آمده خبر می‌دهد؛ تو هرگز

نسبت به کسی که خود را بی‌نیاز می‌بیند، مسئول نیستی؛ امّا نسبت به فرد خشیت‌پیشه، مسئله متفاوت است.

البته باید توجّه داشت که خطاب محکم آیات سیاق به پیامبر صلی‌الله‌علیه‌وآله، در راستای بازداری ایشان از تصدّی نسبت به فرد مستغنی، به معنای اصرار ایشان در اقدام به هدایت چنین فردی نیست؛ ایشان به وظیفه خود در هدایت افراد مشغول است و این قرآن است که با حضور به موقع خود در صحنه و با پرده‌برداری از حقیقت این اتفاق، درصدد بازداری ایشان است.

صدر ادامه آیات «کلّا» است؛ «کلّا» برای منع از تصدّی‌گری مسئولانه نسبت به فرد مستغنی و بی‌توجّهی به فرد خشیت‌پیشه آمده و مابعد آن، شرح وجه این بازداری است.

البته آیات با تصویری که از مقایسه بین استغناء یکی از طرفین و خشیت و تلاش طرف دیگر ارائه داد، تکلیف را دراین‌باره برای پیامبر صلی‌الله‌علیه‌وآله مشخّص کرده است؛ با این وجود، باز با حرف ردع «کلّا»، آن را تأکید می‌کند و مقدمه‌ای برای ادامه سخن در مقابله با استغناء فراهم می‌سازد. آیات در ادامه؛ دیگر ناظر به هم‌زمانی رفتار فرد مستغنی به خاطر حضور فرد نابینا نیست؛ بلکه خصوص فرد روی‌گردان را هدف قرار داده‌است و ازآن‌رو که استغنای او، استغنای از هدایت و سخن قرآن است؛ از موضع رفیع و جایگاه بلند قرآن در برابر رویکرد او دفاع می‌کند.

نباید برای هدایت با قرآن، به کسی که بی‌نیازی ورزیده و پشت کرده است، اصرار ورزید؛ چون شأن و جایگاه آن والاتر از چنین برخوردی است:

«كَلَّا إِنَّهَا تَذْكِرَةٌ ﴿۱۱﴾ فَمَن شَاءَ ذَكَرَهُ ﴿۱۲﴾»، همانا این قرآن به یادآورنده‌ای عظیم است که خدا را به یاد انسان می‌آورد؛ پس هر که بخواهد، او را یاد می‌کند و پذیرش آن نیازی به اصرار بر استغناورزان ندارد؛ ادامه آیات در همین راستا، به توصیف جایگاه خاص و والای قرآن پرداخته است:

«فِي صُحُفٍ مُّكَرَّمَةٍ ﴿۱۳﴾ مَّرْفُوعَةٍ مُّطَهَّرَةٍ ﴿۱۴﴾ بِأَيْدِي سَفَرَةٍ ﴿۱۵﴾ كِرَامٍ بَرَرَةٍ ﴿۱۶﴾»؛ این قرآن سخن والایی است که در صحیفه‌هایی گرامی‌داشته‌شده و بلندمرتبه و پاک‌داشته‌شده به دست سفیرانی بزرگوار و نیکوکار بر زبان واسطه ابلاغ یعنی رسول خدا جاری شده است؛ چنین کتاب رفیع و ارزشمندی بارها و بارها از ناز و کرشمه کسانی که خود را از آن بی‌نیاز می‌بینند، بالاتر است. قرآن برای پذیرش مستغنیان سرخم نمی‌کند و این

محتاجان و تشنگان آن هستند که باید خود را به ساحت والای قرآن نزدیک کنند تا از آن بهره‌مند باشند.

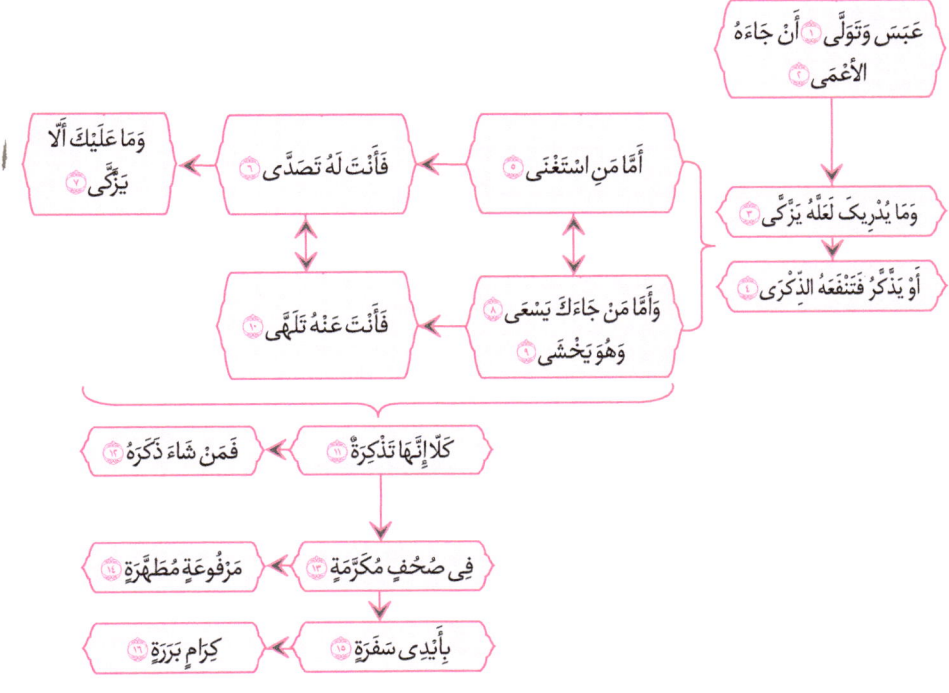

جهت هدایتی

آیه ۱ و ۲، عهده‌دار به تصویرکشیدن صحنه روی‌گردانی فرد مستغنی از رسول خدا؟ص؟، به جهت حضور فرد نابینا است. نوع بیان این دو آیه هدایتی است؛ اما جایگاه آن در بین آیات، بسترسازی برای هشدار آیه ۳ و ۴ به پیامبر؟ص؟، نسبت به عدم تزکیه و تذکّرپذیری فرد مستغنی است.

در گام بعدی سیاق، آیه ۵ تا ۱۰، خطاب به پیامبر؟ص؟، او را در مقام مقایسه بین تصدّی نسبت به مستغنی و بی‌توجهی نسبت به نابینای خشیت‌پیشه قرار می‌دهد. این آیات نیز بیانی هدایت‌گر دارد؛ امّا در نسبت‌سنجی بین آیات، بستر را برای مقابله خدای متعالی در آیه ۱۱ تا ۱۶ آماده کرده است.

با توجه به این دو مقدمه، می‌توان جهت هدایتی سیاق را با محوریّت آیه ۳ و ۴ و آیه ۱۱ تا ۱۶، به این بیان مشخص کرد:

بازداری پیامبر ﷺ از تصدّی مسئولانه نسبت به تزکیه کسی که خود را از قرآن بی‌نیاز می‌بیند

ای رسول ما! برخی خود را از هدایت قرآن بی‌نیاز می‌بینند و با توهم شرف و مقام برای خویشتن، از تو روی‌گردانند. نسبت به تزکیه آنان مسئول نیستی؛ پس اصرار نورز و مشتاقان هدایت قرآنی را دریاب.

سیاق دوم: آیه ۱۷ تا ۳۲

فضای سخن

انسان کفران می‌کند و به سبب این کفران از پروردگار خویش نافرمان است.

قرائن فضای بالا از این قرار است:

۱. بجایی نفرین آیه ۱۷، حکایت از کفران انسان دارد: «**قُتِلَ الْإِنسَانُ مَا أَكْفَرَهُ ﴿۱۷﴾**»؛ «**کفر**» به معنای پوشاندن است. کافر مصطلح نیز از آن جهت که حق را پوشانده و انکار می‌کند، کافر نامیده می‌شود، کفر مورد نظر در این آیه، پوشاندن حق نعمت پروردگار و رفتار ناسپاسانه در قبال آن است که از آن در اصطلاح به کفران تعبیر می‌شود. وجه این ادّعا، سیر بیان تأثیرگذاری خدا در زندگی انسان در ادامه و انتهای آن به این جمله در آیه ۲۳ است: «**كَلَّا لَمَّا يَقْضِ مَا أَمَرَهُ ﴿۲۳﴾**»، آیات یادآور نقش خدا در زندگی و مرگ و آخرت انسان شده و از عدم فرمانبرداری او از خدا با وجود این همه تأثیر در زندگی، خبر می‌دهد. بجایی این سیر نشان می‌دهد که مراد از کفر در مورد انسان موردنظر سوره عبس پوشاندن و ندیده‌گرفتن نقش خدا است. مؤید دیگر این معنا، بجایی ذکر نقش تأثیرگذار خدای متعالی در مورد طعام انسان، در آیه ۲۴ تا ۳۲ سوره است.

۲. رکن دوم فضای سخن سیاق نیز از بیان بالا قابل استفاده است. صدق آیه ۲۳، حکایت از نافرمانی انسان در نتیجه کفران دارد.

سیر هدایتی

آیه نخست سیاق، با اظهار تعجّب از کفران بی حدّ انسان، او را نفرین می کند، «**مَا أَكْفَرَهُ**» صیغه تعجّب در زبان عربی است: «**قُتِلَ الْانسَانُ مَا أَكْفَرَهُ** ﴿۱۷﴾»؛ نفرین انسان، تهدید او و بازداری از رویکرد غلطی است که پیش گرفته است.

انسان حق پوش ناسپاسی که نقش پروردگارش را در زندگی خود نادیده می گیرد، باید با نگاهی روشن بین، جایگاه خود را بیابد؛ اینکه او که بوده و چگونه آفریده شده و هدف از آفرینش او چیست و به کجا خواهد رفت؟ و اینکه در این سیر، چه کسی تعیین کننده است و او چه جایگاهی دارد؟

آیات با بیانی کبرشکنانه وارد سخن می شود و انسانی را که نقش پروردگار را نادیده گرفته، توبیخ می کند: «**مِنْ أَيِّ شَيْءٍ خَلَقَهُ** ﴿۱۸﴾»، به راستی او چه بود؟ خدا او را از چه آفرید؟

«**مِنْ نُطْفَةٍ خَلَقَهُ فَقَدَّرَهُ** ﴿۱۹﴾»، تنوین عبارت «نطفة»، نشانه تحقیر انسان است، خدا او را از نطفه ای ناچیز آفریده و تقدیر کرده است. «تقدیر انسان»، اجرای قدرت پروردگار در مورد اوست؛ اجرای قدرتی که نتیجه آن، مشخّص شدن حدود و اندازه ها و مسیر رشد و حرکت اوست؛ انسانی که نقش خدا را نادیده گرفته، نه در آفرینش خود نقشی داشته و نه حد و اندازه وجودش را مشخّص کرده است.

او حتّی بدون اراده پروردگارش، دسترسی به راه کمال و تعالی نداشت؛ این خدا بود که راه را پیش روی انسان گشود: «**ثُمَّ السَّبِيلَ يَسَّرَهُ** ﴿۲۰﴾»؛ با توجّه به اینکه سخن از تقدیر انسان در آیه قبل گذشت، مراد از راه در این آیه، مسیر هدایت تشریعی انسان است؛ تقدیر انسان، مربوط به هدایت تکوینی او و راهنمایی او در زمینه آنچه اختیار دارد، مربوط به هدایت تشریعی اوست. این دو آیه، یادآور شده که هم هدایتی تکوینی انسان به دست خدا بوده و هم هدایت تشریعی او به دست خدا رقم خورده است.

بعد از زندگی در دنیا در حدومرزهای تعیین شده توسط خدا و تعیین رابطه با راهنمایی تشریعی او، نوبت به مرگ انسان می رسد. مرگ او به دست کیست؟ «**ثُمَّ أَمَاتَهُ فَأَقْبَرَهُ** ﴿۲۱﴾»؛ مرگ او نیز در دست پروردگار اوست؛ خداست که بعد از دنیا، او را می میراند و در قبر می نهد.

امّا این پایان همه چیز نیست؛ مرگ دروازه ورود به سرای آخرت است؛ این انسان، دوباره زنده و برانگیخته خواهد شد؛ باز هم به مشیت و اراده پروردگار: «**ثُمَّ إِذَا شَاءَ أَنشَرَهُ**﴿۲۲﴾».

انسانی که در تمامی مراحل وجود، با دست ربوبیت پروردگار خود مدیریت شده و مبدأ و مقصدش به دست اوست، چه جایی برای کفران دارد؟ چه نقشی برای او باقی مانده که او را کافر همه نقش‌های پروردگار در صفحه زندگی او کرده است؟

تنها نقش او، اختیار امروز او در پیمودن یا نپیمودن مسیر تعیین‌شده توسط خداست؛ که این را نیز مرهون پروردگار خویش است. عاقلانه آن است که انسان، تنها نقش خود را در مقابل جریان وسیع و پردامنه نقش خدا در زندگی که در راستای آن و در سپاس از این همه لطف اوست بکار گیرد.

«کلّا»، این نتیجه‌گیری طبیعی و منطقی در مورد این انسان را نفی می‌کند: «**كَلَّا لَمَّا يَقْضِ مَا أَمَرَهُ**﴿۲۳﴾»؛ او هرگز اقتضای این همه نقش‌آفرینی خدا را محقق نکرده و فرامین او را انجام نمی‌دهد.

آیات تا این نقطه، برای اثبات کفران انسان و قبح نافرمانی او، به سیر کلّی خلق انسان تا نشر دوباره او که همه در دست خداست، اشاره کرد؛ ادامه آیات، ورودی خاص‌تر به یک بعد از ابعاد زندگی انسان دارد و این‌بار، از این طریق یادآور الطاف و نعمات الهی در مورد او می‌شود؛ لطف ورود خاص خدای متعالی بعد از سیر عامی که در آیات قبل بررسی شد، ملموس‌تر شدن این حقیقت است.

آیات برای این منظور، مهم‌ترین نیاز انسان برای بقاء را، موضوع سخن قرار داده است؛ انسان برای اینکه باقی باشد و سرپا شود تا به اهداف بعدی خود برسد، در گرو خوردن است، آیه ۲۴ تا ۳۲، نظر انسان را به طعامش و نقش تدبیر خدای متعالی در سیر اطعام او جلب می‌کند؛ غذایی که تنها یک نمونه از نیازهای انسان است از مبدأ تا مقصد، به دست ربوبیّت خدا تدبیر می‌شود: «**فَلْيَنْظُرِ الإِنْسَانُ إِلَى طَعَامِهِ**﴿۲۴﴾»؛ انسان باید نظری به طعام پیش روی خود کند تا برای او روشن شود که مهم‌ترین نیازش، جز به اراده و تدبیر خدا حاصل‌شدنی نیست.

آنچه انسان می‌خورد یا از روییدنی‌های زمین است و یا از گوشت و فرآورده‌های حیواناتی که خود با روییدنی‌های زمین تغذیه می‌شوند؛ تا زمین نرویاند، نه انسان بهره‌مند است و نه

حیواناتی که قرار است به انسان بهره دهند، وجود خواهند داشت؛ زمین نیز هرگز نمی‌رویاند، مگر اینکه آبی از آسمان فروفرستاده شود؛ پس همه چیز متوقّف آب است؛ آبی که زمین را زنده کرده است و آن را بستر رویش قرار دهد. آب را چه کسی فروفرستاده؟

«**أَنَّا صَبَبْنَا الْمَاءَ صَبّاً** ﴿۲۵﴾ **ثُمَّ شَقَقْنَا الْأَرْضَ شَقّاً** ﴿۲۶﴾»، خدای متعالی، در این آیات، خطاب به انسان، متکلّمانه سخن گفته و با ضمیر «نا»، از قدرت خود و بکارگیری ملائکه در فعالیّت این چرخه خبر می‌دهد؛ این ما بودیم، که آب را به بهترین شکل، فراوان فروریختیم و به‌دنبال آن، زمین را به نیکویی شکافتیم.

دو مفعول مطلق «صبّاً» و «شقاً»، ویژگی فروریختن و شکاف را مورد تأکید قرار داده است؛ شاید بتوان در بیان آن، به شکل فروریختن آب و شکاف زمین اشاره کرد؛ آبی که تا از آسمان فروفرستاده نشود، حیاتی نخواهد بود؛ نه به شکلی ویران‌گر که آرام‌آرام و قطره‌قطره از آسمان فرستاده شده تا با نفوذ در زمین، آن را زنده کند و زمینی که باید شکاف بردارد تا دانه‌ها از دل آن رویانده شود، به‌گونه‌ای طراحی شده که دانه‌های ضعیف، بستر آن را باز کند و سر بیرون آورد و از سوی دیگر شکاف‌های فراوان آن، سبب درهم‌ریختگی انسجام آن نشود.

بعد از این دو مقدمه مهم، رویش در زمین ایجاد می‌شود: «**فَأَنْبَتْنَا فِيهَا حَبّاً** ﴿۲۷﴾ **وَعِنَباً وَقَضْباً** ﴿۲۸﴾ **وَزَيْتُوناً وَنَخْلاً** ﴿۲۹﴾ **وَحَدَائِقَ غُلْباً** ﴿۳۰﴾ **وَفَاكِهَةً وَأَبّاً** ﴿۳۱﴾»؛ پس رویاندیم در زمین دانه‌های خوراکی متنوّع و درختان انگور و سبزیجاتی که چند بار قابلیّت چیدن و رویش دوباره دارد و زیتون و درخت خرما و باغ‌هایی با درختان انبوه و درهم‌تنیده و میوه‌های متنوّع و چراگاه.

اشاره خاص به برخی از انواع گیاهان، مانند درخت انگور و زیتون و درخت خرما، به جهت منافع فراوان و گوناگون این انواع خاص و نقش ویژه آنها در طعام انسان است؛ علاوه بر اینکه ذکر خاص برخی از موارد، در کنار موارد عام، مخاطب را به یادآوری نمونه‌ها و توجّه خاص به الهی‌بودن تدبیر آنها فرامی‌خواند.

این همه را پروردگار انسان از نقطه آغاز تا نقطه بهره‌برداری تدبیر کرده تا بهره‌ای باشد برای شما و چهارپایان شما: «**مَتَاعاً لَّكم وَ لِأَنْعَامِكمْ** ﴿۳۲﴾»؛ هم شما از آن بهره‌مندید و هم چهارپایانی که در نهایت منفعت فرآورده‌های خوراکی و غیرخوراکی‌شان به شما می‌رسد.

قُتِلَ الْإِنْسَانُ مَا أَكْفَرَهُ ﴿۱۷﴾
مِنْ أَيِّ شَيْءٍ خَلَقَهُ؟ ﴿۱۸﴾
مِنْ نُطْفَةٍ خَلَقَهُ فَقَدَّرَهُ ﴿۱۹﴾
ثُمَّ السَّبِيلَ يَسَّرَهُ ﴿۲۰﴾
ثُمَّ أَمَاتَهُ فَأَقْبَرَهُ ﴿۲۱﴾
ثُمَّ إِذَا شَاءَ أَنْشَرَهُ ﴿۲۲﴾
كَلَّا لَمَّا يَقْضِ مَا أَمَرَهُ ﴿۲۳﴾
فَلْيَنْظُرِ الْإِنْسَانُ إِلَى طَعَامِهِ ﴿۲۴﴾
أَنَّا صَبَبْنَا الْمَاءَ صَبًّا ﴿۲۵﴾
ثُمَّ شَقَقْنَا الْأَرْضَ شَقًّا ﴿۲۶﴾
فَأَنْبَتْنَا فِيهَا حَبًّا ﴿۲۷﴾
وَعِنَبًا وَقَضْبًا ﴿۲۸﴾
وَزَيْتُونًا وَنَخْلًا ﴿۲۹﴾
وَحَدَائِقَ غُلْبًا ﴿۳۰﴾
وَفَاكِهَةً وَأَبًّا ﴿۳۱﴾
مَتَاعًا لَكُمْ وَلِأَنْعَامِكُمْ ﴿۳۲﴾

جهت هدایتی

آیات این سیاق را می‌توان به دو دسته تقسیم کرد:

نخست، آیه ۱۷ تا ۲۳ که انسان را به سبب کفران، مورد نفرین قرار داد و به وابستگی انسان به تدبیر پروردگار، از آغاز حیات تا نشر دوباره در قیامت اشاره کرد و در پایان با بیان توبیخ‌آمیز، به این نقطه رسید که با وجود وابستگی، فرمان پروردگارش را اجرا نمی‌کند.

دوم، آیه ۲۴ تا ۳۲ که در بیان نمونه‌ای خاص، نقش پروردگار انسان در طعام او را متذکّر شده و از چرخه ربوبی رسیدن طعام به دست انسان، سخن گفته است.

از این میان، دسته اوّل، تعیین‌کننده جهت آیات است و دسته دوم، فرع آن است؛ چراکه اصل سخن در بازداری انسان از کفران و نافرمانی، در دسته اول گذشته و این دسته، با بیان نمونه‌ای، به کمک محتوای هدایتی دسته قبل آمده است. جهت هدایتی، با محوریت دسته اول، به این بیان قابل ذکر است:

نفرین و هشدار به انسان کفران‌کننده که فرمان‌های پروردگارش را به‌جا نیاورده است

سیاق سوم: آیه ۳۳ تا ۴۲

فضای سخن

ماهیّت فضای سخن در این سیاق تغییری نکرده است. آیات در فضای کفران و نافرمانی سخن می‌گوید.

قرینه ادعای فوق، آیه آخر سیاق است. خدای متعالی بعد از بیان عاقبت بد عدّه‌ای در روز قیامت، در این آیه، صاحبان این عاقبت بد را کافران فاجر معرفی می‌کند: «**أُوْلَئِكَ هُمُ الْكَفَرَةُ الْفَجَرَةُ**»، این آیه، حکایت از فضای کفر و فجور دارد. کفر با همین عنوان، در سیاق قبل نیز مطرح است؛ فجور نیز به معنای خروج از دایره بندگی و نافرمانی از فرامین پروردگار است که سیاق قبل، از حضور آن در فضای آیات سخن گفته بود.

سیر هدایتی

آیات سیاق سوم، در فضای کفر و فجور، این بار جنبه تهدیدی سخن را تقویت کرده و تصویری از برپایی قیامت ارائه می‌دهد. آیات این سیاق با جمله شرط آغاز شده است:

«**فَإِذَا جَاءَتِ الصَّاخَّةُ﴿۳۳﴾**»؛ آن هنگام که آن بانگ شدید کرکننده فرا رسد؛ آن بانگ، که گوش زمین‌وزمان را از نعره مهیبش کر می‌کند، همان نفخه صور است که با آمدنش، بساط دنیا برچیده و فضای قیامت برپا می‌شود.

آن روز وضع کسانی که دل‌خوش به تعلّقات خویش بودند و با خیال راحت از کفر و فجور تنها به داشته و تعلّقات و بستگانشان دل‌بسته بودند، چه خواهد بود؟ آیات، در قالب توصیف ظرف مطرح‌شده، وضعیت مردم در آن روز را این‌گونه به تصویر کشیده است: «**يَوْمَ يَفِرُّ الْمَرْءُ مِنْ أَخِيهِ﴿۳۴﴾ وَ أُمِّهِ وَ أَبِيهِ﴿۳۵﴾ وَ صَاحِبَتِهِ وَ بَنِيهِ﴿۳۶﴾ لِكُلِّ امْرِئٍ مِّنْهُمْ يَوْمَئِذٍ شَأْنٌ يُغْنِيهِ﴿۳۷﴾**»؛ آن روز

خبری از یاری نیست؛ آن روز حتّی نزدیک‌ترین عزیزان و بستگان، کاری از پیش نمی‌برند؛ کسی به داد برادر، مادر، پدر، همسر و فرزندان خویش نخواهد رسید آنها که مهم‌ترین بستگان‌اند، هرکدام مشغول خویش‌اند؛ با این وضع، تکلیف بقیه کسانی که امید یاری از ایشان می‌رود، معلوم است.

آیات بعد، جواب را در قالب بیان حالاتی که در چهره‌های دو گروه، پدیدار می‌شود، ارائه می‌کند:

«**وُجُوهٌ يَوْمَئِذٍ مُسْفِرَةٌ ﴿۳۸﴾ ضَاحِكَةٌ مُسْتَبْشِرَةٌ ﴿۳۹﴾**»؛ چهره‌هایی در آن روز می‌درخشند و خندان‌اند و شادمان از رسیدن خبر خوب عاقبت نیکوی خویش‌اند.

«**وَ وُجُوهٌ يَوْمَئِذٍ عَلَيْهَا غَبَرَةٌ ﴿۴۰﴾ تَرْهَقُهَا قَتَرَةٌ ﴿۴۱﴾**»؛ و روی چهره‌های دیگری در آن روز، غبار نشسته و تاریکی و سیاهی، ایشان را فراگرفته است.

آیات در پایان، از وضعیت دنیوی گروه اول سخنی به میان نیاورده و تنها گروه دوّم را معرّفی می‌کند: «**أُولَئِكَ هُمُ الْكَفَرَةُ الْفَجَرَةُ ﴿۴۲﴾**»، ایشان، همان کافران فاجر در دنیا هستند که حق‌پوشی و نافرمانی‌شان در دنیا، این عاقبت را برای ایشان رقم زده است.

این تعریف، چهره‌های شادمان گروه اوّل را نیز به قرینه تقابل معرّفی کرده است؛ آنها نیز نقطه مقابل کفر و فجور هستند؛ همان کسانی که پروردگار عالم را نادیده نگرفته و حضور او را به جان پذیرفتند و فرامین او را به کار بستند.

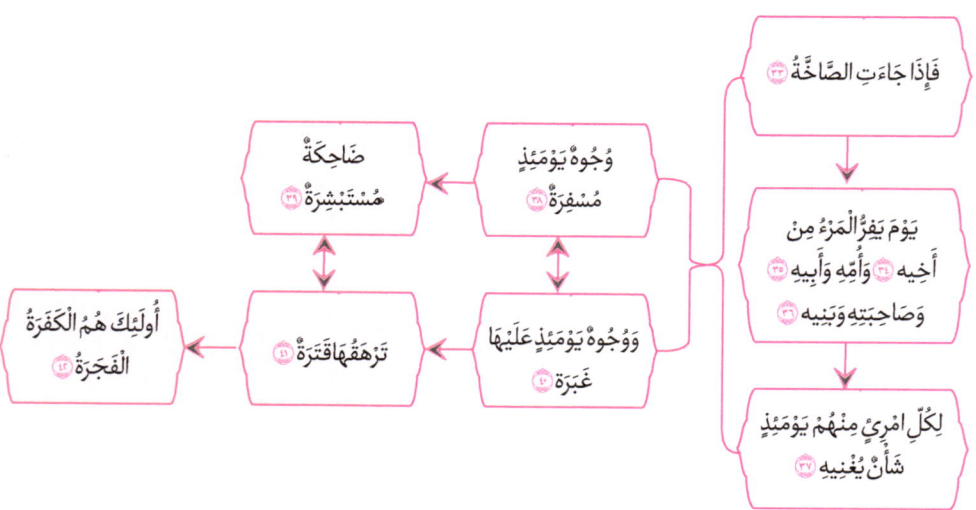

جهت هدایتی

در جملات شرطی همیشه سخن اصلی در جواب شرط است؛ یعنی بیان هنگامه فرا رسیدن **«الصاخّه»** در آیه ۳۳ و توصیف آن در آیه ۳۴ تا ۳۷، مقدّمه‌ای است برای آنچه که در آن هنگام رخ می‌دهد، یعنی آیه ۳۸ تا ۴۲.

آیه ۳۸ تا۴۲ در مقام جواب، به دو گروه و عاقبتشان در ظرف قیامت پرداخته است؛ از میان دو گروهی که حالاتشان در قالب چهره‌ها نمایان شده‌است، فقط گروه دوم یعنی همان کسانی که چهره‌هایشان غرق غبار و تیرگی است معرفی می‌شود تا سرنوشت کفران و معصیت پیشگی آنها در روز قیامت، روشن شود؛ این نشان می‌دهد که رویکرد اصلی سیاق انذار نسبت به عاقبت همین گروه است.

ناسپاسان فاجر، چهره‌های غبارآلود و تاریک روز قیامت

آن‌گاه که قیامت فرا رسد و کسان و بستگان از یکدیگر فراری شوند، برخی شادمان خواهند بود؛ اما ناسپاسان فاجر، چهره‌هایی غبارآلود و تاریک خواهند داشت.

فضای سخن، سیر هدایتی و جهت هدایتی سوره

کفران و نافرمانی می‌کنند و در نتیجه آن، احساس استغنا از هدایت قرآنی دارند.

کشف فضای سخن سوره، در گرو نسبت‌سنجی میان سیاق‌های آن است، سیاق‌های دوم و سوّم سوره، در فضای مشترک کفران و نافرمانی سخن گفته است؛ بنابراین کشف رابطه این فضا با فضای سخن سیاق اوّل، فضای سخن سوره را مشخّص می‌کند.

فضای سخن سیاق اوّل، صحنه روی‌گردانی فردی مستغنی از رسول گرامی اسلام صلی‌الله‌علیه‌وآله به خاطر آمدن فرد نابینا بود و آیات در همین فضا رو به پیامبر گرامی اسلام صلی‌الله‌علیه‌وآله، وظایف ایشان را در این صحنه، نسبت به فرد رویگردان و فرد نابینا بیان فرمود.

با نگاهی هماهنگ به سیاق اول و فضای کفر و فجور، می‌توان فهمید که فرد مستغنی از هدایت قرآنی در سیاق نخست، مصداق انسان کفران‌کننده و نافرمان در سیاق‌های دوم و سوم است؛ همان که به‌رغم ربوبیت الهی نسبت به خویش، فرامین او را اجرا نمی‌کند؛ وقتی اراده‌ای برحق‌شناسی و فرمانبرداری نباشد، احساس نیازی برای شنیدن وحی الهی وجود نخواهد داشت و کافر فاجر نسبت به هدایت قرآنی استغنا می‌ورزد.

البته گفتنی است که کفران و نافرمانی، مفاهیمی عام و استغنای از هدایت قرآنی، مفهومی

خاص و زیرمجموعه آن دو است؛ در نسبت بین مفهوم عام و خاص، مفهوم خاص اصالت دارد؛ به این معنا که مقابله سوره با کفران و فجور در سیاق دوم و سوم، در جهت مقابله با استغنای مطرح‌شده در سیاق نخست سوره است:

سیاق اوّل، به بهانه نمونه‌ای از استغنای در برابر هدایت قرآنی وارد سخن شده است؛ گام اوّل، شکستن استغنای با بی‌توجّهی است؛

در کشف جهت هدایتی سیاق نخست، دانستیم که در مقام خطاب با رسول خدا ﷺ و به تبع آن، درصدد ایجاد تأثیر هدایتی نسبت به ایشان است. این استفاده، در نگاه استقلالی به این سیاق، بجا و صحیح است؛ اما نگاه جامع به فضای سوره می‌فهماند که همین سیاق، در حیثیت ارتباطی سوره، درصدد توبیخ و تنبیه فرد مستغنی از هدایت قرآنی است و بازداری رسول خدا ﷺ از توجّه به او، به‌منظور مقابله با رویکرد بی‌نیازی ورزی اوست.

سیاق اوّل آمده تا بگوید: انسانی که استکبار می‌ورزد و خود را از هدایت الهی در قرآن بی‌نیاز می‌بیند، به‌قدری در پیشگاه خدا کم‌ارزش و بی‌مقدار است که خدا، رسولش ﷺ را به‌سبب احساس مسئولیت زیاد نسبت به هدایت او، مورد خطاب قرار می‌دهد و با بیان عظمت شأن قرآن کریم، از اصرار بر تزکیه او بازمی‌دارد؛ شأن قرآن فراتر از آن است که بتوان از کسی برای شنیدن آن خواهش کرد. این انسان است که باید متقاضی شنیدن کلام خدای خویش باشد.

سیاق دوم، در ادامه توبیخ استفاده شده از سیاق نخست، قبح رفتار انسان مستغنی از هدایت قرآنی را به نمایش می‌گذارد. او به رسول خدا ﷺ پشت می‌کند و طالب هدایت نیست؛ چون اصلاً مطیع فرامین خدا نیست تا بخواهد قرآن را بشنود و دستورات ربّ خویش را بداند؛ مطیع نیست؛ چون خدا را پروردگار خود نمی‌داند؛ آیات به نقش ربوبی خدا در زندگی دنیا و آخرت او اشاره می‌کند؛ همه مراحل خلق، تقدیر، رشد، مرگ و نشرش به دست خداست و او بااین‌وجود، اهل اجرای فرمان او نیست. آیات سیاق دوم، در ادامه انسان را به نظر در چرخه ربوبی خدای متعالی نسبت به طعام او دعوت می‌کند. انسان کافی است به طعام خویش نظر کند و نقش خدای متعالی در تهیه این طعام را مطالعه کند، تا گرفتار حق‌پوشی و ناسپاسی نگردد و در پوشیدن جامه بندگی درنگ نورزد.

سیاق سوم، تهدید و انذار سوره، نسبت به کافر فاجر مستغنی است. آیات این سیاق، او را نسبت به فرا رسیدن قیامت و عاقبت سخت او در آن روز انذار می‌کند؛ عاقبتی که نتیجه کفر و نافرمانی او است؛ کفر و نافرمانی که احساس بی‌نیازی از هدایت قرآنی در وجود او ایجاد کرد و مانع از پذیرش سخن حق شد.

به ترتیبی که گذشت، سخن اصلی در سوره عبس، با کسانی است که از سر کفران و حق پوشی

و معصیت‌پیشگی، خود را حتّی از هدایت قرآن بی‌نیاز می‌بینند. رخداد صحنه‌ای که در آن کسی از هدایت قرآن استغنا ورزیده است، موقعیّت خوبی برای مقابله با چنین معضلی شده است؛ لذا سوره عبس با شروع سخن خود از آن صحنه، هر سه سیاق را به بیانی که گذشت، در مقابله با چنین رویکردی سامان داده است:

آیات ۱ تا ۱۶

بازداری پیامبر ﷺ از تصدّی مسئولانه نسبت به تزکیه کسی که خود را از قرآن بی‌نیاز می‌بیند

ای رسول ما! برخی خود را از هدایت قرآن بی‌نیاز می‌بینند و با توهم شرف و مقام برای خویشتن، از تو روی‌گردانند. نسبت به تزکیه آنان مسئول نیستی؛ پس اصرار نورز و مشتاقان هدایت قرآنی را دریاب.

آیات ۱۷ تا ۳۲

نفرین و هشدار به انسان کفران‌کننده که فرمان‌های پروردگارش را به‌جا نیاورده است

آفرینش انسان، رشددادن او، میراندن و برزخ و قیامتش، همه در دست خداست، ولی اوامر او را اطاعت نمی‌کند. کافی است که انسان به غذای خود نظر کند تا حتی لحظه‌ای در پوشیدن جامه بندگی درنگ نورزد.

آیات ۳۳ تا ۴۲

ناسپاسان فاجر، چهره‌های غبارآلود و تاریک روز قیامت

آنگاه که قیامت فرارسد و کسان و بستگان از یکدیگر فراری شوند، برخی شادمان خواهند بود؛ اما ناسپاسان فاجر، چهره‌هایی غبارآلود و تاریک خواهند داشت.

هشدار و انذار کسانی که خود را از هدایت قرآنی بی‌نیاز می‌بینند؛

چراکه نسبت به پروردگار خویش کفران می‌ورزند و درصدد اجرای فرمان‌های او نیستند.

ترجمه منسجم هدایتی

بخوان سوره را **به اسم الله رحمت‌گستر رحم‌آور**

عبوس شد و روی گرداند«۱» **از اینکه نابینا نزد** رسول‌خدا **آمد.**«۲» **و** ای رسول ما! **چه چیز تو را آگاه می‌کند که شاید او تزکیه شود؟**«۳» **یا متذکّر شود؛ پس این تذکّر به او نفع رساند؟** که قصد هدایت او را داری.«۴» تو با این کار اگر ادامه دهی، **امّا آن کس که استغنا ورزید،**«۵» **پس تو به او روی می‌آوری؛**«۶» **درحالی که بر تو نیست اینکه او تزکیه نشود.**«۷» **و امّا آن کس که نزد تو آمد در حالی که سعی می‌کند؛**«۸» **و او خشیت دارد؛**«۹» **پس تو از او غافل می‌شوی.**«۱۰» **هرگز** روا نیست، که به فردی مستغنی متوجّه شوی و از انسان خشیت‌پیشه غافل بمانی؛ جایگاه قرآن بالاتر از آن است که به دنبال پذیرش کسی باشد که از آن استغناء می‌ورزد، **همانا آن تذکره است؛**«۱۱» **پس هر که مشیت کرد، متذکّر آن شد.**«۱۲» **در صحیفه‌های تکریم‌شده**«۱۳» **رفعت‌داده‌شده، تطهیرشده**«۱۴» **در دستان سفیران**«۱۵» **کریمِ نیکوکار**«۱۶» انسان مستغنی خود را از هدایت قرآن بی‌نیاز می‌بیند؛ زیرا خدا را پروردگار خود نمی‌داند و نقش او را کافر می‌شود؛ پس **مرگ بر انسان؛ چقدر کفران‌کننده است!**«۱۷» **او را از چه چیزی خلق کرد؟**«۱۸» **او را از نطفه‌ای خلق کرد؛ پس او را تقدیر کرد.**«۱۹» **آن‌گاه راه را، آسان ساخت برای او؛**«۲۰» **سپس او را بمیراند و در قبرش نهاد؛**«۲۱» **سپس هرگاه مشیّت کند، او را برمی‌انگیزد.**«۲۲» او که حیات و مرگ و آخرتش به‌دست خداست، باید گوش به فرمان او باشد و به دنبال هدایت او، قرآن را بشنود و به جان پذیرد؛ **امّا هرگز! او هنوز آنچه را** خدا **به وی امر داده، به‌جا نیاورده است؛**«۲۳» **پس** برای اینکه در مهم‌ترین نیاز خود دست خدا را ببیند، **باید نظر کند انسان به طعامش.**«۲۴» **همانا ما فرو ریختیم آب را، فروریختنی.**«۲۵» **سپس شکافتیم زمین را، شکافتنی؛**«۲۶» **پس رویاندیم در آن دانه‌ای؛**«۲۷» **و انگوری و سبزیجاتی؛**«۲۸» **و زیتونی و نخلی**«۲۹» **و باغ‌های انبوهی؛**«۳۰» **و میوه‌ای و چراگاهی؛**«۳۱» **متاعی برای شما و برای چهارپایانتان.**«۳۲» انسان مستغنی باید بداند، کفر و نافرمانی، در دنیا بی‌جواب نمی‌ماند؛ **پس هنگامی آن بانگ شدید کرکننده بیاید،**«۳۳» **روزی که** حتّی **فرار می‌کند آدمی از برادرش؛**«۳۴» **و مادرش و پدرش؛**«۳۵» **و همسرش و پسرانش؛**«۳۶» **برای هر کسی از ایشان در آن روز شأنی است که کفایتش می‌کند.**«۳۷» **چهره‌هایی در آن روز تابان‌اند.**«۳۸» **خندان‌اند، شادمان‌اند**«۳۹» **و چهره‌هایی در آن روز بر آن‌ها غباری است**«۴۰» **سیاهی آن‌ها را فرامی‌گیرد.**«۴۱» **آنها همان کافران فاجراند.**«۴۲»

در محضر عترت علیهم‌السلام

استغنا از هدایت قرآنی رسول صلی‌الله‌علیه‌وآله، نه ضربه‌ای به قرآن و ایشان، که ضربه محکمی به سعادت دنیا و آخرت خویش است. کسی که به هر دلیلی خود را از هدایت قرآن بی‌نیاز می‌بیند، راه‌های معرفت در هر زمینه‌ای که به سعادت او می‌انجامد را بر خود بسته و نجات را از خود دور کرده است.

خدای بزرگ و حکیم، برای نجات بشر از چاه ضلالت‌بنده خود حضرت محمد صلی‌الله‌علیه‌وآله را فرستاده و نجات را در قرآنی که به زبان او جاری ساخته قرار داده است؛ بی بهرگی از چنین فرصتی، چیزی جز خسران انسان نیست. امیرمؤمنان، حضرت علی علیه‌السلام، در بیان ویژگی شرایطی که خدا پیامبر را برای نجات فرستاده و ویژگی قرآنی که بر او نازل کرده سخن گفته است، بخشی از آن چنین است:

«ثُمَّ إِنَّ اللهَ سُبْحَانَهُ بَعَثَ مُحَمَّداً صلی‌الله‌علیه‌وآله بِالْحَقِ حِينَ دَنَا مِنَ الدُّنْيَا الِانْقِطَاعُ وَ أَقْبَلَ مِنَ الْآخِرَةِ الِاطِّلَاعُ .... جَعَلَهُ اللهُ [سُبْحَانَهُ] بَلَاغاً لِرِسَالَتِهِ وَ كَرَامَةً لِأُمَّتِهِ وَ رَبِيعاً لِأَهْلِ زَمَانِهِ وَ رِفْعَةً لِأَعْوَانِهِ وَ شَرَفاً لِأَنْصَارِهِ؛ ثُمَّ أَنْزَلَ عَلَيْهِ الْكِتَابَ نُوراً لَا تُطْفَأُ مَصَابِيحُهُ وَ سِرَاجاً لَا يَخْبُو تَوَقُّدُهُ وَ بَحْراً لَا يُدْرَكُ قَعْرُهُ وَ مِنْهَاجاً لَا يُضِلُّ نَهْجُهُ وَ شُعَاعاً لَا يُظْلِمُ ضَوْءُهُ وَ فُرْقَاناً لَا يُخْمَدُ بُرْهَانُهُ وَ تِبْيَاناً لَا تُهْدَمُ أَرْكَانُهُ وَ شِفَاءً لَا تُخْشَى أَسْقَامُهُ وَ عِزّاً لَا تُهْزَمُ أَنْصَارُهُ وَ حَقّاً لَا تُخْذَلُ أَعْوَانُهُ فَهُوَ مَعْدِنُ الْإِيمَانِ وَ بُحْبُوحَتُهُ وَ يَنَابِيعُ الْعِلْمِ وَ بُحُورُهُ وَ رِيَاضُ الْعَدْلِ وَ غُدْرَانُهُ وَ أَثَافِيُّ الْإِسْلَامِ وَ بُنْيَانُهُ وَ أَوْدِيَةُ الْحَقِّ وَ غِيطَانُهُ وَ بَحْرٌ لَا يَنْزِفُهُ الْمُسْتَنْزِفُونَ وَ عُيُونٌ لَا يُنْضِبُهَا الْمَاتِحُونَ وَ مَنَاهِلُ لَا يَغِيضُهَا الْوَارِدُونَ وَ مَنَازِلُ لَا يَضِلُّ نَهْجَهَا الْمُسَافِرُونَ وَ أَعْلَامٌ لَا يَعْمَى عَنْهَا السَّائِرُونَ وَ آكَامٌ لَا يَجُوزُ عَنْهَا الْقَاصِدُونَ جَعَلَهُ اللهُ رِيّاً لِعَطَشِ الْعُلَمَاءِ وَ رَبِيعاً لِقُلُوبِ الْفُقَهَاءِ وَ مَحَاجَّ لِطُرُقِ الصُّلَحَاءِ وَ دَوَاءً لَيْسَ بَعْدَهُ دَاءٌ وَ نُوراً لَيْسَ مَعَهُ ظُلْمَةٌ وَ حَبْلاً وَثِيقاً عُرْوَتُهُ وَ مَعْقِلاً مَنِيعاً ذِرْوَتُهُ وَ عِزّاً لِمَنْ تَوَلَّاهُ وَ سِلْماً لِمَنْ دَخَلَهُ وَ هُدًى لِمَنِ ائْتَمَّ بِهِ وَ عُذْراً لِمَنِ انْتَحَلَهُ وَ بُرْهَاناً لِمَنْ تَكَلَّمَ بِهِ وَ شَاهِداً لِمَنْ خَاصَمَ بِهِ وَ فَلْجاً لِمَنْ حَاجَّ بِهِ وَ حَامِلاً لِمَنْ حَمَلَهُ وَ مَطِيَّةً لِمَنْ أَعْمَلَهُ وَ آيَةً لِمَنْ تَوَسَّمَ وَ جُنَّةً لِمَنِ اسْتَلْأَمَ وَ عِلْماً لِمَنْ وَعَى وَ حَدِيثاً لِمَنْ رَوَى وَ حُكْماً لِمَنْ قَضَى».[1]

«آن گاه خداوند محمّد صلی‌الله‌علیه‌وآله را به حق برانگیخت؛ وقتی که دنیا به سپری‌شدن نزدیک شده و آخرت روی آورده ...

---

۱. نهج‌البلاغه (صبحی صالح)، خطبه ۳۹۵، ص۳۱۵.

خداوند پاک، آن حضرت را تبلیغ‌کننده رسالت و وسیله کرامت امّت و بهار اهل زمان و بلندی مرتبت یاران و شرف هواخواهان خود قرار داد؛ سپس قرآن را بر او نازل کرد؛ نوری که چراغ‌هایش خاموش نمی‌شود و چراغی که افروختگی‌اش کاهش برنمی‌دارد و دریایی که قعرش درک نمی‌گردد و راهی که حرکت در آن، گمراهی ندارد و شعاعی که روشنی آن تاریک نمی‌شود و جداکننده حق و باطلی که برهانش خاموشی ندارد و ساختمانی که پایه‌هایش ویران نگردد و دارویی که بیم بیماری‌های آن نمی‌رود و بلندمرتبه‌ای که یارانش را شکست نرسد و حقّی که مددکارانش دچار شکست نشوند.

قرآن معدن ایمان و میان سرای آن، چشمه‌های دانش و دریاهای آن، باغ‌های عدل‌وداد و حوض‌های آن، پایه‌های اسلام و اساس آن، وادی‌های حق و دشت‌های سرسبز آن است، دریایی است که آب‌برداران، آبش را تمام نکنند و چشمه‌هایی است که آب‌کشان، آب آنها را به آخر نرسانند و آبشخورهایی است که واردان، از آن کم ننمایند و منازلی است که مسافران، راهش را گم نکنند و نشانه‌هایی است که از چشم راهروان پنهان نماند، و تپّه‌هایی است که روندگان، از آنها نگذرند.

خداوند آن را سیرابی تشنگی دانایان قرار داد و نیز بهار قلوب بینایان و مقصد راه‌های صالحان و دوایی که پس از آن، بیماری نیست و نوری که با آن، تاریکی نباشد و ریسمانی که جای چنگ‌زدن به آن، محکم است و حصار بابنیانی که آفات را بر اوج آن، راه نیست و برای دوستدارانش عزّت و برای واردش، صلح و ایمنی و برای اقتداکننده به آن، راهنما و برای آن که آن را مذهب خود قرار دهد، عذر و دلیل و برهان کسی که با آن، سخن گوید و شاهد آن که به وسیله آن، به جدال با دشمن برخیزد و پیروزی آن که به آن حجّت آورد و راهبر کسی که به آن، عمل نماید و مرکب آن که آن را به کار اندازد و نشانه واضح برای کسی که نشانه جوید و سپر بازدارنده از بلا، برای آن که آن را در برکند و دانش برای کسی که آن را در گوش، جای دهد و خبری صحیح برای آن که روایت کند و حکمی حقّ برای کسی که با آن، حکم کند».[1]

توضیحات کاربردی

برای هدایت‌گری با قرآن، نیازی به اصرار برای پذیرش کسانی که در مقابل آن اظهار بی‌نیازی می‌کنند، نیست. قرآن تذکری از جانب خدای متعالی برای هدایت بشر است و

---

۱. نهج البلاغه، ترجمه انصاریان، ص ۲۱۱.

جایگاه والای آن از چنین رویکردی ابا دارد. این، موضع قاطع قرآن در برابر استغنا و استکبار است. پیامبر؟ص؟ و همه مبلغان قرآنی باید متوجه این موضع قرآن باشند.

امّا اصل سخنِ سوره، روی دیگر این سکّه است. خطاب به کسانی که خود را از هدایت قرآن بی‌نیاز می‌بینند؛ مستغنیانی که در مخاطبان عصر نزول و یا حتّی کافران امروزی قرآن خلاصه نمی‌شوند!

سوره همه کسانی را که راه نفوذ هدایت قرآنی را بسته‌اند، موضوع سخن خود قرار داده؛ همه کسانی که در برابر آموزه‌های ناب قرآن خاضع نیستند؛ هرچند در زبان به قرآن و تقدّس این کتاب خدشه‌ای وارد نمی‌کنند؛ کسانی که جایگاه خود را برتر از آن می‌دانند که کسی با آموزه‌های قرآن آن‌ها را امر به معروف و یا نهی از منکر کند؟! جایگاه خود را برتر از آن می‌دانند که در سایه تعالیمی زندگی کنند که در آن فقیر و ثروتمند، بینا و نابینا، زشت و زیبا سفید و سیاه و هر نوع دیگری، در دین با یکدیگر برادر و برابر هستند.

سوره عبس، درمان درد همه مستغنیان است. این برخوردِ انسان، ریشه در کفران و حق پوشی او دارد. آن‌ها فراموش کرده‌اند که خلق، تقدیر، رشد، مرگ و نشرشان به دست پرودرگار ایشان است و جز عمل به سخنان او راهی برای نجات نیست؛ اگر تنها به غذای خود نگاه کنند و مراحل تدبیر ربوبی در به دست آمدن آن را مورد تأمّل قرار دهند لحظه‌ای در بندگی و نیاز خود، نسبت به فراگرفتن و هدایت شدن با قرآن، درنگ نمی‌ورزند؛ آنها باید بدانند که این کفران، فجور به دنبال دارد و عاقبت کفران و فجور، عذاب ذلّت بار روز قیامت است.

دعا

خدایا! با کفران در این دنیا، ما را از چهره‌های غمگین غبارآلود روز هولناك قیامت قرار مده.

پروردگارا! توهّمِ برتری و شرافت ساختگی را از ما دور کن؛ تا مشتاقانه به هدایت تو روی آوریم.

سوره تکویر

ترجمه تطبیقی

بِسْمِ اللَّهِ الرَّحْمَنِ الرَّحِیمِ

به اسم اللّه رحمت‌گستر رحم‌آور

إِذَا الشَّمْسُ کُوِّرَتْ (١)

آن هنگام که خورشید در هم پیچانده شود.«۱»

وَإِذَا النُّجُومُ انْکَدَرَتْ (٢)

و آن هنگام که ستارگان، کدر و تیره شود.«۲»

وَإِذَا الْجِبَالُ سُیِّرَتْ (٣)

و آن هنگام که کوه‌ها سیر داده شود.«۳»

وَإِذَا الْعِشَارُ عُطِّلَتْ (٤)

و آن هنگام که شتران آبستن ده‌ماهه معطل گذاشته شود.«۴»

وَإِذَا الْوُحُوشُ حُشِرَتْ (٥)

و آن هنگام که حیوانات وحشی برانگیخته و جمع شود.«۵»

وَإِذَا الْبِحَارُ سُجِّرَتْ (٦)

و آن هنگام که دریاها متلاطم و لبریز گردد.«۶»

وَإِذَا النُّفُوسُ زُوِّجَتْ (٧)

و آن هنگام که نَفس‌ها جفت شود.«۷»

وَإِذَا الْمَوْءُودَةُ سُئِلَتْ (٨)

و آن هنگام که از دختر زنده‌به‌گورشده سؤال شود.«۸»

بِأَ⊠ِ ذَنۢبٍ قُتِلَتۡ ﴿٩﴾

به کدام گناه به قتل رسید؟«۹»

وَإِذَا ٱلصُّحُفُ نُشِرَتۡ ﴿١٠﴾

و آن هنگام که صحیفه‌ها، باز شود.«۱۰»

وَإِذَا ٱلسَّمَآءُ كُشِطَتۡ ﴿١١﴾

و آن هنگام که آسمان، برکنده شود.«۱۱»

وَإِذَا ٱلۡجَحِ⊠مُ سُعِّرَتۡ ﴿١٢﴾

و آن هنگام که آتش سوزان، برافروخته گردد.«۱۲»

وَإِذَا ٱلۡجَنَّةُ أُزۡلِفَتۡ ﴿١٣﴾

و آن هنگام که بهشت، نزدیک شود.«۱۳»

عَلِمَتۡ نَفۡسٞ مَّآ أَحۡضَرَتۡ ﴿١٤﴾

هر نفسی آنچه را حاضر کرد، بداند.«۱۴»

فَلَآ أُقۡسِمُ بِٱلۡخُنَّسِ ﴿١٥﴾

پس قسم نمی‌خورم به پنهان‌شوندگان.«۱۵»

ٱلۡجَوَارِ ٱلۡكُنَّسِ ﴿١٦﴾

جاری‌شوندگانِ مخفی‌شونده.«۱۶»

وَٱلَّ⊠ِلِ إِذَا عَسۡعَسَ ﴿١٧﴾

و به شب، آن هنگام که پشت کند.«۱۷»

وَٱلصُّبۡحِ إِذَا تَنَفَّسَ ﴿١٨﴾

و به صبح، آن هنگام که نفس کشد.«۱۸»

إِنَّهُۥ لَقَوۡلُ رَسُولٖ كَرِ⊠مٖ ﴿١٩﴾

همانا آن، قطعاً قول رسولی کریم است.«۱۹»

ذِ⊠ قُوَّةٍ عِندَ ذِ⊠ ٱلۡعَرۡشِ مَكِ⊠نٖ ﴿٢٠﴾

دارای قوّت، دارای منزلت نزد صاحب عرش.«۲۰»

مُطَاعٍ ثَمَّ أَمِينٍ ﴿۲۱﴾

مورد اطاعت در آنجا، امین.«۲۱»

وَمَا صَاحِبُكُم بِمَجْنُونٍ ﴿۲۲﴾

و مصاحب شما، جن‌زده نیست.«۲۲»

وَلَقَدْ رَآهُ بِالْأُفُقِ الْمُبِينِ ﴿۲۳﴾

و حتماً او را در افق آشکار دید.«۲۳»

وَمَا هُوَ عَلَى الْغَيْبِ بِضَنِينٍ ﴿۲۴﴾

و او بر غیب بخیل نیست.«۲۴»

وَمَا هُوَ بِقَوْلِ شَيْطَانٍ رَجِيمٍ ﴿۲۵﴾

و آن، قول شیطان رجم‌شده نیست.«۲۵»

فَأَيْنَ تَذْهَبُونَ ﴿۲۶﴾

پس کجا می‌روید؟«۲۶»

إِنْ هُوَ إِلَّا ذِكْرٌ لِلْعَالَمِينَ ﴿۲۷﴾

نیست آن، مگر ذکری برای عالمیان.«۲۷»

لِمَنْ شَاءَ مِنْكُمْ أَنْ يَسْتَقِيمَ ﴿۲۸﴾

برای هرکس از شما که مشیت او، استقامت ورزیدن باشد.«۲۸»

وَمَا تَشَاءُونَ إِلَّا أَنْ يَشَاءَ اللَّهُ رَبُّ الْعَالَمِينَ ﴿۲۹﴾

و شما مشیّت نمی‌کنید، مگر اینکه الله پروردگار عالمیان، مشیّت کند.«۲۹»

کشف سیاق‌ها

سوره تکویر به دو سیاق تقسیم می‌شود، آیه ۱ تا ۱۴ و آیه ۱۵ تا ۲۹؛

آیه ۱ تا ۱۴، بعد از چند جمله شرطیه، از علم و آگاهی انسان، نسبت به اعمال خود در هنگامه برپایی قیامت خبر داده است و از ابتدای آیه ۱۵، با چند جمله تأکیدی، سیر جدیدی در مورد کلام وحی شروع شده و تا پایان سوره ادامه یافته است.

وجود «فاء» در ابتدای آیه ۱۵، مانع گسست این سیاق از ماقبل نیست؛ زیرا حروف عطفی مانند «فاء»، همیشه برای اتصال بین دو مفرد یا دو جمله نیست، بلکه گاهی یک مجموعه از سخن را به مجموعه ماقبل عطف می‌کند؛ که این مورد، از همین نوع است. آیه ۱۵، ارتباط خاصی با خصوص آیه ۱۴ ندارد، بلکه مجموعه آیات ۱۵ تا پایان، به مجموعه آیات قبل عطف شده است.

توجه به اسلوب خاص آغاز هر سیاق نیز این تقسیم را تأیید می‌کند. اسلوب لفظی آغاز سیاق اول، شرط‌های مکرر (إذا... إذا...) و اسلوب لفظی آغاز سیاق دوم، تأکیدهای مکرر (**فلا أقسم... و اللیل اذا... و الصبح اذا...**) است؛ که هر دو از اسلوب‌های شناخته‌شده قرآن کریم در شروع سیاق‌های مستقل است.

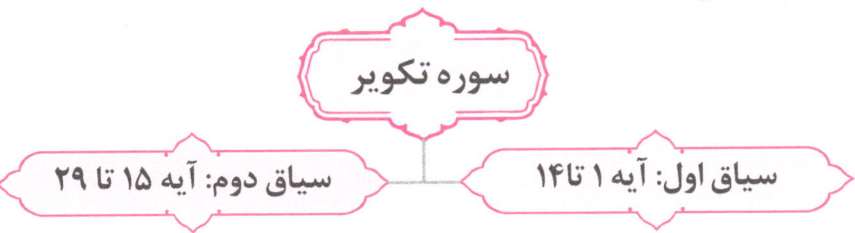

سیاق اول: آیه ۱ تا ۱۴

فضای سخن

از آگاهی نسبت به اعمال در هنگامه قیامت غافل‌اند و در سنّت‌های غلط جاهلی غرق شده‌اند.

مستندات این فضا به شرح زیر است:

۱. با توجه به اینکه اسلوب سخن در سیاق اول سوره تکویر، اسلوب شرط و جواب است، اصل سخن این سیاق را، باید در جمله جواب شرطها یعنی «**عَلِمَتْ نَفْسٌ مَا أَحْضَرَتْ** ﴿۱۴﴾»، جستجو کرد؛ آیات بعد از شرطهای مکرری که صحنه بروز قیامت را به تصویر کشیده است، از آگاهی نسبت به اعمال در آن روز سخن می‌گوید، بجایی ذکر این جمله، بعد از شرط‌های مکرّر هشدار دهنده نسبت به برپایی قیامت، حاکی از غفلت مخاطب نسبت به این حقیقت است.

۲. هرچند رکن فضای سخن این سیاق، از جواب شرط فهمیده می‌شود، اما برخی از شرط‌های سوره می‌تواند جزئیات بیشتر فضا را تبیین کند.

تأکید بر سؤال از دختر زنده‌به‌گورشده در آیه ۸ را می‌توان در شناخت بهتر فضای سیاق مؤثر دانست: «وَإِذَا الْمَوْءُودَةُ سُئِلَتْ ﴿۸﴾»، این آیه، حاکی از عمل به سنّت غلط جاهلی زنده‌به‌گورکردن دختران، در فضای سخن آیات است؛ هرچند این آیه تنها به این مورد اشاره کرده است، اما می‌توان انتخاب آن از بین سنّت‌های غلط را به‌خاطر اهمّیت بیشتر آن دانست؛ در این صورت، اشاره به این مورد، تنها نمونه‌ای از رسوخ سنّت‌های غلط جاهلی در میان مردم خواهد بود.

سیر هدایتی

آیات این سیاق، با چند جمله شرطیه آغاز می‌شود؛ این جملات پی‌درپی، از هنگامه‌ای هولناک سخن می‌گوید که قرار است بستر یک رخداد بزرگ شود.

شرط‌های این سیاق که بیانگر وقایع روز قیامت هستند، در دو دسته بیان شده است:

آیه ۱ تا ۶: از هنگامه دگرگونی شدید و هولناک وضع موجود عالم خبر می‌دهد. محتوای این آیات و لحن بیانی آن، حاکی از درهم‌ریختن نظام عادی عالم، در آستانه وقوع قیامت است:

- خورشید که مظهر روشنایی است، از طبیعت عادی خود بازگشته، در هم پیچانده و تاریک می‌گردد: «إِذَا الشَّمْسُ كُوِّرَتْ ﴿۱﴾»[۱]؛ واژه «**کوّرت**»، از مصدر «**تکویر**»، به معنای پیچاندن چیزی به دور چیزی یا به دور خودش، گرفته شده است. مراد از «**تکویر شمس**»، دورزدن و پیچیدن آن، بر خلاف نظم طبیعی است، نتیجه آن درهم‌پیچیدگی نامنظم آن است که تاریکی و از بین رفتن نور را به‌دنبال دارد.
- ستارگان درخشان آسمان که بر اوج سقف دنیا نورافشانی می‌کرد، کدر و تیره

---

۱. راغب در مفردات الفاظ القرآن (ص ۳۶۲)، در معنای «کور» می‌نویسد: «کور الشّیء: ادارته و ضمّ بعضه الی بعض ککور العمامة»، «به معنای پیچاندن آن و ضمیمه‌کردن بخشی از آن به بخش دیگر با پیچاندن است؛ مانند پیچیدن عمامه».

می‌شود: «**وَإِذَا النُّجُومُ انْكَدَرَتْ** ﴿٢﴾»[1]؛ «**انکدرت**» از مصدر «**انکدار**» ساخته شده است. این واژه از ریشه «**کدر**»، به معنای از دست دادن خلوص و صفا و گرایش به کدورت و تیرگی است.

- کوه‌های استوار که مظهر صلابت و استقامت زمین‌است، روان می‌گردد: «**وَإِذَا الْجِبَالُ سُيِّرَتْ** ﴿٣﴾».
- شتران آبستن ده‌ماهه، نماد ناب‌ترین و پرثمرترین سرمایه‌های عرب که در این دنیا بر سر آن کش‌مکش است، بی‌صاحب مانده و رها می‌شود: «**وَإِذَا الْعِشَارُ عُطِّلَتْ** ﴿٤﴾»، واژه «**عشار**»، جمع واژه «**عُشَراء**» است؛ این واژه به شتری اطلاق می‌شود که ده ماه از مدت حمل آن گذشته و به وضع‌حمل خود نزدیک شده است. این آیه، علاوه بر معنای ظاهری شتر آبستن، معنای کنایی نیز دربردارد و آن، هر مال باارزشی است که انسان به شدّت مواظب آن است. در آن روز، همه این اموال باارزش، به حال خود رها خواهند شد.[2]
- حیوانات وحشی که طبیعت‌شان گریزپایی است، در کنار هم جمع می‌گردد[3]: «**وَإِذَا الْوُحُوشُ حُشِرَتْ** ﴿٥﴾».
- دریاهای فراوان زمین، متلاطم و لبریز می‌گردد: «**وَإِذَا الْبِحَارُ سُجِّرَتْ** ﴿٦﴾»؛ واژه «**سجّرت**»، از مصدر «**تسجیر**» ساخته شده است. مراد از این واژه، هیجان و تلاطم در اثر لبریزشدن است و این معنا متناسب با موارد استعمال این واژه،

---

۱. التحقیق فی کلمات القرآن الکریم(ج۱۰، ص۳۲)، ذیل این ریشه در معنای آن می‌نویسد: «هو ما يقابل الخلوص و الصفا فی شیء»، «کدورت نقطه مقابل خالص‌بودن و صفا در یک چیز است».

۲. مفردات الفاظ القرآن(ص۶۵۷) در معنای آن می‌نویسد: «ناقة عُشَرَاءُ: مرّت من حملها عَشَرَةُ أشهرٍ، و جمعها عِشَارٌ»، شتر عشراء شتری است که از زمان حملش، ۱۰ ماه گذشته است، جمع آن، واژه «عشار» است.

۳. برخی به خاطر وجود واژه «حشر»، این آیه را خبر از محشورشدن حیوانات وحشی در روز محشر دانسته‌اند؛ هرچند «حشر» به این معنا نیز استعمال می‌شود، امّا توجه به سیاق، معنای ذکرشده در بالا را تأیید می‌کند؛ زیرا سیاق به بیان اتفاقاتی برخلاف طبیعت موجودات پرداخته است؛ به این معنا که شمس که خاصیت نورافشانی دارد، در خودش خفه شده و تاریك می‌شود؛ ستاره‌ها که خاصیت‌شان استقرار و بالا بودن است، سقوط می‌کند و کوه‌ها که خاصیت‌شان به محکم و استوار بودنشان است، به راه می‌افتد و عشار که خاصیت‌شان توجه کافی به آن است، رها می‌شود. در این سیاق خبر از محشورشدن حیوانات وحشی جا ندارد، امّا بیان این‌که وحوش گریزپا که خاصیت‌شان فرارکردن است، از شدت هراس در آن روز گرد هم جمع می‌شود، با سیاق تناسب دارد.

قابل تشخیص است. در مورد دریاها، این واژه اشاره به تلاطم و دگرگونی آن در اثر لبریزشدن آب آن است.[1]

آیه ۷ تا ۱۳: بیان دگرگونی مذکور را به سوی طرح شکل‌گیری فضای محاکمه و تعیین سرنوشت (بهشت و جهنم) حرکت می‌دهد. این آیات از هنگامه‌ای سخن می‌گوید که:

- انسان‌ها برای محاسبه گروه‌گروه شوند؛ مجرمان با مجرمان و صالحان با صالحان همراه گردند: «**وَإِذَا النُّفُوسُ زُوِّجَتْ** ۷».[2]
- از دخترکان بی‌گناه و مظلومی که زیر خاک جهالت پدرانشان مدفون می‌شدند، سؤال شود که به کدامین گناه کشته شدند: «**وَإِذَا الْمَوْءُودَةُ سُئِلَتْ** ۸ **بِأَيِّ ذَنْبٍ قُتِلَتْ** ۹»؛ واژه «**مؤودة**»، اسم مفعول مؤنث از ریشه «**وأد**»، به معنای زنده‌به‌گورکردن است.[3] همان‌طور که در بحث از فضای سخن سیاق اشاره شد، این آیه علاوه بر معنای روشن ظاهری یعنی زنده‌کشی‌هایی که در طول زمان ادامه داشته و خواهد داشت، نتیجه دیگری نیز دربردارد و آن این‌که در آن روز، از سنّت‌های غلط جاهلی سؤال می‌شود؛ زیرا دخترکشی سرآمد سنّت‌های غلط جاهلی است و بیان مورد سؤال واقع شدن آن، می‌تواند کنایه از موردسؤال واقع‌شدن تمامی سنّت‌های غلط جاهلی باشد.
- صحیفه‌های اعمال گشوده شود و سرنوشت ابدی انسان‌ها براساس آن محاسبه گردد: «**وَإِذَا الصُّحُفُ نُشِرَتْ** ۱۰».
- و آسمان برکنده شود: «**وَإِذَا السَّمَاءُ كُشِطَتْ** ۱۱»؛ تا زمینه‌ای باشد برای این‌که:
- جهنم سوزان، برافروخته شود: «**وَإِذَا الْجَحِيمُ سُعِّرَتْ** ۱۲».
- و بهشت به اهل خود نزدیک شود: «**وَإِذَا الْجَنَّةُ أُزْلِفَتْ** ۱۳».

---

۱. التحقيق فی كلمات القرآن الكريم (ج۵، ص۶۶) در معنای ریشه این واژه می‌نویسد: «هو الهيجان و الفيضان من شدّة الامتلاء و هذا المعنى يختلف باختلاف الموارد»؛ تسجیر، تلاطم و لبریزشدن در اثر شدّت پربودن است و این معنا به حسب اختلاف موارد استعمال، متفاوت می‌شود.

۲. برخی مراد از تزویج در این آیه را، هم‌نشینی انسان‌های خوب با ملائکه و انسان‌های بد با شیاطین دانسته‌اند؛ اما از آن‌چه آیه فوق در ردیف وقایع حساب‌وکتاب از این مسئله سخن گفته است، به نظر نمی‌رسد این سخن درست باشد؛ زیرا این هم‌نشینی، نوعی جزا است که آیات در صدد پرداختن به آن نیست، بلکه در ادامه، از جزا و تقسیم به بهشت و جهنم سخن گفته خواهد شد.

۳. قاموس قرآن (ج۷، ص۱۷۵) در معنای این واژه می‌نویسد: «وأد، به‌معنای زنده‌به‌گورکردن است».

اما آن هنگام که این وقایع هولناک رخ دهد و بستر حساب‌وکتاب فراهم گردد و بهشت و جهنّم آماده پذیرایی از اهلشان شوند، چه رخ خواهد داد؟ همه بندگان، نسبت به آنچه از رفتار و عقاید و علایق‌شان در دنیا انجام داده و با خود در صحنه هولناک قیامت حاضر ساخته‌اند، آگاه می‌شوند: «**عَلِمَتْ نَفْسٌ مَا أَحْضَرَتْ ﴿١٤﴾**».

آیات سیاق اول سوره تکویر، غفلت مخاطب سوره را نشانه رفته و درهم می‌شکنند. آری، اوضاع دنیا همین‌گونه که هست، پیش نخواهد رفت. روزی در پیش است که در آن، زمین و آسمان دگرگون می‌شود و همه‌چیز برهم می‌ریزد؛ مهم‌ترین و نفیس‌ترین اموال وانهاده می‌شود و اعمال و کردار انسان، مورد بازخواست و حساب واقع می‌شود. در آن روز سرنوشت‌ساز، هرکس از دست‌آورد خویش آگاه می‌شود.

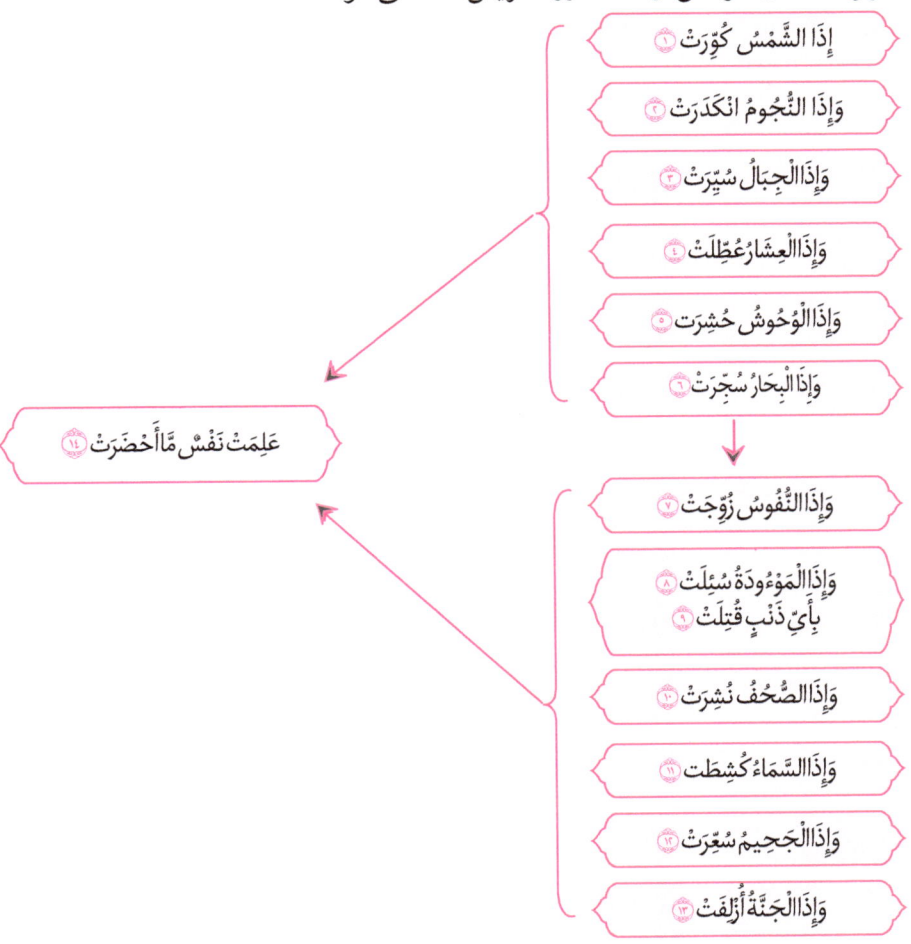

جهت هدایتی

آیات این سیاق، در قالب شرط و جزا بیان شده است و در چنین قالبی، جزا اصالت دارد. البته لحاظ شرط در تشخیص جهت هدایتی لازم است؛ به‌ویژه در این سیاق که چندین شرط، برای معرفی بستر تحقق جزای واحد آمده است. چنان‌که پیش از این گذشت، شرط‌های این سیاق، در دو دسته طراحی شده است:

۱. آیه ۱ تا ۶: شروطی که از برچیده‌شدن نظام عالم خبر می‌دهد.

۲. آیه ۷ تا ۱۳: شروطی که بیان دگرگونی مذکور را به سوی برپایی نظام تعیین سرنوشت سوق می‌دهد.

درنظرگرفتن این دو دسته از شروط، به‌ضمیمه توجه به اصالت جزا، جهت هدایتی این سیاق را مشخص می‌کند.

هشدار و انذار؛ آگاهی انسان از دست‌آورد خود در روز قیامت

نظام عادی عالم برچیده می‌شود و نظام تعیین سرنوشت براساس دست‌آوردهای خود جای آن را می‌گیرد.

سیاق دوم: آیه ۱۵ تا ۲۹

فضای سخن

در وحیانی بودن سخنان پیامبر ﷺ تشکیک می‌کنند تا پیام الهی او (در سیاق گذشته) را زیر سؤال ببرند.

منکران، در مقام مقابله با پیام وحیانی رسول خدا ﷺ، وحیانی‌بودن سخنان او را زیر سؤال برده و او را متهم به جنّ‌زدگی و تلقی سخنان از شیطان می‌کنند.

قرائن زیر، فضای ذکرشده را تأیید می‌کند:

۱. در آیه ۱۹، بِرواسطه‌گری فرستاده‌ای بزرگوار یعنی فرشته وحی و انتساب سخنان قرآن

به او تأکید می‌شود: «إِنَّهُ لَقَوْلُ رَسُولٍ کَرِیمٍ ۱۹»، بجایی این تأکید، حاکی از فضای تردید در طریق وحیانی کلام جاری‌شده برزبان رسول خدا ﷺ است.

۲. درآیه ۲۲، تهمت جن‌زدگی ازرسول گرامی اسلام ﷺ نفی: «وَمَا صَاحِبُکُمْ بِمَجْنُونٍ ۲۲» و درآیه ۲۵، براینکه سخن قرآن از سوی شیطان نیست، تأکید می‌شود: «وَمَا هُوَ بِقَوْلِ شَیْطَانٍ رَجِیمٍ ۲۵». بجایی این دو آیه، نشان‌دهنده این اتهام به رسول خدا ﷺ و سخنان وحیانی جاری شده برزبان ایشان در فضای جامعه است.

۳. ضمیر «ﮦ»، در آیه «إِنَّهُ لَقَوْلُ رَسُولٍ کَرِیمٍ ۱۹» و ضمیر «هو»، در آیه «وَمَا هُوَ بِقَوْلِ شَیْطَانٍ رَجِیمٍ ۲۵»، به قرآن بازمی‌گردد، اما به قرینه سیاق و اصل بازگشت ضمیر به مرجع ضمیر نزدیک، مراد اولیه از آن، آیات سیاق اول سوره و خبراز آگاهی نسبت به اعمال در روز قیامت و احوال آن روز در این آیات است.

سیر هدایتی

آیات سیاق دوم در فضای پیش‌گفته، سخن را با تأکید آغاز می‌کند.

نخست ستارگانی را یاد می‌کند که ابتدا پنهان هستند و سپس با جریان شتابان، در آسمان می‌درخشند و در نهایت، در آشیانه‌های نهان خود جای می‌گیرند: «فَلَا أُقْسِمُ بِالْخُنَّسِ ۱۵ الْجَوَارِ الْکُنَّسِ ۱۶».

سپس از شب، آن‌هنگام که با تمامی بساط ظلمت‌اش، پشت می‌کند و صبح آن‌هنگام که با کنارزدن شب و تاریکی آن، نفس می‌کشد، یاد می‌کند: «وَاللَّیْلِ إِذَا عَسْعَسَ ۱۷ وَالصُّبْحِ إِذَا تَنَفَّسَ ۱۸».

اکنون نوبت به سخن موردتأکید آیات در دو گام می‌رسد؛ گام نخست، تبیین حقیقت مسیر وحیانی قرآن از نقطه ابتدا تا دریافت توسط رسول گرامی اسلام ﷺ است؛ اینکه سخنان وحی، با چه واسطه‌ای در اختیار او قرار گرفته و او چگونه آن را دریافت کرده است و گام دوم نفی اتهام از قرآن است.

گام نخست: محور سخنان گام نخست، آیه اول از این مجموعه است:

• «إِنَّهُ لَقَوْلُ رَسُولٍ كَرِيمٍ ﴿١٩﴾»: گفتار اعجازینی که در مورد وقایع هولناک قیامت و آگاهی انسان از اعمال خود در آن روز شنیدید، گفتار فرستاده‌ای بزرگوار است.

با توجه به ادامه آیات، مراد از این فرستاده، فرشته وحی یعنی حضرت «**جبرئیل**» است. وصف «**رسول**» برای این فرستاده، حاکی از نقش واسطه‌گری او در انتقال آیات وحی است. آیات قرآن سخن خدای متعالی است که از طریق فرستاده‌ای بزرگوار به رسول گرامی اسلام ﷺ، منتقل شده است. آیات در ادامه، در دامنه همین سخن، به حمایت از جایگاه هر دو نقش این جریان یعنی رسول وحی و پیامبر اسلام ﷺ، می‌پردازد، تا به‌طورکامل جریان انتقال معارف وحیانی به مردم را از اتهامات بری سازد. آیه ۲۰ و ۲۱، به حمایت از فرشته وحی پرداخته و آیه ۲۲ تا ۲۴، در دفاع از رسول گرامی اسلام ﷺ، سخن گفته است و این‌گونه، طریق روشن دریافت وحی را برای مخاطبان به تصویر کشیده و از آن دفاع می‌کند:

«ذِی قُوَّةٍ عِنْدَ ذِی الْعَرْشِ مَكِينٍ ﴿٢٠﴾»: فرشته وحی، صاحب قوّت و قدرت است و نزد خدایِ صاحب عرش، مقرّب و دارای مقام و منزلت است. اشاره به قدرت‌داشتن او برای توجّه‌دادن به این نکته است که حامل پیام‌های وحی، رسولی قدرتمند است که در انجام مأموریت خود، توان کافی را دارد و قدرت دیگری مانند شیاطین و یا جنّیان، توان مغلوب‌کردن او و ناکام‌گذاشتن مأموریت او را ندارند.

«مُطَاعٍ ثَمَّ أَمِينٍ ﴿٢١﴾»: دیگر اینکه، فرشتگان، در عرش الهی فرمانبردار او هستند و چون واسطه مخصوص وحی الهی است، بسیار امین است.

همنشین شما نیز که مدت‌ها است با او همراهید و وصف او را می‌شناسید، هرگز جنّ‌زده نبوده و فرشته وحی را در افق آشکار عالم مشاهده کرده‌است، او سخن را دریافت کرده و امروز در انتقال آن هیچ بخلی نمی‌ورزد: «**وَمَا صَاحِبُكُمْ بِمَجْنُونٍ ﴿٢٢﴾ وَلَقَدْ رَآهُ بِالْأُفُقِ الْمُبِينِ ﴿٢٣﴾ وَمَا هُوَ عَلَى الْغَيْبِ بِضَنِينٍ ﴿٢٤﴾**».

توجه به چند نکته در ارتباط با این آیات فهم آن را روان‌تر می‌کند:

• «**افق**»، منطقه‌ای وسیع در کناره‌های زمین و یا آسمان است که در فارسی به

آن «**کرانه**» گفته می‌شود. استعمال این واژه در مورد آسمان، همیشه منحصر در آسمان مادی و ظاهری نیست، بلکه گاهی مراد از آن، مصداق بلندمرتبه‌ای از افق آسمان است که در ظاهر و برای همگان قابل مشاهده نیست؛ چنان‌که در این آیه، به همین معنا استعمال شده است.[1]

- در مراد از «**مجنون**» در آیات بالا، دو احتمال وجود دارد: اول اینکه:

احتمال اوّل: اینکه مراد از آن، دیوانه مصطلح باشد که به جهت پوشیده‌عقلی به این نام خوانده می‌شود.[2]

احتمال دوّم: اینکه مراد از آن، جنّ‌زده یعنی تحت تأثیر جنّیان باشد.

سیاق آیات، به دو دلیل، حکایت از معنای دوم در مورد این آیه دارد؛ زیرا:

۱. اتهام به دیوانگی به معنای اصطلاحی، در فضای مزبور، اساساً وجهی در قبول اذهان عمومی نداشته و استفاده از آن در مقابل پیامبر گرامی اسلامﷺ بعید به نظر می‌رسد. ۲. در مقام مناقشه در منبع و طریق سخنان قرآن، اتهام ارتباط با شیطان، شبهه طرف منکر بوده که در آیه ۲۵ سوره، به صراحت نفی می‌شود. در این فضا، جنّ‌زدگی و القاء سخن از جنیان و شیطان که او نیز از جنّیان است، صحیح‌تر به نظر می‌رسد.

اشاره به هم‌نشینی پیامبر اسلامﷺ با مخاطبان سوره، شاهدی بر گزاف بودن ادعای جنّ‌زدگی ایشان است؛ چه اینکه این سخن را به کسی نسبت می‌دهند که همواره با ایشان هم‌نشین بوده و او را می‌شناسند و چنین اتهامی را هرگز بر نمی‌تابد.

---

۱. التحقیق فی کلمات القرآن الکریم (ج۱، ص ۱۰۷)، در مورد معنای این واژه می‌نویسد: «هو الناحیة الواسعة من أطراف الأرض أو السماء، مادّیّة أو معنویّة»، افق، ناحیه وسیعی از کناره آسمان یا زمین است که در استعمال آن حیثیت مادّی یا معنوی می‌تواند لحاظ شود.

۲. ریشه این واژه «جنّ» به معنای پوشیده است. (مفردات الفاظ القرآن، ص۲۰۳) به‌عنوان‌مثال، به باغ پوشیده از درختان، «جنة» گفته می‌شود و به نوزاد در شکم مادر، «جنین» اطلاق می‌گردد؛ «جنّ» نیز از آن جهت که از نظرها پنهان است، به این نام خوانده می‌شود.

- تأکید بر عدم بخل پیامبر خدا ﷺ در انتقال معارف وحیانی، هشداری به‌جا در به‌فکرانداختن مخاطب، در مقام مواجهه با سخنان غیبی است، اینکه بی مزد و منّت اخبار غیبی را از او دریافت می‌کنند و با این وجود نسبت به ایشان در اشتباهی بزرگ‌اند.

گام دوم: اتهام انتساب این سخنان به شیطان را نفی و وصف قول پیش گفته را اینطور ادامه می‌دهد: «وَمَا هُوَ بِقَوْلِ شَيْطَانٍ رَجِيمٍ ﴿۲۵﴾». آری، آنچه شنیدید و لرزه به جانتان انداخت، از سوی شیطان به او القاء نشده است.

به‌این‌ترتیب، آیات تا این نقطه، نخست، قبل از ردّ اتهام شیطانی‌بودن طریق سخنان، حقیقت آن را تبیین و از آن دفاع می‌کند و در پایان، مبتنی بر همین دفاع، اتهام وارد شده به آن را نفی می‌کند.[1]

اکنون می‌توان تناسب جملات ابتدای سیاق با این محتوا را بررسی کرد، توجه به بحث دیدن فرشته وحی در افق و گشوده شدن روشنایی وحی الهی بر مردم پس از تاریکی جهل، تناسب این جملات را با محتوای مورد تأکید آن روشن می‌کند:

دسته اول جملات ابتدای سیاق یعنی آیه ۱۵ و ۱۶، با دیده شدن فرشته وحی تناسب دارد؛ فرستاده وحی، برای لحظاتی در افق مبین، خود را برای پیامبر ﷺ نمایان می‌کند.

---

۱. روش قرآن در برخورد با انحرافات و شبهات: قرآن کریم غالباً در برخورد با شبهات و انحرافات، انحراف و یا شبهه مورد نظر را برجسته نمی‌کند یعنی قبل از پاسخ به آنها، ابتدا خود آن را به عنوان شبهه‌ای مهم و برجسته معرفی نمی‌کند؛ این، سیاست آیات در برخورد با شبهات است که خود نوعی مقابله با آنها محسوب می‌شود؛ به‌عنوان‌مثال، در این سیاق، پاسخ مستقیم به شبهه موجود در فضای جامعه، آیه «وَمَا هُوَ بِقَوْلِ شَيْطَانٍ رَجِيمٍ» است؛ که نشان می‌دهد عدّه‌ای به‌خاطر این توهّم که این سخنان از سوی شیاطین به پیامبر ﷺ القاء شده است، از آن فراری هستند و آن را باور ندارند. آیات در مقام پاسخ‌گویی به این شبهه، مستقیماً با بیان اینکه این سخن قول شیطان نیست، وارد بحث نشده است، بلکه شاهد آن هستیم که نخست در دو دسته، جملاتی برای تأکید سخن خود مطرح کرده است که هرکدام خودشان با تناسبی که با جواب دارند، حجّت و نشانه‌ای برای جواب محسوب می‌شود، .چنان‌که توضیحش گذشت .بعد از بیان این جملات در گام اوّل، از رسولی بزرگوار به‌عنوان رساننده وحی به پیامبر ﷺ سخن می‌گوید و آن را توصیف می‌کند و بعد از آن، اتهامات وارد شده بر پیامبر ﷺ را دفع می‌کند و در آخر، با اشاره به شبهه موجود در فضای جامعه، دخالت شیاطین در طریق وحی را ردّ می‌کند.

ستارگان پنهانی که برای لحظاتی در آسمان جاری می‌شوند و سپس دوباره از دیده نهان می‌گردند، جلوه‌ای ظاهری از همین معناست؛ علاوه بر این تناسب، تناسب دیگری نیز بین این جملات و نفی دخالت شیاطین و جنّیان در نزول قرآن وجود دارد؛ توصیف آیات از وضعیت این اجرام آسمانی که لحظه‌ای در حرکت نمایان می‌شوند و دوباره از دیده پنهان می‌گردند، با شهاب‌سنگ‌ها مطابقت دارد که وظیفه آنها، طبق آیات قرآن، محافظت از دخالت شیاطین در طریق انتقال وحی است.[1]

دسته دوم، یعنی آیه ۱۷ و ۱۸ نیز با محتوای سخن وحی تناسب دارد؛ درهای وحی الهی به‌واسطه پیامبری که به آن بخل ندارد، گشوده شده است و این صبح روشنی است که پس از شب تاریک جهالت، در فضای عالم نفس می‌کشد.

ادامه آیات، در قالب بیان نتیجه، رویکرد فرار در مقابل پیام سیاق اوّل را، زیر سؤال می‌برد:

«**فَأَيْنَ تَذْهَبُونَ** (۲۶)»، اینک که این سخنان، گفتار فرستاده بزرگوار وحی است که بر زبان پیامبر ﷺ جاری می‌شود و جای دخل و تصرف شیطان در آن نیست، به کجا می‌روید؟

«**إِنْ هُوَ إِلَّا ذِكْرٌ لِلْعَالَمِينَ** (۲۷)»، آن پیامی که شنیدید و از پذیرش آن این‌گونه فرار می‌کنید، چیزی نیست جز ذکری برای عالمیان؛ آمده تا ایشان را به آنچه فطرت سلیم خودشان اقرار دارد، یادآور شود؛ تا شاید بپذیرند و به اصل خویش برگردند؛ پس جایی برای فرار نیست. البته نباید غافل شد که پذیرش این تذکّر، اراده‌ای راسخ می‌خواهد: «**لِمَنْ شَاءَ مِنْكُمْ أَنْ يَسْتَقِيمَ** (۲۸)»[2]؛ بله، تاثیر اصلی این ذکر، برای کسانی است که اراده استقامت بر هدایت دارند؛ گویا سرّ انکار پیام قرآن از حقیقت معاد عدم اراده راسخ بر استقامت در مسیر هدایت است.

آیه آخر سیاق، توضیحی در مورد سخن آیه قبل از خود ارائه می‌دهد. از این راه، حجّت را

---

۱. سوره جنّ آیه ۸ و ۹: «وَأَنَّا لَمَسْنَا السَّمَاءَ فَوَجَدْنَاهَا مُلِئَتْ حَرَسًا شَدِيدًا وَشُهُبًا (۸) وَأَنَّا كُنَّا نَقْعُدُ مِنْهَا مَقَاعِدَ لِلسَّمْعِ فَمَنْ يَسْتَمِعِ الْآنَ يَجِدْ لَهُ شِهَابًا رَصَدًا (۹)».

۲. واژه «یستقیم»، فعل مضارع است و از مصدر «استقامت» به معنای طلب مقاومت و پایداری ساخته شده‌است. ر.ک: قاموس قرآن، ج ۶، ص ۴۹.

تمام کرده و راه را برای فرار از انتخاب مسیر حق می‌بندد: «**وَمَا تَشَاءُونَ إِلا أَنْ يَشَاءَ اللهُ رَبُّ الْعَالَمِينَ** (۲۹)». انسانی که خود را در پذیرش و رد سخن خدا مختار ببیند، ممکن است دچار توهمی باطل شود؛ این که برای رسیدن به آسایش، نیازی به پذیرش سخن خدا نیست و او می‌تواند از طریق دلخواهش، مسیر درست را پیدا کرده و به عاقبت دلخواهش برسد. برای دفع این توهّم، تذکّر آیه پایانی سوره، ضروری به نظر می‌رسد.

اراده و اختیار انسان، در دایره اراده و اختیار خدای متعالی است؛ انسان نسبت به انتخاب هر برنامه‌ای، با نتیجه دلخواه، مختار نیست؛ هر دو روی سکّه در دست خدا است؛ یا باید تذکّر خدا را پذیرفته و از راهی که او می‌گوید به سعادت برسد و یا اینکه آن را نپذیرفته و شقاوتمند شود! راه سومی برای انتخاب و اختیار نیست! یعنی طراح عالم، راه دیگری برای او در نظر نگرفته تا بتواند آن را انتخاب کند! این، معنای تذکّر پایانی سوره است.

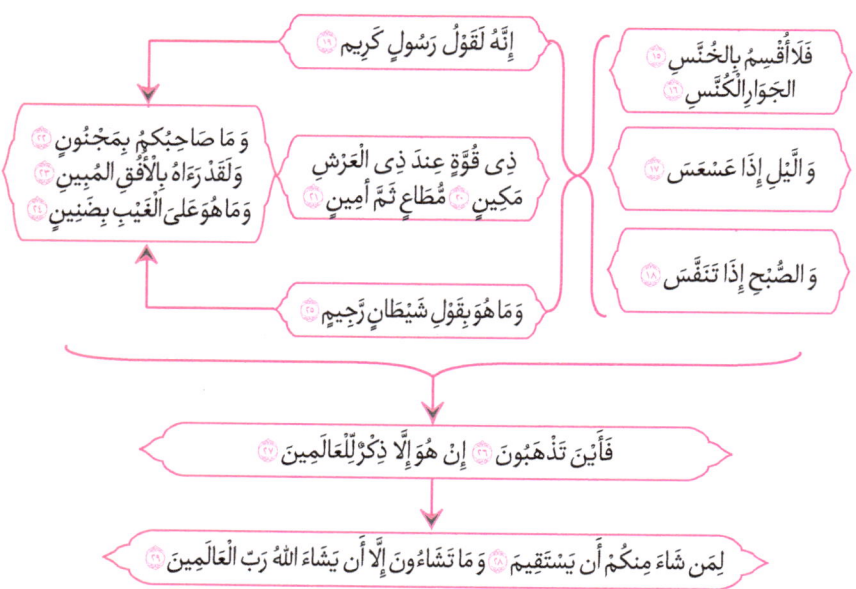

جهت هدایتی

جملات ابتدایی سیاق، اصالت در سخن نداشته و نقش آن، تأکید محتوای ادامه آیات است؛ محتوایی که ابتدا در آیه ۱۹ تا ۲۵، در دو گام بر روحیانی بودن منبع سخنان سیاق اول تأکید کرده و هرگونه اتهام باطلی در زمینه شیطانی‌بودن این سخن را رد می‌کند و سپس در

آیه ۲۶ تا ۲۹، در مقام نتیجه‌گیری، مخاطبان را به تذکّرپذیری از آن دعوت می‌کند؛ از بین این مقدمه و نتیجه نیز، اصل سخن در نتیجه است:

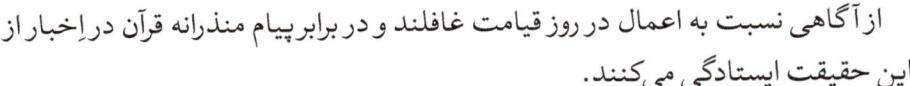

از سخن وحی دوری نکنید و متذکر آن شوید

آگاهی انسان از دستاورد خود در روز قیامت، سخن فرشته امین وحی است و رسول خداﷺ، آن را از جنیان و شیاطین دریافت نکرده است؛ پس چرا از آن دوری می‌کنید؟ به جای دوری‌کردن، متذکر آن شوید.

فضای سخن، سیر هدایتی و جهت هدایتی سوره

از آگاهی نسبت به اعمال در روز قیامت غافلند و در برابر پیام منذرانه قرآن در اِخبار از این حقیقت ایستادگی می‌کنند.

فضای سخن سوره، از بررسی ارتباط دو سیاق آن به دست می‌آید. رکن فضای سیاق اول، غفلت از آگاهی نسبت به اعمال در روز قیامت است؛ سیاق دوم، در عرض این فضا نیست. به‌دنبال هدایت‌گری سیاق اول، فضای سخن سیاق دوم شکل گرفته است؛ فضای سخن سیاق دوم، عکس‌العمل تقابلی مخاطبان، نسبت به پیام سیاق اول است.

رمز این ارتباط، در بیان قرائن فضای سخن سیاق دوم گذشت؛ ضمایر «ه» و «هو» در این آیات که بازگشت به قرآن دارد، در اولین و نزدیک‌ترین مصداق، به آیات سیاق اول همین سوره باز می‌گردد؛ بنابراین سیاق دوم، از محتوای سیاق اول دفاع کرده و این، نشان می‌دهد اتهامات وارده شده به قرآن در سیاق دوم، عکس العمل مخاطبان در مقابل محتوای سیاق اول بوده است.

هرکدام از سیاق‌های سوره، بخشی از فضای دومرحله‌ای آن را مدّنظر قرا داده است:

سیاق اول سوره، با بیان شرط‌های پی‌درپی، فضای هولناک قیامت را به تصویر کشید، تا با ترسیم دگرگونی نظام عادی عالم و شکل‌گرفتن نظام محاسبه، از هنگامه‌ای خبر دهد

که انسان نسبت به اعمال خود، آگاه خواهد شد.

اما از آن رو که این سخن، از سوی مخاطب غافل متهم شده، تا صدق آن زیر سؤال رود، سوره در سیاق دوم، از حریم وحیانی این سخن دفاع کرده و در پایان، مخاطب را به تذکّر از آن دعوت می‌کند.

قرائنی که در ارتباط فضای سخن دو سیاق سوره مطرح شد، عیناً در کشف جهت هدایتی آن نیز تکرار می‌شود، چنانکه اشاره شد، تمام ضمیرهای سیاق دوم، به سخن قرآن در سیاق اول اشاره دارد، بنابراین محور سخن در سوره تکویر سیاق نخست بوده و نقش سیاق دوم دفاع و پشتیبانی از منبع وحیانی سخن سیاق اول است:

انذار وحی الهی؛ آگاهی انسان از دست آورد خود در روز قیامت

اوضاع جهان دگرگون می شود و انسان از دست آورد خود آگاه می شود. این پیام وحی الهی است و جنّیان و شیاطین، هیچ دخالتی در نزول آن ندارند. از آن دوری نکنید و تذکّرش را پذیرا باشید

آیه ۱ تا ۱۴

هشدار و انذار؛ آگاهی انسان از دست‌آورد خود در روز قیامت

نظام عادی عالم برچیده می‌شود و نظام تعیین سرنوشت براساس دست‌آوردهای خود جای آن را می‌گیرد.

آیه ۱۵ تا ۲۹

از سخن وحی دوری نکنید و متذکر آن شوید

آگاهی انسان از دستاورد خود در روز قیامت، سخن فرشته امین وحی است و رسول خدا ﷺ، آن را از جنیان و شیاطین دریافت نکرده است؛ پس چرا از آن دوری می‌کنید؟ به جای دوری‌کردن، متذکر آن شوید.

ترجمه منسجم هدایتی

بخوان این سوره را **به اسم الله رحمت‌گستر رحم‌آور**

آن هنگام که خورشید بر خلاف ماهیت نورانیش، **در هم پیچانده** و تاریک **شود.«۱» و آن هنگام که ستارگان** درخشان، **کدر و تیره شود.«۲» و آن هنگام که کوه‌های** پرصلابت و مستحکم، **سیر**

داده شود.«۳» و آن هنگام که شتران آبستن ده‌ماهه، این اموال گرانبها و ارزشمند، **معطّل گذاشته شود.«۴» و آن هنگام که حیوانات وحشی،** بر خلاف خوی گریزپایشان، **برانگیخته و جمع شود.«۵» و آن هنگام که دریاها، متلاطم و لبریز گردد.«۶» و آن هنگام که نَفس‌ها** بر اساس اعمالشان در دنیا، هرکدام با هم‌نوع خود، **جفت شود.«۷» و آن هنگام که از دختر زنده‌به‌گورشده سؤال شود.«۸» به کدام گناه به قتل رسید؟«۹» و آن هنگام که صحیفه‌های** اعمال، برای حسابرسی **باز شود.«۱۰» و آن هنگام که آسمان** عالم، **برکنده شود.«۱۱» و آن هنگام که آتش سوزان،** برای مجازات مجرمان **برافروخته گردد.«۱۲» و آن هنگام که بهشت،** برای پذیرایی از محسنان، **نزدیک شود.«۱۳»** در این هنگامه سخت، **هر نفسی آنچه را حاضر کرده** است، از اعمال و عقاید و رفتارهایی که در دنیا داشته است، **بداند.«۱۴»** تشکیک در منبع و طریق این سخنان برای فرار از حقیقت سودی ندارد؛ **پس قسم نمی‌خورم به** ستاره‌های نگهبان، همان **پنهان‌شوندگان.«۱۵» جاری‌شوندگانِ مخفی‌شونده.«۱۶» و به شب، آن هنگام که پشت کند.«۱۷» و به صبح، آن هنگام که نفس کشد** و روشنی‌اش در افق پدیدار می‌شود.«۱۸» **همانا آن** خبری که از آگاهی انسان از دست‌آوردِ خود در روز قیامت گفته شد، **قطعاً قول رسولی کریم است.«۱۹» دارای قوّت، دارای منزلت، نزد صاحب عرش.«۲۰» مورد اطاعت در آنجا، امین** در ابلاغ آنچه خدا به او فرمان می‌دهد.«۲۱» **و مصاحب شما** حضرت محمّد صلی الله علیه و آله، **جن‌زده نیست.«۲۲» و حتماً او** یعنی فرشته وحی **را در افق آشکار دید.«۲۳» و او بر** ابلاغ پیام‌های نفیس **غیب** به شما، **بخیل نیست.«۲۴» و آن**‌چه از اخبار غیبی قیامت آمد، **قول شیطان رجم شده نیست.«۲۵» پس** از سخن حق وحی، فرار می‌کنید و به **کجا می‌روید؟«۲۶» نیست آن، مگر ذکری برای عالمیان،** تا راه بندگی را از چاه ضلالت در غفلت‌ها بازشناسند.«۲۷» و هدایت‌کننده به سوی حق است، **برای هرکس از شما که مشیت او، استقامت ورزیدن** در مسیر حق **باشد.«۲۸» و شما** هیچ راهی و روشی را **مشیّت نمی‌کنید، مگر اینکه الله، پروردگار جهانیان،** آن را برای شما **مشیّت کند.«۲۹»**

در محضر عترت

سوره تکویر، سوره هشدار به رویارویی با اعمال در روز قیامت است؛ باور به آگاهی از اعمال در روز قیامت، رویه‌ای متفاوت در زندگی باورکننده می‌طلبد؛ بین کسی که خود را برای دوری از عذاب روز قیامت و رویارویی با بهترین‌ها در آن روز آماده می‌کند و کسی که همه چیزرا در دنیای خود خلاصه کرده، تفاوت رفتاری فراوانی هست؛ در همین راستا، امیر

بیان، علی علیه‌السلام، شنوندگان سخنش را چنین توصیه می‌کند:

«أَلَا إِنَّ الدُّنْيَا دَارٌ لَا يُسْلَمُ مِنْهَا إِلَّا فِيهَا وَ لَا يُنْجَى بِشَيْءٍ كَانَ لَهَا ابْتُلِيَ النَّاسُ بِهَا فِتْنَةً فَمَا أَخَذُوهُ مِنْهَا لَهَا أُخْرِجُوا مِنْهُ وَ حُوسِبُوا عَلَيْهِ وَ مَا أَخَذُوهُ مِنْهَا لِغَيْرِهَا قَدِمُوا عَلَيْهِ وَ أَقَامُوا فِيهِ فَإِنَّهَا عِنْدَ ذَوِي الْعُقُولِ كَفَيْءِ الظِّلِّ بَيْنَا تَرَاهُ سَابِغاً حَتَّى قَلَصَ وَ زَائِداً حَتَّى نَقَصَ».[1]

«آگاه باشید! دنیا خانه‌ای است که کسی در آن ایمنی ندارد؛ جزآنکه به جمع‌آوری توشه آخرت پردازد و از کارهای دنیایی کسی نجات نمی‌یابد؛ مردم به‌وسیله دنیا آزمایش می‌شوند؛ پس هر چیزی از دنیا را برای دنیا به‌دست آوردند، از کفشان بیرون می‌رود و برآن محاسبه خواهند شد و آنچه را در دنیا برای آخرت تهیه کردند، به آن خواهند رسید و با آن خواهند ماند. دنیا در نظر خردمندان چونان سایه‌ای است که هنوز گسترش نیافته، کوتاه می‌گردد و هنوز فزونی نیافته، کاهش می‌یابد»[2].

توضیحات کاربردی

سوره تکویر با مخاطبی روبرو است که غرق در مظاهر دنیا و سنّت‌های خودساخته جاهلانه گشته و هرآهنگ مخالفی را با خدعه و نیرنگ پاسخ می‌دهد. آیات در شرایطی سخن می‌گوید که مخاطبان، خبر قرآن از آن روز وانفسا را به بهانه مجنون بودن پیامبر صلی‌الله‌علیه‌وآله، زیر سؤال برده‌اند؛ عکس‌العملی که ممکن است، هرزمان در رنگ و لعاب جدیدی، با ظاهری متفاوت تکرار شود؛

گاهی در لباس تمسخر و توهین و فیلم و کاریکاتور موهن و گاهی در لباس مدرن ادعای بشری بودن متن قرآن و بی‌اساس‌بودن عبرت‌ها و اخبار آن، یا تأثیرپذیری آن، از زمان جاهلیّت عربی و افسانه‌های اساطیری آن زمان.

غافل از اینکه این جدال، نشان از ضعف مخاطبی دارد که برپایی نظام حساب و کتاب و تعیین سرنوشت بر اساس اعمال را با نفسانیّات خویش هم‌خوان و سازگار نمی‌بیند و از

۱. نهج‌البلاغه (صبحی صالح)، خطبه ۶۳، ص۴۹.

۲. نهج البلاغه، ترجمه استاد محمد دشتی، ص ۱۱۲.

سوی دیگر، توان مقابله با بیان تکان‌دهنده قرآن را نیز ندارد.

پاسخ قرآن به این شبهه در عصر خود و به نسل این شبهه در عصر ما و عصرهای آینده، تأکید بر وحیانی‌بودن این سخن است که احتمال صحّت آن نیز، خواب راحت را از چشم هر مکذّب کافری می‌رباید؛ قرآنی که هم‌اکنون پیش روی ماست و با ما سخن می‌گوید، از جانب رسولی بزرگوار که حامل پیام‌های الهی بوده است، به پیامبر ﷺ إلقا شده است؛ او این سخنان را از آن جایگاه دریافت کرده است؛ این سخنان، هرگز از سوی جنّیان و شیاطین نبوده و آن‌ها هیچ دخالتی در آن نداشته‌اند.

آری، چنین قرآن متقنی، از رسیدن روزی خبر می‌دهد که زمین و زمان درهم‌ریخته خواهد شد و صحنه حساب و کتاب آماده خواهد گشت.

باید بهانه‌ها را کنار گذاشت؛ باید فریب شیطان در القاء شبهات ناروا در مورد قرآن را در نظر گرفت؛ باید راه درست را نه پشت سر تابعان شیطان که پشت سر حقیقت برآمده از سخن قرآن پی گرفت؛ باید در مقابل این سخن زانو زد؛ سخنی که برای تذکّر و بیدارسازی بشر آمده است.

و چه زیان‌بار است حال کسی که امروز، در برابر سخن قرآن، با بهانه‌های واهی ایستادگی کند و در آن روز بزرگ یعنی قیامت با دستان خالی، حسرت‌زده، افسوس بخورد!

 **دعا**

خدایا! ایمان به قرآن را در دل‌های ما زنده بدار.

بارالها! در آن هنگامه سخت که مظاهر عظیم خلقت تو به نابودی می‌گرایند، بهشت‌وجهنّم مهیا می‌شوند و نامه اعمال بندگان گشوده می‌شود، ما را از یاری خود بی‌نصیب نکن و در بهشت برین ساکن کن.

سوره انفطار

ترجمه تطبیقی

بِسۡمِ اللَّهِ الرَّحۡمَنِ الرَّحِیمِ
به اِسم الله رحمت‌گستر رحم‌آور

إِذَا السَّمَاءُ انفَطَرَتۡ ﴿١﴾
آن‌گاه که آسمان گسسته شود؛«۱»

وَإِذَا الۡکَوَاکِبُ انتَثَرَتۡ ﴿٢﴾
و آن‌گاه که کواکب پراکنده شود؛«۲»

وَإِذَا الۡبِحَارُ فُجِّرَتۡ ﴿٣﴾
و آن‌گاه که دریاها منفجر شود؛«۳»

وَإِذَا الۡقُبُورُ بُعۡثِرَتۡ ﴿٤﴾
و آن‌گاه که قبرها، زیروزَبَر شود؛«۴»

عَلِمَتۡ نَفۡسٌ مَّا قَدَّمَتۡ وَأَخَّرَتۡ ﴿٥﴾
هر نفسی بداند آنچه را پیش فرستاده و آنچه را وانهاده است.«۵»

یَا أَیُّهَا الۡإِنسَانُ مَا غَرَّكَ بِرَبِّكَ الۡکَرِیمِ ﴿٦﴾
ای انسان! چه چیز تو را نسبت به ربّ کریمت فریب داد؟«۶»

الَّذِی خَلَقَكَ فَسَوَّاكَ فَعَدَلَكَ ﴿٧﴾
همان که تو را خلق کرد؛ پس سامانت داد؛ پس تو را اعتدال بخشید.«۷»

فِ☒ أَ☒ِّ صُورَةٍ مَا شَاءَ رَكَّبَكَ ﴿٨﴾

در هر صورتی که مشیت کرد، تو را ترکیب کرد.«۸»

كَلَّا بَلْ تُكَذِّبُونَ بِالدِّ☒نِ ﴿٩﴾

هرگز؛ بلکه جزا را تکذیب می کنید.«۹»

وَإِنَّ عَلَ☒كُمْ لَحَافِظِ☒نَ ﴿١٠﴾

و قطعاً بر شما حافظانی هست.«۱۰»

كِرَامًا كَاتِبِ☒نَ ﴿١١﴾

کریمانی کاتب«۱۱»

☒عْلَمُونَ مَا تَفْعَلُونَ ﴿١٢﴾

که آنچه را انجام می‌دهید، می‌دانند.«۱۲»

إِنَّ الْأَبْرَارَ لَفِ☒ نَعِ☒مٍ ﴿١٣﴾

به یقین، نیکوکاران در نعمت دائم‌اند«۱۳»

وَإِنَّ الْفُجَّارَ لَفِ☒ جَحِ☒مٍ ﴿١٤﴾

و قطعاً، فاجران در دوزخ‌اند.«۱۴»

☒صْلَوْنَهَا ☒وْمَ الدِّ☒نِ ﴿١٥﴾

روز جزا، در آن وارد می‌شوند.«۱۵»

وَمَا هُمْ عَنْهَا بِغَائِبِ☒نَ ﴿١٦﴾

و هرگز از آن‌جا غایب‌شوندگان نیستند.«۱۶»

وَمَا أَدْرَاكَ مَا ☒وْمُ الدِّ☒نِ ﴿١٧﴾

و چه چیز تو را آگاه کرد که روز جزا چیست؟«۱۷»

ثُمَّ مَا أَدْرَاكَ مَا ☒وْمُ الدِّ☒نِ ﴿١٨﴾

و سپس چه چیز تو را آگاه کرد که روز جزا چیست؟«۱۸»

☒وْمَ لَا تَمْلِكُ نَفْسٌ لِنَفْسٍ شَ☒ْئًا وَالْأَمْرُ ☒وْمَئِذٍ لِلَّهِ ﴿١٩﴾

روزی که هیچ نفسی به سود نفسی، مالک هیچ چیزی نیست و امر در آن روز از آنِ الله است.«۱۹»

کشف سیاق‌ها

سوره انفطار به سه سیاق تقسیم می‌شود: آیه ۱ تا ۵، آیه ۶ تا ۱۲ و آیه ۱۳ تا ۱۹.

آیه ۱ تا ۵، در قالب جمله‌های شرطیه، صحنه قیامت را به تصویر کشیده و در جواب این شرط‌ها از آگاهی انسان نسبت به دست‌آوردهای خود در آن روز سخن می‌گوید.

از ابتدای آیه ۶، سیر مفهومی جدیدی خطاب به انسان، آغاز می‌شود و با او در خصوص فریفته شدنش نسبت به پروردگار سخن می‌گوید؛ این سیر، تا آیه ۸ اتّصال روشنی دارد؛ آیه ۹، به وسیله «کلّا» و «بل» به همین مسئله نظارت پیدا کرده و «تکذیب» را به عنوان ریشه فریفته شدن مطرح می‌کند و در ادامه، آیه ۱۰ تا ۱۲، با تأکید بر کتابت اعمال، بی‌پایه بودن تکذیب را به او گوشزد می‌کند.

از ابتدای آیه ۱۳، سیر مفهومی جدیدی در فضای قیامت، آغاز شده که در مورد عاقبت اقسام انسان‌ها در قیامت سخن می‌گوید؛ این سیر، تا پایان سوره ادامه یافته است.

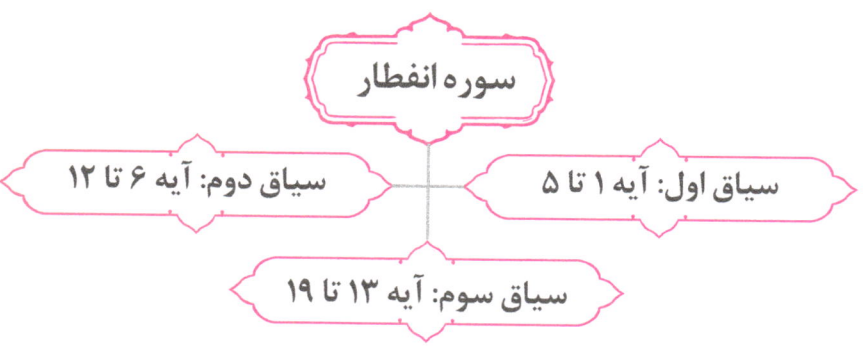

سیاق اول: آیه ۱ تا ۵

فضای سخن

از آگاهی نسبت به دست‌آوردها در روز قیامت غافل‌اند.

محتوای این سیاق، در قالب شرط و جزا سامان یافته است؛ آیه ۱ تا ۴، در مقام شرط، ظرف زمانی برپایی قیامت را توصیف کرده است؛ و آیه ۵، در جایگاه جواب، از آگاهی

انسان نسبت به دست‌آوردهای خویش در ظرف قیامت، سخن گفته است: «**عَلِمَتْ نَفْسٌ مَا قَدَّمَتْ وَأَخَّرَتْ ﴿٥﴾**»؛ بجایی این جواب، حاکی از فضای غفلت مخاطبان، نسبت به حقیقت آگاهی از دست‌آوردها در روز قیامت است.

سیر هدایتی

سوره در ابتدای سخن، از هنگامه‌ای عظیم سخن می‌گوید:

«**إِذَا السَّمَاءُ انْفَطَرَتْ ﴿١﴾**» آسمانی که سالیان سال، همچون سقفی یک‌پارچه و منسجم بالای سر انسان‌ها بوده است و هرگز از خود فطوری نشان نداده است،[1] از هم گسیخته گردد.

«**وَإِذَا الْكَوَاكِبُ انْتَثَرَتْ ﴿٢﴾**» ستارگان که امروز درنهایت نظم در مدارهای خود قرار دارند، مانند دانه‌های تسبیحی که نخ آن پاره شده، از هم گسسته و پراکنده شود.

«**وَإِذَا الْبِحَارُ فُجِّرَتْ ﴿٣﴾**» دریاهای با عظمت که ذخایر فراوانی از آب در درون دارند، منفجر شود.

«**وَإِذَا الْقُبُورُ بُعْثِرَتْ ﴿٤﴾**» و قبرهایی که در ظاهر، آرام و بی‌صدا، هزاران هزار مرده را با هر عملی که داشته‌اند، در خود جای داده است، زیر و زبر شوند.

مخاطب همچنان منتظر جواب شرط است. در آن هنگامهٔ هولناک- که هرچه پیوست ظاهری در این عالم است، دچار گسست می‌شود- چه خواهد شد؟

«**عَلِمَتْ نَفْسٌ مَا قَدَّمَتْ وَ أَخَّرَتْ ﴿٥﴾**»، در آن هنگام، همگان از همه اعمال خود آگاه خواهند شد؛ چه اعمالی که پیش فرستاده‌اند (**ما قَدَّمَت**) یعنی عمل خوب و یا بدی که مرتکب شده و در پرونده خود ثبت کرده‌اند و چه اعمالی که پس نهاده‌اند (**وأخّرت**) یعنی اعمال خوب و بدی که بعد از مرگ آن‌ها نیز جریان داشته است، مانند سنّت‌های خوبی که از خود به‌جای گذاشته‌اند و یا بدعت‌های بدی که بعد از آن‌ها نیز ادامه یافته است.

آنان در دنیا و در بستر آرام و یک‌پارچه آن، به گونه‌ای رفتار می‌کنند که گویا همه چیز فراموش می‌شود و خبری از جزا نخواهد بود! آیات وحی، با بیان اوصاف و اتفاقات عظیم

---

۱. «الَّذِي خَلَقَ سَبْعَ سَمَاوَاتٍ طِبَاقاً مَا تَرَى فِي خَلْقِ الرَّحْمَانِ مِن تَفَاوُتٍ فَارْجِعِ الْبَصَرَ هَلْ تَرَى مِن فُطُورٍ» همان کسی که هفت آسمان را بر فراز یکدیگر آفرید در آفرینش خداوند رحمان هیچ تضادّ و عیبی نمی‌بینی! بار دیگر نگاه کن؛ آیا هیچ شکاف و خللی مشاهده می‌کنی؟! (سوره ملک، آیه ۳)

قیامت، بستر علم انسان به کرده‌های خود را تبیین می‌کند؛ تا بدانند در روزی هولناک که نظام منسجم درهم‌ریخته خواهد شد، او در صحنه حساب و کتاب در برابر ربّ، از همه دست‌آوردها و اعمالش آگاه خواهد شد؛ آری همه آنچه کرده است، ثبت شده و در آن روز، در پیش روی او حاضر خواهد شد.

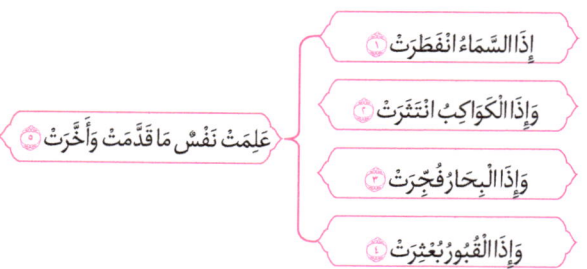

إِذَا السَّمَاءُ انفَطَرَتْ ﴿١﴾
وَإِذَا الْكَوَاكِبُ انتَثَرَتْ ﴿٢﴾
وَإِذَا الْبِحَارُ فُجِّرَتْ ﴿٣﴾
وَإِذَا الْقُبُورُ بُعْثِرَتْ ﴿٤﴾
← عَلِمَتْ نَفْسٌ مَا قَدَّمَتْ وَأَخَّرَتْ ﴿٥﴾

جهت هدایتی

در جملات شرطی، تمام آنچه که در قالب شرط گفته می‌شود، مقدّمه‌ای برای اصل سخن در جواب شرط است، شرط‌های این سیاق، از ظرف زمانی خاصّی سخن می‌گوید و جواب شرط، اتّفاقی است که در آن زمان رخ خواهد داد.

آیات این سیاق نیز در قالب شرط و جواب مطرح شده است؛ درنتیجه محور جهت هدایتی این سیاق، جواب شرط‌ها یعنی آیه ۵ سیاق است:

آگاهی انسان از تمام دست‌آوردهای خویش در هنگامه قیامت

نظام منسجم و به‌هم‌پیوسته عالم، از هم خواهدگسیخت و قیامت برپا گشته، انسان از تمام دست‌آوردهای خود آگاه خواهد شد.

سیاق دوم: آیه ۶ تا ۱۲

فضای سخن

در اثر تکذیب جزا، نسبت به پروردگار خویش فریفته شده‌اند.

مستندات فضای بالا از این قرار است:

۱. اولین آیه سیاق، با لحنی توبیخ‌آمیز از انسان درباره غرور، یعنی فریفته‌شدن به پروردگار می‌پرسد: «یا أَیُّهَا الْإِنْسانُ ما غَرَّکَ بِرَبِّکَ الْکَرِیمِ ﴿٦﴾»؛ این سؤال توبیخی، در فضایی بجا است که مخاطب، گرفتار فریب باشد؛ «فریب» یعنی چیزی در نظر کسی جلوه کرده و او را از آنچه که باید به آن توجه داشته باشد، غافل کند.[1]

۲. فضای تکذیب نسبت به جزاء از جانب انسان فریب‌خورده، از صدق سخن خدای حکیم در خطاب به انسان فریب‌خورده فهمیده می‌شود: «کَلَّا بَلْ تُکَذِّبُونَ بِالدِّینِ»؛ مابعد «بل» در زبان عربی، اشاره به ریشه دارد؛ بنابراین سخن از تکذیب جزا خطاب به انسان فریب‌خورده، ریشه فریفتگی او را مشخص می‌کند.

سیر هدایتی

آیات با توبیخ انسان فریب‌خورده در قالب سؤال آغاز می‌شود: «یَا أَیُّهَا الْإِنْسَانُ مَا غَرَّکَ بِرَبِّکَ الْکَرِیمِ ﴿٦﴾»؛ ای انسان، چه چیز تو را به پروردگار کریمت، فریب داد؟

در شکل‌گیری معنای فریب در این آیه، سه رکن اصلی وجود دارد: ۱. فریب‌خورنده که در این آیه، انسان است؛ ۲. عامل فریب که در این آیه، با «ما» مورد سؤال واقع شده؛ ۳. آنچه که با غفلت از آن، فریب معنا پیدا می‌کند، یعنی همان کس یا امر مهمی که فریب‌خورنده از آن غافل شده است.

از این میان، سؤال از عامل فریب برای حکایت از ناروا بودن فریفتگی است؛ زیرا هیچ جوابِ حقّی از جانب انسان، ندارد؛ به‌ویژه زمانی که آنچه در نظر انسان مغفول مانده، پروردگار کریم انسان باشد؛ چه چیزی می‌توانسته پروردگار کریم را از نظر انسان محو کند و جای او را در دل و جان او بگیرد؟ ثروت! قدرت! شهوت! و یا ...! تو به کدامین آن‌ها توجه کردی و خود را وقف آن نمودی که از یاد پروردگارت غافل شدی؟

---

۱. «غَرَّ» یعنی فریب داد. فعل ماضی از ریشه «غرر» است. التحقیق فی کلمات القرآن الکریم (ج۷، ص۲۵۱) درباره معنای اصلی مادّه «غرر» چنین می‌نویسد: «أنّ الأصل الواحد فی المادّة حصول الغفلة بتأثیر شیء آخر فیه، و هذا هو الفرق بینها و بین الغفلة، فانّها مطلق الغفلة». به وجود آمدن غفلت توسط چیز دیگری که عامل فریب است؛ فرق فریب‌خوردن با غافل‌شدن نیز در همین نکته است که غفلت، اعم از آن است که عامل بیرونی داشته باشد یا اینکه انسان به‌خودی خود غافل باشد؛ اما در فریب، همیشه یک عامل فریبی وجود دارد.

ادامـه آیات، برای آشـکارتر شـدن قبـح غفلت مخاطب از پـروردگار کریـم، او را توصیف کرده است: «الَّذِي خَلَقَكَ فَسَوَّاكَ فَعَدَلَكَ ۝٧ فِي أَيِّ صُورَةٍ مَا شَاءَ رَكَّبَكَ ۝٨».

هرچـه مـورد غفلـت، بزرگ‌تر و تأثیرگذارتر باشـد، غفلت از او زشـت‌تر و ناپسـندتر اسـت؛ غفلـت انسـان از پـروردگارش، غفلت از حقیقتی غیرمهم و بی‌تأثیر نیسـت. ای انسـان! آن پـروردگاری کـه از آن غافـل شـدی، همـان پروردگاری اسـت کـه تـو را مرحله‌به‌مرحله رشـد داد؛ ابتـدا تـو را «خلـق» کـرد؛ یعنـی از عـدم به سـرای وجود آورد و هسـتی بخشـید؛ سـپس تـو را «تسـویه» کـرد؛ یعنـی همـه چیـز را در وجـودت در جای خودش و براسـاس نظـم و قرار مشخصی ترتیب داد و ابعاد مختلف جسم و جانت را سامان داد و سپس با توازن آن‌ها، تو را «اعتدال» بخشید و در هر شکلی که خواست، تو را «ترکیب» کرد.

آیـه بعـد، با «کلّا» آغاز شـده اسـت؛ «کلّا» در این آیـات، برای ردع و ابطـال هرگونه توهّم غلطی در مخاطب اسـت. ممکن اسـت انسـان در مقام پاسخ به سؤال خدای متعالی «مَا غَرَّكَ بِرَبِّكَ الْكَرِيمِ»، وجوه فراوانی را برای توجیـه خود به ذهن راه دهد؛ امـا آیات، اجازه هر توهّمـی را نمی‌دهد؛ این ردع، زمینه‌سـاز بیان ریشـه‌ای اسـت که تنها عامـل حقیقی فریب انسان است و بس.

ازایـن‌رو، آیـات پـس از ردع به وسـیله «کلّا»، از کلمه «بل» اسـتفاده می‌کنـد تا مخاطب را متوجـه ریشـه و لایه عمیق فریب کند: «بَلْ تُكَذِّبُونَ بِالدِّينِ ۝٩»؛ آری، عامل اصلی فریب انسان نسبت به پروردگار، آن است که پیوسته جزا را دروغ می‌انگارد.

تغییـر خطـاب آیات از مفرد به جمع، برای انحصارزدایی از ذهن مخاطبان آیات اسـت؛ هر کسی که تکذیب جزا می‌کند، نتیجه‌اش ایستادن در جایگاه همان انسان توبیخ‌شده در آیه ۶ اسـت. این سـیره مستمرّ گروهی از مخاطبان سوره، در برخورد با حقیقت روز جزاست که ایشـان را از توجّه به پرودگار عالم بازداشـته و غفلت را در وجود ایشـان حاکم می‌کند؛ اگر جزا را بـاور داشـتند، هیـچ مظهـری از مظاهر دنیا، جـای توجّه به ربّ را در دل‌وجان ایشـان نمی‌گرفت.

در اینجا، در راسـتای فهم ارتباط، بین تکذیب روز جزا و غفلت از پروردگار توجه به یک

نکته لازم و ضروری است: نقطه ظهور غفلت انسان از پروردگار خویش، نافرمانی از فرامین اوست؛ اگر انسان جزا را باور داشت، هرگز از فرامین پروردگار خویش غافل نمی‌شد؛ امّا چون جزا را تکذیب کرده انگیزه‌ای برای عمل به فرامین پروردگار خود ندارد و این، معنای فریفتگی و غفلت او نسبت به پروردگار است.

اگر انسان جزا را باور داشت، هرگز حبّ مال و ثروت دنیا او را به خود مشغول نمی‌ساخت؛ هرگز حبّ قدرت او را به وادی گناه نمی‌کشاند و هرگز به سمت امیال شهوانی خود نمی‌رفت؛ یعنی هرگز نافرمانی نمی‌کرد و دیگر نسبت به پروردگار خویش غفلت‌زده نبود.

آیات در ادامه، ریشه فریب، یعنی تکذیب را هدف قرار می‌دهد:

شما پیوسته حقانیت جزاء را تکذیب می‌کنید و این در حالی است که قطعاً بر شما حافظانی هست؛ بزرگوارانی که اعمال شما را می‌نگارند و آنچه را انجام می‌دهید، می‌دانند: **«وَإِنَّ عَلَيْكُمْ لَحَافِظِينَ ﴿۱۰﴾ كِرَاماً كَاتِبِينَ ﴿۱۱﴾ يَعْلَمُونَ مَا تَفْعَلُونَ ﴿۱۲﴾»**؛

«حفظ»، به معنای نگاه‌داشتن است و هنگامی که با حرف «علی» به کار می‌رود، معنای سلطه و اشراف نیز به آن اضافه می‌شود و حاکی از نگهبانی است؛ حفظ انسان، به معنای حفظ نفس او از تباهی است؛ جسم انسان، همواره در حال تغییر و تبدّل است؛ امّا ماهیت نفس انسان، چه قبل از مرگ و چه بعد از آن، همواره ثابت و محفوظ است، منِ امروز، همان منِ ده سال قبل است؛ نقش نخست این بزرگواران، حفظ نفس انسان برای روز محاسبه است.

نقش دوّم ایشان، کتابت اعمال انسان است؛ ایشان به اعمال او آگاه‌اند و آن را دقیق می‌نویسند.

این جمله، یک جمله حالیه است یعنی حال انسان‌ها را در تکذیب‌شان بیان می‌کند؛ بیان این حال، مخاطب را متوجه امر مهمّی می‌کند که غفلت از آن، سبب تداوم رویکرد تکذیب و بی‌پروایی از اثرات آن شده است.

انسان باید بداند که آنچه انجام داده، هیچ‌گاه از بین نمی‌رود و در سابقه نفس حفظ شده او باقی است و فعلی از افعال او از قلم نمی‌افتد و ریزبه‌ریز، توسط کاتبان بزگوار الهی ثبت و

ضبط می‌شود و همین امروز که تکذیب می‌کند، در حالی تکذیب کرده که همه افکار و گفتار و رفتارش، زیر ذرّه‌بین کاتبانی بزرگوار است که آن را ثبت و برای روزی بزرگ، آماده می‌کنند.

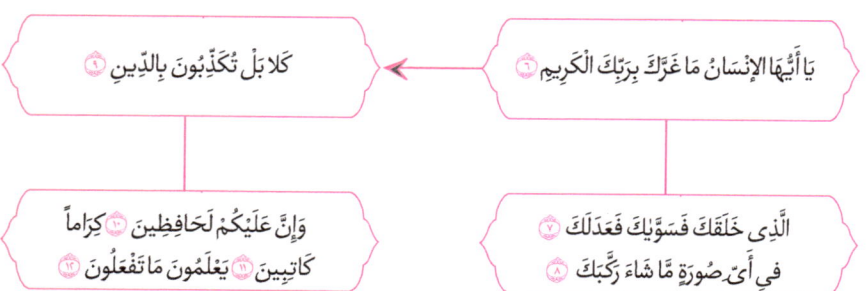

يَا أَيُّهَا الْإِنْسَانُ مَا غَرَّكَ بِرَبِّكَ الْكَرِيمِ ﴿٦﴾

الَّذِي خَلَقَكَ فَسَوَّاكَ فَعَدَلَكَ ﴿٧﴾ فِي أَيِّ صُورَةٍ مَا شَاءَ رَكَّبَكَ ﴿٨﴾

كَلَّا بَلْ تُكَذِّبُونَ بِالدِّينِ ﴿٩﴾

وَإِنَّ عَلَيْكُمْ لَحَافِظِينَ ﴿١٠﴾ كِرَامًا كَاتِبِينَ ﴿١١﴾ يَعْلَمُونَ مَا تَفْعَلُونَ ﴿١٢﴾

جهت هدایتی

وجه مشترک آیات این سیاق، بازداری از فریب خوردگی انسان نسبت به پروردگار است؛ این بازداری را می‌توان در دو مرحله قبل و بعد از «کلّا» ارزیابی کرد: قبل از «کلّا»، با توبیخ از فریب خوردگی انسان سخن گفته و با بیان اوصاف پروردگار قبح آن را آشکار کرده است و «کلّا» و مابعد آن، فریفتگی انسان را در تکذیب جزا ریشه‌یابی کرده و با این تکذیب مقابله کرده است.

بازداری انسان از فریفته‌شدن نسبت به پروردگار، براثر تکذیب جزا

شما جزا را دورغ می‌پندارید و به همین دلیل مظاهر دنیا در چشمتان جلوه می‌کند و از خدا غافل می‌شوید. بدانید که انسان و تمام افکار و علایق و اعمالش حفظ می‌گردد و جزا حق است؛ پس مبادا به پروردگار کریمتان فریفته شوید.

سیاق سوم: آیه ۱۳ تا ۱۹

از دایره بندگی خدا خارج شده‌اند و به پشتوانه‌های پنداری برای دفع عذاب الهی در روز قیامت امید دارند.

قرائن فضای بالا از این قرار است:

۱. آیات این سیاق، عاقبت ابرار و فاجران را در روز قیامت به تصویر می‌کشد؛ اما

بجایی تأکید و تفصیل آیات در قسمت عاقبت فاجران در آیه ۱۴ تا ۱۹ سیاق، نشان می‌دهد، که مسئله و دغدغه اصلی سیاق، فجور است.

۲. آیه ۱۹، «یَوْمَ لَا تَمْلِكُ نَفْسٌ لِّنَفْسٍ شَيْئاً وَ الْأَمْرُ يَوْمَئِذٍ لِلَّهِ»، به بی‌پناهی انسان در روز قیامت، به سبب ناکارآمدی اسباب غیرالهی در آن روز، اشاره دارد؛ بجایی این آیه، حاکی از دل‌خوشی مخاطب به این اسباب، برای دفع عذاب آن روز است.

سیر هدایتی

آیات با تأکید فراوان و زبانی زنده، از عاقبت و سرانجام پراز نعمت، برای ابرار سخن می‌گوید: «إِنَّ الْأَبْرَارَ لَفِي نَعِيمٍ ﴿۱۳﴾»؛ آنان که در زندگی خویش مسیر «برّ» را پیمودند، غرق در نعمت دائمی حق هستند.

تبشیر به ابرار، برای عاقبت نیکویی که با عمل خویش کسب می‌کنند، یکی از جهات آیه ابتدایی سیاق است؛ اما پردازش مفصّل به عاقبت فاجران در ادامه، نشان می‌دهد که روی دیگر سخن اصلی آیه ابتدایی نیز فاجران هستند و غرض از بیان عاقبت ابرار، برای مثل ایشان، ایجاد رغبت به سوی این عاقبت نیکوست.

آیات در ادامه، در نقطه مقابل ابرار، عاقبت فاجران را در عذاب به تصویر می‌کشد: «وَ إِنَّ الْفُجَّارَ لَفِي جَحِيمٍ ﴿۱۴﴾ يَصْلَوْنَهَا يَوْمَ الدِّينِ ﴿۱۵﴾ وَ مَا هُمْ عَنْهَا بِغَائِبِينَ ﴿۱۶﴾» فاجران، قطعاً در آتش سوزان جهنّم خواهند بود؛ در روز جزا گرفتار آن شده و هیچ‌کدام از این عاقبت، غایب نبوده و از قلم نخواهند افتاد.

در این آیات، توصیف خدای متعالی از عاقبت فاجران، مقیّد به ظرفی به نام «یوم الدین» شده است؛ ازاین‌رو، ادامه آیات، عظمت و بزرگی این ظرف را در قالب دو سؤال یادآور می‌شود:

«وَ مَا أَدْرَاكَ مَا يَوْمُ الدِّينِ ﴿۱۷﴾ ثُمَّ مَا أَدْرَاكَ مَا يَوْمُ الدِّينِ ﴿۱۸﴾»

اسلوب «ما ادراک»، اشاره به ابهام مخاطب دارد و ازهمین‌رو، برای بیان عظمت به کار می‌رود و زمانی که بار دیگر به وسیله «ثم» تکرار می‌شود، حکایت از آن دارد که این ابهام، یک ابهام سطحی و زودگذر نیست؛ بلکه انسان، هر چه در این دنیا پیش رود، همچنان نسبت به عظمت آن روز در ابهام است.

امّـا آیـه ۱۹، ذهـن مبهم‌مانـده انسـان را بـه سـوی حقیقتـی مهـم در وصـف آن روز سـوق می‌دهـد و در بیانـی کوتـاه، ظرف وقـوع جزاء را توصیف می‌کنـد: «**یَوْمَ لَا تَمْلِكُ نَفْسٌ لِّنَفْسٍ شَيْئاً وَ الْأَمْرُ يَوْمَئِذٍ لِلَّهِ** ۱۹»؛ درک کامل حقیقت روز جزا امروز ممکن نیست؛ تنها همین بس کـه همـگان بدانند، در آن روز، حاکمیّت مطلق از آن خداسـت و از دسـت هیچ‌کس، برای کسـی کاری سـاخته نیسـت؛ «الأمر» در این آیه، به معنای فرمان است و وقتی مطلق به کار می‌رود، حاکی از حاکمیّت بی‌قید و بی‌چون‌وچرا دارد.

پس اگر فاجران، تصوّر کرده‌اند که پشتوانه‌های رفتار فاجرانه آنها در دنیا، اراده الهی را در عذاب محدود خواهد کرد، سخت در اشتباه‌اند.

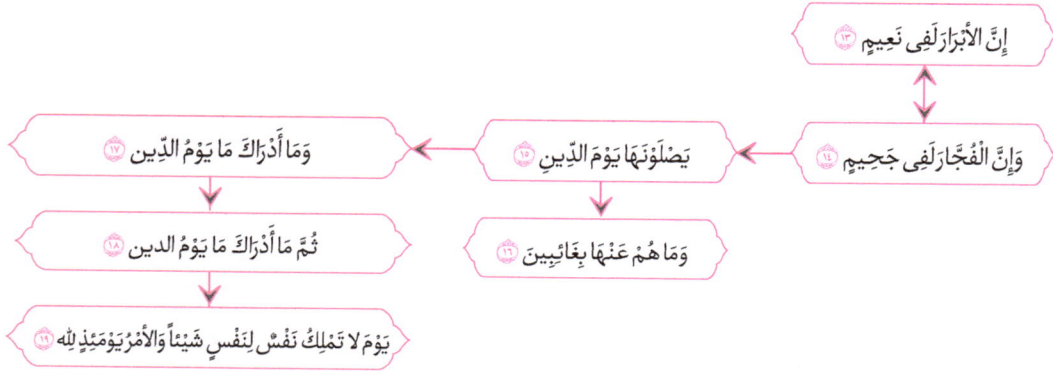

جهت هدایتی

تفصیـل عاقبـت فاجـران در مقابـل بیـان کوتـاه عاقبـت ابـرار، نشـان می‌دهد، کـه جنبه انذاری آیات این سیاق، بر جنبه تبشیری آن غلبه دارد؛ بنابراین آیه ۱۴ تا ۱۹، که از حتمیت عـذاب فاجـران در روز جـزا و حاکمیّـت بی‌چون‌وچرای خدا در آن روز سـخن گفته اسـت، سخن اصلی سیاق است.

انذار فاجران از عذاب بی‌چون‌وچرا در روز جزا

در آن روز از دست هیچ‌کس کاری برای انسان ساخته نیست و فرمان مطلق، از آنِ خداست.

فضای سخن، سیر و جهت هدایتی سوره

تکذیب روز جزا، انسان را نسبت به پروردگارش فریب داده و به وادی فجور کشانده است.

فضای سخن سوره انفطار، در سه محور اصلی قابل ارزیابی است؛ محورهایی که به تفکیک، در فضای سخن سیاق‌ها حضور دارد و قرائن آن، در بخش مربوطه مطرح شد و اینک، نسبت‌سنجی بین این موضوعات، می‌تواند فضای سخن سوره را مشخص سازد.

۱- غفلت از آگاهی نسبت به اعمال در قیامت و تکذیب جزا

۲- فریفته‌شدن انسان، نسبت به پروردگار، در اثر تکذیب جزا

۳- فجور

توجه به فضای سخن سیاق دوم سوره، نشان می‌دهد که حلقه وصل فضای سخن سوره را می‌توان در این سیاق جستجو کرد:

فضای سخن سیاق اول یعنی غفلت از آگاهی نسبت به اعمال در روز قیامت، همان معضلی است که سیاق دوم نیز به آن اشاره کرده است؛ سیاق دوم در راستای مقابله با تکذیب جزا، از ثبت و ضبط اعمال، توسط حافظان کاتب سخن می‌گوید؛ براین‌اساس، مخاطب سوره کسی است که از ثبت اعمال غافل است و ازاین‌رو باوری به مشاهده اعمال در روز قیامت و مواجهه با جزای متناسب با آن ندارد.

فضای سخن سیاق سوم نیز تصریح به روی دیگر سکّه فریب در سیاق دوم است؛ همان‌طور که در سیر هدایتی سیاق دوم شرح داده شد، فریفته‌شدن نسبت به پروردگار، در نافرمانی از فرامین او ظهور می‌یابد؛ نافرمانی و خروج از حیطه بندگی ربّ، همان فجور مطرح‌شده در سیاق سوم است.

بنابراین محور فضای سخن سوره را باید در سیاق دوم آن جستجو کرد؛ اینکه، بی‌توجّهی به ثبت و ضبط اعمال و تکذیب جزا، سبب توجه انسان به غیر و فریفته‌شدن او نسبت به پروردگار شده و او را از دایره بندگی خارج کرده است.

سوره انفطار در این فضا، هشدار را از ریشه‌ای‌ترین معضل مخاطب یعنی غفلت از مواجهه با اعمال در روز قیامت آغاز می‌کند:

سیاق اول، پرده توهم را از اندیشه انسان کنار می‌زند و از هنگامه‌ای خبر می‌دهد که تمام انسجام و یک پارچگی عالم، برهم ریخته و پیوست آن دچار گسست می‌شود و این فضا را بستر علم انسان به کرده‌های خود معرّفی می‌کند.

سیاق دوم، رابطه بین غفلت از مواجهه با اعمال و تکذیب حقیقت جزا با فریب نسبت به پروردگار را گوشزد کرده و با لحنی توبیخ‌آمیز، مخاطب خود را نسبت به اثر تکذیب جزا، توبیخ می‌کند. اینکه، اگر نبود باور غلط انسان بر عدم ثبت و ضبط و مواجهه با اعمال، هرگز امکان نداشت که به پروردگار خود فریفته شود و امر او را نادیده بگیرد؛ چراکه او کریمی است که انسان را آفریده و مقدمات وجود را برای او فراهم ساخته و غفلت از فرامین چنین کریمی، جز با تکذیب جزای نافرمانی، حاصل نمی‌شود.

و در نهایت، سوره در سیاق پایانی، پرده آخر را رونمایی کرده و مخاطب فریب خورده سیاق قبل را با عنوان «فجّار»، به عذابی سخت در روزی که برای جزا تعیین شده، تهدید کرده است. تعبیر به فجّار در این سیاق، وجه مقابله با تکذیب جزا و غفلت از مواجهه با اعمال در سیاق‌های قبل را روشن می‌کند؛ عاقبت تکذیب و غفلت، فریفته شدن به پروردگار و گرفتاری به فجور است؛ خطایی که زمینه‌ساز عذابی قطعی در روز جزاست.

سیاق سوم، در ادامه سخن، تصوّر هر مانع و دافعی از عذاب را نیز نفی کرده است و از این طریق، در بیانی حکیمانه، همه آنچه در ذهن انسان جایگزین اراده پروردگار شده بود، را بی‌اثر می‌کند.

نتیجه باور به حفظ نفس و ثبت و ضبط اعمال و آگاهی از آن‌ها در صحنه حسابرسی قیامت، باور به روز جزاست؛ روزی که در آن روز، هرکس براساس اعمالی که مرتکب شده، جزا خواهد دید و هرکس آن روز را باور داشته باشد، هرگز فریفته نخواهد شد و یاد خدا را از دل بیرون نخواهد کرد؛ اما هرکس از آن روز غافل بماند، به راحتی در زمره فاجران قرار خواهد گرفت و به عذاب الهی داخل خواهد شد؛ درحالی‌که هیچ کمک کارسازی برای دفع عذاب ندارد.

هر سه سیاق سوره، در راستای بازداری از غرور و فجور ناشی از تکذیب جزا سامان‌دهی شده است. از این میان، سیاق اول، با بیانی مقدماتی بر آگاهی از اعمال در روز قیامت که زمینه‌ساز باور به جزاست، تأکید کرده و سیاق‌های دوم و سوم، غرور و نتیجه عملی آن یعنی فجور را به بیانی که گذشت، به عنوان آثار تکذیب جزا مدنظر قرار داده است:

بازداری انسان از غرور و فجور ناشی از تکذیب جزا

ای انسان! چه چیز در نظرت جلوه کرد و تو را از پروردگار کریمت غافل ساخت و در نتیجه، از فرمان او سرباز زدی؟ این همه، به سبب عدم باور به جزاست. بدان که تو با تمام دست‌آوردهایت حفظ می‌شوی و جزا حتمی است و عاقبت فاجران، جهنم است.

آیه ۱ تا ۵

آگاهی انسان از تمام دست‌آوردهای خویش در هنگامه قیامت

نظام منسجم و به‌هم‌پیوسته عالم، از هم خواهد گسیخت و قیامت برپا گشته، انسان از تمام دست‌آوردهای خود آگاه خواهد شد.

آیه ۶ تا ۱۲

بازداری انسان از فریفته‌شدن نسبت به پروردگار، براثر تکذیب جزا

شما جزا را دروغ می‌پندارید و به همین دلیل مظاهر دنیا در چشمتان جلوه می‌کند و از خدا غافل می‌شوید. بدانید که انسان و تمام افکار و علایق و اعمالش حفظ می‌گردد و جزا حق است؛ پس مبادا به پروردگار کریمتان فریفته شوید.

آیه ۱۳ تا ۱۹

انذار فاجران از عذاب بی‌چون‌وچرا در روز جزا

در آن روز از دست هیچ‌کس کاری برای انسان ساخته نیست و فرمان مطلق، از آنِ خداست.

ترجمه منسجم هدایتی

بخوان این سوره را **به اِسم اللّه رحمت‌گستر رحم‌آور**

آن‌گاه که آسمان یک‌پارچه و منسجم، **گسسته شود؛«۱» و آن‌گاه که کواکب** از رشته منظم خود در آمده و **پراکنده شود؛«۲» و آن‌گاه که دریا**های آرام مملوّ از آب، **منفجر شود؛«۳» و آن‌گاه که**

قبرهای سـرد و خاموش، **زیروزبَر شود؛**«۴» **هر نفسی، بداند آنچه را** از دنیا برای آخرت خود **پیش فرسـتاده و آنچه را** پس از خود در دنیا **وانهاده است** و آثارش به او می‌رسد.«۵» **ای انسان! چه چیز تـو را نسـبت به ربّ کریمت فریب داد؟** چـه چیزی در نظرت جلوه کرد و تو را نسـبت به ربّ کریم و بزرگوارت غافل کرد؟«۶» این، وضعیت ناپسـند تو در برابر **همان** ربّی اسـت **که تو را خلق کرد؛ پس سامانت داد؛ پس تو را اعتدال بخشید** و تمامی ابعاد مختلف جسم و جانت را در هماهنگی باهم قرار داد.«۷» **در هر صورتی که مشـیت کرد، تو را ترکیب کرد.**«۸» **نه! هرگز** جای آن نبود که به پروردگار کریمت فریفته شوی و دنیا در نظرت جلوه کند و از او غافل گردی، **بلکه** ریشه فریب شما این است که **جزا را تکذیب می‌کنید.**«۹» **و** این تکذیب شـما، در حالی است که **قطعاً بر شما حافظانی هست،** که نفس شـما را حفظ می‌کند.«۱۰» **کریمانی کاتب**«۱۱» **که آنچه را انجام می‌دهید، می‌دانند.**«۱۲» و بالأخره این‌که، ثبت و ضبط اعمال سـرانجامی دارد؛ **به یقین، نیکوکاران، در نعمت دائم‌اند،** همانان کـه جزا را باور کردند؛ از پروردگار خود غافل نشـدند و از او نافرمانی نکردند.«۱۳» **و قطعاً، فاجران در دوزخ‌اند،** همانان که ادامه روند تکذیب جزا، ایشان را به غرور و خروج از دایره بندگی کشاند.«۱۴» **روز جـزا، در آن وارد می‌شـوند،** روز بـروز همان حقیقتی که تکذیـب می‌کردنـد.«۱۵» **و هرگز از آن‌جا غایب‌شوندگان نیستند.**«۱۶» **و چه چیز تو را آگاه کرد که روز جزا چیست؟**«۱۷» **و سپس، چه چیز تو را آگاه کرد که روز جزا چیسـت؟**«۱۸» **روزی که هیچ‌کس به سود کسی مالک هیچ کاری نیست و امر در آن روز از آنِ الله است** و هیچ دست‌آویزی برای رهایی از عذاب نیست.«۱۹»

در محضر عترت علیهم‌السلام

باور به مواجهه با اعمال در روز قیامت، نگاه انسان را به متاع فریبنده دنیا عوض می‌کند. انسانی که حضور در پیشگاه الهی در روز محاسبه اعمال را باور ندارد، به هر زینت ناچیزی کـه دنیا برای او می‌نمایاند، دل‌بسته و قید بندگی پـروردگار خویش را می‌زند؛ اما آن‌کس که باور کرد در دنیا باقی نیسـت و روزی که نظم عالم از هم گسـیخته و قبرها زیرورو می‌شـود، برای حسـاب در محضر پروردگارش می‌ایسـتد، فریب دلبری‌های دنیا را نمی‌خورد و سـعی در عمل به فرمان ربّ خویش را فراموش نمی‌کند.

امیرمؤمنـان حضـرت علی علیه‌السلام اثر باور به فنـای دنیا و ملاقات با آخـرت را این‌گونه توصیف کـرده اسـت: «إِنَّ الدُّنْیَا لَمْ تُخْلَقْ لَکُمْ دَارَمُقَامٍ وَ لَا مَحَلَّ قَـرَارٍ وَ إِنَّمَا جُعِلَتْ لَکُمْ مَجَازاً لِتَزَوَّدُوا مِنْهَا

الْأَعْمَالَ الصَّالِحَةَ لِدَارِ الْقَرَارِ فَكُونُوا مِنْهَا عَلَى أَوْفَازٍ وَ لَا تَخْدَعَنَّكُمْ مِنْهَا الْعَاجِلَةُ وَ لَا تَغُرَّنَّكُمْ فِيهَا الْفِتْنَةُ».[1]

«همانا دنیا منزل استقامت شما آفریده نشده و محل استقرار ابدی شما نیست، تنها زندگی مجازگونه‌ای برای شماست، تا در این فرصت، اعمال صالح را توشه زندگی حقیق خود برای خانه استقرار (آخرت) گردانید؛ پس نسبت به دنیا همواره در حال عجله برای رفتن باشید و هوشیار باشید که لذت‌های زودگذر آن، شما را فریب ندهد و فتنه‌های آن شما را نفریبد».

توضیحات کاربردی

طنین پرصلابت آیاتی که خبراز درهم‌ریخته‌شدن نظام عالم دارد، دل هرمؤمن واقعی را به خشیت از مقام ربّ و توجّه به او وامی‌دارد؛ در دنیایی زندگی می‌کنیم که مشغله‌های متفاوت روزانه ممکن است سبب آن شود که ما نیز مانند کافران مکذّب، از یاد روز قیامت غافل شویم و در زمره فریب‌خوردگان نسبت به پروردگار خویش، دست به خروج از دایره بندگی بزنیم.

سوره انفطار، تنها برای ایجاد باور به جزا و رهاکردن مخاطب از غرور و فجور برآمده از تکذیب آن نیست، بلکه تأثیرمهم دیگرآن، استمرار باور به جزاست؛ کسی که در دنیای پر از زرق و برقی چون دنیای امروز زندگی می‌کند، اگربا درمان فریب آشنا نباشد و همواره این نسخه را برای خود عملی نسازد، هرآن، در خطر گرفتاری است.

انس با سوره انفطار، یاد ملاقات روز محاسبه اعمال را زنده نگاه می‌دارد، اینکه جهان، با سرعت به سمت نقطه‌ای در حرکت است که همه نظام آن درهم‌ریخته خواهد شد و صحنه حسابرسی فراهم خواهد گشت، صحنه‌ای که در آن، تنها نیکوکاری برآمده از باور به این حقیقت نتیجه‌بخش است و فجورِ برآمده از تکذیب آن، ثمری جزآتش سوزان ندارد و آن روز دیگراز دست هیچ‌کس و هیچ چیزکاری برای نجات از عذاب برنمی‌آید.

دعا

پروردگارا، باور به روز جزا را در وجود ما روزافزون کن.
خدایا، ما را از همه آنچه، سبب فریب نسبت به تو و غفلت از یاد تواست، دور بفرما.

---

۱. تصنیف غرر الحکم و درر الکلم، ص ۱۴۹.

سوره مطفّفین

ترجمه تطبیقی

بِسْمِ اللَّهِ الرَّحْمَٰنِ الرَّحِيمِ

به اسم الله رحمت‌گستر رحم‌آور

وَيْلٌ لِلْمُطَفِّفِينَ ﴿١﴾

وای بر مطفّفین؛ «۱»

الَّذِينَ إِذَا اكْتَالُوا عَلَى النَّاسِ يَسْتَوْفُونَ ﴿٢﴾

همانان که وقتی پیمانه می‌کنند بر مردم، استیفا می‌کنند؛ «۲»

وَإِذَا كَالُوهُمْ أَوْ وَزَنُوهُمْ يُخْسِرُونَ ﴿٣﴾

و زمانی که پیمانه می‌کنند یا وزن می‌کنند برای مردم، کم می‌کنند. «۳»

أَلَا يَظُنُّ أُولَٰئِكَ أَنَّهُمْ مَبْعُوثُونَ ﴿٤﴾

آیا باور ندارند آنها، که همانا ایشان، مبعوث شوندگان‌اند؟ «۴»

لِيَوْمٍ عَظِيمٍ ﴿٥﴾

برای روزی عظیم؛ «۵»

يَوْمَ يَقُومُ النَّاسُ لِرَبِّ الْعَالَمِينَ ﴿٦﴾

روزی که مردم برای پروردگار عالمیان قیام می‌کنند. «۶»

كَلَّا إِنَّ كِتَابَ الْفُجَّارِ لَفِي سِجِّينٍ ﴿٧﴾

هرگز؛ همانا سرنوشت فاجران، قطعاً در سجّین است؛ «۷»

وَمَا أَدْرَاكَ مَا سِجِّينٌ ﴿٨﴾

و چه چیز تو را آگاه کرد که سجّین چیست؟«۸»

كِتَابٌ مَرْقُومٌ ﴿٩﴾

سرنوشتی رقم‌خورده.«۹»

وَيْلٌ يَوْمَئِذٍ لِلْمُكَذِّبِينَ ﴿١٠﴾

وای در آن روز، بر مکذّبان؛«۱۰»

الَّذِينَ يُكَذِّبُونَ بِيَوْمِ الدِّينِ ﴿١١﴾

همانان که روز جزا را تکذیب می‌کنند؛«۱۱»

وَمَا يُكَذِّبُ بِهِ إِلا كُلُّ مُعْتَدٍ أَثِيمٍ ﴿١٢﴾

و آن را تکذیب نمی‌کند، جز هر تجاوزگر گناه‌کار.«۱۲»

إِذَا تُتْلَى عَلَيْهِ آيَاتُنَا قَالَ أَسَاطِيرُ الأَوَّلِينَ ﴿١٣﴾

هنگامی که آیات ما بر او تلاوت شود، می‌گوید: اسطوره‌های پیشینیان است.«۱۳»

كَلَّا بَلْ رَانَ عَلَى قُلُوبِهِمْ مَا كَانُوا يَكْسِبُونَ ﴿١٤﴾

هرگز؛ بلکه آنچه کسب می‌کردند، بر قلب‌هایشان زنگار شده است.«۱۴»

كَلَّا إِنَّهُمْ عَنْ رَبِّهِمْ يَوْمَئِذٍ لَمَحْجُوبُونَ ﴿١٥﴾

هرگز؛ همانا ایشان در آن روز از پروردگارشان، قطعاً در حجاب قرارگرفته‌گان‌اند.«۱۵»

ثُمَّ إِنَّهُمْ لَصَالُوا الْجَحِيمِ ﴿١٦﴾

سپس، همانا آنان، قطعاً افتادگان در دوزخ‌اند؛«۱۶»

ثُمَّ يُقَالُ هَذَا الَّذِي كُنْتُمْ بِهِ تُكَذِّبُونَ ﴿١٧﴾

سپس گفته می شود: این همان‌چیزی که آن را تکذیب می‌کردید.«۱۷»

كَلَّا إِنَّ كِتَابَ الأَبْرَارِ لَفِي عِلِّيِّينَ ﴿١٨﴾

هرگز؛ همانا سرنوشت ابرار، قطعاً در علیّین است؛«۱۸»

وَمَا أَدْرَاكَ مَا عِلِّيُّونَ ﴿١٩﴾

و چه چیز تو را آگاه کرد که علیّین چیست؟«۱۹»

كِتَابٌ مَرْقُومٌ ﴿٢٠﴾

سرنوشتی رقم خورده؛«۲۰»

يَشْهَدُهُ الْمُقَرَّبُونَ ﴿۲۱﴾

که مقرّبان مشاهده می‌کنند آن را.«۲۱»

إِنَّ الأَبْرَارَ لَفِي نَعِيمٍ ﴿۲۲﴾

قطعاً ابرار در نعمت پایدار هستند.«۲۲»

عَلَى الأَرَائِكِ يَنْظُرُونَ ﴿۲۳﴾

روی اریکه‌ها نظاره می‌کنند.«۲۳»

تَعْرِفُ فِي وُجُوهِهِمْ نَضْرَةَ النَّعِيمِ ﴿۲۴﴾

در چهره‌هایشان طراوت نعمت پایدار را درمی‌یابی.«۲۴»

يُسْقَوْنَ مِنْ رَحِيقٍ مَخْتُومٍ ﴿۲۵﴾

نوشانده می‌شوند از شرابی زلال و خالص که مُهر شده است.«۲۵»

خِتَامُهُ مِسْكٌ وَفِي ذَلِكَ فَلْيَتَنَافَسِ الْمُتَنَافِسُونَ ﴿۲۶﴾

مُهرش از مُشك است؛ پس درباره آن است که باید سبقت بگیرند، سبقت‌گیرندگان؛«۲۶»

وَمِزَاجُهُ مِنْ تَسْنِيمٍ ﴿۲۷﴾

و مزاجش از تسنیم است؛«۲۷»

عَيْناً يَشْرَبُ بِهَا الْمُقَرَّبُونَ ﴿۲۸﴾

چشمه‌ای که مقرّبان از آن می‌آشامند.«۲۸»

إِنَّ الَّذِينَ أَجْرَمُوا كَانُوا مِنَ الَّذِينَ آمَنُوا يَضْحَكُونَ ﴿۲۹﴾

همانا کسانی که جرم مرتکب شدند، به کسانی که ایمان آوردند، می‌خندیدند؛«۲۹»

وَإِذَا مَرُّوا بِهِمْ يَتَغَامَزُونَ ﴿۳۰﴾

و زمانی‌که بر آنان می‌گذشتند، اشاره چشم و ابرو می‌کردند؛«۳۰»

وَإِذَا انْقَلَبُوا إِلَى أَهْلِهِمُ انْقَلَبُوا فَكِهِينَ ﴿۳۱﴾

و چون نزد اهلشان بازمی‌گشتند، شادمان بازمی‌گشتند؛«۳۱»

وَإِذَا رَأَوْهُمْ قَالُوا إِنَّ هَؤُلاءِ لَضَالُّونَ ﴿۳۲﴾

و چون مؤمنان را می‌دیدند، می‌گفتند: بی‌تردید اینان گمراهان‌اند؛«۳۲»

وَمَا أُرْسِلُوا عَلَيْهِمْ حَافِظِينَ ﴿٣٣﴾

و حال آن‌که به عنوان نگاهبان مؤمنان فرستاده نشده بودند؛«۳۳»

فَالْيَوْمَ الَّذِينَ آمَنُوا مِنَ الْكُفَّارِ يَضْحَكُونَ ﴿٣٤﴾

پس امروز، مؤمنان به کافران می‌خندند.«۳۴»

عَلَى الْأَرَائِكِ يَنْظُرُونَ ﴿٣٥﴾

روی اریکه‌ها نظاره می‌کنند.«۳۵»

هَلْ ثُوِّبَ الْكُفَّارُ مَا كَانُوا يَفْعَلُونَ ﴿٣٦﴾

که آیا کافران به آنچه می‌کردند، ثواب داده شدند؟«۳۶»

کشف سیاق‌ها

سوره مطففین سه سیاق دارد: آیه ۱ تا ۶؛ آیه ۷ تا ۲۸ و آیه ۲۹ تا ۳۶.

آیه ۱ تا ۶، در سیر مفهومی واحدی، به تهدید و توبیخ مطففین پرداخته است. اتصال ادبی و محتوایی آیات این سیاق روشن است.

از ابتدای آیه ۷، سیر جدیدی در مقایسه عاقبت فجّار و ابرار آغاز شده که به روشنی تا آیه ۲۸ ادامه دارد؛ گفتنی است که حضور «کلّا» در ابتدای آیه ۷، مانع تغییر سیر مفهومی و شروع سیاق جدید از ابتدای این آیه نیست.

عوامل ارتباطی، مانند حروف عطف یا اداتی مانند «کلّا»، همیشه نشان‌دهنده ارتباط دو کلمه و یا دو آیه با یکدیگر نیست؛ بلکه گاهی برای اتّصال و ارتباط دو مجموعه و دو سیاق با یکدیگر آمده است؛ مانند سیاق دوم سوره مطففین که مجموعه آن، به وسیله این «کلّا» و تکرار آن در آیه ۱۸، با مجموعه سیاق اول، ارتباط برقرار کرده است؛ باید دانست که در درجه اول، آنچه تعیین‌کننده سیاق‌های سوره است، سیر مفهومی آیات است و قرائن ادبی اتّصال، تابع همین مسئله است. اگر سیر مفهومی آیات ادامه یافته باشد، سیاق ادامه دارد و اگر سیر مفهومی جدیدی آغاز شده باشد، سیاق جدیدی آغاز شده است؛ آیات سیاق اول سوره، به توبیخ و تهدید مطففین پرداخته؛ ولی آیات سیاق دوم، بدون اشاره به عنوان «تطفیف»، سیر مفهومی جدیدی را در بیان عاقبت فجّار و ابرار آغاز کرده‌است.

آیه ۲۹ سوره نیز آغازکننده سیاقی دیگر در سوره است؛ سیر مفهومی جدیدی که به بررسی رفتار مجرمان با مؤمنان در دنیا و عاقبت این رفتار در آخرت می‌پردازد. این سیر تا پایان سوره به روشنی ادامه یافته است.

سوره مطفّفین
سیاق اول: آیه ۱ تا ۶
سیاق دوم: آیه ۷ تا ۲۸
سیاق سوم: آیه ۲۹ تا ۳۶

سیاق اول: آیه ۱ تا ۶

فضای سخن

تطفیف می‌کنند، یعنی از حقوق مادی و معنوی مردم کم می‌گذارند در حالی‌که از حقوق خود نمی‌گذرند و آن را کامل می‌گیرند.

قرائن فضای سخن بالا از این قرار است:

۱. بجایی شروع سوره با تهدید گروهی تحت عنوان «**مطفّفین**»، بزرگ‌ترین قرینه فضای «**تطفیف**» است.

۲. آیات در ادامه، این رذیله را در دو جمله تعریف کرده است: «**الَّذِينَ إِذَا اكْتَالُوا عَلَى النَّاسِ يَسْتَوْفُونَ ﴿٢﴾ وَ إِذَا كَالُوهُمْ أَوْ وَزَنُوهُمْ يُخْسِرُونَ ﴿٣﴾**»؛ در تعریف آیات، مراد از انسان مطفّف، کسی است که به هنگام پیمانه‌کردن چیزی برای خود، آن پیمانه را پرکرده و در گرفتن سهم خود کم نمی‌گذارد و به هنگام پیمانه‌کردن و توزین با ترازو برای دیگران، از سهم ایشان کم می‌گذارد.

۳. الفاظی مانند «**کیل‌کردن**» و «**وزن‌کردن**»، برای روح معنا وضع شده و اختصاصی

به مصداق ظاهری ندارد؛ به این معنا که برای هر امری چه از نوع مادّی و یا حتّی معنوی، کیل و ترازوی سنجش وزن متناسب با آن، قابل تصوّر است که می‌توان از آن به «**کیل**» یا ترازوی سنجش «**وزن**» تعبیر کرد[1]؛ از طرف دیگر، واژه «**تطفیف**» نیز که محور بحث در این سیاق است، اختصاصی به مقام تعامل با پیمانه و وزن‌کردن ظاهری اجسام ندارد؛ بلکه به معنای تضییع حقوق دیگران چه از نوع مادّی یا معنوی آن است[2]؛ بر این اساس، روشن است که بیان ظاهری و ملموس آیات در تعریف رذیله تطفیف، به جهت منحصرکردن آن در معامله با پیمانه یا ترازو نیست؛ بلکه به منظور ارائه فهمی روان‌تر از رذیله تطفیف در تعامل با دیگران است.

سیر هدایتی

آیه با تهدید مطفّفان آغاز می‌شود: «**وَيْلٌ لِلْمُطَفِّفِينَ ﴿١﴾**»؛ تهدیدی که عذاب را مجمل و مبهم گذاشته و تنها از حال بد عذاب‌شوندگان خبر می‌دهد، حاکی از عظمت و وصف‌ناپذیری عذاب است؛ گویا، گوینده در بیان اسف‌باری حال ایشان، به این جمله بسنده کرده که وای بر مطفّفان.

توجّه به ذات منزّهی که این تهدید به عذاب و هلاکت از جانب اوست، ذهن و دل انسان را به سمت شناخت این گروه می‌کشاند؟ به‌راستی آنان چه کسانی هستند و کدام رذیله ایشان را مستحقّ تهدید خدای متعالی کرده است؟

آیه ۲ و ۳، ایشان را در بیانی کوتاه ولی جامع معرفی می‌کند:

«**الَّذِينَ إِذَا اكْتَالُواْ عَلَى النَّاسِ يَسْتَوْفُونَ ﴿٢﴾ وَ إِذَا كَالُوهُمْ أَو وَّزَنُوهُمْ يُخْسِرُونَ ﴿٣﴾**»؛ جمع بین دو رویکرد، ایشان را مطفّف کرده است:

---

۱. التحقیق فی کلمات القرآن الکریم (ج۱۰، ص۱۶۶)، در معنای ریشه «کیل» می‌نویسد: «هو تعیین مقدار الشیء و کمّیّته بآلة معدة لذلك و بهذه المناسبة تطلق فی موارد المقایسة و المعارضة»؛ کیل به معنای تعیین مقدار یک چیز با وسیله درنظرگرفته‌شده برای سنجش آن است و به همین مناسبت در همه موارد مقایسه بین دو چیز استعمال می‌شود. این کتاب در معنای ریشه وزن نیز می‌نویسد: «هو تقدیر ثقل الشیء و خفّته و تعیین مقداره، مادّیّا أو معنویّا»؛ وزن به معنای اندازه‌گیری سنگینی یک چیز و تعیین مقدار آن است؛ چه از لحاظ مادی و چه از لحاظ معنوی.

۲. التحقیق فی کلمات القرآن الکریم (ج۷، ص۱۰۴) در معنای ریشه «طفّ» می‌نویسد: «و لا یبعد أن یکون هذا المفهوم عامّا یشمل کل مورد لا یوفّی فیه حقّ التأدیة اللازم فی أی موضوع کان، فیکون المراد من المُطَفِّفِينَ فی الآیة الکریمة: الّذین لا یوفّون ما علیهم و ینقصون فی تأدیته من أیّ شیء مادّیّ أو معنویّ»؛ بعید نیست که مفهوم این واژه عام باشد و شامل همه مواردی که به حق لازمی وفا نشده است، شود؛ در هر موضوعی که باشد؛ پس مراد از مطففین در آیه کریمه، کسانی هستند که حقوق واجب برخودشان را وفا نمی‌کنند و در ادای آن کم می‌گذارند؛ در هر چیزی از امور مادّی یا معنوی.

- آنان زمانی که در مقام گرفتن حقّ خود هستند، حقّ خود را تمام و کمال می‌ستانند.
- امّا آن زمان که نوبت به پرداخت حقوق دیگران می‌رسد، نه تنها حقوق ایشان را کامل نمی‌دهند؛ بلکه از حقّ آن‌ها می‌کاهند.

روابط اجتماعی از هر نوعی و در هر مقیاسی، بر محور حقوق متقابل می‌چرخد. حقوق بین خریدار و فروشنده، حقوق بین همسایه‌ها، حقوق بین کارمندان و مدیریک مجموعه، حقوق بین مردم و حاکم جامعه، حقوق بین زن و شوهر، حقوق بین فرزندان و پدر و مادر و...؛ مطفّفان، کسانی هستند که در روابط اجتماعی خود، از هر نوعی، حقوق مادّی و معنوی دیگران را زیرپا گذاشته و حقوق خود را تماماً استیفا می‌کنند. انسان‌هایی با این رویکرد، مستحقّ تهدید خدای متعالی‌اند.

آیات در ادامه با طرح یک سؤال توبیخی، ریشه اصلی معضل تطفیف را نشانه می‌رود؛ تا علّت چنین رفتاری هم برای خود آن‌ها و هم برای دیگر مخاطبان سوره معلوم شود:

«**أَلَا يَظُنُّ أُولَٰئِكَ أَنَّهُم مَّبْعُوثُونَ ﴿٤﴾ لِيَوْمٍ عَظِيمٍ ﴿٥﴾ يَوْمَ يَقُومُ النَّاسُ لِرَبِّ الْعَالَمِينَ ﴿٦﴾**»؛ آیا باور ندارند که مبعوث خواهند شد؛ در روزی بزرگ که همه مردمان در محضر پروردگار جهانیان حاضر می‌شوند. اشاره به قیام همه مردم در برابر پروردگار جهانیان در آن روز، تعبیری لطیف در خبر از آن صحنه است؛ محکمه‌ای که از سویی همه مردم، چه کسانی که حقوق دیگران را ضایع کرده‌اند و چه کسانی که حقّ ایشان تضییع شده در این محکمه حاضرند و از سوی دیگر، حاکم این محکمه، پروردگار و صاحب اختیار همه جهانیان است و حکم او نافذ و اراده‌اش حتمی است. برای خودداری از تطفیف، حتّی گمان برپایی چنین روزی کافی است.

جهت هدایتی

جهت هدایتی سیاق، از آیه ۱ و آیه ۴ تا ۶، قابل استفاده است؛ آیه ۱، مطفّفان را تهدید کرده و آیه ۴ تا ۶، ایشان را به سبب ریشه رفتار مطفّفانه یعنی عدم گمان به بعث، توبیخ می‌کند. آیه ۲ و ۳ نقش محوری در جهت هدایتی سیاق ندارد و به عنوان فرعی بر آیه ۱، مطفّفان مورد ذکر در این آیه را تعریف کرده‌است.

تهدید و توبیخ شدید مطففین

وای بر کسانی که حق خود را به‌طور کامل استیفا می‌کنند و از حق دیگران کم می‌گذارند. آیا ایشان باور ندارند که روزی برانگیخته خواهند شد؟

سیاق دوم: آیه ۷ تا ۲۸

فضای سخن

جزا را تکذیب می‌کنند و مرتکب فجور می‌شوند. ایشان تجاوز و گناه را در پیش گرفته‌اند و آیات الهی را افسانه می‌پندارند.

این فضا، با بررسی قرائن آن در آیات، قابل دستیابی است:

۱. بجایی خبر از عاقبت سوء عدّه‌ای با تعبیر «**فجّار**»، حکایت از فضای فجور، یعنی خروج از دایره بندگی نافرمانی از ربّ دارد.

۲. آیات در ادامه بیان وضعیت فاجران، در آیه ۱۰ ایشان را با وصف مکذّبان تهدید کرده و در آیه ۱۱ به متعلّق تکذیب ایشان یعنی روز جزا اشاره می‌کند: «**وَيْلٌ يَوْمَئِذٍ لِلْمُكَذِّبِينَ ﴿۱۰﴾ الَّذِينَ يُكَذِّبُونَ بِيَوْمِ الدِّينِ ﴿۱۱﴾**».

۳. آیه ۱۲ و ۱۳به تجاوزگری و گناه‌کاری و افسانه پنداری آیات الهی، به عنوان سه وصف مکذّبان روز جزا اشاره کرده است: «**وَ مَا يُكَذِّبُ بِهِ إِلَّا كُلُّ مُعْتَدٍ أَثِيمٍ ﴿۱۲﴾ إِذَا تُتْلَى عَلَيْهِ ءَايَاتُنَا قَالَ أَسَاطِيرُ الْأَوَّلِينَ ﴿۱۳﴾**».

سیر هدایتی

قبل از شروع سیر هدایتی سیاق، توجّه به نکته‌ای درباره دو «کلّا» در ابتدای بحث از عاقبت فجّار و ابتدای بحث از عاقبت ابرار لازم است، حضور این دو «کلّا»، در سیاق، محتوای هدایتی آن را به سیاق قبل گره می‌زند، به‌گونه‌ای که در نگاه مجموعی سوره، «کلّا» سرآغازی برای بازداری مخاطب از تطفیف است؛ بنابراین سخن در این‌باره به بررسی ارتباط دو سیاق اول و دوم باز می‌گردد، که مربوط به بخش فضای سخن و سیر هدایتی مجموع سوره در انتها است، از این رو در این بخش، صرف نظر از این ارتباط، سیاق دوم را بررسی و در بخش مربوطه، به چگونگی ارتباط دو سیاق پرداخته خواهد شد.

ترتیبی که در فضای سخن به آن اشاره شد، از تجاوز و گناه، آغاز و به فجور یعنی، خروج از دایره بندگی منتهی شده‌بود؛ آیات سیاق، سخن را از آخرین نتیجه رویه غلط مخاطبان، یعنی فجور، شروع کرده و گام به گام ریشه‌های آن را در بیانی تهدید آمیز بررسی کرده است.

آیه ۷ با تأکید فراوان، سرنوشت فاجران را «سجّین»، یعنی زندان تنگ جهنّم معرّفی کرده است: «**كَلَّا إِنَّ كِتَابَ الْفُجَّارِ لَفِي سِجِّينٍ** ﴿۷﴾»؛ «سجن»، به معنای زندان[1] و «سجّین»، مبالغه آن است، زندان حکایت از تنگنا و حصار دارد و مبالغه در معنای آن، تنگی و حصار بیشتر از زندان عادی را تداعی می‌کند؛ این تعبیر لطیفی است از عاقبت سخت کسانی که از دایره بندگی خدا خروج کرده‌اند تا به خیال خود آزاد باشند، امّا سرانجام در زندانی بسیار تنگ‌تر از آنچه تصوّر می‌کنند، گرفتار خواهند شد.

گرچه می‌توان معنای «سجّین» را فهمید، امّا دانستن مفهوم لغوی کلمه «سجّین»، غیر از درک حقیقت و عظمت این جایگاه هولناک است؛ ازاین‌رو، آیه بعد، با بیان یک سؤال، مخاطب را متوجه کوتاهی درکش از فهم حقیقت آن می‌کند، تا به همین اندازه به عظمت آن پی ببرد: «**وَمَا أَدْرَاكَ مَا سِجِّينٌ** ﴿۸﴾»؛

سپس با یک بیان اجمالی، آن را به عنوان تقدیر قطعی خدا برای فاجران معرفی می‌کند: «**كِتَابٌ مَرْقُومٌ** ﴿۹﴾»؛ «کتاب»، محدود در معنای ظاهری و مادّی نیست و در این آیه، مراد از آن، سرنوشت قطعی فاجران است که به قلم اراده الهی برای ایشان ثبت شده است.

آیه بعد، یک گام عمیق‌تر شده و در تهدید دوباره فاجران به عذاب قطعی‌شده برای ایشان، از

---

۱. قاموس قرآن، ج۳، ص۲۳۵.

آنها با تعبیر مکذّبان یاد می‌کند: «**وَیْلٌ یَوْمَئِذٍ لِلْمُکَذِّبِینَ﴿۱۰﴾ الَّذِینَ یُکَذِّبُونَ بِیَوْمِ الدِّینِ﴿۱۱﴾**»، وای در آن روز بر مکذّبان، همان کسانی که روز مشاهده جزای اعمال فاجرانه خود را تکذیب کردند؛ این آیه، ضمن تداوم سیر تهدید و انذار، به مخاطبان گوشزد می‌کند، که عاقبت سخت زندان الهی برای فجّار، در حقیقت، ریشه در تکذیب روز جزا توسط ایشان دارد.

اگر نبود اینکه انسان، رفتار خویش را بی‌نتیجه و بی‌جزا می‌داند، هرگز هر مسیری را انتخاب نمی‌کرد؛ امّا چون جزا را باور نکرده است، به‌راحتی به خود اجازه هرکاری را خواهد داد؛ در نظر او که جزای متأخر از عمل وجود ندارد، هر عملی که بیشترین و بهترین بهره نقد را به همراه داشته باشد، بهترین انتخاب است.

گام بعدی آیات، ریشه‌یابی تکذیب روز جزاست؛ چرا انسان حاضر به پذیرش نتیجه افعال خود و مسئولیّت‌پذیری در قبال آن نیست؟ چرا سعی در تکذیب جزا دارد؟

آیات این‌گونه پاسخ می‌دهد: «**وَ مَا یُکَذِّبُ بِهِ إِلَّا کُلُّ مُعْتَدٍ أَثِیمٍ﴿۱۲﴾**»؛ تجاوزگری و گناه‌کاری زمینه‌ساز تکذیب روز جزاست؛ انسان متجاوز گناه‌کار، از قیدوبند فراری است و حال آنکه، باور به جزا بزرگ‌ترین عامل تعیین قیدوبند برای رفتار انسانی است؛ ازاین‌رو، وقتی کسی اراده بر تغییر رفتار خود و جاگرفتن در حدود و چارچوب‌های صحیح بندگی نداشته باشد، هرگز نمی‌تواند حقیقتی به نام روز جزا را با رویکرد خود جمع کند؛ چنین کسی همواره درصدد تکذیب برمی‌آید.

سؤال: گفته شد که فجور ریشه در تکذیب روز جزا دارد و تکذیب روز جزا ریشه در تجاوز و گناه؛ بین فجور و تجاوز و گناه چه تفاوتی وجود دارد؟

بر اساس ترتیب آیات، فجور، نقطه پایان مسیر در خروج از بندگی خداست؛ نقطه آغاز، گناه و تجاوز اوّلی است که کم‌کم زمینه را برای تکذیب حقیقت روز جزا آماده می‌کند و وقتی در نظر انسان، روز جزا نادیده گرفته شد، نافرمانی از فرامین پروردگار، به همه ابعاد زندگی رسوخ کرده و منتهی به فجور می‌شود. انسان فاجر، همان انسان گناه‌کار و متجاوزی است که جلوی خروج‌های خود از قیدوبندهای الهی را نگرفته و در مقام توسعه رفتار متجاوزانه خود، جزا را به‌کلّی تکذیب می‌کند.

آیا برای این انسان راهی نیست تا خود را از گمراهی تکذیب روز جزا نجات بخشد؟ آیا موعظه و نشانه‌ای بر حقانیّت روز جزا او را متنبّه نمی‌کند؟

آیات در ادامه اوصاف مکذّب روز جزا، این‌گونه پاسخ سؤال بالا را داده‌است: «**إِذَا تُتْلَىٰ عَلَيْهِ ءَايَاتُنَا قَالَ أَسَاطِيرُ الْأَوَّلِينَ** ﴿۱۳﴾»؛ او به هنگام شنیدن آیات روشن‌گر قرآن، به دید افسانه به آن می‌نگرند و آن را قصه‌هایی بافته‌شده از گذشتگان می‌خواند؛ او تفکّر جزا و بهشت و جهنّم و... را افکاری پوسیده و قدیمی می‌داند.

امّا هرگز این‌گونه نیست. آیات با دو «کلّا» پاسخ می‌دهد: «کلّا»ی اوّل، بازگرداندن اتهام اصلی به خود ایشان و «کلّا»ی دوم، تهدید مکذّبان به ورود در آتش سوزان جهنّم است؛

«**كَلَّا بَلْ رَانَ عَلَىٰ قُلُوبِهِم مَّا كَانُواْ يَكْسِبُونَ** ﴿۱۴﴾»؛ قرآن جز حقیقت سخنی نمی‌گوید؛ آنها با سیاه‌کردن قلب خود از آنچه کسب کردند، راه نفوذ حقیقت به آن را بسته‌اند، گناه و تجاوز، لکّه‌های سیاهی است که افزایش آنها، قلب را زیر غبار فرو می‌برد.

«**كَلَّا إِنَّهُمْ عَن رَّبِّهِمْ يَوْمَئِذٍ لَّمَحْجُوبُونَ** ﴿۱۵﴾ **ثُمَّ إِنَّهُمْ لَصَالُواْ الْجَحِيمِ** ﴿۱۶﴾ **ثُمَّ يُقَالُ هَٰذَا الَّذِي كُنتُم بِهِۦ تُكَذِّبُونَ** ﴿۱۷﴾»؛ «یومئذ» در این آیات، بازگشت به فضای تهدید مکذّبان فاجر در آیه ۱۰ است؛ ایشان، در روز قیامت از رحمت پروردگار خود در حجاب خواهندماند و به جهنم سوزان که همواره آن را تکذیب می‌کردند، وارد خواهند شد.

مجموعه آیه ۷ تا ۱۷، در بیانی تهدیدآمیز، از چرخه منتهی به فجور در انسان سخن گفت؛ جمع بین تجاوزگری و گناه و بستن راه به روی پذیرش سخن حق، سبب تکذیب جزا و در نهایت، منجر به فجور در برابر پروردگار و حضور در زندان تنگ و تاریک جهنّم است.

ادامه سیاق با عباراتی مقایسه برانگیز، از عاقبت گروه دیگری تحت عنوان «ابرار»، سخن می‌گوید؛ «کلّا» در ابتدای این بخش از آیات نیز مانند «کلّا»ی ابتدای سیاق، ناظر به ارتباط آن با سیاق قبل است.

آیه ۱۸، با تأکید فراوان، «علّیین» را به عنوان جایگاه سرنوشت ابدی ابرار معرّفی می‌کند: «**كَلَّا إِنَّ كِتَابَ الْأَبْرَارِ لَفِي عِلِّيِّينَ** ﴿۱۸﴾»؛ معنای لغوی «علّیین»، رفعت و بلندی مضاعف است؛ اما به راستی حقیقت و عظمت آن، برای چه کسی قابل درک است؟ «**وَمَا أَدْرَىٰكَ مَا عِلِّيُّونَ** ﴿۱۹﴾»؛ آن نیز سرنوشت قطعی الهی است که با اراده خدا برای نیکوکاران حک شده است: «**كِتَابٌ مَّرْقُومٌ** ﴿۲۰﴾».

این جایگاه ویژه را مقرّبان درگاه الهی، مشاهده می‌کنند و به آن نظر دارند: «**يَشْهَدُهُ**

الْمُقَرَّبُونَ﴿۲۱﴾»؛ اشاره به مشاهده جایگاه ابرار توسط مقرّبان، از حقایقی در ارتباط ایشان پرده برمی‌دارد.

چنانکه در سوره انسان نیز گذشت، این مقرّبانند که سردمداران خط بندگی خدا هستند و ابرار، دنباله‌رو ایشانند؛ این اشاره که در ادامه در بیان اوصاف نعمات ابرار نیز مورد توجّه قرار می‌گیرد، دو نتیجه مهم دارد: از سویی، الگوی نیکوکاری را در پیروی از رفتار مقرّبان درگاه خدا تعیین می‌کند؛ و از سوی دیگر، با اشاره به جایگاهی بالاتر و رفیع‌تر از جایگاه ابرار، جلوی توقّف در کمال مسیر بندگی را می‌بندد؛

توضیح: قسمت دوم سیاق دوم، درصدد ترغیب مخاطبان به دوری از فجور و حضور در زمره ابرار است، ترسیم صحنه‌ای پویا از عاقبت نیکوی خدای متعالی که ابرار و بالاتر از ایشان مقرّبان به آن دست یافته‌اند، این رغبت را دوچندان می‌کند.

آیات با شرح جایگاه رفیع ابرار، سخن را ادامه داده است: «إِنَّ الْأَبْرَارَ لَفِي نَعِيمٍ﴿۲۲﴾ عَلَى الْأَرَائِكِ يَنظُرُونَ﴿۲۳﴾ تَعْرِفُ فِي وُجُوهِهِمْ نَضْرَةَ النَّعِيمِ﴿۲۴﴾»؛ ابرار در نعمت‌های ثابت و دائم الهی که هیچ‌گاه منقطع نمی‌شود، خواهند بود و بر تخت‌ها تکیه داده و نظر می‌کنند.

«يُسْقَوْنَ مِن رَّحِيقٍ مَّخْتُومٍ﴿۲۵﴾ خِتَامُهُ مِسْكٌ»؛ ابرار در بهشت، از شرابی ناب و خالص که سربه‌مهر است، نوشانده می‌شوند؛ سربه‌مهربودن جام شراب ابرار، مبالغه در خلوص و ناب‌بودن آن است؛ به‌ویژه اینکه با مشک خوشبو سربه‌مهر شده که این، حکایت از نهایت ارزش این نعمت بهشتی برای ابرار است؛ ازهمین‌رو، آیات در ادامه، این‌گونه در مورد آن سخن گفته است: «وَ فِي ذَٰلِكَ فَلْيَتَنَافَسِ الْمُتَنَافِسُونَ﴿۲۶﴾»، جا دارد که مسابقه‌دهندگان برای رسیدن به این نعمت ناب و خالص، از یکدیگر سبقت بگیرند.

ادامه آیات، بار دیگر در قالب ارتباط عاقبت اخروی مقرّبان و ابرار، به نحوه ارتباط آنها در دنیا اشاره می‌کند: «وَ مِزَاجُهُ مِن تَسْنِيمٍ﴿۲۷﴾ عَيْناً يَشْرَبُ بِهَا الْمُقَرَّبُونَ﴿۲۸﴾»؛ آمیزه شراب ابرار، از تسنیم است؛ تسنیم، چشمه مخصوص مقرّبان درگاه خدا در بهشت است که از آن می‌نوشند؛ از آن جهت که عاقبت اخروی، تجسّم اعمال دنیاست، آمیزه تسنیم در شراب ابرار، حکایت از آمیزه رفتار دنیوی ابرار با ویژگی‌های دنیوی مقرّبان و الگوپذیری از ایشان در دنیا دارد.

هرچند آیات از ریشه رسیدن ابرار به چنین جایگاهی سخن نگفته و در مقام الگوپذیری

ایشان از مقرّبان نیز اشاره به موضوع خاصّی نکرده است، امّا بر اساس تقابل موجود در سیاق، می‌توان ابرار و حتّی رمز رابطه ایشان با مقرّبان را شناسایی کرد؛ ابرار اهل تجاوز و گناه نبوده‌اند؛ تا قلبشان زنگار بگیرد. آیات قرآن در جان آن‌ها اثر کرده و روز جزا را باور دارند و از همین رو، فقط و فقط در فکر اعمال صالح‌اند و خود را از گناه دور نگاه داشته‌اند و در این مسیر، از مقرّبان الگو گرفته‌اند.

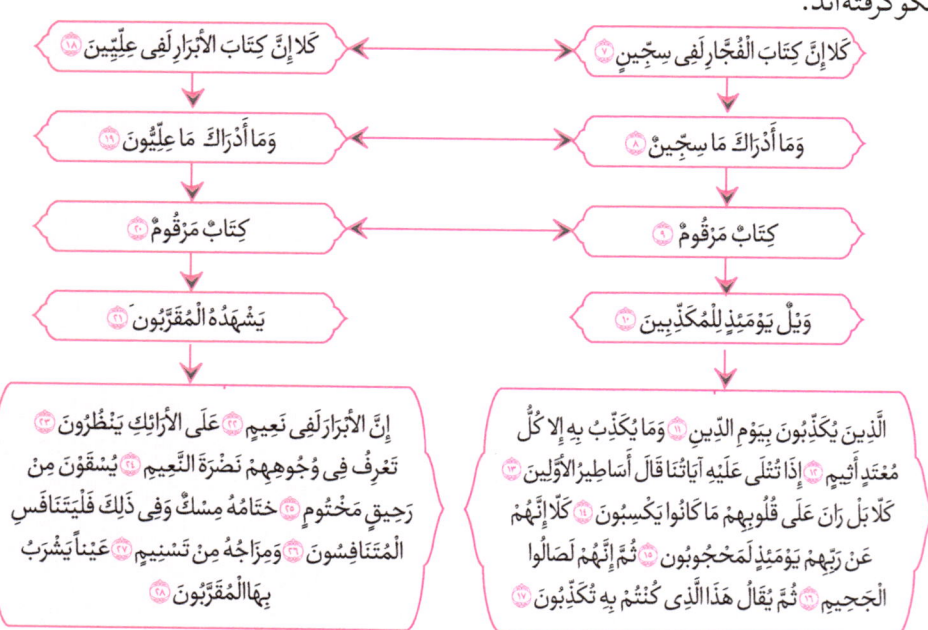

كَلّا إِنَّ كِتابَ الْفُجّارِ لَفی سِجّینٍ (۷)	كَلّا إِنَّ كِتابَ الْأَبْرارِ لَفی عِلِّیّینَ (۱۸)
وَما أَدْراكَ ما سِجّینٌ (۸)	وَما أَدْراكَ ما عِلِّیّونَ (۱۹)
كِتابٌ مَرْقومٌ (۹)	كِتابٌ مَرْقومٌ (۲۰)
وَیْلٌ یَوْمَئِذٍ لِلْمُكَذِّبینَ (۱۰)	یَشْهَدُهُ الْمُقَرَّبونَ (۲۱)
الَّذینَ یُكَذِّبونَ بِیَوْمِ الدّینِ (۱۱) وَما یُكَذِّبُ بِهِ إِلا كُلُّ مُعْتَدٍ أَثیمٍ (۱۲) إِذا تُتْلَى عَلَیْهِ آیاتُنا قالَ أَساطیرُ الْأَوَّلینَ (۱۳) كَلّا بَلْ رانَ عَلَى قُلوبِهِمْ ما كانوا یَكْسِبونَ (۱۴) كَلّا إِنَّهُمْ عَنْ رَبِّهِمْ یَوْمَئِذٍ لَمَحْجوبونَ (۱۵) ثُمَّ إِنَّهُمْ لَصالُوا الْجَحیمِ (۱۶) ثُمَّ یُقالُ هَذَا الَّذی كُنْتُمْ بِهِ تُكَذِّبونَ (۱۷)	إِنَّ الْأَبْرارَ لَفی نَعیمٍ (۲۲) عَلَى الْأَرائِكِ یَنْظُرونَ (۲۳) تَعْرِفُ فی وُجوهِهِمْ نَضْرَةَ النَّعیمِ (۲۴) یُسْقَوْنَ مِنْ رَحیقٍ مَخْتومٍ (۲۵) خِتامُهُ مِسْكٌ وَفی ذَلِكَ فَلْیَتَنافَسِ الْمُتَنافِسونَ (۲۶) وَمِزاجُهُ مِنْ تَسْنیمٍ (۲۷) عَیْناً یَشْرَبُ بِهَا الْمُقَرَّبونَ (۲۸)

جهت هدایتی

آیات سیاق را می‌توان به دو دسته تقسیم کرد: نخست، آیه ۷ تا ۱۷ که عاقبت فجّار را بررسی کرده و دوّم، آیه ۱۸ تا ۲۸ که به بیان عاقبت ابرار در نقطه مقابل پرداخته است.

سیاق، عاقبت فاجران را مقدّم ساخته و در دسته مربوط به آنها، به تفصیل از رویکرد آن‌ها در دنیا سخن گفته است؛ این قرائن نشان می‌دهد که رویکرد اصلی آیات این سیاق، تهدید فاجران است و بیان عاقبت ابرار نیز در همین راستا و به منظور ترغیب آن‌ها به سمت نیکی‌هاست.

بر این اساس محور جهت هدایتی آیات، دسته نخست آن است:

تهدید شدید فاجران مکذّب روز جزا

تجاوزپیشگان گناه‌کار که قرآن را خرافه می‌دانند، روز جزا را تکذیب می‌کنند و لباس فجور برتن می‌کنند و عاقبتشان زندان جهنم است؛ برخلاف ابرار که به نعیم بهشت راه می‌یابند.

سیاق سوم: آیه ۲۹ تا ۳۶

فضای سخن

مجرمان مؤمنان را گمراه می‌خوانند و ایشان را مسخره می‌کنند.

آیات ابتدایی سیاق به این فضا تصریح کرده است: «إِنَّ الَّذِينَ أَجْرَمُواْ كَانُواْ مِنَ الَّذِينَ ءَامَنُواْ يَضْحَكُونَ ﴿۲۹﴾ وَ إِذَا مَرُّواْ بِهِمْ يَتَغَامَزُونَ ﴿۳۰﴾ وَ إِذَا انقَلَبُواْ إِلَىٰ أَهْلِهِمُ انقَلَبُواْ فَكِهِينَ ﴿۳۱﴾ وَ إِذَا رَأَوْهُمْ قَالُواْ إِنَّ هَٰؤُلَاءِ لَضَالُّونَ».

سیر هدایتی

سیاق سوم، در ظرف آخرت سخن گفته است. فعل ماضی «کانوا» و عبارت «فالیوم»، قرینه این ادعاست؛ آیات با به‌تصویرکشیدن یادآوری و تحلیلی که در ظرف آخرت نسبت به رفتار دنیوی مجرمان صورت می‌گیرد، در برابر آنها ایستاده است: «إِنَّ الَّذِينَ أَجْرَمُواْ كَانُواْ مِنَ الَّذِينَ ءَامَنُواْ يَضْحَكُونَ ﴿۲۹﴾ وَ إِذَا مَرُّواْ بِهِمْ يَتَغَامَزُونَ ﴿۳۰﴾ وَ إِذَا انقَلَبُواْ إِلَىٰ أَهْلِهِمُ انقَلَبُواْ فَكِهِينَ ﴿۳۱﴾ وَ إِذَا رَأَوْهُمْ قَالُواْ إِنَّ هَٰؤُلَاءِ لَضَالُّونَ ﴿۳۲﴾»؛ مجرمان در دنیا به کسانی که ایمان آورده‌اند، می‌خندیدند؛ با اشاره‌های تمسخرآمیز از کنار آنها می‌گذشتند و شادمان به سوی اهل خویش باز می‌گشتند و هرگاه اهل ایمان را می‌دیدند، آنها را گمراه می‌خواندند.

تعبیر به «مجرمان»، در مقابل «الذین آمنوا»؛ قراردادن یک سیره رفتاری در مقابل یک پشتوانه اعتقادی است؛ براساس این تقابل، گروه اول، مؤمن نیست و گروه دوم، مرتکب جرم نمی‌شود؛ امّا در مورد گروه اوّل، نتیجه عدم‌ایمان بارز شده و در مورد گروه دوم، پشتوانه عدم‌ارتکاب جرم، موردتوجه قرار گرفته است؛ این تقابل، قبح رفتار مجرمان را بیشتر نشان

می‌دهد؛ آنها که به سبب ارتکاب جرم و خطا، باید شرمنده باشند، به کسانی که مفتخر به ایمان شده‌اند و در راستای باورهای عمیق خود، مرتکب جرم نمی‌شوند، می‌خندند و آنها را به خاطر سیره مبتنی بر ایمانشان، گمراه می‌دانند!

وجه این رفتار از سوی مجرمان، باز نگه‌داشتن فضای جرم است؛ مجرم زمانی توان ادامه حیات مجرمانه دارد که هر صدایی برخلاف خواسته‌ها و رفتار او خاموش شود، ایشان برای تأمین این هدف در فضای اجتماع، راه‌کار تمسخر را برگزیده‌اند؛ با تمسخر مؤمنانی که مخالف ایشان رفتار می‌کنند، کم‌کم جریان مخالف به انزوا کشیده می‌شود.

ادامه آیات، در دو مرحله به این رفتار پاسخ داده و فضای تمسخر و اتّهام گمراهی را درهم شکسته است:

مرحله اوّل، کوتاه و شکننده و حاکی از موضع مقتدرانه آیات، در برخورد با این فضاست: «**وَ مَا أُرْسِلُواْ عَلَيْهِمْ حَافِظِينَ** ﴿۳۳﴾»؛ این‌که آیا مؤمنان گمراه باشند یا نباشند، ربطی به مجرمان ندارد؛ چراکه خدای متعالی آنها را نگهبان مؤمنان قرار نداده که اکنون دراین‌باره اظهارنظر کنند!

مرحله دومّ، متضمّن تهدیدی برای مجرمان و تبشیری برای مؤمنانی است که در این فضا حضور دارند. آیات برای مقابله با این فضا، صحنه‌ای متفاوت را به تصویر می‌کشد؛ صحنه‌ای از قیامت که در آن‌جا مؤمنان به کافران می‌خندند و بر اریکه‌ها، نظاره‌گر عقوبت آنها به خاطر کفروجرم در دنیا هستند: «**فَالْيَوْمَ الَّذِينَ ءَامَنُواْ مِنَ الْكُفَّارِ يَضْحَكُونَ** ﴿۳۴﴾ **عَلَى الْأَرَائِكِ يَنظُرُونَ** ﴿۳۵﴾ **هَلْ ثُوِّبَ الْكُفَّارُ مَا كَانُواْ يَفْعَلُونَ** ﴿۳۶﴾»؛ اینکه آیا کافران به سزای اعمال خود رسیده‌اند، یا نه؟ کنایه به تلاش رندانه امروز آنهاست؛ کنایه به این گمان که راه دستیابی به جایگاه‌های رفیع منفعت، زیرکی در پیمودن راه‌های ترقّی است؛ هرچند که جرم باشد. اما توصیف آیات از نظاره مؤمنان به عاقبت بد کافران، اشاره به ناکامی مجرمان در رسیدن به اهداف دنیوی ایشان است.

نکته دیگر این‌که آیات در انتها از مجرمان با نام کافران یاد کرده تا سبب خطای ایشان در سیره رفتاری از نظر مخاطب دور نماند؛ آنها به حقایقی که باید مؤمن باشند تا ایشان را از جرم باز دارد، کافرند و امروز، چوب کفر خود را می‌خورند. در ارتباط مجموعی بین سیاق‌ها،

می‌توان گفت که مصداق بارز کفر در این سوره، کفر به روز جزاست که اثرگذاری آن در فجور، در سیاق قبل بررسی شد.

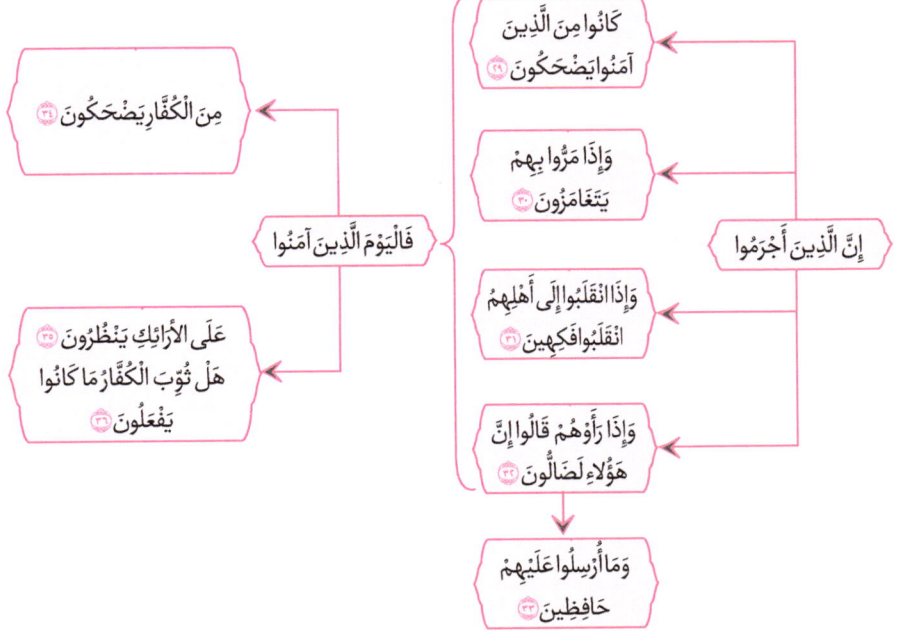

جهت هدایتی

جهت هدایتی سیاق سوم، برآیند همه آیات آن است؛ به بیانی که گذشت، آیات سیاق سوم، درصدد مقابله با فضای تمسخر و گمراه خواندن مؤمنان از سوی مجرمان است:

درهم‌شکستن فضایی که در آن، مجرمان، مؤمنان را مسخره می‌کنند و گمراه می‌خوانند

روز قیامت، اوضاع دگرگون می‌شود و مؤمنان به مجرمان می‌خندند و مکافات آنان را به نظاره می‌نشینند.

فضای سخن، سیر و جهت هدایتی سوره

جامعه مخاطب سوره، در اثر تکذیب روز جزا، مطفّف شده و در این راستا، با ایجاد

فضای تمسخر و اتهام ضلالت نسبت به جریان مخالف خود، زمینه را برای ادامه رویکرد خود فراهم می‌کند.

نسبت‌سنجی بین سیاق‌های سوره، حکایت از آن دارد که رکن تعیین فضای سوره، فضای سیاق اوّل، یعنی تطفیف است و بقیّه سوره، همواره نظر به این معضل داشته و در راستای آن تحلیل می‌شود؛ قرائن این ادعا به شرح زیر است:

۱. سوره با تهدید مطفّفین آغاز شده است. صدر کلام، همواره به اصل سخن موردنظر اشاره دارد.

۲. در سیاق دوم، هرچند محوریّت سخن، موضوع فجور بود، امّا شروع این سیاق با «کلّا» در ابتدای بحث از فجّار و تکرار آن در ادامه بر سر بحث ابرار، مجموعه سیاق را به سیاق اوّل گره زده است؛ این ارتباط، حاکی از آن است که بحث از فجور در این سیاق، در نگاه مجموعی سوره، ناظر به مقابله با فضای تطفیف است؛ علاوه بر اینکه تطفیف عنوانی خاص است و از مصادیق فجور به شمار می‌آید و فجور عنوانی عام است، در مقام نسبت‌سنجی، خاص همواره مقدّم بر عام است، بر اساس این دو قرینه، اگر از فجور سخنی به میان آمده، مصداق موردنظر از آن در این سوره، تطفیف مطرح شده در سیاق اول است.

۳. در نتیجه قرینه قبل، تکذیب روز جزا نیز که در سیاق دوم به عنوان ریشه فجور مورد تحلیل و بررسی قرار گرفته است، ریشه تطفیف نیز به شمار می‌رود؛ چنانکه سیاق اول نیز در آیه «**أَلَا يَظُنُّ أُولَئِكَ أَنَّهُم مَّبْعُوثُونَ ﴿٤﴾**»، به آن اشاره دارد.

۴. با توجّه به آنچه گفته شد، مصداق قطعی موردنظر از مجرمان مطرح‌شده در سیاق سوم نیز روشن می‌شود. تطفیف و جرم نیز رابطه خاص و عام دارند؛ بر این اساس، مصداق موردنظر از مجرمان در سیاق سوم سوره نیز، مطففان مورداشاره در سیاق اوّل‌اند.

۵. با این توجّه، وجه اقدام به تمسخر و گمراه‌خواندن مؤمنان در سیاق پایانی سوره

نیز مشخص می‌شود. سیاق چهارم، از مجرمانی سخن گفته که در دنیا مؤمنان را تمسخر می‌کردند؛ براساس ارتباط سیاق‌ها، این مجرمان در سوره، همان مطفّفان سیاق نخست‌اند. امّا چرا مطفّفان چنین رفتاری دارند؟ تطفیف به معنای تضییع حقوق دیگران، نیازمند گسترش فضای اباحه‌گری دراین‌باره و انزوای جریان مخالف است؛ ازاین‌رو، مطفّفان، مؤمنان را مسخره می‌کنند و ایشان را گمراه می‌خوانند؛ تا فضای آزادی برای ادامه رویه خود در پایمال‌کردن حقوق دیگران یا مخالفان خود داشته باشند.

سوره در فضایی که گذشت، وارد سخن شده و در نخستین گام، مطفّفان را معرفی کرده و به شدّت تهدید می‌کند و عدم باور به بعث پس از مرگ را ریشه این صفت زشت و آفت مخرّب جوامع انسانی می‌خواند.

سیاق دوّم، با دو «کلّا» در ابتدای آیه ۷ و آیه ۱۸، به سیاق قبل متّصل شده و در مقابله با رذیله تطفیف، از دو گروه متقابل، با دو عاقبت متقابل سخن می‌گوید: گروه اوّل فجّار و گروه دوم ابرار؛ تطفیف زیرمجموعه فجور است؛ ازاین‌رو، تبیین وضعیّت فجّار، برحذرداشتن مطفّفان از ادامه رویکرد مطففانه است؛ این بخش از سیاق دوم، در مقام تحلیل و ریشه‌یابی فجور، تکذیب جزا و عوامل آن را تبیین و اهل آن را نسبت به عاقبت تکذیب و فجور تهدید کرده است؛ قسمت دوم سیاق نیز با خبردادن از عاقبت نیکوی ابرار، مطفّفان را به پیروی از این مسیر و رهایی از عاقبت فجور ترغیب کرده است.

سوره در آخرین گام هدایتی خود، حربه تبلیغاتی اهل تطفیف، برای توسعه آفت تطفیف یعنی تمسخر و گمراه جلوه دادن مؤمنان را خنثی می‌کند؛ سیاق سوم، با توبیخ مجرمان و تصویر صحنه‌ای از آخرت که در آن مؤمنان به وضع کافران می‌خندند، با این فضا مقابله کرده است.

به این ترتیب، سوره در سیری حکیمانه، با رذیلهٔ تطفیف و گسترش آن در جامعه، مقابله کرده است: سیاق اول، از راه تهدید در مورد خود این قضیه و ریشه‌یابی آن؛ سیاق دوم، از طریق بیان عاقبت تطفیف و تهدید مطفّفان به داخل‌شدن در زمره فاجران و ترغیب آن‌ها به دست‌یابی به عاقبت ابرار، و سیاق سوم، از طریق مقابله با شیوه تبلیغاتی مطفّفان

برای توسعه فضای تطفیف.

جهت هدایتی سوره، برآیند همه سیاق‌های آن در مقابله با تطفیف است:

مقابله با رذیله تطفیف

وای بر آنان که بعث و جزا را دروغ می‌شمارند و از فرمان خدا خارج می‌گردند و در تعامل با دیگران، حق خود را به‌طور کامل استیفا می‌کنند و از حق آنان کم می‌گذارند. آن‌گاه برای بقای سیره تطفیفی خویش، مؤمنان را به سخره می‌گیرند و گمراه می‌خوانند.

آیه ۱ تا ۶

تهدید شدید مطففین

وای بر کسانی که حق خود را به‌طور کامل استیفا می‌کنند و از حق دیگران کم می‌گذارند. آیا ایشان باور ندارند که روزی برانگیخته خواهند شد؟

آیه ۷ تا ۲۸

تهدید شدید فاجران مکذب روز جزا

تجاوزپیشگان گناه‌کار که قرآن را خرافه می‌دانند و روز جزا را تکذیب می‌کنند و لباس فجور برتن می‌کنند و عاقبت‌شان زندان جهنم است؛ برخلاف ابرار که به نعیم بهشت راه می‌یابند.

آیه ۲۹ تا ۳۶

درهم‌شکستن فضایی که در آن مجرمان، مؤمنان را مسخره می‌کنند و گمراه می‌خوانند

روز قیامت، اوضاع دگرگون می‌شود و مؤمنان به مجرمان می‌خندند و مکافات آنان را به نظاره می‌نشینند.

ترجمه منسجم هدایتی

بخوان این سوره را **به اسم الله رحمت‌گستر رحم‌آور**

وای بر مطفّفین«۱» همانان که وقتی پیمانه می‌کنند بر مردم، حق خود را **استیفا می‌کنند؛«۲»** و

زمانی که پیمانه می‌کنند یا وزن می‌کنند برای مردم، از حق ایشـان **کم می‌کنند.**«۳» **آیا باور ندارند آنها که همانا ایشـان مبعوث‌شوندگان‌اند؟**«۴» **برای روزی عظیم؛**«۵» **روزی که همه مردم،** همه کسانی که حق دیگران را تضییع کردند و همه کسانی که حقّشان تضییع شده، **برای** محاسبه در محضر **پـروردگار عالمیان قیام می‌کنند.**«۶» تطفیف **هرگز؛** باید هرچه زودتر از این رفتار زشـت دوری کنند؛ چراکه مطفّفان در زمره فجّاراند و **همانا سرنوشـت فاجران، قطعاً در سـجّین است؛**«۷» **و چه چیز تو را آگاه کرد که سـجّین چیسـت؟**«۸» **سرنوشـتی رقم‌خورده** برای فاجران.«۹» **وای در آن روز بر مکذّبان؛**«۱۰» **همانان که روز جزا را تکذیب می‌کنند** و به سـبب همین تکذیب، کارشـان به فجور رسیده اسـت؛«۱۱» **و جزا را تکذیب نمی‌کند، جز هر تجاوزگر گناه‌کار؛**«۱۲» همان که **وقتی آیات ما بر او تلاوت شـود، می‌گوید: اسطوره‌های پیشینیان است.**«۱۳» **هرگز؛** قرآن جز سخن حق نیست؛ **بلکه آنچه کسـب می‌کردند، بر قلب‌هایشان زنگار شده است** و راه پذیرش حق را بسته است.«۱۴» **هرگز؛ همانا ایشـان در آن روز از** رحمت **پروردگارشـان، قطعاً در حجـاب قرارگرفته‌گان‌اند؛**«۱۵» **سـپس، همانا آنان، قطعاً افتادگان در دوزخ‌اند؛**«۱۶» **سـپس گفته می‌شود: این همان چیزی که آن را تکذیـب می‌کردیـد.**«۱۷» تطفیف **هرگز؛** باید هرچـه زودتر از این رفتار زشـت دوری کنند. باید خـود را به جرگه ابرار درآورند؛ چراکه **همانا سرنوشـت ابرار، قطعاً در علیّین اسـت؛**«۱۸» **و چه چیز تو را آگاه کرد که علیّین چیسـت؟**«۱۹» **سرنوشـتی رقم‌خورده؛**«۲۰» **که مقرّبان مشاهده می‌کنند آن را.**«۲۱» **قطعـاً ابـرار در نعمت پایـدار هسـتند.**«۲۲» **روی اریکه‌ها نظاره می‌کننـد.**«۲۳» **در چهره‌هایشـان طراوت نعمت پایدار را درمی‌یابی.**«۲۴» **نوشانده می‌شوند از شرابی زلال و خالص که مُهر شـده اسـت.**«۲۵» **مُهرش از مُشك است؛ پس درباره آن اسـت که باید سبقت بگیرند، سـبقت‌گیرندگان؛**«۲۶» **و مزاجش از تسنیم است؛**«۲۷» **چشمه‌ای که مقرّبان از آن می‌آشامند،** همان‌طور که در دنیا ابرار پیرو مقرّبان بودند، در بهشـت نیز شراب‌شان آمیزه‌ای از شراب ویژه مقربان دارد«۲۸» **همانا** در دنیا، مطفّفان، همان **کسانی که جرم مرتکب شدند، به کسانی که ایمان آوردند** و اهـل تطفیـف نبودند، **می‌خندیدند؛**«۲۹» **و زمانی که بر آنان می‌گذشـتند، اشاره چشـم و ابرو می‌کردند؛**«۳۰» **و چون نزد اهل‌شـان بازمی‌گشتند، شادمان باز می‌گشتند؛**«۳۱» **و چون مؤمنان را می‌دیدنـد، می‌گفتند: بی‌تردید اینان گمراهان‌اند؛**«۳۲» **و حال آن‌که به عنوان نگاهبان مؤمنان فرستاده نشده بودند؛** که بخواهند در مورد آنها نظر بدهند.«۳۳» **پس امروز** که عاقبت جرم و تطفیف و عاقبت ایمان و عمل صالح روشـن شـده، **مؤمنان به کافران می‌خندند.**«۳۴» **روی اریکه‌ها نظاره می‌کنند.**«۳۵» **که آیا کافران به آنچه می‌کردند، ثواب داده شدند؟**«۳۶»

رساله حقوق امام زین العابدین ؟ع؟ مجموعه‌ای کامل از تبیین حقوق متقابل است؛ حقوق لازم و واجبی که گاه حتّی شناخته نشده است؛ از حقّ خدا و اعضای بدن و افعال عبادی و ... تا حقّ رهبر و استاد و همسایه و پدر و ... بر انسان؛ که شناخت و رعایت آن، انسان را از گرفتاری به رذیله ناپسند تطفیف باز می‌دارد.

به عنوان نمونه، حضرت در باب حق همسایه می‌فرماید: **«وَ أَمَّا حَقُّ الْجَارِ فَحِفْظُهُ غَائِباً وَ كَرَامَتُهُ شَاهِداً وَ نُصْرَتُهُ وَ مَعُونَتُهُ فِي الْحَالَيْنِ جَمِيعاً لَا تَتَبَّعْ لَهُ عَوْرَةً وَ لَا تَبْحَثْ لَهُ عَنْ سَوْءَةٍ لِتَعْرِفَهَا فَإِنْ عَرَفْتَهَا مِنْهُ عَنْ غَيْرِ إِرَادَةٍ مِنْكَ وَ لَا تَكَلُّفٍ كُنْتَ لِمَا عَلِمْتَ حِصْناً حَصِيناً وَ سِتْراً سَتِيراً لَوْ بَحَثَتِ الْأَسِنَّةُ عَنْهُ ضَمِيراً لَمْ تَتَّصِلْ إِلَيْهِ لِانْطِوَائِهِ عَلَيْهِ لَا تَسْتَمِعْ عَلَيْهِ مِنْ حَيْثُ لَا يَعْلَمُ، لَا تُسْلِمْهُ عِنْدَ شَدِيدَةٍ وَ لَا تَحْسُدْهُ عِنْدَ نِعْمَةٍ تُقِيلُ عَثْرَتَهُ وَ تَغْفِرُ زَلَّتَهُ وَ لَا تَدَّخِرْ حِلْمَكَ عَنْهُ إِذَا جَهِلَ عَلَيْكَ وَ لَا تَخْرُجْ أَنْ تَكُونَ سِلْماً لَهُ تَرُدُّ عَنْهُ لِسَانَ الشَّتِيمَةِ وَ تُبْطِلُ فِيهِ كَيْدَ حَامِلِ النَّصِيحَةِ وَ تُعَاشِرُهُ مُعَاشَرَةً كَرِيمَةً وَ لَا حَوْلَ وَ لَا قُوَّةَ إِلَّا بِاللَّهِ»**[1]

«اما حق همسایه؛ پس حفظ منافع او در غیابش و حفظ کرامت او در حضورش و یاری و مددکاری او در هر دو حال است؛ برای یافتن عیب‌های او تجسّس نکن و اگر ناخودآگاه و بدون زحمت متوجه عیبی در او شدی، چون دژ محکم و پرده پوشاننده‌ای باش؛ طوری‌که اگر دندان‌ها آن را جستجو کنند، به عیب آن نرسند (کنایه از اینکه هیچ‌کس به‌هیچ‌عنوان، متوجه آن عیب نشود)؛ چرا که او آن را مخفی کرده بود (و راضی به فاش آن نبود)؛ عیب او را به گوش دیگران نرسان؛ حال آنکه او بی‌خبر از همه جاست؛ در گرفتاری تسلیمش نکن؛ و نسبت به نعمتش به او حسادت نورز؛ با او به‌گونه‌ای باش که لغزش‌هایش را می‌بخشی و از خطاهایش درمی‌گذری؛ اگر گاهی از روی نادانی حرکت نادرستی نسبت به تو انجام داد، حلمت را نسبت به او ذخیره نکن (از حلمت در مورد او دریغ نورز)؛ از صلح و صفا با او خارج نشو؛ به‌گونه‌ای باش که هماره زبان عیب‌گویی دیگران را از او دور می‌کنی؛ و نیرنگ حامل نصیحت را در مورد او باطل می‌کنی؛ (کنایه از اینکه ممکن است، کسی تحت عنوان نصیحت بخواهد نیرنگی در مورد او به اجرا درآورد؛ باید از این موارد نیز برحذر بود)؛ و با او

---

۱. رساله حقوق امام سجاد علیه‌السلام، ص ۲۸ ترجمه به مضمون.

معاشرت بزرگوارنه داری و دگرگونی و قدرتی نیست. مگر به خدای متعالی».

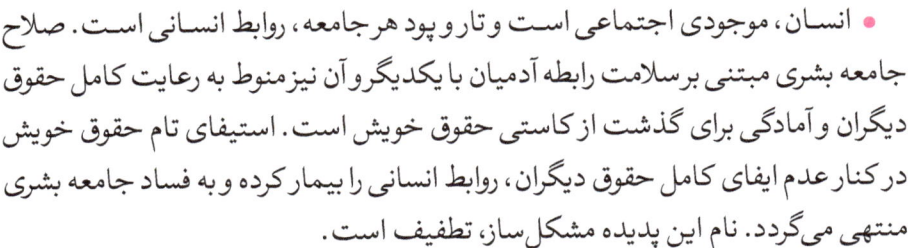

توضیحات کاربردی

• انسان، موجودی اجتماعی است و تار و پود هر جامعه، روابط انسانی است. صلاح جامعه بشری مبتنی بر سلامت رابطه آدمیان با یکدیگر و آن نیز منوط به رعایت کامل حقوق دیگران و آمادگی برای گذشت از کاستی حقوق خویش است. استیفای تام حقوق خویش در کنار عدم ایفای کامل حقوق دیگران، روابط انسانی را بیمار کرده و به فساد جامعه بشری منتهی می‌گردد. نام این پدیده مشکل‌ساز، تطفیف است.

خانواده، یک جامعه کوچک انسانی است؛ اگر هر کدام از اعضای خانواده گرفتار تطفیف و در پی استیفای کامل حقوق خویش باشد، بی‌آن‌که برای ایفای کامل حقوق دیگران بکوشد، چه خواهد شد؟

خریدوفروش، تجارت‌وصنعت، تعلیم‌وتعلّم و... نیز مظاهر دیگری از جامعه بشری است؛ اگر خریداران‌وفروشندگان، تاجران‌واهل صنایع، معلّمان و متعلّمان و... هریک، مطفّفانه به فکر تحصیل کامل حقوق خویش باشند ولی حقوق افراد مقابل خود را به‌طور کامل ادا نکنند، چه خواهد شد؟

معلمان و شاگردان، برادران و خواهران ایمانی، دوستان‌وهمسایگان، دولت‌وملت و... همه و همه، نمونه‌هایی از جامعه هستند و صلاحشان در گرو سلامت روابط انسانیِ شکل‌دهنده آن جوامع است؛ اگر روابط مذکور دچار آفت تطفیف شود، آیا به ایجاد و توسعه فساد در متن این جوامع نخواهد انجامید؟

سوره مطففین، برای مقابله با این رذیله در همه سطوح و انواع آن آمده است. باید بدانیم که به عناوین مختلف، مخاطب این سوره هستیم و باید حقوق دیگران را رعایت کنیم؛ به‌عنوان یک فروشنده در برابر مشتریان و یا به‌عنوان یک مشتری در خرید و تجارت؛ به‌عنوان یک معلّم در قبال دانش‌آموزان و یا به عنوان یک دانش‌آموز در برخورد با استاد؛ به‌عنوان یک پدر یا مادر در رعایت حقوق فرزندان و یا به‌عنوان فرزند در رعایت حقوق والدین؛ به‌عنوان یک عضو جامعه در برابر دیگر اعضای آن و... .

بزرگترین تذکّر سوره مطففین برای نجات از این رذیله، تقویت باور به روز جزاست؛ یعنی اگر

جامعه‌ای گرفتار تطفیف است، باور به جزا در آن جامعه تضعیف شده است؛ اگر هرکسی در هر جایگاهی که هست، به جزای رفتار خود باورمند باشد، گرفتار تطفیف نخواهد بود.

سوره با اشاره به عوامل تکذیب جزا، راهکار در امان ماندن از آن را نیز مشخص کرده است؛ اگر از ابتدا در اقدام به گناه از هر نوع آن و یا روحیه تجاوزگری از حدود خود برخلاف فرمان خدا، دوری کنیم، هرگز گرفتار تکذیب جزا نمی‌شویم؛ اگر این چنین باشیم، آیات روشن‌گر الهی بر جان ما خواهد نشست و دست در دست فطرت پاک، مسیر را برگرفتاری به تکذیب جزا و فجور و تطفیف برآمده از آن خواهد بست.

• فضای سخن و سیر هدایتی سیاق سوم سوره، نمونه‌های امروزی فراوانی دارد؛ ایجاد فضای تمسخر و گمراه خواندن مؤمنان از سوی مجرمان، فضایی ملموس است که ممکن است بارها و بارها در قالب‌های مختلف مشاهده شود؛ دین‌داری و رعایت حقوق دیگران، دروغ نگفتن و مسلمان زندگی کردن، در نگاه عدّه‌ای امّل‌بازی است. آنان که در خریدوفروش با انسان‌ها، دروغ می‌گویند و با این روش، حقوق دیگران را پایمال می‌کنند، صادقان و راست‌کرداران را مسخره می‌کنند و آن‌ها را عقب‌مانده و یا خشک‌مقدّس می‌خوانند؛ تا خودشان، فضای آزاد برای دروغ‌گویی و تقلّب داشته باشند؛ یا خانم دین‌داری که مراقب حجاب خویش است تا از این طریق حقوق اجتماعی افراد را با تحریک غرایزشان تهدید نکرده باشد، از طرف برخی از مردم، متّهم به عقب‌ماندگی می‌شود تا بی‌حجابی و بدحجابی به ضد ارزش تبدیل نشود و ...

سوره مطففین، عاقبت دردبار و حسرت باری را برای چنین کسانی وعده داده است؛ توجه به این عاقبت، از سویی، برای بازداری مجرمان از این رفتار است و از سوی دیگر، مؤمنان را به ثبات‌قدم در عمل به وظایف و رعایت حقوق دیگران امیدوار می‌کند.

گمراه بخت برگشته کسی است که برای رسیدن به منافع زودگذر دنیوی، حدود و حقوق را زیر پا گذاشته و سوار بر حقوق دیگران در خیالش به قلّه رسیده‌است؛ روز قیامت روز بروز این بدبختی برای ایشان است؛ روزی که مؤمنان به حال ایشان خواهند خندید و نظاره‌گر عاقبت آنها خواهند بود.

دعا

خدایا! ما را به حدود مادی و معنوی خودمان و دیگران آشنا بفرما، تا از حد خود تجاوز نکنیم و حق دیگران را پایمال نکنیم.

پروردگارا! باور معاد را در دل‌های ما تا اندازه‌ای تقویت کن که حتی لحظه‌ای به تضییع حقوق دیگران به خاطر لذّت دنیا راضی نشویم.

منابع و مآخذ[1]

قرآن کریم

۱. ابن عاشور، محمد بن طاهر، ***التّحریر و التّنویر***، مؤسسة التاریخ، بیروت، بیتا.

۲. انصاریان، حسین، ***ترجمه نهج البلاغه***، دارالعرفان، قم، بیتا.

۳. بحرانی، سید هاشم بن سلیمان، ***البرهان فی تفسیر القرآن***، مؤسسه بعثت، قم، ۱۳۷۴ ش.

۴. بیضاوی، عبدالله بن عمر، ***انوار التنزیل و أسرار التأویل***، دار إحیاء التّراث العربی، بیروت، ۱۴۱۸ ق.

۵. ترجمه رساله حقوق امام سجاد علیه‌السلام، بیتا.

۶. تمیمی واحدی، عبدالواحد، ***تصنیف غرر الحکم و درر الکلم***، دفتر تبلیغات، قم، ۱۳۶۶ ش.

۷. حویزی، عبد علی بن جمعة، ***تفسیر نور الثقلین***، تحقیق رسولی محلّاتی، اسماعیلیان قم، ۱۴۱۵ ق.

۸. دشتی، محمد، ترجمه نهج البلاغة، مشهور، قم، بیتا.

۹. دیلمی، حسن بن محمد، ***إرشاد القلوب الی الصّواب***، نشر الشریف الرضی، قم، ۱۴۱۲ ق.

۱۰. راغب اصفهانی، حسین بن محمد، ***مفردات الفاظ القرآن***، تحقیق صفوان عدنان، دارالقلم، بیروت، ۱۴۱۲ ق.

۱۱. زمخشری، محمود، ***کشّاف عن حقایق غوامض التنزیل***، دارلکتاب العربی، بیروت، ۱۴۰۷ ق.

۱۲. شاذلی، سید بن قطب، ***فی ظلال القرآن***، چاپ هفدهم، دارالشّروق، بیروت، ۱۴۱۲ ق.

۱۳. شریف رضی، محمد بن حسن، ***نهج البلاغة (صبحی صالح)***، هجرت، قم، ۱۴۱۴ ق.

۱۴. طالقانی، سیّد محمود، ***پرتوی از قرآن***، چاپ چهارم، سهامی انتشار، تهران، ۱۳۸۲ش.

۱۵. طباطبایی، محمدحسین، ***المیزان فی تفسیر القرآن***، چاپ پنجم، دفتر انتشارات اسلامی جامعه مدرّسین، قم، ۱۴۱۷ ق.

۱۶. طبرسی، علی بن حسن، ***مشکاة الأنوار فی غرر الأخبار***، المکتبة الحیدریة، نجف، ۱۳۸۵ ق.

۱۷. طبرسی، احمد بن علی، ***الإحتجاج علی اهل اللّجاج***، نشر مرتضی، مشهد، ۱۴۰۳ ق.

---

۱. مراد از منابع و مآخذ، کتب مرجع و تفاسیری هستند که در تألیف این کتاب به صورت مستقیم یا غیر مستقیم نقش داشته‌اند، البته تعداد زیادی از اثرهای تفسیری دیگر نیز در تولید این کتاب مورد مطالعه قرار گرفته که به منظور اختصار نام آنها در فهرست منابع و مأخذ نیامده و تنها به مهمترین آنها شاره شده است.

۱۸. طبرسی، فضل بن حسن، ***مجمع البیان فی تفسیر القرآن***، چاپ سوم، انتشارات ناصرخسرو، تهران، ۱۳۷۲ ش.
۱۹. فخررازی، محمد بن عمر، ***مفاتیح الغیب***، دار إحیاء التّراث العربی، بیروت، ۱۴۲۰ ق.
۲۰. فضل الله، سید محمد حسین، ***تفسیر من وحی القرآن***، دارالملاک، بیروت ۱۴۱۹ ق.
۲۱. فیض کاشانی، محمّد محسن، ***تفسیر الصافی***، مکتبة الصدر، تهران، ۱۴۱۵ ق.
۲۲. فیّومی، احمد بن محمد، ***مصباح المنیر***، دارالهجرة، قم، ۱۴۱۴ ق.
۲۳. قرشی، سیّد علی اکبر، ***قاموس قرآن***، دارالکتب الإسلامیة، تهران، ۱۴۱۲ ق.
۲۴. قرشی، سیّد علی اکبر، ***تفسیر أحسن الحدیث***، چاپ سوم، بنیاد بعثت، تهران، ۱۳۷۷ ش.
۲۵. کلینی، محمّد بن یعقوب، ***کافی***، دارالحدیث، قم، ۱۴۲۹ق.
۲۶. مدرسی، سید محمدتقی، ***من هدی القرآن***، دار محبّی الحسین، تهران، ۱۴۱۹ ق.
۲۷. مجلسی، محمد باقربن محمد تقی، ***بحارالأنوار***، تحقیق جمعی از محقّقان، دار احیاء التراث العربی، بیروت، ۱۴۰۳ق.
۲۸. مصطفوی، حسن، ***التحقیق فی کلمات القرآن الکریم***، وزارت فرهنگ و ارشاد اسلامی، تهران، ۱۳۶۸ ش.
۲۹. مفید، محمد بن محمد، ***امالی مفید***، تحقیق استاد ولی و غفّاری، کنگره شیخ مفید، قم، ۱۴۱۳ ق.
۳. مکارم شیرازی، ناصر، ***تفسیر نمونه***، دارالکتب الإسلامیّة، تهران، ۱۳۷۴ ش.
۳۱. موسوی خمینی، روحالله، ***آداب الصلوة***، مؤسسه تنظیم و نشرآثار امام، تهران، ۱۳۷۸ ش.
۳۲. موسوی همدانی، ***ترجمه تفسیر المیزان***، چاپ پنجم، دفتر انتشارات اسلامی جامعه مدرّسین، قم، ۱۳۷۴ ش.
۳۳. نوری، حسین بن محمد تقی، ***مستدرک الوسایل و مستنبط المسائل***، مؤسسه آل البیت علیهم‌السلام، قم ۱۴۰۸ ق.

این کتاب توسط مرکز هماهنگی امور انتشارات بین المللی کشتی نوح مستقر در ونکوور کانادا در شبکه جهانی قرار گرفته است

آدرس دفتر مرکزی: بلوار پارک وی - شرق ونکوور - استان بریتیش کلمبیا - کانادا

تلفن   Tel. +1-778-751-8127

وبسایت   www.kashtinooh.com

پست الکترونیکی   info@kashtinooh.com

Published by: Top Ten Award International Network
Vancouver, BC **CANADA**
Email: Info@toptenaward.net
www.toptenaward.net

Ordering Information:
Quantity sales. Special discounts are available on quantity purchases by universities, schools, corporations, associations, and others. For details, contact the "Sales Department" at the above mentioned email address.

Contemplate on the Holy Quran, Ali Saboohi Tasooji, Vol.5 - 1st ed.
ISBN 978-1-990451-91-1   Paperback

Contemplate on the Holy Quran

Vol.5

Sura 73: Al-Muzzammil to Sura 83: Al-Mutaffifin

Ali Saboohi Tasooji

**Top Ten Award
International Network**

Vancouver, BC CANADA